# الحماية القانونية للبيئة من التلوث

"في قانون البيئة رقم 4 لسنة 1994
والمعدل بالقانون رقم 9لسنة 2009
*************

تأليف
**دكتور السيد المراكبي**
المحامى لدي محكمة النقض

الناشر
دار النهضة العربية
32شارع عبد الخالق ثروت- القاهرة
1431هـ - 2010م

الناشر: دار النهضة العربية 32شارع عبد الخالق ثروت – القاهرة

ت: 223926931

حقوق التأليف: محفوظة للمؤلف ولا يجوز إعادة طبع الكتاب أو استخدامه كله أو أي جزء منه إلا وفقا للأصول العلمية والقانونية.

اسم الكتاب: الحماية القانونية للبيئة من التلوث

اسم المؤلف: الدكتور /السيد عبد المنعم المراكبي

البريد الالكتروني:*doctorsayed@hotmail.Com*

رقم الإيداع:

الترقيم الدولي:

طباعة:

بسم اللـه الرحمن الرحيم


" ولا تفسدوا في الأرض بعد إصلاحها

(سورة الأعراف:الآية 56)

3

إهداء:

"إلي كل من يحاولون جهدهم حماية البيئة بكل أنواعها، من فساد التلوث، حفاظا علي حقوقهم ، و حقوق الأجيال القادمة في حياة كريمة، وفي تنمية مستدامة."

**مقدمة**

مما لاشك فيه أن دراسات البيئة – بجميع أنواعها- تعد من الدراسات الحديثة نسبيا إذ ظهرت الدعوة لحماية البيئة في أعقاب ما خلفته الثورة الصناعية في أوروبا الغربية من دمار بيئي واسع في أرجاء عديدة من العالم نتيجة للصراع والتنافس بين الدول علي الموارد الطبيعية أدي إلي تلوث للبيئة واستنزافها علي نحو منظم و غير منظم باسم التنمية بزعم تحقيق الرفاهية،وما لبثت أن نالت دول العالم الثالث استقلالها حتى دخلت سباق التصنيع من أوسع أبوابه سعيا لتحقيق رفاهية شعوبها دونما أي التفات لما قد يلحقه ذلك بالبيئة من تلوث ودمار، بذريعة تذليل كل العقبات في سبيل التنمية والتقدم .

إن حماية البيئة تجد أصولها وقواعدها الراسخة في الشرائع السماوية والوضعية القديمة على حد سواء، وقد تطورت هذه القواعد بمرور الزمن ومع توسع الدول الغربية في التصنيع بشكل غير مسبوق والذي كان له أثرة الحاسم في تنامي الضرر البيئي ، ومن ثم تزايدت دعوات منظمات حماية البيئة من هذه الأضرار، مما أحدث بدوره طفرات ظلت تتنامي وتعلو بمرور الوقت للمحافظة علي البيئة وحمايتها .

وما أن قطعت الدول النامية عدة عقود في محاولة تنمية شعوبها اقتصاديا، وبعد العديد من محاولات التنمية التي باء العديد منها بالفشل وحقق العديد منه أيضا النجاح، التفتت هذه الدول إلي ما سببته التنمية من أثار سلبية علي البيئة، ودعاها ذلك للاستماع إلي الدعوات المحلية و الإقليمية والدولية للمحافظة علي البيئة وحمايتها من التلوث، وتبلورت هذه الدعوات في ندوات ومؤتمرات، ثم تطورت إلي معاهدات و اتفاقيات دولية وإقليمية وثنائية للمحافظة علي البيئة بجميع أنواعها، وأصدرت كل دولة مجموعة من التشريعات لحماية البيئة من التلوث، وكانت مصر وبقية الدول

العربية في مقدمة دول العالم الثالث التي انضمت لهذه المعاهدات وأصدرت العديد من التشريعات لحماية البيئة من التلوث بجميع أنواعه.

إن تلوث البيئة أصبح ظاهرة نحس بها جميعا كأفراد، حيث تعددت مظاهر هذا التلوث وانعكست علي حياتنا اليومية، ولا يستطيع أي فرد أن يقضي يوما دونما يشاهد/أو يتعرض للعديد من أعراض هذا التلوث البيئي في بلادنا أقلها التلوث بعوادم السيارات والتلوث الصوتي والتلوث من القمامة وتتطور الأمور إلي التلوث الغذائي وتلوث المياه وغيرها من أنواع التلوث الأخرى، ولم تعد البيئة قادرة على تجديد مواردها الطبيعية لاختلال التوازن بين عناصرها المختلفة ، ولم تعد هذه العناصر قادرة على تحليل مخلفات الإنسان أو استهلاك النفايات الناتجة عن نشاطاته المختلفة، وأصبح جو المدن ملوثا بالدخان المتصاعد من عادم السيارات والسخام من مداخن المصانع و محطات توليد الكهرباء ، و التربة الزراعية قد تلوثت نتيجة للاستعمال المكثف للمخصبات الزراعية و المبيدات الحشرية، و كذا قد تم تلويث العديد من الكائنات الحية التي يستهلكها الإنسان في غذائه[1].

وكانت هيمنة الدول الغربية سياسيا واقتصاديا على معظم دول العالم، ولكونها الأكثر تصنيعا وذات النصيب الأوفر في إنتاج الملوثات الضارة بالبيئة فقد تعدي ضررها لبيئتها المحلية ليصيب النظام البيئي العالمي كله بالضرر، حيت تتسبب انبعاثات الغازات الضارة من هذه الدول في الغلاف الجوى إلى مستويات لم يسبق لها مثيل، مما أدي إلى قلب بعض الأنظمة البيئية وتسببت في ارتفاع درجة حرارة الغلاف الجوي، وبالتالي ذوبان الجليد في المناطق الشاسعة في سيبيريا وإطلاق غاز الميثان مما يزيد من ظاهرة الاحتباس الحراري بدرجة كبيرة، إضافة إلي ما أحدثه ذلك من ذوبان للجليد في القطبين الشمالي والجنوبي للأرض مما أدي أيضا إلي رفع نسبة المياه في البحار والمحيطات ويهدد بإغراق مساحات شاسعة من السواحل حول العالم ، وينذر بتغيرات مناخية وبيئة وخيمة.

[1] د. أحمد مدحت إسلام، التلوث مشكلة العصر، الكويت: عالم المعرفة، العدد 152، سنة 1990، ص 16

وقد تنامي الاهتمام بالبيئة بمرور الزمن بعدما تراكمت تهديدات كبيرة وملوثات شديدة للبيئة سواء في التربة أو الماء أو الهواء ، مما أنذر بكوارث لن يكون في استطاعة البشر تحملها مما أدى إلى تنادى معظم دول العالم للاجتماع حول اتخاذ إجراءات عالمية لحماية البيئة. لقد زاد إدراك البشر في معظم أنحاء العالم عن ما قد لحق البيئة من ضرر نتيجة للنشاطات البشرية ، فتلوث التربة وإفساد المياه بالكيماويات و مختلف أنواع الملوثات و تلوث الهواء و الضرر الذي لحق بطبقة الأوزون و إزالة الغابات و ارتفاع درجة حرارة الأرض و ظواهر أخرى عديدة شكلت ما يدعى " بالمشكلة البيئية " [1]

وقد اختلفت تشريعات الدول بين من توسعت في إصدار قوانين ولوائح وأنظمة و قرارات تهدف إلي حماية البيئة بجميع أنواعها، وبين من ضيقت وقصرت الحماية البيئية علي مجالات محددة، وكان ذلك مرتبطا بمدي تقدم الدولة صناعيا و حضاريا. وكانت مصر من بين الدول التي توسعت في حماية البيئة وكذا معظم الدول العربية، وغني عن البيان إن التوسع في إصدار التشريعات عموما لا يعني توفير الحماية الحقيقية للبيئة، بل ربما يكون معوقا لهذه الحماية، لأن الأمر يتوقف علي فاعلية ألآليات اللازمة للمراقبة والمتابعة، وتوافر الأجهزة الحديثة اللازمة للرصد والمتابعة والفريق الفني الكفء المدرب للقيام بهذه الأعمال وقبل كل ذلك الجدية والدقة في تطبيق القانون .

**ويتناول موضوع الدراسة** في فصل أول تمهيدي ، مفهوم البيئة من حيث أنواعها وما يعنيه صلاحيتها وتلوثها وستسعي الدراسة إلى تعريف المصطلحات و المفاهيم التي ستستخدمها "دراسة نظرية"، ثم تستعرض الدراسة قانون البيئة المصري رقم4 لسنة1994 وتعديلاته وتأثره بالاتفاقيات الدولية لحماية البيئة، في أربعة فصول تتناول : التنظيم الإداري والإجراءات الإدارية و القضائية لحماية البيئة و حماية البيئة الأرضية والهوائية والمائية من التلوث.

---

[1] أفنير دوسالت، في مايكل زيمرمان، ترجمة معين شفيق رومية ، الكويت: عالم المعرفة، العدد332، ج2، ص165

و تسعى هذه الدراسة للإجابة على عدة تساؤلات من أهمها:

1- ما هي ملوثات البيئة الأرضية والمائية والهوائية في مصر؟

2- ما مدى الحماية التي يوفرها القانون لنهر النيل؟

3- ما دور منظمات المجتمع المدني في حماية البيئة في مصر؟

4- ما هي العلاقة بين التنمية والبيئة ؟ وما هي وسائل حماية البيئة ؟

5- ما مدى تأثر قوانين البيئة في مصر باتفاقيات حماية البيئة الدولية ؟

6- ما مدى تطور مفاهيم وتشريعات حماية البيئة إقليميا ومحليا ودوليا ؟

7- ما مدى فاعلية الإجراءات الإدارية والقضائية لحماية البيئة في قانون البيئة المصري؟ و هـل تحقق التشريعات البيئة الحماية الكافية؟

**وستستخدم الدراسة عدة مناهج** ، منها المنهج التاريخي ، لبيان التطور التاريخي لمفهوم حماية البيئة و للتشريعات التي تقرر هذه الحماية ، وستستخدم الدراسة المنهج المقارن لبيان أوجه التشابه والاختلاف بين قانون البيئة في مصر وفي بعض التشريعات الأخرى؛ وتستخدم الدراسة كذلك المنهج التحليلي، لتحليل نصوص القوانين المتعلقة بحماية البيئة لبيان مدى تحقيقها لهذه الحماية علي أرض الواقع ، وكذا لتحليل العلاقة بين حماية البيئة والتنمية.

و **تنبع أهمية الدراسات البيئية** عموما في تناولها للقوانين المنظمة لحماية البيئة في مصر وأهما القانون رقم 4لسنة 1994والقانون رقم 48 لسنة 1982 في شأن حماية نهر النيل و المجاري المائية من التلوث, وبيان علاقة النصوص القانونية بالواقع البيئي في مصر مع بيان للواقع البيئي في مصر وربطه بالنص القانوني الذي يكفل الحماية لبيان أوجه التطبيق الصحيح أو المخـل للقانون.

**وقد تعددت الدراسات السابقة** التي تناولت حماية البيئة عموما، إذ تناولت الدراسات البيئية الواقع البيئي دونما تطرق لنصوص الحماية التي يقررها قانون البيئة، أو تناولت الحماية الجنائية للبيئة دون تطرق للواقع البيئي. أما الدراسات المرتبطة بالحماية القانونية للبيئة والتي تتناول شرح وتحليل التشريعات البيئية المختلفة مع ربطها بالواقع البيئي تعد قليلة نسبيا في الدراسات القانونية العربية عموما، وكان ذلك سببا لسعينا إلي انجاز هذه الدراسة والتي اقتضتها ضرورات عملية، والملاحظ أن العديد من الدراسات القانونية - وذلك لأن هذه الدراسات مازالت حديثة في المنطقة العربية إلي حد كبير - قد درجت علي دراسة وتحليل النص القانوني دون ربطه بواقع الحال البيئي، إذ تكون مقتصرة كالمعتاد علي بيان وشرح النصوص القانونية والنصوص التي تتناول الجريمة البيئية من وجهة نظر الفقه الجنائي و النصوص تقرر العقاب والاكتفاء ببعض التعريفات المختصرة لمفاهيم التلوث البيئي للحالة التي تتناولها الدراسة.

وهناك أيضا بعض الدراسات الميدانية. ففي دراسة جرتها الباحثة "إيمان الرملي" عن إدراك المرأة للتغيرات البيئية في مصر على نحو -عينات من - خمسة عشر سيدة في "كفر العلو" و التي تقع في جنوب حلوان وذات العدد في "منشية السادات" و التي تقع أيضا في جنوب حلوان و ضاحية المعادي الراقية و كانت هناك ستة سيدات من منشية السادات لم يفهموا ما تعنيه كلمة البيئة أساسا ، و ستة آخرين أجابوا بأنها تعني الجيران و المكان الذي يعيشون فيه[1]، و لم تعرف أيضا ثلاث سيدات من "كفر العلو" معنى كلمة البيئة أصلا، و باقي الخمسة عشر أجابوا بذات الإجابات أنها تعني الجيران أو هي المكان الذين يعيشون فيه ، أو المجتمع و هم في معظمهم غير متعلمين أما الأربعة عشر سيدة من المعادي – ذات المستوى الاقتصادي المرتفع- فأجاب خمسة منهم أن كلمة البيئة تعني الجوار، وأنها كل ما يحيط بهم ، وأنها تعني المجتمع، و أجاب الآخرون أنها الثقافة و العادات و سلوك الناس و المستوى الاجتماعي و النظافة و الاهتمام بالمزروعات[2].

[1] Eman EL Ramly , Women's perceptions Environmental change in Egypt , Cairo papers in social science, Cairo papers, The American University in Cairo press , vol No 4 . year 2000 . p 5

[2] Ibid. , P 37

و لم تدرك نصف العينة في كل "من كفر العلو" و"منشية السادات"- وهي من المناطق الفقيرة- العلاقة بين البيئة و مشكلات مصانع الأسمنت، أوالعلاقة بين البيئة أو النظافة أو تراكم القمامة أو حرقها و الصرف الصحي، أما في المعادي فكانت العينة في معظمها مدركة للعلاقة المباشرة بين البيئة و المشكلات سالفة الذكر[1]، وعن مصادر التلوث أدركت فقط عينة المعادي أنه يأتي من عوادم السيارات، و مخلفات المصانع و صرف المخلفات في النيل و الضوضاء و الغبار و الصرف الصحي غير المغطى و البعوض و بعض الحشرات الضارة و الميكروبات، و الإضرار بالطبيعة. و قريب من هذه النسب كان إدراكها لملوثات الهواء و الغذاء و المياه و إدراكهم للعلاقة بين الصحة و هذه الملوثات[2]، وأعتقد ان العينة كانت ممثلة لمعظم فئات المجتمع ويمكن تطبيقها عليه إناثا وذكورا وفي العديد من المناطق المشابهة للمناطق التي أجريت فيها الدراسة.

و لقد ذكر أفراد العينة التي تم سؤالهم في "كفر العلو" أن مياه الشرب مختلطة بمياه المجاري و أن الزراعات في المنطقة يتم ريها بمياه الصرف الصحي و الصرف الصناعي و أن الخضراوات و المزروعات بالمنطقة ملوثة لريها بهذه المياه، و أنهم اشتكوا إلى جميع الجهات الحكومية و قاموا بالنشر في الجرائد وتم عمل مقابلات تلفزيونية ، إلا أن وضعهم لم يتغير و كل ما حصلوا عليه هو وعود بالنظر في شكواهم وخاصة في فترات الانتخابات، و بعد الانتخابات تتبخر هذه الوعود في الهواء على حد قولهم[3]. وتجدر الإشارة ألي أن تاريخ إجراء هذه الدراسة كان عام 1999، وما أثارته من مشكلات يعد واقعا معاشا في العديد من المناطق المشابه في مصر.

و في دراسة ميدانية أخري قام بها بعض الباحثين في الجامعة الأمريكية بالقاهرة عام 2000، تم إجرائها في بعض المناطق في القاهرة و الدلتا ـ وهي مناطق السيدة زينب و دار السلام من محافظة القاهرة ، و كفر العلو من محافظة حلوان و أبجاس - من مركز الباجور - محافظة

---

[1] Ibid. , P 38
[2] Ibid. , P 39 and the next
[3] Ibid. , p 63

10

المنوفية ـ و تبين أن هذه المناطق تعاني من شتى أنواع التلوث سواء التلوث بالصرف الصحي أو القمامة أو الضوضاء و غيرها من الملوثات و لكل منطقة مشاكلها البيئية الأكثر إلحاحا عن غيرها من المناطق، و تشترك مع بعضها جميعا في بعض المشاكل البيئية ، وقرر معظم من استطلعت آرائهم أن الدولة لا تفعل شيئا لحمايتهم من التلوث و أنها لا تسعى لتوفير بيئة نظيفة و ملائمة لحياتهم و أن معظم ما يذكره موظفوها من وعود لا ينفذ منها شيئا[1]، وقد - رأينا لأهمية الموضوع وقلة الدراسات المتعلقة به- أن تتوسع الدراسة قليلا في شرح أبعاد المشكلة البيئية، حتى يستطيع القارئ غير المتخصص الإفادة منها إضافة إلي الباحثين المتخصصين.

**وتنقسم الدراسة إلى خمسة فصول** حيث تناول الدراسة في فصل أول تمهيدي: حماية البيئة " دراسة نظرية التعريفات والمفاهيم ، ثم يتناول الفصل الثاني: التنظيم الإداري والإجراءات الإدارية والقضائية لحماية البيئة ، تم يتناول الفصل الثالث: حماية البيئة الأرضية من التلوث ثم يتناول الفصل الرابع : حماية البيئة الهوائية من التلوث، ثم يتناول الفصل الخامس: حماية البيئة المائية تم خاتمة: تتناول النتائج التي انتهت إليها الدراسة.

د.السيد عبد المنعم المراكبي
مارس 2010

[1] Nicholas. Hopkins, Sohair R. Mehanna , and Slah El - Haggar People and Pollution , Cairo : The American University in Cairo , press , year 2001, p 119- 122

## الفصل الأول "تمهيدي"

## حماية البيئة " التعريف والمفهوم"

لقد عنيت الدراسات الأكاديمية بالمفاهيم وأوجبت أن تكون منضبطة قدر الإمكان ، لأن دقة أية دراسة ترتبط ارتباطا وثيقا بمدى تحديد المفاهيم المستخدمة فيها، لأن ذلك يؤثر علي النتائج التي تخلص إليها الدراسة.

ولاشك أن تحديد مفهوم معين للبيئة و تعريفها على نحو جامع مانع يبين مجالاتها و يحدد علاقاتها ويرسم الرؤية الصحيحة فى التعامل معها يعد مسالة صعبة، وذلك لان مفهوم البيئة يحتوى على عناصر متعددة، ومحاور متداخلة تفاعلت تاريخيا و جغرافيا حتي أنتجت هذا المفهوم، وذلك ينطبق أيضا علي مفهوم تلوث البيئة لتعدد أنواع ملوثات البيئة، إذ أن لكل منها خصائص تختلف عن الأخرى، فملوثات التربة تختلف عن ملوثات الهواء وكلاهما تختلف عن ملوثات الماء، وفي ذات الوقت تتداخل هذه الملوثات مع بعضها البعض وتؤثر في بعضها ، وما ذكرناه ينطبق أيضا علي مفهوم حماية البيئة لاختلاف حماية الهواء عن حماية الماء عن حماية البيئة الأرضية.

لقد تعددت تعريفات البيئة منذ أن زاد الاهتمام بحمايتها من التلوث فى العصر الحديث، واختلفت الدراسات فى تحديد مفهومها بتغليبها عناصر على أخرى وفقا للأغراض التي ابتغتها هذه الدراسات، إلا إن هذه التعريفات كانت لها بعض المحددات التي اتفق عليها معظم الباحثين، حيث تناولت وثائق المؤتمرات الدولية- خاصة المؤتمرات التي عقدت برعاية الأمم المتحدة- التي عقدت لحماية البيئة من التلوث العديد من المفاهيم البيئية، مما أوجد تقاربا بين الباحثين فى استخدام هذه المفاهيم والمصطلحات.

ولم يقتصر أمر المحافظة على البيئة على التشريعات و القوانين التي تصدرها الحكومات فقط ولكن الأمر تعدى ذلك إلى كثير من الأفراد العاديين الذين شعروا بخطورة التلوث على عناصر البيئة المحيطة بهم و

أدى ذلك إلى أن تكونت جمعيات أهلية فى كثير من دول العالم تنادي بضرورة حماية البيئة و الحفاظ عليها من التلوث أيا كان القائم بالتلوث أفراد أو شركات أو حتى الدولة ذاتها[1] .

وستتناول الدراسة في هذا الفصل مفاهيم حماية البيئة في مبحثين، يتناول المبحث الأول: المفهوم اللغوي والشرعي والقانوني للبيئة مع تناول العلاقة بين البيئة والتنمية، ويتناول المبحث الثاني: مفاهيم حماية البيئة في القوانين المحلية و الدولية .

## المبحث الأول

## البيئة، وما يختلط بها من مفاهيم

يعتبر علم البيئة"**Ecology** " أحد فروع علم الأحياء، و يعرف بأنه العلم الذي يبحث فى علاقة الكائنات الحية – من حيوانات و نباتات – مع بعضها البعض و مع بعض العوامل غير الحية المحيطة بها، و أصل كلمة "**Ecology**" مشتقة من المصطلح اليوناني "**oiks**" و الذي يعنى البيت أو المسكن و من كلمة"**logos**" والتي تعنى علم أو معرفة .

وقد نشأ علم البيئة " الأيكولوجيا" فى أواخر القرن التاسع عشر، و قد اشتق " **Ernest Heakl**" المصطلح من الكلمة اليونانية " **Oikos** " والتي تعني (منزل الأسرة ) ، و أصبح المصطلح يشير إلى الميدان الجديد من البحث البيولوجي الذي يربطها بالإنسان و كوكب الأرض باعتباره منزلنا نحن البشر[2]، وكان العالم المذكور هو من اقترح هذا المصطلح عام 1866 و الذي يعنى:" العلم الذي يدرس العلاقة بين الكائنات الحية و الوسط الذي يحيط بها"،بما فيه من تنوع بيولوجي مهم لقيامه بتوفير مقومات الحياة على الأرض.

---

[1] د. أحمد مدحت إسلام، المرجع السابق، ص 224

[2] مقدمة المترجم في ، مايكل زيمرمان ، ترجمة ، معين شفيق رومية ، الفلسفة و البيئة ، الكويت : عالم المعرفة، العدد 332 ، ج 1 ، ص 7

و تستخدم المعاجم الإنجليزية أيضا مصطلح"Environment " بمعنى: مجموعة الظروف أو المؤثرات الخارجية التي لها تأثير في حياة الكائنات الحية بما فيها الإنسان، و ذلك بالإضافة إلى مصطلح **Ecology** و الذي له ذات الدلالة، و قد أوجز إعلان مؤتمر "استوكهلم" عام 1972 في تعريف البيئة فعرفها بأنها: " كل شيء يحيط بالإنسان " ، و قد تفرع عن هذا التعريف استخدامات أخرى عديدة منها ما سمى بالبيئة الاجتماعية: و هي التي تعبر عن الوسط الذي ينشأ فيه الفرد و يحدد شخصيته و سلوكه و اتجاهاته والقيم التي يؤمن بها ، والبيئة الثقافية: و تشمل المعرفة والعقائد و الفنون والقانون والأخلاق و العرف والعادات التي يكتسبها الإنسان من حيث هو عضو في المجتمع، و البيئة المناخية: و يقصد بها ظروف الطقس والمناخ التي يتأثر بها الإنسان و الكائنات الحية الأخرى، والبيئة الطبيعية: هي التي تختص بدراسة الحياة البرية والبحرية و الكائنات من الحيوانات والطيور، أي أن لفظ "البيئة" يمكن أن يلحق بلفظ أخر ليكون له مفهوم مختلف تماما عنما أسلفناه من المفهوم الذي يطلق على كلمة البيئة وحدها .

أما المفهوم اللغوي "للتلوث: فهو "التلطخ" ، و لوث الماء يعني كدره[1]، و تلوث التربة أو الماء أو الهواء، يعني خالطته مواد غريبة ضارة[2]. والمفهوم الاصطلاحي للتلوث اختلف فيه عديد من الباحثين و أهم هذه التعريفات هو أنه: " وجود مواد غريبة بالبيئة أو أحد عناصرها أو حدوث خلل في نسبة مكونات البيئة أو أحد عناصرها على نحو يمكن أن يؤدي إلى آثار ضارة[3]"، وهناك تعريف ثان للتلوث:" أنه تغير فيزيائي أو كيميائي أو بيولوجي يؤدي إلى تأثير ضار على الهواء أو الماء أو التربة يؤدي إلى ضرر بصحة الإنسان و الكائنات الحية الأخرى و يستنفد الموارد الطبيعية". و وهناك تعريف ثالث التلوث البيئي بأنه:" الضرر الحال أو المستقبلي الذي ينال من أي عنصر من عناصر البيئة و المتمثل في الإخلال

---

[1] المعجم الوسيط نقلا عن د. محمد حسن الكندري، المسئولية الجنائية عن التلوث البيئي، رسالة دكتوراه، كلية الحقوق جامعة عين شمس، سنة 2005، ص 57

[2] لسان العرب نقلا عن أشرف هلال، جرائم البيئة، دار النهضة العربية ،سنة 2005، ص 67

[3] د. صلاح الدين عامر، حماية البيئة إبان النزاعات المسلحة في البحار، مجلة الأمن و القانون كلية شرطة دبي، سنة 1995

بالتوازن البيئي أو التنوع البيولوجي سواء كان صادرا من داخل البيئة الملوثة أو واردا عليها و سواء نشأ من نشاط إنساني أو من فعل الطبيعة [1].

و التنوع البيولوجي، يعني تنوع جميع الكائنات الحية، والتفاعل فى ما بينها، بدءا بالكائنات الدقيقة التي لا نراها إلا بواسطة الميكروسكوب، وانتهاء بالأشجار الكبيرة والحيتان الضخمة. والتنوع البيولوجي موجود فى كل مكان، فى الصحارى والمحيطات والأنهار والبحيرات والغابات. ولا أحد يعرف من البشر عدد أنواع الكائنات الحية على الأرض. فقد تراوحت التقديرات لهذه الأنواع بين 5 و 10 مليون أو أكثر، وبالرغم من التقدم العلمي الذي يشهده العالم لم يتم توصيف سوي 1.4 مليون من هذه الأنواع ، من بينها 000, 750 حشرة و 000, 41 من الفقاريات و000, 250 من النباتات، والباقي من مجموعات اللافقاريات والفطريات والطحالب وغيرها من الكائنات الحية الدقيقة. وتعتبر المناطق الاستوائية من أغنى المناطق فى العالم بأنواع الأحياء المختلفة، ويقل وجود هذه الأنواع تدريجيا فى اتجاه القطبين الشمالي والجنوبي [2].

وتشير العديد من الدراسات إلي تناقص التنوع البيولوجي فى العالم بمعدلات كبيرة، إذ يوجد ما يقرب من 4000 نوع من الكائنات مهدد بخطر الانقراض، و7200 نوع نادر في حاجة الى حماية من الانقراض. والأسباب الرئيسية لتناقص التنوع البيولوجي تكمن فى : تدمير أو تعديل الموائل الطبيعيه للكائنات الحية، والاستغلال المفرط لبعض الأنواع ، والتلوث البيئي.

ويري علماء البيئة أن هناك أربعة اتجاهات رئيسية لصون التنوع البيولوجي فى العالم:1/ حماية الموائل الطبيعية الخاصة بالكائنات، 2/حماية بعض أنواع الكائنات من الاستغلال المفرط،3/ إنشاء بنوك للأنواع والجينات المهددة،4/ والحد من تلوث المحيط الحيوي. وقد أبرمت عدة اتفاقيات دولية وإقليمية تعمل على تنفيذ هذه الاتجاهات الأربعة لصون

[1] د. عادل ماهر الألفي، حماية البيئة الجنائية للبيئة، الإسكندرية: دار الجامعة الجديدة، سنة 1999، ص 137

[2] http://www.sgpgefegypt.org/index.htm برنامج المنح الصغيرة، مرفق البيئة العالمية، برنامج الأمم المتحدة الإنمائي

التنوع البيولوجي، وحماية الأنواع التي يتهددها الانقراض. ومـن أهـم الاتفاقيـات الدوليـة التـي أبرمت في هذا الصدد معاهدة التنوع البيولوجي التي وقعت أثناء قمة الأرض في عام 1992[1].

ويفرق الباحثون بين مفهوم البيئة ومفهوم النظام البيئي، فالنظـام البيئـي: هـو وحـدة بيئية متكاملة، تتكون من كائنات حية ومكونات غير حية في مكان معين؛ يتفاعـل بعضها ببعض وفق نظام دقيق ومتوازن في حركة دائبة لتستمر في أداء دورها في استمرار الحياة.

وتعتبر مصر من الدول الفقيرة في التنوع البيولوجي إذا ما قورنـت بالـدول الاسـتوائية ، وهناك بعض أنواع النباتات والحيوانات في الصحارى المصرية أصبحت مهددة بالانقراض ، وكـذلك بعض الطيور التي تتكاثر وتهاجر في فصول معينة الى بحيرات شمال الدلتا وسيناء. هذا بالإضافة الى الأحياء البحرية المختلفة في البحر الأحمر والبحر الأبيض المتوسط، والتي أصبح بعضها مهددا أيضا.

وتتحكم الأوضاع الجغرافيـة والظروف المناخيـة في توزيـع التنـوع البيولـوجي في مصرـ فأنواع النباتات الموجودة في الصحراء الشرقية، مثلا، ترتبط في جزئها الشمالي بتلك الموجودة في سيناء، أما في جزئها الجنوبي فلها خصائص استوائية. وأنـواع الأحيـاء المختلفـة الموجـودة في شمال الصحراء الغربية لها خصائص حوض البحر المتوسط، أما في الجنوب فلها خصائص الصحراء الكبرى. ويعد القانون رقم 4 لسنة 1994 في شأن البيئة. وكذلك القانون 102 لسنة 1983 لإنشاء وإدارة المحميات الطبيعية والقانون رقـم 48 لسـنة 1982 في شـأن حمايـة نهـر النيـل و المجـاري المائية من التلوث من التشريعات الهامة لحماية التنوع البيولوجي في مصر[2].

وقد ساعد تنامي الوعي بالمشكلة البيئية في تداول مفاهيم حماية البيئة وتنوعهـا ، بـل ونشر الثقافة البيئية حول العالم و انشغال الشعوب

[1] المرجع السابق

[2] المرجع السابق

والعديد من الدول بها، وتم تشكيل المنظمات الدولية و الإقليمية و المحلية و منظمات المجتمع المدني و صدرت العديد من الكتب و الدوريات المتخصصة و المهتمة بحماية البيئة بجميع أنواعها في المساهمة بدرجة كبيرة في ضبط المصطلحات و المفاهيم الخاصة بحماية البيئة، وينقسم هذا المبحث إلي مطلبين يتناول المطلب الأول :المفهوم اللغوي والشرعي للبيئة، ويتناول المطلب الثاني :المفهوم القانوني للبيئة، ويتناول المطلب الثالث: البيئة والتنمية.

**المطلب الأول:المفهوم اللغوي والشرعي للبيئة**

مما لاشك فيه أن هناك ارتباطا وثيقا بين المفهوم اللغوي و المفهوم الشرعي للبيئة، و ذلك لسببين، السبب الأول:أن اللغة تعتبر الوعاء الذي يحوى المفاهيم و يحدد نطاقها و يوضح مدلولها، والسبب الثاني: أن اللغة العربية هي اللغة التي نزل بها "القرآن الكريم"، ولذا فهي لغة مرتبطة بالدين والشرع الإسلامي والذي يعد المصدر الأساسي للتشريعات القانونية، وفقا لما تقرره المادة الثانية من الدستور المصري ، والشريعة الإسلامية تعد كذلك أيضا مصدرا لا ينضب من القيم الأخلاقية و الروحية التي تحمي المجتمع و تحافظ علي كيانه المعنوي و المادي.

وتتناول الدراسة في المطلب التالي المفهوم اللغوي والشرعي للبيئة في فرعين، يتناول الفرع الأول: المفهوم اللغوي للبيئة، ويتناول الفرع الثاني: المفهوم الشرعي للبيئة، و ذلك في محاولة لتأصيل هذين المفهومين و للتعرف على بدايات الاهتمام بالبيئة في سبتسعنا العربي.

**الفرع الأول: المفهوم اللغوي**

"البيئة" لفظة شاع استخدامها في السنوات الأخيرة، ورغم ذلك ما يزال المفهوم الدقيق لها غامضا عند الكثيرين، لا سيما وأنه ليس هناك تعريف واحد محدد يبين ماهية البيئة ويحدد مجالاتها المتعددة. وقد استخدم العلماء المسلمين كلمة "البيئة" استخداما اصطلاحيا منذ القرن الثالث الهجري، للإشارة إلى الوسط الطبيعي: الجغرافي والمكاني والإحيائي الذي يعيش فيه الكائن الحي بما في ذلك الإنسان، واستخدمت أيضا للإشارة إلى المناخ الاجتماعي: السياسي والأخلاقي والفكري المحيط بالإنسان.

ويعود الأصل اللغوي لكلمة البيئة في اللغة العربيـة إلى الجـذر (بـوأ) الـذي أخـذ منـه الفعل الماضي (باء) ومن الفعل "بوأ" حيث يقال بوأ الرجل منزلا: بمعنى هيأته و مكنت له فيه، و قد قال تعالى: " **وكذلك مكنا ليوسف في الأرض يتبوأ منها حيث يشاء نصيب برحمتنا مـن نشـاء ولا نضيع أجر المحسنين"**[1].

والمباءة: هي منزل القوم في كل موضع و كانت تطلق على منازل الإبـل و الغـنم حـول الماء، و يتضح من ذلك أن البيئة هـي المنـزل والمكـان الـذي ينـزل فيـه الإنسـان أو الحيـوان، ثـم تطورت هذه الكلمة ليشمل مفهومها الإطار الذي يمارس فيه الإنسـان حياتـه، و مـا يحتويـه مـن عناصر يتأثر بها نشاطه من، أرض، وماء، و هواء.[2]

ولقد حدد ابن منظور في لسان العـرب "لكلمـة تبـوأ" معنيـين، الأول :إصـلاح المكـان و تهيئته للمبيت فيه، ويقال "تبوأه " أي أصلحه و هيأه و جعله ملائما للمبيت فيه، ثم اتخذه محلا له، و الثاني: بمعنى النزول و الإقامة، كأن تقول " تبوأ المكان " أي نزل فيه أو أقام فيه.

والمنزل في الإطلاق اللغوي أوسع من المعنى الضيق للمنـزل "بمعنـى السـكن " فـالمنزل يشمل أيضا ما ينزل فيه الإنسان من واد أو مدينة , وقد قال الـلـه تعالى: " **والذين تبـوءوا الـدار والإيمان من قبلهم** "[3]، **أي** اتخذوا الدار و هي المدينة المنورة منـزلا ، و المدينـة أوسـع نطاقـا مـن المنازل التي يسكنها الناس .

ويتضح مما سبق أن البيئة والباءة والمباءة في اللغة العربية أسماء بمعنـى المنـزل الـذي يأوي إليه الإنسان أو الحيوان ويقيم فيه، قال تعالى: **"والذين آمنوا وعملـوا الصـالحاتِ لنبـوئنهم من الجنة غرفا تجري من تحتها**

1 سورة يوسف الآية 56
2 د.عبد الـلـه شحاته، رؤية الدين الإسلامي في الحفاظ على البيئة ، القاهرة: دار الشروق، سنة 2001، ص5
3 سورة الحشر الآية 9

**الأنهار خالدين فيها نعم أجر العاملين**[1]، وتوصف هيئة التبوؤ وحاله بالحسن أو السوء، فيقال: إنه لحسن البيئة، أو إنه باء ببيئة سوء[2].

**الفرع الثاني:المفهوم الشرعي للبيئة**

مصطلح "البيئة"- كما أسلفت الدراسة- يتسع مدلوله ليشمل مجموع الظروف والعوامل الخارجية التي تحيط بالكائنات، وتؤثر في العمليات الحيوية التي تقوم بها، ومن ناحية أخري يرتبط مدلول مصطلح "البيئة" بنمط العلاقة بينها وبين مستخدمها، فرحم الأم بيئة الإنسان الأولى، والبيت بيئة، والمدرسة بيئة، والحي بيئة، والوطن بيئة، والكرة الأرضية بيئة، والكون كله بيئة، أي أن بيئة الإنسان تكبر وتتسع مع نموه واتساع خبراته ونشاطاته، وعلي ما سبق فالبيئة من وجهة النظر الإسلامية ليست موارد يتخذ منها الإنسان مقومات حياته فقط، ولكن تشمل علاقات الإنسان الاجتماعية وفق القيم والأخلاق والدين"[3] .

والتوازن القائم الذي وضعه الله سبحانه وتعالى بين مختلف عناصر البيئة يمكن ملاحظته في كثير من الأشياء، مثال ذلك، ما يقوم به النبات من امتصاص لغاز ثاني أكسيد الكربون الموجود في الهواء لاستخدامه في صنع غذائه بواسطة عملية "التمثيل الضوئي" التي يتولد منها غاز الأكسجين كناتج ثانوي تستهلكه الحيوانات المختلفة في عملياتها الحيوية، وفي الحصول على الطاقة اللازمة، وتطلق بدورها غاز ثاني أكسيد الكربون ليبدأ دورته من جديد، وإذا تأملنا النظام البيئي الأكبر في محيط الأرض الحيوي لوجدنا أن كل ما فيه من ماء وهواء ويابسة وطاقة ومخلوقات حية يشكل كلا متكاملا يتميز باستمرارية الأخذ والعطاء في اتزان معجز ودقيق[4].

ولم يستخدم القرآن الكريم كلمة البيئة للتعبير عن معناها اللغوي الصرف - وهو المكان الذي يعيش فيه الإنسان - وإنما استخدم الفعل " بوأ " و مشتقاته , قال تعالى: **" واذكروا إذ جعلكم خلفاء من بعد عادٍ وبوأكم في**

[1] سورة العنكبوت الآية 58

2 د.أحمد فؤاد باشا ،التحديات البيئية، رؤية إسلامية،www.balagh.com

3 المرجع السابق

4 المرجع السابق

**الأرض تتخذون من سهولها قصورا وتنحتون الجبال بيوتا فاذكروا آلاء اللـه ولا تعثـوا في الأرض مفسدين"** [1] وقوله تعالى:" **والذين هاجروا في اللـه من بعد ما ظلموا لنبوئنهم في الـدنيا حسـنة ولأجر الآخرة أكبر لو كانوا يعلمون**[2]"، ويتبين من ما سبق أن الإطلاق القـرآني لمسـمى البيئـة أكـثر شمولا و اتساعا من المعنى اللغوي للكلمة لتشمل الأرض و الدنيا و ما فيها من سهول و جبـال و بحار و حيوان و نبات وأن اللـه تعالى" **الذي له ملك السماوات والأرض ولم يتخذ ولدا ولم يكن له شريك في الملك وخلق كل شيءٍ فقدره تقديرا** "[3]

وأن الإنسان أستخلف في الأرض ليسير فيها وفق منهج اللـه ، فالبيئـة في المفهـوم الإسلامي تعنى الكون و قد وردت في القرآن الكريم بلفظ " الأرض و السماء " وبلفظ الكـون عموما والذي يمثل المنزل الكبير للإنسان الذي يشمل كل ما له علاقة بممارسة نشاطه فالكون مـن سماء و أرض بمثابة المنزل للإنسان و لاشك أن صاحب المنزل مكلف برعاية شؤونه و تفقـد مكوناته و إصلاح ما يحتاج منه إلى إصلاح[4] وفق المنهج الإسلامي الـذي أمـر بـه القـرآن الكـريم و السنة النبوية الشريفة .

فقد قال تعالى: "**و سخر لكم الشمس و القمر دائبين وسخر لكم الليل والنهار**[5] "و قال تعالى: " **ألم تروا أن اللـه سخر لكم ما في السماوات وما في الأرض وأسبغ عليكم نعمـه ظـاهرة وباطنة ومن الناس من يجادل في اللـه بغير علم ولا هدى ولا كتابٍ منير**[2]" وقال تعالى:" **وسـخر لكم ما في السماوات وما في الأرض جميعا منه إنَّ في ذلك لآياتٍ لقومٍ يتفكرون**[2]".

و لذا كما أسلفنا فكل ما في السموات وما في الأرض مسخر للإنسان وواجبـه الحفـاظ عليه و رعايته وفق منهج اللـه ، وقد أورد القـرآن الكـريم تفصيلات للحفاظ على الثـروات الطبيعية في مختلف صورها في كثير من آيات سوره ، فقـال تعـالى: " **والأنعـام خلقهـا لكـم فيهـا دفء ومنافع ومنها**

---

2 سورة الأعراف ، الآية :74
3 سورة النحل ، الآية :41
4 سورة الفرقان، الآية:2
[1] وناس يحي – مرجع سابق ص20
[2] سورة إبراهيم، الآية:32

**تأكلون**[1] "**وفي الثروة النباتية**، قال تعالى: " **هو الذي أنزل من السماء ماء لكم منه شراب ومنه شجر فيه تسيمون**[2] " ، و قال تعالى: " **وآية لهم الأرض الميتة أحييناها وأخرجنا منها حبا فمنه يأكلون (33) وجعلنا فيها جناتٍ من نخيلٍ وأعنابٍ وفجرنا فيها من العيون (34) ليأكلوا من ثمره وما عملته أيديهم أفلا يشكرونَ (35)**"[3] ، ومما لاشك فيه أن شكر نعمة الله تقتضي رعايتها و الحفاظ عليها و تعهدها بالرعاية والعناية، وأن تلويثها يعد كفرانا بهذه النعمة و استخداما لها في معصيته.

أما في المحافظة على الثروة البحرية **فقد** قال الله تعالى: " **وهو الذي سخر البحر لتأكلوا منه لحما طريا وتستخرجوا منه حلية تلبسونها وترى الفلك مواخر فيه ولتبتغوا من فضله ولعلكم تشكرون**"[4] وشكر النعمة يكون بحمايتها و الحفاظ عليها كما أسلفنا واستخدامها في طاعة الله.

و أما الثروة المعدنية : فقد قال الله تعالى:" **لقد أرسلنا رسلنا بالبينات وأنزلنا معهم الكتاب والميزان ليقوم الناس بالقسط وأنزلنا الحديد فيه بأس شديد ومنافع للناس وليعلم الله من ينصره ورسله بالغيب إن الله قوي عزيز**[5]" و في هذه الآية دلالتين على أهمية الحديد ,الأولى دلالتها على أهمية الحديد في حياة البشر من الناحية العسكرية لأنه فيه قوة و بأس شديد ولذا كان هو صلب الصناعة العسكرية , والدلالة الثانية هو كونه فيه منافع للناس مما يجعله أيضا صلب الصناعة الحديثة و قد سميت سورة من سور القرآن" سورة الحديد" مما له مغزى عميق عن أهمية الحديد[6] .

وقد حمى الإسلام الثروة الحيوانية فإضافة إلى ما ورد بالقرآن الكريم حضت السنة النبوية المشرفة بالحفاظ عليها حيث قال رسول الله ﷺ:"**من قتل عصفورا عبثا عج الى الله يوم القيامة فيقول يا رب إن فلانا**

---

[1] سورة النحل، الآية:5
[2] سورة النحل، الآية:10

[3] سورة يسين، الآيات: 33-35
[4] سورة النحل، الآية:14
[5] سورة الحديد، الآية: 25
[6] د. يوسف القرضاوى، رعاية البيئة فى شريعة الإسلام، القاهرة : دار الشروق ، سنة 2000، ص 87

**قتلنى عبثا و لم يقتلن منفعة".**[1] **و قال صلى الله عليه وسلم أيضا " ما من مسلم يقتل عصفورا فما فوقها, بغير حقها سأله الله عز وجل عنها, قيل يا رسول الله و ما حقها ؟ قال: "أن يذبحها فيأكلها, ولا يقطع رأسها ويرمى بها "**[2] ولذا فقد حرم الصيد للعبث و التلهي و الفساد .

و لذا فان الإسلام قد سعى بتوجيهاته الأخلاقية و تشريعاته القانونية للمحافظة على عناصر البيئة و مكوناتها بل حض على العمل على تنميتها و تحسينها، وقاوم الإسلام بشدة كل عمل يفسد البيئة و يتلف عناصرها و اعتبره عملا محرما يعاقب الله عليه، بل أن الشريعة الإسلامية[3] لم تجز الإتلاف و الإفساد لعناصر البيئة حتى في حالة الحرب .

وقد نهى الإسلام أيضا عن الإتلاف والإفساد المتعمد بدافع القسوة حيث روى ابن عمر عن رسول الله ﷺ أنه قال: " **دخلت امرأة النار في هرة ربطتها , فلم تطعمها و لم تدعها تأكل من خشاش الأرض"**[4]، وقد نهى الإسلام أيضا عن الإتلاف و الفساد للبيئة بسبب الغضب أو العبث أو الإتلاف بلا ضرورة أو حاجة **حيث قال رسول الله ﷺ " من قطع سدة صوب الله رأسه في النار "**[5]، و ذلك لأن أكثر بيئتها في الصحارى و هي تظل الناس و يأكلون من ثمارها . وقد نهى الإسلام تخريب البيئة و إتلافها بسبب الإهمال على نحو ترك الأرض الصالحة للزراعة دون استغلال و كذلك إهمال الثروة الحيوانية مع وجود إمكانية تنميتها[6].

---

[1] رواه النسائي (7\39) و ابن حيان في صحيحة (الموارد : 1071، و أحمد أيضا : (4\ 389 ) عن الشريد الثقفي

[2] رواه أحمد عن عبد الله بن عمر، ورواه النسائي ص217-239 والحاكم وصححه ووافقه الذهبي

[3] د . يوسف القرضاوى مرجع سابق، ص 143

[4] الراوي: عبدالله بن عمر المحدث: البخاري - المصدر: صحيح البخاري - الرقم: 3318

5 سدة تعني شجرة وقد رواه أبو داود فى كتاب الأدب –باب قطع السد ره (5239) و رواه البعض فى السنن – الراوي: عبدا لله بن حبشي الخثعمي المحدث: الألباني - المصدر: صحيح الجامع - الصفحة أو الرقم: 6476

6 المرجع السابق ص 148، وقد استمسك بهذا الهدي النبوي ومضى على هذا النهج المحمدي خلفاء النبي ﷺ من بعده وأمراء المؤمنين على تعاقب العصور، يبدو ذلك بينا جليا في وصاياهم لقواد جيوشهم عند بعثهم لمصاولة الأعداء، فمن ذلك أن الخليفة الراشد أبا بكر الصديق رضي الله عنه أوصى يزيد بن أبي سفيان أحد قواده الذين بعثهم إلى الشام فقال له: (إني موصيك بعشر خلال: لا تقتل امرأة ولا صبيا ولا كبيرا هرما، ولا تقطع شجرا مثمرا، ولا تخرب عامرا، ولا تعقرن شاة ولا بعيرا إلا لمأكلة ـ أي: لطعام ـ ولا تعقرن نخلا ولا تحرقه، ولا تغلل) أخرجه الإمام مالك في الموطأ, ومن ذلك ما أوصى به أمير المؤمنين عمر بن الخطاب رضي الله عنه قواد جيوشه عند عقد الأولوية، إذ كان يقول لهم: (بسم الله،

وتجدر الإشارة أن البيئة وأعباء حمايتها لم تكن تشكل هما كبيرا عند ظهور المجتمع الإسلامي، و لا في المجتمعات التي سبقته بفضل سعة الموارد الطبيعية مـن جانـب، و قلـة البشر ـ مـن جانـب آخر، يضاف إلى ذلك بساطة الاستهلاك و الاستثمار، حيث كانت دورة الطبيعة قادرة على تعويض ما يلحق المراعى و الغابات و الأرض الخصبة من أذى أي استغلال جائر، و هو ما لم يعد ممكنا في العصور الحديثة بعد تفجر الثورة الصناعية و توسع الاستهلاك و الاستثمار و تلوث معظم المـوارد الطبيعية .

و قد تلاحظ أن القرآن الكريم والأحاديث النبوية الشريفة تنفرد بالعديد من المبادئ التي تنهى عن الإسراف و الاستهلاك[1]، و نهى اللـه تعالى عن التبذير و لقب المبذرين بأنهم إخوان الشياطين، و في التراث الإسلامي عديد من المواقف لحماية البيئة من تشجيع لحماية الأرض و التشجيع على إحيائها، و هناك قوة إلزامية كبيرة للآيات القرآنية و الأحاديث النبوية الشريفة و مقولات الصحابة، إضافة إلى القيمة المعنوية لأنها تعد بمثابة تعاليم ذات طابع توجيهي وإصلاحي يمكن الاستفادة منها في تنمية الوعي البيئي، وهي تمثل جزءا حيويا من تراث قيم يمكن الاعتماد عليه لبناء مشروع قانوني ملزم لحماية البيئة وفق منهج إسلامي قويم يستند الى كتاب اللـه و أحاديث الرسول ﷺ وأقوال الصحابة، حيث يمكن أن تستنبط منها كافة التشريعات اللازمة لحماية البيئة وفق مبادئ إسلامية خالصة[2].

ويرى الباحثين الإسلاميين أن الضوابط التي توصلت إليها الدول في الاتفاقيات والمعاهدات الدولية لم تحقق حتى الآن التوازن المطلوب بين الطموح الإنساني علميا وتقنيا واقتصاديا من جهة، وبين المحافظة على نظافة البيئة وسلامتها وتحقق التنمية المستدامة من جهة أخرى، لأنها وضعت بمعزل عن القيم والمبادئ الإيمانية الهادية التي تعول قبل كل شيء على رقابة الضمير الذي يحترم القانون الإلهي لخير الناس أجمعين، فليس

وعلى عون اللـه، سيروا بتأييد اللـه، وما النصر إلا من عند اللـه ولزوم الحق والصبر، فقاتلوا في سبيل اللـه من كفر باللـه، ولا تعتدوا إن اللـه لا يحب المعتدين، ولا تجبنوا عند اللقاء، ولا تمثلوا عند القدرة، ولا تسرفوا عند الظهور، ولا تقتلوا هرما ولا امرأة ولا وليدا، واجتنبوا قتلهم إذا التقى الصفان وعند شن الغارات) مشار إليه في د. يوسف القرضاوي مرجع سابق ص 149

1 قال تعالى :في سورة الأعراف: "كلوا و اشربوا و لا تسرفوا إنه لا يحب المسرفين "

[2] د. علي حنوشي، العراق مشكلات الحاضر و خيارات المستقبل، دراسة تحليلية عن مستويات تلوث البيئة الطبيعية والبيئة الاجتماعية. بغداد: دار الكنوز الأدبية، سنة 2000، ص30

التلوث الذي تعاني منه البشرية اليوم في مختلف النظم البيئية سوى مظهر من مظاهر الفساد في الأرض الذي جلبه الإنسان لنفسه، وصدق الـلـه العظيم حيث يقول: **ظهر الفساد في البر والبحر بما كسبت أيدي الناس ليذيقهم بعض الذي عملوا لعلهم يرجعون"**[1]، والبيئة الصحيحة هي التي يتصالح فيها الفكر مع الواقع، في كنف الإيمان الخالص، هي الأقدر على بناء صرح الحضارة المتوازنة وفق قيم وتشريعات حكيمة تنظم الحياة في كل جوانبها ومرافقها. بما يحافظ علي التوازن الدقيق الذي وضعه الـلـه بين عناصر البيئة.

والبيئة من المنظور الإسلامي مرتبطة بتحمل الإنسان- دون غيره من المخلوقات- لأمانة الاستخلاف في الأرض، وترقية الحياة عليها حتى يستكمل حكمة الـلـه من خلقه وخلقها، وبعد أن سخر له كل ما في الكون من نعم ظاهرة وباطنه لينـدفع بهـا ويمجـد بانتفاعهـا رب العـالمين، ولا يكون الإنسان جديرا بحمل الأمانة إذا أساء استعمال النعم المسخرة له، أو تصرف فيها عـلى نحـو غير مشروع، استسلاما لأنانية مقيتة، فالأرض بخيراتها وثرواتها مسخرة لخدمة البشر جميعـا. قـال تعالى: **والأرض وضعها للأنام**[2]، وقال تعالى: **"وجعلنا من الماء كل شيءٍ حي أفلا يؤمنـون"**[3]. فالمـاء جعله الـلـه أصل وسبب حياة كل كائن حي، نبـات أو حيـوان أوغـيره مـن كائنـات لا يعلمهـا إلا الـلـه، ولذا وجب حفظ نعمة الـلـه من الثلوث.

والإنسان مطالب بالعمل على إظهار عظمة الخالق عن طريـق الانتفـاع الإيجـابي بكـل المسخرات، **قال تعالى: "هو أنشأكم من الأرض واستعمركم فيها"**[4] ، أي جعلكـم عـمارا تعمرونهـا وتسكنون بها، وهذا لا يتأتى. بحكم الإسلام. إلا بـأمرين أولهـا: أن تبقـي الصـالح عـلي صـلاحه ولا تفسده، والثاني: أن تصلح ما يفسد وتزيـد إصـلاحه، ولا شـك أن في الأمـرين خـير ضـمان لحمايـة البيئة وسـلامتها، وتحقيـق التنميـة واسـتدامتها[5]. و سـتتناول الدراسـة في المطلـب الثـاني المفهـوم القانوني للبيئة في محاولة لاستكمال ضبط المفاهيم التي ستستخدمها الدراسة .

---

1 سورة الروم، الآية، 41
2 سورة الرحمن، الآية 10
3 سورة الأنبياء، الآية 30
4 سورة هود، الآبه 61
5 د. أحمد فؤاد باشا، مرجع سابق

## المطلب الثاني :المفهوم القانوني للبيئة

نشأ التنظيم القانوني الحديث فى الغرب مؤكدا علي الحقوق الشخصية و على حرية الإنسان الأوروبي في شغل الأرض و استعمارها مع كل مقوماتها و عدم إعطاء الكائنات الأخرى أية حقوق مما أضر بالتنوع البيئي بشكل كبير[1] فضلا عن تلويث البيئة، وفى خلال القرن الثامن عشر تم اتخاذ بعض الإجراءات المحدودة لحماية البيئة، وبمرور الزمن ازداد الاهتمام بحماية البيئة عندما زادت أثار التلوث مع الزيادة فى التقدم الصناعي و التكنولوجي وانعكاس أثرذلك علي صحة الإنسان ، مما حدا بالعديد من الدول الغربية بأن تقوم بإعادة النظر فى تشريعاتها و قوانينها الخاصة ، وإصدار تشريعات جديدة لحماية المياه و البيئة البحرية و الزراعية ومنع تلوث الهواء و غيرها من أنواع البيئة التي لم تكن تخضع للحماية ، وتم تجميع هذه القوانين في قانون واحد لحماية البيئة [2].

وقد تطور المفهوم القانوني لحماية البيئة في العصر الحديث بتطور و تنامي حماية البيئة وتمدده ليشمل العد يد من عناصر البيئة، ونظرا لتباين درجة التطور من دولة إلى أخرى فقد اختلفت تشريعات الدول في تحديد المفاهيم القانونية البيئية، وفي أولويات الحماية المرجوة للبيئة في كل منها، وتوالت هذه الاهتمامات حتى برزت على الصعيد الدولي و أخذت الأمم المتحدة بزمام المبادرة في رعاية مؤتمرات واتفاقيات حماية البيئة من التلوث.

و قد أصدرت العديد من الدول العربية منذ زمن بعيد تشريعات تستهدف حماية كثير من عناصر البيئة من التلوث، ومن أمثلة ذلك التعليمات التي أصدرتها وزارة الزراعة فى مصر عام 1928 و التي تحرم صيد بعض الطيور النافعة للإنسان، و أيضا بعض التعليمات الأخرى الخاصة بجمع القمامة و طرق التخلص منها فى المدن و الذي صدر عام 1898 ، و صدرت قوانين لحماية المياه من التلوث منها القانون 93 لسنة 1962 ، و قد احتوى هذا القانون على معايير خاصة للصرف الصناعي، و حرم هذا القانون إلقاء مياه الصرف الصحي فى النيل أو فى أحد فروعه، و قد

---

[1] جورج سيشنز، في مابكل زيمرمان ، ترجمة ، معين شفيق رومية ، الفلسفة البيئية، الكويت: عالم المعرفة ، العدد 332 ، جـ1، ص 257

[2] د. أحمد مدحت سلام، التلوث مشكلة العصر،مرجع سابق ، ص 224

أصدرت مصر أيضا القانون رقم 453 لسنة 1945 المعدل بالقانون رقم 359 لسنة 1956 والذي احتوى على نصوص خاصة بالأدخنة و الأتربة و التي تتصاعد من بعض المحال الصناعية و التجارية ، و كذا قرار وزير العمل رقم 48 لسنة 1967 الذي حدد أقصى درجات تركيز الأتربة في الوحدات الصناعية حفاظا على صحة العاملين فيها[1].

وقد عرفت المادة الأولي من القانون رقم 4 لسنة 1994 في شأن البيئة في بندها الأول البيئة بأنها:"المحيط الحيوي الذي يشمل الكائنات الحية وما يحتويه من مواد وما يحيط بها من هواء وماء وتربة وما يقيمه الإنسان من منشآت" . وعرف القانون المذكور تلوث البيئة بأنه: "كل تغير في خواص البيئة يؤدى بطريق مباشر أو غير مباشر إلى الإضرار بصحة الإنسان والتأثير على ممارسته لحياته الطبيعية ، أو الإضرار بالموائل الطبيعية أو الكائنات الحية أو التنوع الحيوي "البيولوجي[2]". وعرف قانون البيئة تدهور البيئة بأنه: "التأثير على البيئة بما يقلل من قيمتها أو يشوه من طبيعتها البيئية أو يستنزف مواردها أو يضر بالكائنات الحية أو بالآثار"[3].

وصدر قانون البيئة المصري رقم 4 لسنة 1994 إلى جانب التشريعات البيئية الخاصة دون أن يلغيها باستثناء القانون رقم 72 لسنة 1968 الصادر في شأن منع تلويث مياه البحر بالزيت الذي ألغته المادة الثالثة من مواد إصدار قانون البيئة، فهناك العديد من القوانين الخاصة المتعلقة بحماية البيئة، منها ما يتعلق بحماية البيئة الأرضية، وحماية البيئة الهوائية من بعض أنواع الملوثات، و حماية البيئة المائية متوزعة علي عدة قوانين.

**ففيما يتعلق بحماية البيئة الأرضية** هناك القانون رقم 28 لسنة 1949 في شأن إجازة تحديد مناطق صناعية بالمدن ، و القانون رقم 93 لسنة 1962 المعدل بالقانون 30 لسنة 1983 في شأن توجيه و تنظيم أعمال المباني . و كذا القانون رقم 453 لسنة 1954 بشأن المحال

---

[1] د. أحمد مدحت إسلام، التلوث.مرجع سابق، ص 246

[2] المادة الأولي - أحكام عامة - من القانون رقم 4 لسنة 1994 في شأن البيئة بند 7وكان هذا البند قبل تعديله بالقانون 9 لسنة 2009 ينص علي أنه:" أي تغيير في خواص البيئة مما قد يؤدى بطريق مباشر أو غير مباشر إلى الإضرار بالكائنات الحية أو المنشآت أو يؤثر على ممارسة الإنسان لحياته الطبيعية .

[3] المادة الأولي - أحكام عامة - من القانون رقم 4 لسنة 1994 في شأن البيئة بند8

الصناعية و التجارية المقلقة للراحة و المضرة بالصحة و الخطرة [1] و المعدل بالقانون رقم 359 لسنة 1956 فى شأن المحال العامة [2]، و القرار الجمهوري بقانون 371 لسنة 1956 في شأن المحال العامة[3]، و كذا القرار 21 لسنة 1958 فى شأن تنظيم الصناعة و تشجيعها ، والقانون رقم 59 لسنة1960 بشأن تنظيم العمل بالإشعاعات المؤينة و الوقاية من أخطارها[4]،وقانون العمل 12لسنة 2003 و قوانين العمل السابقة عليه.

و قانون الزراعة رقم 53 لسنة 1966 و المعدل بالقانون رقم 9 لسنة 1973 ، و القانون رقم 59 لسنة 1978 ، و القانون رقم 116 لسنة 1983 و الذي تضمنت المادة 71 تجريم تجريف الأراضي الزراعية و فرض عقوبات الحبس و الغرامة على نقل الأتربة .و حرمت المادة 117 منه اصطياد الطيور النافعة للزراعة و الحيوانات البرية .كما صدر القانون رقم 38 لسنة 1967 فى شأن النظافة العامة [5]، و القرار بقانون رقم 84 لسنة 1967 بشأن الطرق العامة [6]، و القانون 1 لسنة 1973 بشأن المنشآت الفندقية و السياحية[7] و الذي يضع شروطا بيئية خاصة لإقامة هذه المنشآت، كما عاقب المشرع فى قانون المرور رقم 121 لسنة 2008[8] على تلويث البيئة الأرضية بالفضلات و مخلفات البناء و المواد القابلة للاشتعال أو الضارة بالصحة .

و كذا القانون 59 لسنة 1979 فى شأن المجمعات العمرانية الجديدة ،و القانون رقم 3 لسنة 1982 فى شأن التخطيط العمراني[9]. و صدر القانون رقم 127 لسنة 1980 فى شأن الغاز الطبيعي متضمنا قواعد للحفاظ على سلامة العقارات و شاغليها أو الغير فى أية مخاطر، و صدر القانون رقم 117 لسنة 1983 في حماية الآثار[10] و المعدل بالقانون رقم 12

---

1 الوقائع المصرية : العدد 67 مكرر ، 1954/8/26
2 الوقائع المصرية : العدد 84 مكرر ، 1956/10/18
3 الوقائع المصرية : العدد 84 مكرر "ج" 1956/11/3
4 الجريدة الرسمية: العدد 57، 1960/3/8
5 الجريدة الرسمية: العدد 77، 1967/8/3
6 الجريدة الرسمية: العدد 50، مكرر "5" 1968/12/18
7 الجريدة الرسمية: العدد 43 مكرر، 1980/10/28
8 الجريدة الرسمية: العدد 23 مكرر 2008/6/9
9 الجريدة الرسمية: العدد 8، 1982/2/25
10 الجريدة الرسمية: العدد 32، 1983/8/11

لسنة 1991 بشأن حماية البيئة الحضارية و التاريخية و إسباغ الملكية العامة عليها و تجريم الاتجار فى الآثار و تنظيم أعمال التنقيب و الحفر و البحث عن الآثار .

أما التشريعات الخاصة بحماية البيئة الهوائية . فمـن أهمهـا القانـون رقـم 45 لسنة 1949 فى شأن تنظيم استعمال مكبرات الصوت و تعديلاته [1]. كمـا نـص قانـون المـرور 121 لسنة 2008 على عقاب من قاد مركبة تصدر أصواتا مزعجة، وعاقب القانون أيضا من قاد مركبة ينبعث منها دخان كثيف أو روائح كريهة.وتم أصدر القانون 52 لسنة 1981 فى شأن الوقايـة مـن أضرار التدخين [2]، و تمت مكافحة التلوث الناتج عن تشغيل الآلات الميكانيكية بالقانون رقم 55 لسنة 1977 فى شأن إقامة و إدارة الآلات الحرارية و المراجل البخارية [3].

أما عن حماية البيئة المائية، فقد صدر القانون رقم 280 لسنة 1960 فى شأن المـوانئ و المياه الإقليمية، و القانون رقم 79 لسنة 1961 فى شأن الكوارث البحرية و الحطام البحري و ذلك بهدف حماية المـوانئ و البحار من التلوث ، و صدر القانون رقم 93 لسنة 1962 فى شـأن حرق المخلفات السائلة [4]، و القانون رقم 48 لسنة 1982 فى شأن حماية نهر النيل و المجاري المائية مـن التلوث و الذي ستتناوله هذه الدراسة بشيء من التفصيل لأهميته ، و صـدر أيضا القانـون رقـم 12 لسنة 1984 فى شأن الري و الصرف لتنظيم موضوعات الري و الصرف حفاظـا علـى سـلامة البيئة .

و مما سبق تتضح مدى كثرة التشريعات المصرية الخاصة بحماية البيئة و توزعهـا علـى العديد من القوانين - والتي لم نوردها على سبيل الحصر- ، و يـرى البـعض أنـه يتوجـب تجميـع شتات هذه التشريعات فى قانون البيئة رقم 4 لسنة 1994، لأن توزعها علي أكثر من قانون قد

1 الوقائع المصرية: العدد 49، 4/4 /1949، و هي القانون 209 لسنة 1980 و القانون 177 لسنة 1981، و القانون 129 لسنة 1982
2 الجريدة الرسمية: العدد 26 (تابع)، 1981/6/25
3 الجريدة الرسمية: العدد 44، 1981/1/3
4 الجريدة الرسمية: العدد 153، 1961/7/10

يضعف فاعليتها في حماية البيئة[1]، و في ظل تقاعس الجهات الإدارية المختصة عن مراقبة تنفيذ هذه التشريعات لكثرتها، و من ثم عدم إحالة المخالفين للمحاكمة الجنائية لمعاقبتهم علي ما يثبت ارتكابه من مخالفات ، الأمر الذي أدي إلي قلة الرادع الذي تشكله العقوبة لحماية البيئة من ناحية إضافة لقلة الوعي البيئي لدى المواطنين ، ومن ناحية أخري أدي إلي قلة الأحكام الجنائية الصادرة بناءا علي هذه القوانين مع وجود زيادة في ارتكاب المخالفات البيئية[2].

و قانون حماية البيئة يعد فرعا من الفروع القانونية الذي ينظم نوعا معينا من علاقات الإنسان بالبيئة التي يعيش فيها، ولما كان تلوث البيئة لا يعرف الحدود الوطنية أو الإقليمية، فقد تخطي الاهتمام بحماية البيئة الحدود الوطنية و الإقليمية و أصبحت هناك منظمات دولية نتجت عن المعاهدات التي أبرمتها الدول مع بعضها لحماية البيئة والتزمت الدول بإدراجها في قوانينها المحلية، ولذا فان قوانين حماية البيئة تتميز عن غيرها من القوانين بتنوع مصادرها من مصادر داخلية وطنية و إقليمية و دولية .

ولقانون حماية البيئة خصائص تميزه عن غيره من القوانين الأخرى فضلا عن كونه قانون حديث النشأة، فهو من ناحية أولى: و بالنظر إلي أهمية موضوعه و خصوصية طبيعته يعد قانونا ذو طابعا فنيا لأنه لا يعتمد علي نصوص التجريم وحدها بل قد يحتاج الأمر إلي معاينات وقياسات وأخذ عينات وتحليلها لإثبات المخالفة البيئية ولبيان تجاوز المخالف للحدود المسموح بها من عدمه، ومن ناحية ثانية: فهو قانون ذو طابع تنظيمي آمر لا يجوز الاتفاق علي مخالفته أو عدم الالتزام بالطرق و الوسائل التي حددها ، و من ناحية ثالثة هو قانون ذو طابع دولي[3] لأن أثار بعض الجرائم التي يعاقب عليها قد تتعدي الإقليم الوطني للدول .

---

[1] د. مجدي مدحت النهري، مسئولية الدولة عن أضرار التلوث البيئي، المنصورة:مكتبة الجلاد، سنة 2002، ص 247

[2] د. عادل ماهر الألفي، حماية البيئة الجنائية للبيئة، الإسكندرية: دار الجامعة الجديدة سنة 1999، ص 81

[3] د . سحر مصطفى حافظ , الالتزامات الدولية تجاه الاتفاقات و المعاهدات الدولية في مجال حماية البيئة , القاهرة : المركز القومي للبحوث الاجتماعية و الجنائية , بحث غير منشور، ص1

وقد ذهب الفقه في تحديد الطبيعة القانونية لقانون حماية البيئة اتجاهين، الأول: أنه أحد فروع القانون العام وتسري عليه مناهجه و قواعد البحث فيه، والاتجاه الثاني أنه فرع مستقل من فروع القانون و له ذاتيته الخاصة عن بقية الفروع الأخرى، و لذا فانه ينبغي أن يفرد له منهج دراسي مستقل عن كافة فروع القانون الأخرى . و ذلك لأن المفاهيم القانونية البيئية ذات طبيعة خاصة ومتداخلة و تتعلق بمسائل فنية دقيقة، لأنها مرتبطة بإجراء قياسات للملوثات لمعرفة درجة تلويثها للبيئة التي يتم قياسها – سواء التربة أو الهواء أو الماء - وهل هي في حدود المسموح به من عدمه، و من المتسبب، و هل تم إتباع الإجراءات التي نصت عليها القوانين و اللوائح لإزالة الضرر في المدة التي تم تحديدها من عدمه، و هل تم إتباع الإجراءات التنظيمية و عمل التراخيص اللازمة لاستخدام المواد التي قد تحدث هذه الملوثات، و هل يمكن إزالتها أم أنها بعيدة الأثر في البيئة التي حدثت بها عملية التلويث، و ذلك كله يتطلب تخصصا دقيقا من قبل الجهات القائمة على تنفيذ القانون، و كذا الجهات التي تقدم الخبرة في المسائل الفنية المتعلقة به، و كذا تتطلب ذات الخبرة من القضاة الذين يحكمون في مثل هذه المنازعات عالية الفنية و شديدة التغير.

## المطلب الثالث: البيئة و التنمية

تعد الصناعة هي الدعامة الرئيسية في عملية التنمية و يمكن تصنيف أنواع الصناعات على النحو التالي صناعات غذائية ، و كيميائية و هندسية و صناعات معدنية و حرارية ، و تعتبر الصناعة في نفس الوقت أهم مصادر التلوث على الإطلاق سواء للهواء أو الماء أو التربة ، و أنواع عديدة أخرى من الملوثات. و تلعب الطاقة دورا كبيرا في عملية التنمية ، و توجد مصادر متعددة لإنتاج الطاقة أهمها النفط و الغاز الطبيعي و الكهرباء و الفحم و غيرها و إنتاج الطاقة ينتج عنه العديد من الملوثات للهواء و المياه و التربة أيضا و ذلك لكثافة استخدامها سواء المصانع أو وسائل النقل أو الصناعات الكيماوية .

والعلاقة بين البيئة والتنمية تشتمل على مسائل تاريخية و سياسية و اجتماعية و اقتصادية و بالتالي فهي معقدة ، فتقدم التنمية صناعيا و تكنولوجيا يؤثر سلبا على البيئة و حماية البيئة قد لا تتفق و أهداف التنمية ،

حيث يصحب التنمية تلوث البيئة، لأنها تعتمد على زيادة التصنيع و استخدام المواد الخام بصورة تتعارض و حماية البيئة و ذلك للقضاء على الفقر و تحقيق احتياجات السكان[1]، إذ تعد الصناعة أداة التجديد المجتمعي الأولى في العالم المعاصر، ومن المفترض أن تعد التنمية الصناعية أهم وسائل الارتقاء للإنسان ، ولكن ما حدث هو العكس تماما، حيث أصبحت التنمية الصناعية و التنمية الاقتصادية عموما هي أهم وسائل استنفاذ موارد البيئة و إيقاع الضرر بها وتلويثها، وهذه التنمية توصف بالتنمية الاقتصادية، حيث يتم تسخير موارد البيئة لخدمة الاقتصاد، مما أدى إلى ظهور مشكلات كبيرة نتيجة لما تحدثه هذه التنمية من تلوث لموارد البيئة و إهدارها .

إذن فالعلاقة وثيقة بين التنمية والبيئة، فالأولى تقوم على موارد الثانية و لا يمكن أن تقوم التنمية دون الاعتماد على موارد البيئة ، و الإخلال بالموارد البيئية سيكون له انعكاساته السلبية على عملية التنمية و الإخلال بأهدافها، فالتلوث يؤثر فضلا عن تأثيره السلبي على البيئة يؤدي إلى شح الموارد و تناقصها، و هو ما سيؤثر على التنمية من حيث مستواها و تحقيق أهدافها .

إن الصراع بين البيئة و التنمية الذي ظهر مطلع ستينات القرن الماضي أسهم في تأخير الاهتمام بالبيئة و إدراك أهميتها في عملية التنمية، و ذلك لأن المطالبة بحماية البيئة جاءت كرد فعل للكوارث البيئية التي شهدها العالم من جراء النشاطات الصناعية و التكنولوجية و بالتالي ظهرت هذه المطالب و كأنها تقف موقفا معارضا من التنمية.

إن التطور الصناعي المبكر في أوروبا الغربية تطلب بالضرورة احتلالا مستمرا للشعوب الأخرى "و استعمارها "مما أدى إلى تدمير الاقتصاد الطبيعي المحلي فيها، لأن الاستعمار يعد شرطا ضروريا للنمو الرأسمالي للدول الاستعمارية، و هذا النمو في سعيه لخلق الثروة و تحويل الفائض و الأرباح إلى الدول الرأسمالية خلق فقرا موازيا في الدول

[1] رشيد الحمد محمد سعيد صباريني ، البيئة و مشكلاتها الكويت : عالم المعرفة ، العدد 22 ، ص 168

المستعمرة و تخريبا اقتصاديا و بيئيا و مجتمعيا مازالت تعاني منه حتى الآن هذه الدول[1].

**والملاحظ أن تعثر التنمية** وبالتالي الفقر منتشر في المجتمعات التي تعرضت للاستعمار طول الخمسة قرون الماضية، فالفقر وليد الظاهرة الاستعمارية ، وهناك ارتباط وثيق بين الفقر وسوء توزيع الدخل ، فقد يوجد الفقر في مجتمع ما ليس لأنه فقير ولكن بسبب سوء توزيع الدخل ؛ لقد مر النمو الاقتصادي للدول العربية ومنها مصر بعدد من المراحل ، بدءا من السعي نحو التصنيع والتغيير الاجتماعي في الستينات، ثم عقد السبعينات وظهور آثار الأموال النفطية علي دول الخليج، ثم الانفتاح الاقتصادي في مصر[2] ، وبالرغم من ذلك زاد اعتماد الوطن العربي على العالم الخارجي منذ أوائل الثمانينات مما كان عليه في أوائل الستينات وبمرور الوقت يزيد الاعتماد علي الخارج ، سواء في غذائه أو سلاحه[3] ، وأصبحت الواردات الزراعية الأوروبية والأمريكية نحو ستة أضعاف حصيلة الصادرات الزراعية العربية[4]، وتزداد الفجوة بمرور السنوات لأن اقتصاديات الدول العربية تعتبر في معظمها أحادية الإنتاج ، إذ تعتمد بصفة رئيسة على مصدر إنتاجي واحد هو النفط في دول مجلس التعاون الخليجي، أو المنتجات الزراعية أو التعدينية في بقية الدول العربية.

و كان موقف الدول النامية بعد حصولها علي استقلالها في صراع مع الزمن لتحسين اقتصادياتها و رفع مستوى معيشة مواطنيها و تطوير مجتمعها ، معتبرة أن المشاكل البيئية تهم الدول الصناعية فى المقام الأول،

---

[1] مايكل زيمرمان ، ترجمة معين شفيق رومية ، الفلسفة والبيئة ، الكويت : عالم المعرفة ، سنة 2006،العدد 332، ج 2 ، ص 52

[2] وعلى سبيل المثال لو تتبعنا خطوط الفقر العالمي وموقع مصر منها ، ولو تتبعنا الموقف الداخلي والإنفاق للأغلبية مقارنته بالأقلية، لوجدنا أن المجتمع المصري فقير في عمومه و الكثرة الغالبة للفقراء من الفلاحين الذين يمتلكون مساحات زراعية ضئيلة لا تجاوز الفدان يقعون ضمن قاعدة هذا الهرم ، وكذا ملايين العاطلين من الخريجين والعمال المسرحين ، نتيجة لسياسات الخصخصة وإعادة الهيكلة الاقتصادية ، وكذا الذين يعملون في أعمال هامشية غير منتجة هي أقرب للتسول ، نظير أقلية غنية تقع في أعلى الهرم الاجتماعي

[3] انظر: د. أسامة الغزالي حرب، تهميش العالم الثالث، في الوطن العربي والمتغيرات العالمية - معهد البحوث والدراسات العربية 1991 ص 151.

[4] التقرير الاقتصادي العربي الموحد، سنة 1990، ص 57.

وأن حماية البيئة لا تمثل لها أولوية أولى، لأن برامج التصنيع فيها مازالت فى بدايتها، وأن بلدانها مازالت فى حاجة إلى مزيد من التصنيع لسد حاجات مواطنيها الفقراء فى غالبيتهم، و لذا اتسع مفهوم البيئة الاجتماعية إلى جانب البيئة الطبيعية وتم لأول مرة إطلاق شعار " الفقر أكبر ملوث للبيئة ".[1] "فالفقر و الحاجة هما الملوثان الأكبر خطورة في العالم، كيف تستطيع التحدث إلى هؤلاء الفقراء و الذين يعيشون في القرى و الأكواخ عن ضرورة حماية الهواء و الماء و الأرض من التلوث، إذا كانت حياتهم في جوهرها ملوثة ، و لذا فإن حماية البيئة لا يمكن أن تتم في ظروف الفقر"[2].

**إن العالم العربي**[3] عموما - إذا استثنينا الدول الخليجية - يعانى من معضلات تنموية عديدة ، فنسبة الأمية مرتفعه جدا في معظم الدول العربية، والجماهير في معظمها مكروبة لتوفير لقمة العيش لها ولأسرها ، ولذا فإن التنمية تعني دفع المجتمعات تجاه التقدم، و تحسين حياة الفقراء ومنح كل شخص فرص النجاح و الحصول على الرعاية الاجتماعية وفي مقدمتها الرعاية الصحية والاجتماعية و التعليم[4]، وتحسين ظروف العيش في دول العالم الثالث و الحد من النزعة الاستهلاكية للمترفين و نزعة التصنيع الملوث للبيئة في كل مكان في العالم يجب أن تمثل برنامجا دائما لحماية البيئة، و ليس عادلا أن تطالب الدول المتقدمة دول العالم الثالث بحماية منظوماتها البيئية على حساب الحاجة الحيوية الضرورية لسكانها الفقراء[5].

---

[1] د. احمد محمد سلام، التلوث مشكلة العصر، الكويت: عالم المعرفة، العدد 152، سنة 1990 ص 18

[2] أنديرا غاندي ،رئيسة وزراء الهند السابقة ، في كلمتها أمام مؤتمر البيئة ، استكهولم . مشار إليه في رجب سعد السيد ، مسائل بيئية الهيئة المصرية العامة للكتاب القاهرة : سنة 1999، ص 2 و د. عادل ماهر الألفي، الحماية الجنائية للبيئة، الإسكندرية، دار الجامعة الجديدة، سنة 2009، ص7

[3] العرب في حاجة أكثر من غيرهم من بقية الدول النامية إلى تطبيق قوانين ولوائح تنظيمية قوية ووجود حكومة فعالة و سلطة قضائية قوية و مستقلة و نظام ديمقراطي يدير الدولة بكفاءة و شفافية.إن الأمر يحتاج إلى سياسات نمو دائمة و عادلة و ديمقراطية ، و ذلك مبرر وجود التنمية ، إن التنمية المستدامة والحقيقية والتي يستفيد من ثمارها جميع المواطنين لن تحدث إذا قام بضعة أشخاص فقط بإملاء السياسات التي يتعين على بلد ما إتباعها ، فالتأكد من اتخاذ القرارات بشكل ديمقراطي، يعني ضمان المشاركة في النقاش بفاعلية من قبل الأشخاص المنفذين لهذه القرارات ومن الأشخاص الذين ستطبق عليهم هذه القرارات، الأمر الذي يعني شرعيتها والتزام الجميع بها والعمل علي تطبيقها .

[4] جوزيف ستجليز ، ضحايا العولمة ، ترجمة : لبنى الريدي ، القاهرة . الهيئة المصرية العامة للكتاب . سنة 2007. ص 331

[5] جورج سيشنز ، في مايكل زيمرمان ، ترجمة معين شفيق رومية ، الفلسفة و البيئة ، الكويت : عالم المعرفة، سنة 2006، العدد 332 ، ج 1 ص 384

و قد تطور الفهم العام للعلاقة بين التنمية و البيئة في العقدين الآخرين من القرن الماضي ، حيث كانت التنمية مرتبطة في أذهان العديد من المثقفين و السياسيين و صناع القرار بالتنمية الاقتصادية فقط، و كان ينظر إلى حماية البيئة على أنها من معوقات التنمية ، و المهم فقط كان زيادة الدخل القومي و تصنيع المجتمع دون الاهتمام بسلامة البيئة ، و ظل هذا المفهوم حتى نهاية عقد الثمانينات من القرن الماضي حيث تحول الفكر من" البيئة أو التنمية "إلى البيئة والتنمية ، حيث برز مبدأ "التنمية المستدامة" من خلال تقرير تم عرضه على الأمم المتحدة عام 1987 بعنوان " مستقبلنا المشترك " و تنامت الدعوة إلى إنشاء التوازن بين التنمية الاجتماعية و التنمية الاقتصادية و المحافظة على البيئة و استدامتها للأجيال القادمة .

و قد تعددت تعريفات التنمية المستدامة - بعد ما تم اعتمادها من المجتمع الدولي- وقد حصر تقرير الموارد العالمية الذي نشر عام 1992 المختص بدراسة موضوع التنمية المستدامة ما يقارب عشرون تعريفا للتنمية المستدامة و تم تصنيفها كالتالي :

1ـ تعريفات ذات طابع اقتصادي : و تمثل التنمية المستدامة لدول الشمال الصناعية عن طريق إجراء خفض كبير ومتواصل في استهلاك الطاقة والموارد الطبيعية ، و يتمثل في دول العالم الثالث ، تحقيق المزيد من النمو و الفاعلية ومحاربة الفقر والتجارة المتوازنة بين الشمال والجنوب و أن يتم الأخذ بمبدأ " المشاركة والدفع مقابل التلويث " واحترام احتياجات الأجيال القادمة من التنمية المستدامة.

2ـ تعريفات ذات طابع اجتماعي: وتهتم بالاستجابة للاحتياجات البشرية بطريقة متوازنة وذلك بتوفير العناية الصحية والرعاية الاجتماعية والتعليم و الحماية من الفقر والاستغلال، و السعي من أجل استقرار النمو السكاني و تحقيق أكبر قدر من المشاركة الشعبية في التخطيط و إدارة التنمية. وأن يتم في البداية توفير الغذاء و الكساء ، لأنه عند تحليل العلاقة بين البيئة وبين الأمراض التي تحدث نتيجة آثار بيئية سلبية، نجد أن خمسة وثمانين في المائة من عبء الأمراض والوفيات الناتجة عنها يقع على كاهل الأطفال في دول العالم النامي وحدهم،  وهم الضحية الأولى للأمراض التنفسية بسبب ارتفاع درجة الحرارة إلى حدود قصوى ولتلوث الهواء بالملوثات المختلفة.

كما أن التغيرات المناخية وارتفاع درجة حرارة الجو ستؤدي إلي رفع احتمالات الإصابة والوفاة بسبب حزمة متنوعة من الأمراض المعدية، مثل الملا ريا، وأمراض الإسهال، بالإضافة طبعا إلى سوء التغذية والمجاعات الناتجة عن القحط وشح الأمطار[1].

3ـ تعريفات ذات طابع بيئي: ويهتم بالمحافظة على المصادر الطبيعية بتخفيض أضرار جميع أنواع الملوثات و الحد من قطع الغابات و حماية التنوع البيولوجي و ترقية الطاقة المتجددة . وتم الانتهاء إلي تعريف التنمية المستدامة بأنها " التنمية التي تلبي احتياجات الجيل الحالي من دون التضحية باحتياجات الأجيال القادمة " وفق تقرير "برنتلاند" حول التنمية المستدامة الصادر عن اللجنة العالمية للبيئة والتنمية عام 1987[2]

وقد تبنى مؤتمر الأمم المتحدة للبيئة والتنمية المعروف " بقمة الأرض " فى ريودى جانيرو بالبرازيل عام 1992 هذا المفهوم و دعي إلى تحقيق التكامل بين البيئة و التنمية ، و وجوب مراعاة صناع القرار فى الدول لذلك ، و أن من يقوم بالتلويث للبيئة عليه دفع كلفة هذا التلوث ، و أنه يتوجب أن يتم إدارة الموارد الطبيعية بصورة عقلانية و رشيدة تحافظ عليها للأجيال القادمة .

إلا أنه تجدر الإشارة إلى أن العديد من الدول لم تطبق أي من خطط عمل قمة الأرض في الحفاظ على البيئة و التنمية و ظلت على نهجها السابق الساعي لتحقيق النمو الاقتصادي بأي ثمن دون اعتبار لتبعات ذلك على البيئة و الموارد الطبيعية و فرص الأجيال القادمة[3]، و قد انعقد مؤتمر قمة العالم عام 2002 حول التنمية المستدامة فى " جوهانسبرج

---

[1] د. أكمل عبد الحكيم، الاتحاد20 /2009/21

[2] وليد زيباري، " من البيئة أو التنمية " إلى البيئة و التنمية ، الوسط، 7\10\ 2007

[3] لقد ركزت التنمية على المؤشرات المالية - الناتج القومي الإجمالي - و ما لا تستطيع هذه المؤشرات إظهاره هو التدمير البيئي و خلق الفقر المرتبط بعملية التنمية ، إن المشكلة في قياس النمو الاقتصادي بواسطة مؤشر الناتج القومي الإجمالي تتمثل في أنه يدرج بعض التكاليف معتبرا إياها منافع فيعتبر مثلا قطع أشجار غابة طبيعية ثروة مضافة إلى النمو الاقتصادي.

" بجنوب أفريقيا بحضور ممثلين لأكثر من 191 و أكثر من " 21 " ألف مشارك حيث تم إعادة التأكيد على أن " التنمية المستدامة هي هدف مركزي فى الأجندة العالمية " و حددت الأمانة للأمم المتحدة مجالات لأولويات المناقشة فى المؤتمر، و هي المياه والطاقة ، و الصحة و الزراعة و التنوع الحيوي، و قد انتهى المؤتمر إلى خطة عمل تنفيذية فى العديد من المجالات سالفة الذكر[1] مازالت متعثرة في العديد من الدول.

لقد توسع إطار مفهوم التنمية لينتقل من مفهوم النمو الاقتصادي بوصفه أداة لتأمين احتياجات الإنسان دون الاهتمام بأي شيء آخر إلى مفهوم التنمية المستديمة و التي يشمل جوانب الحياة المختلفة لضمان استمراريتها محافظة عليها للأجيال القادمة، فالأجيال القادمة لها الحق فى بيئة سليمة تمكنها من استعمال مصادرها الطبيعية لحياة وعيش أفضل، بل إن الوثيقة السياسية لمؤتمر القمة العالمي بجوهانسبرج تضمنت التأكيد على بناء مجتمع إنساني مبني على المساواة و صيانة كرامة الإنسان وبما يدعم الأركان الرئيسية الثلاثة للتنمية المستدامة - حماية البيئة و التنمية الاجتماعية و التنمية الاقتصادية - على المستويات المحلية والإقليمية و العالمية، مع وجوب تنفيذ برنامج عالمي للقضاء على الفقر، و عدم حرمان أي فرد أو أي أمة من فرصة الاستفادة من التنمية وتم اعتبار الحق في التنمية من حقوق الإنسان الأساسية "التي لا يجوز النزول عنها، و أن كل فرد ينبغي أن يكون مشاركا إيجابيا فيها، باعتباره محورها"، وفق ما أكده الإعلان الصادر في 12/4 /1986 عن الجمعية العامة للأمم المتحدة في شأن التنمية. وقد رسخ قضاء المحاكم العليا في مصر هذا الاتجاه في العديد من الأحكام القضائية[2]، لكن مازالت هناك فجوة كبيرة بين النصوص والواقع في العديد من الدول النامية.

---

[1] المرجع السابق

[2] وفي حكم للمحكمة الدستورية المصرية أصلت فيه لما يجب أن تكون عليه التنمية في علاقتها بالبيئة بقولها :"و حيث أن التطور الإيجابي للتنمية ، لا يتحقق بمجرد توافر الموارد الطبيعية على اختلافها ، بل و يتعين أن تقترن وفرتها بالاستثمار الأفضل لعناصرها و إذا كان الماء أغلى هذه الموارد و أكثرها نفعا باعتباره نبض الحياة و قوامها ، فلا يجوز أن يبدد إسرافا ، فان الحفاظ عليه قابلا للاستخدام في كل الأغراض التي يقبلها ، يغدو واجبا وطنيا ، و بوجه خاص في كبرى مصادره ممثلا في النيل و الترع المنتشرة في مصر ، ليس لإحياء الأرض وحدها أو إنمائها ، بل ضمانا للحد الأدنى من الشروط الصحية للمواطنين جميعا و استخداما لوسائل علمية تؤمن للمياه نوعيتها ، و تطرح الصور الجديدة لاستخداماتها لتعم فائدتها ، و إذا كان تراكم الثروة يقتضي جهدا و عقلا واعيا ، فان صون الموارد المائية من ملوثاتها ، يعتبر مفترضا أوليا لكل عمل يتوخى التنمية الأشمل و الأعمق ، بيد أن اتجاها لتلويثها بدا أول الأمر

محدودا ، ثم تزايد حده بمرور الزمن ، وصار بالتالي محفوفا بمخاطر لا يستهان بها تنال من المصالح الحيوية لأجيال متعاقبة بتهديدها لأهم مصادر وجودها ، و على الأخص مع تراجع الوعي القومي ، و إيثار بعض الأفراد لمصالحهم و تقديمها على ما سواها ، و قد كان للصناعة كذلك مخرجاتها من المواد العضوية الضارة التي تتعاظم تركيزها أحيانا ليكون تسريبها إلى المياه و كائناتها الحية هادما لخصائصها و كان لغيرها من الأماكن مخلفاتها أيضا السائلة منها و الصلبة و الغازية التي تزايد حجمها و خطرها تبعا لتطور العمران تطورا كبيرا و مفاجئا ، بل و عشوائيا في معظم الأحيان و اقترن ذلك بإهمال التقيد بالضوابط والمعايير التي تجعل صرفها في تلك الموارد المائية على اختلافها مأمونا أو على الأقل محدود الأثر ، و كذلك بقصور التدابير اللازمة لرصد مصادر تلوثها و السيطرة عليها أو بمكافحتها بعد وقوعها . و حيث إن الحق في التنمية ـ وعلى ما تنص عليه المادة الأولى من العهد الدولي للحقوق المدنية و السياسية ـ وثيق الصلة بالحق في الحياة ، و كذلك بالحق في بناء قاعدة اقتصادية تتوافر أسبابها ، و على الأخص من خلال اعتماد الدول ـ كل منها في نطاقها الإقليمي ـ على مواردها الطبيعية ليكون الانتفاع بها حقا مقصورا على أصحابها . وقد أكد الإعلان الصادر في 12/4 /1986 عن الجمعية العامة للأمم المتحدة في شأن التنمية42/182أهميتها بوصفها من الحقوق الإنسانية التي يجوز النزول عنها ، و أن كل فرد ينبغي أن يكون مشاركا إيجابيا فيها ، باعتباره محورها ، و إليه يرتد عائدها و أن مسئولية الدول في شأنها مسئولية أولية تقضيها أن تتعاون مع بعضها البعض من أجل ضمانها و إنهاء معوقاتها ، و أن تتخذ التدابير الوطنية و الدولية التي تيسر الطريق إلى التنمية بما يكفل الأوضاع الأفضل للنهوض الكامل بمتطلباتها و عليها أن تعمل في هذا الإطار ـ على أن تقيم نظاما اقتصاديا دوليا جديدا يؤسس على تكافؤ الدول في سيادتها و تداخل علاقتها وتبادل مصالحها و تعاونها . و هذه التنمية هي التي قرر المؤتمر الدولي لحقوق الإنسان المنعقد في فينا خلال الفترة من 14 إلى 25 يونيو ارتباطا بالديمقراطية ، و بصون حقوق الإنسان و احترامها ، و أنها جميعا تتبادل التأثير فيما بينها ، ذلك أن الديمقراطية أساسها الإدارة الحرة التي تعبر الأمم من خلالها عن خياراتها لنظمها السياسية و الاقتصادية و الاجتماعية و الثقافية ، و إسهامها المتكامل في مظاهر حياتها على اختلافها . كذلك فان استيفاء التنمية لمتطلباتها ـ و باعتبارها جزءا لا يتجزأ من حقوق الإنسان لا يقبل تعديلا أو تحويلا ـ ينبغي أن يكون إنصافا لكل الأجيال ، لتقابل احتياجاتها البيئية و التنموية ، و على التقدير أن الحق في الحياة ، و كذلك صحة كل إنسان يتعرضان لأفدح المخاطر من جراء قيام البعض بالإغراق غير المشروع لمواد سمية أو لجواهر خطرة , أو لفضلاتهم و نفايتهم و من ثم يدعو المؤتمر الدول جميعها لأن تتعاون فيما بينها من أجل مجابهة هذا الإغراق غير المشروع ، و أن تقبل التقيد بكل معاهدة دولية معمول بها في هذا المجال , و تنفيذها تنفيذا صارما" .**(الطعن رقم 43لسنة 51ق دستورية جلسة 2مارس 1996)**

**ومن أحكام المحكمة الإدارية العليا** في هذا الخصوص2:" ومن حيث إن حق الإنسان في العيش في بيئة صحية نظيفة ، أضحى من الحقوق الأساسية التي تتسامى في شأنها و علو قدرها و مكانتها مع الحقوق الطبيعية الأساسية و منها الحق في الحرية و الحق في المساواة ، فكان أن حرصت الوثائق الدستورية الجدية على أن تضمن نصوصها أحكاما تؤكد هذه النظرة الأساسية فضلا عن أن المواثيق الدولية و في طليعتها إعلان استكهولم الصادر سنة 1972 أكد على أن هذا الحق ضمان أساسي لتوفير الحياة الكريمة للإنسان في وطنه ، و يقابل هذا الحق تقرير واجب على عاتقه بالالتزام بالمحافظة على هذه البيئة و العمل على تحسينها للأجيال الحاضرة و المستقبلة ، و من ذلك أيضا ما كان من اتفاقيات لحماية طبقة الأوزون ( اتفاقية فيينا لسنة 1985 و بروتوكول مونتريال لسنة 1987 ) ، فكل ذلك قواعد حاكمة للنظام الدولي التي تشارف أن تكون قاعدة آمرة .و من حيث إنه إذا كانت الدول المتقدمة تحرص على الحفاظ على البيئة بأن تضمن التشريعات الحاكمة لشئونها ما يحقق ذلك ، فإن الدول النامية كان حسها أشد و حرصها على تأكيد ذلك اكبر ، ذلك خشية أن يختل ميزان المصالح فتطغى بعضها على البعض الأخر الأقل قدرة على الدفاع عن مصالحه ،فكان أن حرص الميثاق الإفريقي لحقوق الإنسان و الشعوب في ( نيروبي سنة 1981 ) على النص في المادة (24) منه على أن " لكل الشعوب الحق في بيئة مرضية وشاملة و ملائمة لتنميتها ".( **الطعن رقم 8450 لسنة 44 القضائية بجلسة 21 من فبراير سنة 2001)**

و مما سبق يتضح أنه تم إزالة التعارض بين حماية البيئة والتنمية و ما كان يقع من تعارض و التباس بينهما، و أنه يتعين على جميع الدول سواء المتقدمة أو النامية الأخذ بمفهوم التنمية المستدامة و ما يفرضه من التزامات و ما يعطيه من حقوق، إلا أنه تبقى المسئولية الأكبر على الدول المتقدمة والتي كان لها النصيب الأعظم فى تلويث الكرة الأرضية، لسبقها الزمني في التصنيع، و لضخامة صناعاتها من حيث الحجم والانتشار، مما أدي إلي ضخامة كميات الملوثات التي تبثها فى الكرة الأرضية.

إن مسئولية الدول النامية تعد ضئيلة جدا فى مسائل بيئية مثل المساهمة فى ارتفاع درجة حرارة الأرض أو ثقب الأوزون ، فنشاطات هذه الدول في معظمها تقتصر على التلويث المباشر للتربة و المياه و الهواء فى عمليات تصنيع مباشرة فى بيئتها المحلية وكمية الانبعاث لغلاف الكرة الأرضية التي تنتج عن نشاطها الصناعي تعد ضئيلة جدا. و قد تم التمسك بمبدأ المسئولية المشتركة و المتباينة بين الدول النامية و الدول المتقدمة من قبل الدول النامية ( مجموعة 77 + الصين ) و إنشاء صندوق لمساعدة الدول النامية الفقيرة لتحقيق التنمية المستدامة و القضاء على الفقر[1].

و مع تطور الاهتمام بالبيئة في الدول المتقدمة تطورت التنمية من التنمية الاقتصادية إلى التنمية المستدامة التي تحافظ على الموارد و التنمية الاقتصادية كلتيهما حتى تستمر الموارد للأجيال القادمة و أن تتم عملية التنمية مع أقل ضرر للبيئة في الدول المتقدمة، ثم تطور المفهوم إلى التنمية النظيفة التي تضع نصب عينيها الحفاظ على البيئة و مراعاة سلامتها عند القيام بالنشاطات التنموية .

و في عام 1997 تم الاتفاق على بروتوكول " كيوتو " وقد تبني آلية جديدة تدعى "التنمية النظيفة" حيث نصت الاتفاقية على أن يكون الغرض من التنمية مساعدة الأطراف على تحقيق التنمية المستدامة و الإسهام فى تحقيق الهدف النهائي للاتفاقية بمساعدة الأطراف على الامتثال لالتزاماتها بتحديد و خفض الانبعاثات كميا[2]، و قد تم النص على إنشاء مجلس تنفيذي تابع لآلية التنمية النظيفة و هذا المجلس بدوره خاضع لسلطة

---

[1] وثائق مؤتمر القمة العالمي للتنمية المستدامة ( جوهانسبرج ) ، وثائق الأمم المتحدة

[2] وثائق الأمم المتحدة , اتفاقية كيوتو، سنة 2005
( Fccc\ In formal 183 (A- 05 . GE- 1664 . وفقا للمقرر بالمادة الثالثة من الاتفاقية

و توجيه مؤتمر الأطراف، و ذلك لمراقبة الالتزامات و الحقوق المقررة بموجب الاتفاقية ، حيث تم الاتفاق علي أن يشكل مؤتمر الأطراف الهيئة العليا للاتفاقية[1].

و قد اتفق في اتفاقية "كيوتو" أيضا على المساعدة في تزويد دول العالم الثالث بتكنولوجيا التنمية النظيفة التي تم اعتمادها والمشاركة في آلية التنمية النظيفة، وأن تكون أنشطة المشروعات ينتج عنها انبعاثات فى حدود ما هو معتمد فى الاتفاقية، و تكون هذه المشاركة للكيانات الخاصة أو العامة و تخضع هذه المشاركة لتوجيه المجلس التنفيذي لآلية التنمية النظيفة .[2]

## المبحث الثاني:مفهوم حماية البيئة

مما سبق يتبين أن البيئة فى المفهوم الاصطلاحي الحديث و المتداول فى معظم الدراسات تعرف بأنها : كل ما هو خارج كيان الإنسان و كل ما يحيط به من موجودات , من هواء يتنفسه و من ماء يشربه و من أرض يسكن عليها و يزرعها , وما يحيط به من كائنات حية و من جماد , فهي الإطار الذي يمارس الإنسان فيه حياته و نشاطاته المختلفة[3]، وعناصر البيئة التي تحيط بالإنسان من كائنات حية أو جماد تتميز بتوازن دقيق بين هذه العناصر المختلفة و تؤثر و تتأثر هذه العناصر بعضها ببعض فيما يسمى" النظام البيئي " "ecosystem" و الذي يتكون من أربعة عناصر رئيسية هي : عناصر الإنتاج و عناصر الاستهلاك و عناصر التحلل والعناصر غير الحية .

وتتكون عناصر الإنتاج من النباتات الخضراء بكل أنواعها، من الطحالب إلى الأشجار الضخمة المختلفة ، أما عناصر الاستهلاك : فتتكون من الحيوانات بأنواعها المختلفة ، التي تتغذى على النباتات و على بعضها البعض ، أما عناصر التحلل : هي كل ما يسبب فى تحلل عناصر البيئة الطبيعية من بكتريا و فطريات تحلل أجسام النباتات و الحيوانات الميتة مما يعيدها إلى التربة لتستفيد منها عناصر الإنتاج – النباتات الخضراء – مرة

---

[1] كما هو مقرر بالمادة الثالثة عشر من الاتفاقية، المرجع السابق
[2] المرجع السابق
[3] د . أحمد مدحت إسلام, التلوث مشكلة العصر, مرجع سابق، ص9

أخرى في تكوين الغذاء لعناصر الاستهلاك – الحيوانات – أما العناصر الطبيعية غير الحية فهي تشتمل على الماء و الهواء بما فيهما من غازات الأكسجين و النيتروجين و ثاني أكسيد الكربون و ضوء الشمس و غيرها من مواد معدنية في التربة[1].

وعندما يحدث خلل و تغير في أحد هذه العوامل تتأثر العوامل الأخرى مما يؤثر على البيئة في المنطقة ككل، و تستطيع البيئة مقاومة الخلل والتغير الذي يحدث في حدود معينة ، حيث أن العناصر الأخرى ستظل تعمل على تعويض النقص و إصلاح الخلل مما يشكل حماية ذاتية و طبيعية للبيئة دون تدخل من أحد ، حيث تعمل الفطرة التي فطر الله الأشياء عليها على الحماية وحفظ التوازن الدقيق بين عناصر البيئة و إصلاحها و علاج ما بها من خلل، وحماية البيئة في معناها الدقيق، هي الإدارة[2] الحكيمة للأرض و مواردها من خلال إصلاح الأضرار التي تحدث و خفض استهلاك الموارد الغير متجددة و الحفاظ على نمو سكاني متوازن .

و لما كان الإنسان هو أحد العوامل الهامة في النظام البيئي - لأنه يعد أهم عناصر الاستهلاك التي تعيش على سطح الأرض - فان تدخله المفرط في التوازن الطبيعي للبيئة دون وعي أفسد هذا التوازن، حيث لم تستطع عناصر البيئة إعادة التوازن و إصلاح البيئة و حمايتها من التلف نتيجة للتدخلات الكبيرة و الخطيرة للإنسان في البيئة، مما أدى إلى إفسادها في نواح شتى نتيجة زيادة الاستهلاك والضغط على الموارد الطبيعية، وقد قاد التقدم الصناعي الهائل الذي صحب الثورة الصناعية إلى استهلاك متنامي للبترول و الفحم و الخامات المعدنية والمياه الجوفية، و سبب هذا التقدم الصناعي إطلاق ملايين الأطنان من الركام و الغازات الضارة من مداخن المصانع و إلقاء المخلفات الصناعية في مجارى الأنهار و البحار و الأرض مما لوث الهواء و الماء و التربة[3].

---

[1] المرجع السابق، ص 10
[2] د. رشيد الحمد محمد سعيد صبارينى،البيئة و مشكلاتها ، الكويت :علم المعرفة ، العدد 22 سنة 1979 ،ص 170
[3] المرجع السابق، ص 12 و ما بعدها

وعلي صعيد آخر أدت عمليات تجريد الأحراش و الغابات إلى انقراض أنواع عديدة من الحيوانات، وفقدت الأنهار والبحار عديد من كائناتها الحية و قلت بها الأسماك و تلوثت نتيجة إلقاء المخلفات و استخدام المبيدات بشكل مفرط، مما أدى إلي خلل في التوازن البيئي ليس في مناطق معينة بل في كل الكرة الأرضية تقريبا ، إذ زادت معدلات البحار نتيجة لحالة النشاط الصناعي و ما نتج عنه من تدفئة للغلاف الجوي مما أذاب الجليد في القطبين الجنوبي والشمالي ، و أدى إلى تغيرات مناخية في معظم بقاع العالم و ظهرت عواصف و فيضانات و أعاصير في مناطق لم تكن بها مثل هذه الظواهر من قبل ، و حدثت حالات من الجفاف في مناطق أخرى من العالم لقلة سقوط الأمطار بها و زحفت الرمال عليها نتيجة لقطع أشجار الغابات .

وأدى كل ما سبق إلى تيارات جديدة على المستوى الدولي و الإقليمي و المحلى تنادى بحماية البيئة مما أصابها من خلل، و ذلك حماية للإنسان أساسا الذي يعد المستهلك الأول لهذه البيئة و الذي سيعد المتضرر الأول بتلويثها و إفسادها، حيث بدأت بوادر الكوارث الطبيعية تلحق به في مناطق عديدة من العالم وقد قامت العديد من الدول بسن تشريعات لحماية البيئة تماشيا مع الاهتمام الدولي بها مع عدم وجود إيمان حقيقي بأهمية حماية البيئة.

وقد عرف قانون البيئة، حماية البيئة بأنه :"المحافظة على مكونات البيئة والارتقاء بها ، ومنع تدهورها أو تلوثها أو الإقلال من حدة التلوث . وتشمل هذه المكونات الهواء والبحار والمياه الداخلية متضمنة نهر النيل والبحيرات والمياه الجوفية ، والأراضي والمحميات الطبيعية والموارد الطبيعية الأخرى[1]. وستتناول الدراسة في المطالب الثلاثة القادمة، وسائل و أدوات حماية البيئة، يتناول المطلب الأول :الوسائل الأهلية والتطوعية لحماية البيئة، ويتناول المطلب الثاني: حماية البيئة في القوانين المحلية، ويتناول المطلب الثالث: حماية البيئة في الاتفاقيات والمعاهدات الدولية.

[1] المادة الأولي- أحكام عامة - من القانون رقم 4 لسنة 1994 في شأن البيئة بند 9

## المطلب الأول: الوسائل الأهلية والتطوعية لحماية البيئة

المجتمع المدني " Civil Society " و يعرف أيضا بالمجتمع الأهلي : ويمثل مجموع الاتحادات و الجمعيات و الروابط و الهيئات و الاتحادات التي تعتمد على العمل التطوعي للمواطنين، و التي تعد مستقلة عن أي جهاز حكومي رسمي، و ليس لها اهتمامات ربحية، و ليس لها علاقة بالسوق و آلياته، و يختص المجتمع المدني بالشأن العام، ولذا فهو يعد منفصلا عن دائرة الحياة الشخصية لأعضائه، و يعتمد أساسا على مراعاة حقوق الإنسان و حقوق المواطنين تجاه أي تجاوز عليها سواء من قبل الدولة أو غيرها من الهيئات،[1] متبعا في ذلك نشاطا سلميا تثقيفيا يعتمد على حشد الجماهير للدفاع عن المصالح التي ترعاها .

فالمجتمع المدني، وفقا للتعريف السابق هو مجموعة التنظيمات التطوعية المستقلة ذاتيا التي تملأ المجال العام بين الأسرة و الدولة، و هي غير ربحية تسعى إلى تحقيق منافع أو مصالح للمجتمع ككل ، أو بعض فئاته المهمشة أو لتحقيق مصالح أفرادها ، ملتزمة بقيم و معايير الاحترام و التراضي و الإدارة السلمية للاختلافات و التسامح و قبول الأخر .[2]

و يرتبط بمفهوم المجتمع المدني مفهوم آخر هو المنظمات غير الحكومية ، و التي عرفتها الأمم المتحدة بأنها : مجموعات تطوعية لاستهداف الربح ينظمها مواطنون على أساس محلي أو دولي و يتمحور عملها حول مهام معينة يقودها أشخاص من ذوي الاهتمامات المشتركة ، و يقوم بتأدية خدمات و وظائف متنوعة و تطلع الحكومة على شواغل المواطنين و تشجيع المشاركة في اهتماماتها على المستوى المحلي.[3] و يستخدم كذلك مفهوم المنظمات الأهلية باعتباره مرادفا للجمعيات الأهلية في

---

[1] د. فرانك آرلوف، ترجمة د. عبد السلام حيدر ، المجتمع المدني ، النظرية والتطبيق ، القاهرة: الهيئة المصرية العامة للكتاب ، سنة 2009 ص 10
[2] د . أماني قنديل، الموسوعة العربية للمجتمع المدني، القاهرة: الهيئة المصرية العامة للكتاب، سنة. 2008، ص 64
[3] المرجع السابق، ص 72

المنطقة العربية، أو مرادفا لمفهوم المنظمات غير الحكومية الذي يتسم بشيوع استخدامه في كل دول العالم.[1]

ويقصد بالوسائل الأهلية و التطوعية لحماية البيئة ، بأنها تلك الوسائل التي يقوم بها الأفراد و الجمعيات الأهلية و جماعات المتطوعين لحماية البيئة بمحض اختيارها، و دون تدخل وإلزام رسمي بعيدا عن مؤسسات الدول و أنظمتها الملزمة قانونا.وقد بدأت منظمات المجتمع المدني مع تأسيس الأمم المتحدة عام 1945حيث قدمت 50 منظمة من هذه المنظمات استشاراتها للأمم المتحدة و بحلول العام 1998 قرر المجلس الاقتصادي و الاجتماعي أن عددها يزيد عن ألف ، و يقدر العدد الكلي الراهن لهذه المنظمات حول العالم و التي تتعاون مع الأمم المتحدة بعشرات الآلاف ، و كان وجودها أكثر وضوحا في مؤتمر قمة الأرض عام 1992 بـ "ريو دى جانيرو" بالبرازيل حيث حضر 2400 من ممثلي المجتمع المدني للضغط على مندوبي الدول ، و تنامى دورها بعد ذلك و كان لها دورا فعالا في مؤتمر السكان العالمي في القاهرة سنة 1994 و مؤتمر المرأة في بكين عام 1995 و ساعدت ثورة الاتصالات على تنامي هذه المنظمات و تكاثر أعضائها حول العالم حيث استطاعت حشد أنصارها عن طريق الإنترنت لحضور الاجتماعات و المظاهرات في أماكن عديدة من العالم . و قد أصبح لهذه المنظمات قوة تحسب لها الدول حسابها[2]، حيث يتم استغلال وسائل الإعلام و الدعاية و المظاهرات للضغط على الدول في قضايا البيئة و رعاية مستقبل الكرة الأرضية و مستقبل الأجيال القادمة التي يهدر التلوث أي فرصة حقيقية لرفاهيها و حمايها .

و تتعدد هذه المنظمات الأهلية و تتنوع سواء على المستوى الدولي أو الإقليمي أو المحلي، أو حتى على مستوى الاهتمام بالفرع الذي نقوم بحمايته، فمنها ما يختص بحماية الحياة البرية، و الغابات أو الهواء أو الماء أو ما يشمل الكرة الأرضية بكاملها. ومن أهم هذه المنظمات الأهلية على المستوى الدولي منظمة "Green peace" السلام الأخضر ، و التي لها وجود

---

[1] المرجع السابق، ص 75
[2] د. ليزا . ٥. نيوتن ، ترجمة إيهاب عبد الرحيم محمد ، نحو شركات خضراء ، الكويت : عالم المعرفة ، سنة 2007، العدد 329 ، ص 261

قوي فى أوروبا و أمريكا الشمالية و أنصارها من جميع أنحاء العالم يعدون بالملايين ، و ذلك لأنها بدأت حملتها ضد التدهور البيئي منذ عام 1971 ضد التجارب النووية الأمريكية تحت الأرض فى منطقة ألا سكا، و تحديها للعديد من الشركات الكبرى و الحكومات و حرصها على تلقى تبرعات من الأفراد و المؤسسات التى ليس لها نشاط ضار بالبيئة ، و قد امتد نشاط هذه المنظمة ليشمل مكافحة جميع ملوثات الكرة الأرضية و لها تأثير فعال على الحكومات بما تنظمه من مظاهرات و احتجاجات تشكل ضغطا على تحسين اهتمام حكومتها بالبيئة .

بل لقد انتشرت و تعددت أحزاب الخضر ـ المهتمة بحماية البيئة فى معظم الدول المتقدمة، و لها نشاطات كبيرة و لم تشهد المنطقة العربية زخما و اهتماما قويا بالبيئة من قبل جمعيات و مؤسسات المجتمع المدنى كما هو فى الدول المتقدمة ، وذلك لسبق تنامي وعى مواطني الدول المتقدمة بأهمية حماية البيئة فضلا عن أن وصاية الحكومات العربية على مواطنيها يجعل من هذه الحكومات هى صاحبة المبادرة فى نشاطات عديدة ومنها النشاطات الخاصة بشن تشريعات حماية البيئة، و قد قامت الدول العربية بالاحتفال بيوم البيئة العربي يوم 14 أكتوبر من كل عام [1] حيث يجرى الحديث عن تدهور الموارد و ارتفاع معدلات التلوث ، و أنه يجب أن تتضافر الجهود القطرية و العربية و الإقليمية و الدولية للأخذ بالسياسات و الخطط والبرامج و الأساليب السلمية لتحسين نوعية البيئة و ضمان الاستخدام الأمثل للموارد لتحقيق الظروف الصحية و النفسية و البيئية و المعيشية للمواطن العربي ، وينتهي الاحتفال بتوصيات لا تغير شيئا على أرض الواقع العربي .

أما على المستوى الوطني فان مصر ترسف فى عديد من مناطقها تحت وطأة التلوث البيئي بجميع أشكاله و أنواعه ، بل أن القاهرة تم تصنيفها بين أكثر من خمسة عواصم تلوثا فى الهواء و الضوضاء على مستوى العالم [2]. قد نشطت العديد من منظمات المجتمع المدني المهتمة بالبيئة فى مصر [3]، و تقوم هذه الجمعيات بمتابعة الأنشطة الحكومية المتعلقة بالبيئة قدر الإمكان و توجيه النظر للمثالب الضارة بالبيئة، و تنظيم لقاءات

[1] هو اليوم الذي اجتمع فيه وزراء البيئة العرب لأول مرة في تونس عام 1986
[2] مجلة الخط الأخضر. www.greenline.com.kw/home.asp
[3] و منها مركز حابى ،و أنصار العدالة ، و الجسر ، و جمعية أصدقاء البيئة بالإسكندرية و غيرها كثير.

و دورات للتعريف بقضايا التلوث الصناعي و دور الأفراد و المؤسسات فى الحفاظ على البيئة ، وكذا تنظيم حلقات حوار بين المهتمين بقضايا حماية البيئة ، وعلى المستوى السياسي والحزبي قد تأسس حزب الخضر منذ سنوات و جعل من أهم أهدافه تأمين النظام البيئي المصري و ضمان تطوره و نموه ، و وجوب الاستخدام الأمثل للموارد و الحفاظ على الثروات الطبيعية ، و التوزيع الجغرافي المتوازن للسكان بين الوادي والدلتا و الصحراء و حق المواطن فى بيئة نظيفة .[1]

وتجدر الإشارة إلى أن مؤسسات المجتمع المدني و كذا حزب الخضر مازالت فى بدايات نشاطاتها و أنها ليس لها تأثير فعال على الشركات و الحكومات، و أن عملها يقتصر على الندوات و النشرات الإعلامية وما يتم وضعه من هذه النشرات علي مواقع على شبكة المعلومات الدولية ، و مما يؤثر على نشاط هذه المنظمات و الجمعيات هو إشكالية العلاقة بين التنمية وحماية البيئة ، فالدول المتقدمة قد حققت تنميتها و فرضت تقدمها و قطعت شوطا كبيرا فى تحقيق رفاهية مواطنيها ومن وسائل تحقيق هذه الرفاهية الحفاظ على بيئة سليمة من التلوث و لذا كان اهتمام مواطنيها و مؤسساتها المدنية بالبيئة و فاعلية نشاطاتها و تأثيرها على حكوماتها حيث قامت هذه الدول بنقل معظم الصناعات شديدة التلوث إلى دول العالم الثالث .

أمـا فى دول العـالم الثالث و منهـا الـدول العربية - و فى مصر- تحديـد - فـان دور مؤسسات المجتمع المدني المهتمة بالبيئة يقتصر على التوعية بما يسهم فى غرس الأخلاقيات البيئية الإيجابية لدى الأفراد ، والسعي لدى الجهات الحكومية لوقف النشاطات شديدة التلوث للبيئة ، والعمل على حثها فى تجميع القمامة و القاذورات و إيصال المياه النظيفة للمواطنين و توصيل شبكات الصرف الصحي إليهم، وعلى الأكثر التشهير بسلوك الدولة والشركات الملوث للبيئة، وفضح ما تقوم به من صرف فى مجارى الأنهار و البحيرات ، أو انبعاثات مخالفة للقانون تسكت الدولة عنها .

لقد كفل قانون البيئة المصري رقم 4 لسنة 1994 فى المادة رقم "103" منه لكل مـواطن أو جمعية معنية بحماية البيئة الحق فى التبليغ عن

---

[1] انظر وثائق حزب الخضر، موقع الحزب على شبكة المعلومات الدولية .

أي مخالفـة لأحكـام القـانون مـما يعطـى للجمعيـات الأهليـة صفـة فى التبليـغ عـن المخالفـات والجرائـم البيئيـة ، و هو ما يقتضي متابعتهـا للنشـاطات التي تقوم بهـا الجهـات المخالفـة للسـلوك البيئي القويم .

و قد منح القانون للجمعيات الأهلية في مجال دفاعها عن البيئة الحق في طلـب تنفيـذ الأحكـام القضائية الصادرة بشأن كل مخالفـة لأحكـام البيئة، و هو حق غير مـؤثر إذ أنـه لا يشـمل الحق في طلب تعويـض المضرور، أو حتى طلب وقف الأفعال الضارة بالبيئة  يعد معه هذا الحق تحصيل حاصل، إذ أن لكل مواطن الحق في التقدم للسلطات القضائية أو الإداريـة بطلـب تنفيـذ حكم قضائي قد صدر لـه مصلحة مشروعة فيه، و الجمعيـات لهـا مصلحة مشروعة في تنفيـذ الأحكام القضائية الخاصة بحمايـة البيئة أو عقاب ملوثيهـا ، و لـذا فإنـه يتعين البحـث عـن طريـق أخر لتعويض المضرور في القضايا البيئية و لو عن طريق إنشاء صندوق خـاص لتعويـض ضحايـا الأضرار البيئية ، أو اعتماد نظام التأمين الإجباري من المسئوليـة المدنيـة عـن الفعـل الضـار بالبيئة حين يحل المؤمن -شـركة التأمين - محـل المؤمن لـه -المسـئول - ، فـي الوفـاء بكـل التعويـض للغيـر المضرور و جزء منه[1].

و تجدر الإشارة إلى أن جمعيات و مؤسسات المجتمع المدني المهتمة بالبيئة و حمايتهـا فى مصر و الدول العربية مازالـت فى طورهـا الأول و هـي تحتـاج فى نموهـا و تقـدمها إلى رعايـة الدولة و توفير المناخ الملائم لنموهـا و هو لن يتوفر إلا فى ظل نشـر ثقافة حمايـة البيئة التي يجب أن توليها الدولة مزيد من الاهتمام فى العملية التعليمية فى جميع مراحل التعليـم المختلفـة حتـى تجد هذه المنظمات تربة خصبة لنشـر أفكارها فى حمايـة البيئة ، و قبل كـل هـذا و ذاك يتطلـب حماية البيئة حل إشكالية التعارض بين التنمية و حماية البيئة عـن طريق إيجاد صيغة خلاقـة تزيل هذا التعارض و تدعم كل من التنمية المستمرة مع الحفـاظ على بيئة صالحـة و سـليمة ، و هذا لن يكون إلا فى ظل مجتمع تسوده العدالـة بين أفـراده و طوائفـه المختلفـة حتـى تتوحـد مفاهيمها في حماية البيئة، إذ لا يمكن حمايـة البيئة فى ظل مجتمع متخلف و فقير تكون أولويـة المواطنين هي الحصول على قوتهم اليومي دون أي اهتمام بالبيئة أو حمايتها، بل وعلي حسابها متى تمكنوا من

---

[1] د. أحمد محمد بهجت ، المرجع السابق ص 184

ذلك، و لا يستطيع كائن من كان أن يعدل أولوياتهم لأن الحفاظ على الحياة يسبق الحفاظ على أي شئ أخر .

و تجدر الإشارة إلى وجود أهمية كبيرة للإعلام البيئي، عن طريق شـن حمـلات إعلاميـة منظمة للتعريف بالبيئة و مشكلاتها سـواء علـى المسـتوى الـوطني أ و الإقليمـي أو الـدولي عـن طريق الصحافة و الإذاعة و التلفزيون، وذلك لتعزيز التوعية العامة لجمهور المواطنين. إن اهتمام المواطنين بحماية البيئة كما يتطلب قدرا معينا من العلم و الثقافة يتطلب أيضا أن تكون حمايـة هؤلاء الناس المعيشية مكفولة ، فالنـاس الـذين يحتـاجون الحطب لإشعال النار للحصول علـى التدفئة وطهي الطعام، لن يكون لديهم أي التفات إلى المحافظة على سلامة البيئة ، وكذا لن يقوم الجياع المجاورون للغابات و المحميات بعدم صيد الحيوانات المهددة بالانقراض[1]

### المطلب الثاني: حماية البيئة في القوانين المحلية

قبل صدور قانون البيئة رقم 4 لسنة 1994 كانت التشريعات البيئية تتوزع بـين قـانون العقوبات والتشريعات الجنائية الخاصة ، و قبل صدور قانون العقوبات و التشريعات الجنائيـة الخاصة كانت هناك بعض تشريعات حماية البيئة إلى بداية القرن التاسـع عشر- مـن قبـل أوامـر تحريم إلقاء القاذورات فى الطرقات أو التبول فى المجارى المائية حفاظا على الصحة العامة.[2] علـى نحو ما أسلفت الدراسة عند تناولها المفهوم القانوني للبيئة. إلا أنه مع التطور الصناعي الكبير الذي أعقب ثورة 23 يوليو 1952 و الزيادة الكبيرة في السكان واللـذين أديـا إلى تلـوث البيئة بدرجة غير مسبوقة حيث تم صرف مخلفات المصانع في نهر النيل و المجارى المائية ، حيث طغت الرغبة فى جعل مصر بلد صناعيا على كل دعوات حماية البيئة و تقدمت عليها مما أدى إلى أن صناعات معينة مثل الأسمنت إلى تغيير صفات الهواء فى المـدن القريبـة مـن هـذه المصانع ، بل ازدادت الضوضاء و الضجيج و انتشرت جميع أنواع الملوثات لتراخي الدولة و عدم وعى المواطنين بأهمية حماية البيئة.

[1] د. ليزا . ﻫ. نيوتن. نحو شركات خضراء ، ترجمة إيهاب عبد الرحيم محمد ، الكويت : عالم المعرفة العدد 329 ،سنة 2006، ص 166

[2] معوض عبد التواب و مصطفى معوض عبد التواب، جرائم التلوث من الناحية القانونية و الفنية، الإسكندرية: منشأة المعارف، سنة 1986 ، ص 15

و قد أدى انتشار التلوث فى مناطق عديدة من العالم و ظهور أثاره السيئة على تغير المناخ و تأثر الإنسان بذلك إلى تنامى الاهتمام بالبيئة فى العقود المتأخرة فظهرت جماعات نشيطة فى الغرب لحماية البيئة ضغطت على دولها لإصدار تشريعات لحماية البيئة ، وانتقلت هذه الاتجاهات بدرجة أقل إلى العالم الثالث و منها مصر ، وقامت هذه الدول بتجميع التشريعات القديمة و بإصدار تشريعات جديدة لحماية البيئة فى قانون واحد لحماية دولها من التلوث و فى مصر كانت تشريعات حماية البيئة متناثرة فى القوانين الخاصة و فى قانون العقوبات على النحو السالف ذكره تفصيلا، و قد ظلت هناك بعض القوانين الخاصة معمولا بها فى حماية البيئة، حيث نصت المادة الأولى من قانون البيئة على مراعاة القواعد والأحكام الواردة فى القوانين الخاصة ، وتم إلغاء كل حكم يخالف قانون البيئة[1].

و كانت هناك ضرورة كبيرة لاستصدار قانون البيئة رقم 4 لسنة 1994، بل ويرى العديد من الباحثين أنه قد تأخر عقودا من الزمن لأن حالة البيئة فى مصر ـ قد ازدادت سوء بسبب عدم وجود تشريعات بيئية فعالة لحمايتها من التلوث، وأن العقوبات الواردة فى قانون العقوبات المصرى قد ورد معظمها فى باب المخالفات وهى عقوبات تافهة لا تردع من يقوم بتلويث البيئة[2].

ويرى البعض أن المشرع المصرى قد غنى بالبيئة بدرجة كبيرة بأن أورد فى التعديل الدستورى الذى أدخل على الدستور المصرى فى سنة 2007 " مادة برقم 59 " تقرر أن: حماية البيئة واجب وطنى ، و ينظم القانون التدابير اللازمة للحفاظ على البيئة الصالحة " و قد اعترضت العديد من منظمات حماية البيئة على هذه المادة ، حيث أرادت أن تكون المادة هى : حماية البيئة واجب وطنى ، و البيئة الملائمة حق للمواطنين و ينظم القانون التدابير اللازمة للحفاظ على البيئة الصالحة " و تم توجيه النقد إلى المادة التى تم إقرارها بأنها شكلية و لا تحمل أى مضمون يعبر عن المتطلبات الضرورة للبيئة التى يجب حمايتها دستوريا " و أن ما حدث هو

[1] المادة الثالثة من قانون البيئة رقم 4 لسنة 1994
[2] معوض عبد التواب، و مصطفى معوض، مرجع سابق ص19

مجرد استبدال لكلمة " المكاسب الاشتراكية "[1] بكلمة البيئة ، و كان يرغب نشطاء البيئة حماية البيئة المصرية بفاعلية دستورية أعمق بأن يتضمن الدستور النص التالي : "تتكفل الدولة بحماية البيئة و الحفاظ عليها صالحة لمواطنيها و أن تكفل الدولة الوصول إلى الموارد البيئية و المشاركة فى إدارتها و أن تكفل آليات حماية مجرى نهر النيل و تضمن حق المواطنين فى الحصول على المياه العذبة ، و أن تلزم الدولة بتقديم المعلومات عن تلوث البيئة ، وألا تسقط الدعاوى الناشئة عن حقوق البيئة بالتقادم". و نفى هؤلاء على أن المادة " 59 " بصيغتها التي أقرت أية حماية جدية في الدستور للبيئة ، وأن الدستور لا يتضمن فكرا للبيئة و حمايتها مما يسهل الاعتداء عليها .

و يرتبط قانون البيئة ، كفرع من فروع القانون بالبيئة، و التي تشمل الإنسان و العوامل الطبيعية المحيطة به من ماء و هواء و كائنات حية و جمادات على النحو السالف ذكره، و عليه فان قانون البيئة يعرف بأنه : القانون الذي يحمي البيئة و ينميها و يردع مخربيها[2]. و قد نشأ قانون البيئة و تطور متلازما مع التطور الاقتصادي خاصة بعد أن أصبحت التشريعات البيئية متفرقة فى قوانين العقوبات والقوانين الخاصة غير كافية لمعالجة التخريب والتلويث الواقع على البيئة .

و يتم رصد تطور قانون البيئة عموما فى الدول النامية و منها مصر من خلال مرحلتين لمتابعة هذا التطور ، الأولى قبل مؤتمر استوكهلم للبيئة والتنمية عام 1970 و الثانية بعد هذا المؤتمر ، قبيل هذا المؤتمر تميزت التشريعات البيئية بالتركيز على تخصيص و تنظيم و حماية لاستغلال الموارد ، واتسمت هذه الفترة بغياب تشريعات حماية الموارد المائية من التلوث و وجود بعض التشريعات ضمن قانون العقوبات وبعض القوانين خاصة . وبعد مؤتمر "استوكهلم" و خلال عقد السبعينات واجهت الدول النامية العديد من المشاكل البيئية و التي من أهمها الاستغلال الغير رشيد للموارد المتجددة و غير المتجددة ، مما جعل بعض هذه الدول تسعى لوضع تشريعات تعني بشكل أساسي بالإدارة و الاستغلال المستدام لهذه الموارد خاصة بعد أن أهتم برنامج الأمم المتحدة للبيئة"**UNEP**" بحصر

---

[1] كانت المادة "59" من الدستور تنص على أن: حماية المكاسب الاشتراكية و دعمها واجب وطني "

[2] مجلة الخط الأخضر .

الاتجاهات التي يتوجب أن تعتني بها التشريعات البيئة فى الدول الأعضاء و التي ستخلص فى وجوب تضمن المسائل البيئية فى الدساتير و الخطط الكبرى للدولة ، و وجوب ترسيخ معايير و مستويات الجودة فى القوانين والتشريعات ، و العمل على ترسيخ مبادئ الجزاء الرادع، و الحافز المشجع فى القوانين الاقتصادية المتعلقة بالبيئة، و العمل على إتباع المعايير الدولية فى أجهزة حماية البيئة و القوانين المحلية ، الالتزام بتقويم الأثر البيئي كمعيار لضبط إقامة المشاريع ذات الأثر البيئي السالب[1].

و يلاحظ أنه على عكس الدول الغربية المتقدمة فان الاهتمام بالبيئة فى مصر و فى المنطقة العربية عموما، قد بدأ من قبل الحكومات و ليس من قبل منظمات المجتمع المدني التي تقوم بالضغط على صناع القرار فى الغرب لفرض تشريعات تهتم بسلامة البيئة، إذ أن الحكومة فى مصر هي التي بادرت وأولت اهتماما بالبيئة استجابة لدواعي خارجية أظهرها المجتمع الدولي فى ضرورات حماية البيئة فى عقد الثمانينات من القرن الماضي و ليس نتيجة ضغوط داخلية من ناشطى حماية البيئة و منظمات المجتمع المدني[2] حيث تم وضع قانون البيئة 4 لسنة 1994 والذي تم تعديله بالقانون 9 لسنة 2009 حيث تم إدخال تعديلات كبيرة و مهمة عليه[3]، و في

---

1 انظر المرجع السابق

2 Eman Elramly , Women ,s perceptions of environment change in Egypt the American university in Cairo press , Cairo papers in social science ,vol 23, no 4, p 3

3 و ذلك لمواكبة التقدم العلمي و التكنولوجي في مجالات البيئة و ما يقدمه من وسائل و طرق لمعالجة التلوث و حماية البيئة و الارتقاء بالمعايير و المعدلات وصولا إلى الإنتاج الأنظف بغرض تحقيق الأهداف حصرتها وزارة شئون البيئة في الآتي:ضبط صياغة التعريفات و المصطلحات التي تضمنها القانون و إضافة مصطلحات جديدة فرضها الواقع العملي حيث تم تعديل تعريف تلوث البيئة ليكون شاملا لكافة أنواع التلوث الضار كما تم تعديل تعريف تلوث الهواء ليشمل الروائح الكريهة ، كما تم تعديل تعريف التعريف ليشمل لأول مرة الأحمال النوعية للتلوث ، كما تم تعديل الإغراق ليشمل الإغراق في البحر العالي. كما تم تعديل تعريف التعويض ليشمل جبر الأضرار التقليدية و البيئية و تكاليف إعادة الحال لما كان عليه أو إعادة إصلاح البيئة. كما أضيف تعريف جديد خاص بتعريف المنطقة الساحلية و أناط بالمحافظات الساحلية تحديد نطاق المنطقة الساحلية لكل منها في ضوء ظروفها الطبيعية و مواردها البيئية. كما أضيف تعريف جديد خاص بالإدارة البيئية المتكاملة للمناطق الساحلية.تنظيم و ضبط أعمال مكاتب و بيوت الخبرة البيئية لضمان سلامة دراسات تقييم الأثر البيئي حيث تم إضافة مادة جديدة بتشكيل لجنة عليا للقيد و الاعتماد برئاسة الوزير المختص بشئون البيئة للقيام بالنظر في طلبات تسجيل الخبراء و بيوت الخبرة.إعادة تنظيم صندوق حماية البيئة و منحه الشخصية الاعتبارية تحقيقا لمزيد من ثقة الدول و الجهات المانحة فيه و إطلاق قدراته لتنمية موارده حيث تم تعديل المادة 15 من القانون و ذلك بالنص على أن للصندوق شخصية اعتبارية و يتبع الوزير المختص بشئون البيئة و يشكل مجلس إدارة الصندوق بقرار من السيد رئيس مجلس الوزراء برئاسة الوزير المختص بشئون البيئة كما حدد القانون تشكيل مجلس إدارة الصندوق

ذات الحقبة تم وضع العديد من قوانين البيئة فى الدول العربية حيث تم تجميع العديد من التشريعات ذات العلاقة بالبيئة من القوانين الخاصة ومن قانون العقوبات فى قانون واحد تماشيا مع الاتجاهات الدولية المتنامية لحماية البيئة .

و يرى العديد من الباحثين فى مجال حماية البيئة أن التشريعات التي عنيت بالبيئة فى مصر و فى المنطقة العربية عموما لم تتناول فى أغلبها المسائل الكبرى فى حماية البيئة مثل حماية الغلاف الجوي و طبقة الأوزون، و مشكلة ارتفاع درجة حرارة الأرض و هي كلها مسائل ذات تأثير كبير عليها و على مواطنيها ، و يمكن الرد على هؤلاء بأن الانبعاثات من الدول العربية و من دول العالم الثالث التي تؤثر على الغلاف الجوي أو طبقة الأوزون أو درجة حرارة الكرة الأرضية تعد هامشية و قليلة جدا و لا

---

و نظام التصويت فيه.الالتزام بتقديم دراسات تقييم الأثر البيئي قبل البدء في تنفيذ أي مشروع و فرض عقوبة على الإخلال بهذا الالتزام حيث تم استحداث مادة بالقانون تلزم كل شخص طبيعي أو اعتباري عام أو خاص بتقديم دراسة تقييم التأثير البيئي للمنشأة إلى الجهة الإدارية أو الجهة المانحة للترخيص و وضع عقوبة حبس مدة لا تزيد على سنة و بغرامة لا تقل عن خمسة آلاف جنيه و لا تزيد على مائة ألف جنيه.زيادة صلاحيات وزارة الدولة لشئون البيئة و جهاز شئون البيئة بالقدر الذي يمكنهما من مواجهة المسئوليات البيئية حيث جعل القانون الاختصاص الأصيل في تنفيذ أحكامه للجهاز وحده بالتنسيق مع الجهات الأخرى و جعل موافقة الجهاز شرط أساسي في التصريح بإقامة أية منشاة أو أعمال في مناطق الحظر المنصوص عليها في المواد 73 ، 74 من القانون و الخاص بحرم الشاطئ أو دخولا في مياه البحر.زيادة فاعلية الإجراءات الإدارية التي تواجه مخالفة المنشآت للمعايير و الأحمال البيئية لمواجهة هذه المخالفات بدون المساس بالعاملين بها.استكمال منظومة الإدارة البيئية المتكاملة للمناطق الساحلية و للموارد الطبيعية بما يحقق التنمية المستدامة حيث استحدث القانون نصوص تتعلق بالإدارة البيئية المتكاملة للمناطق الساحلية و للموارد الطبيعية حيث أناط بجهاز شئون البيئة إعداد إستراتيجية الإدارة البيئية المتكاملة للمناطق الساحلية.تشديد العقوبات المالية لبعض الجرائم البيئية و استحداث جرائم جديدة لزيادة فاعلية القانون لاسيما في مجالات المخلفات الصلبة و إغراق النفايات الخطرة، حيث شدد العقوبة بالنسبة لمخالفة الحرق المكشوف للمخلفات الصلبة بأن جعل العقوبة مدة لا تزيد عن سنة و بغرامة لا تقل عن خمسة آلاف جنيه و لا تزيد على مائة ألف جنيه، حيث شدد العقوبة بالنسبة لمخالفة إغراق النفايات الخطرة في البحر الإقليمي أو المنطقة الاقتصادية الخالصة أو الجرف القاري حيث جعل العقوبة السجن و الغرامة لا تقل عن مليون جنيه و لا تزيد على خمسة ملايين جنيه. كما استحدث نص جديد حيث وضع عقوبة على عدم احتفاظ المنشأة بالسجل البيئي أو عدم انتظام تدوين بياناته أو عدم مطابقتها للواقع و ذلك بمعاقبة المخالف بالغرامة التي لا تقل عن خمسة آلاف جنيه و لا تزيد على مائة ألف جنيه فضلا عن الحكم بغلق المنشأة و إلغاء الترخيص الصادر لها أو وقف نشاطها.زيادة صلاحيات ضباط شرطة البيئة و المسطحات المائية في حماية البيئة و ضبط الجرائم البيئية.و على صعيد التفعيل العملي فقد تم استصدار قرار السيد المستشار وزير العدل رقم 10022 لسنة 2007 بشأن إصدار القائمة الاسترشادية لسجل خبراء البيئة لإبداء الخبرة الفنية في القضايا البيئية لسرعة الفصل في القضايا البيئية، و قد تم تعديله بالقرار رقم 482 لسنة 2009.هذا بالإضافة إلى أنه تم إنشاء دوائر بيئية في المحاكم المختلفة لسرعة الفصل في القضايا البيئية.

تقارن فى مجموعها بأصغر دولة من الدول الأوروبية فما بالنا بالولايات المتحدة أو الصين أو الهند أو الاتحاد الأوروبي والذين هم بالأساس سبب مشكلة الأوزون و ارتفاع درجة حرارة الأرض و بالتالي التغيرات المناخية وما جرته من كوارث على العالم.

ومن جهة أخرى نعى بعض الباحثين البيئيين على النصوص القانونية غياب المعيار العلمي المرجعي فى تحديد المخالفات المتعلقة بالبيئة ، وغياب المعيار العلمي يعرض تطبيق النص القانوني للاجتهاد و يخرج به عن مقصده، إذ أنه لابد أن يكمل النص القانوني معيار علمي واضح يأخذ به القاضي لأن قاعدة " لا جريمة و لا عقوبة إلا بنص فى القانون " تكون معوقة لحماية البيئة إن لم يكمل نص القانون معيار علمي يستند إليه القاضي فى تقرير المسؤولية فى تلوث البيئة من عدمه مما يساعد على ضمان حمايتها .

و يرى بعض الباحثين أن تكون التشريعات البيئية مرنة لكي تلاءم التطور السريع فى الأنشطة البيئية، مع إيجاد معايير علمية دقيقة لتحديد المخالفات البيئية ، مع التقليل بقدر الإمكان من ازدواج عمل المؤسسات المختصة بحماية البيئة حتى يقل التداخل والتنازع بينها سواء فى مجال الإشراف و الرقابة أو التنفيذ، مع وجوب تعديل التشريعات البيئية على فترات متقاربة نسبيا إن لزم الأمر لتتناول المستجدات الهامة المؤثرة على سلامة البيئة ، وأن يتم تفريد العقوبات لتتلاءم و قوة الردع المطلوبة لحماية البيئة من التلوث[1].

---

[1] مجلة الخط الأخضر.

**المطلب الثالث: حماية البيئة في الاتفاقيات**

**والمعاهدات الدولية**

على الرغم من أن عقد السبعينات قد مثل النقطة الفاصلة في الاهتمام الدولي بقضايا البيئة، إلا أنه يمكن القول أن تطور الاهتمام الدولي بالبيئة تاريخيا أقدم من ذلك بكثير ، لأن من مقاصد الأمم المتحدة المنصوص عليها في ميثاقها " تحقيق التعاون الدولي على حل المسائل الدولية ذات الصبغة الاقتصادية و الاجتماعية و الإنسانية و على احترام حقوق الإنسان ....الخ " ، و قد ازداد اهتمام الأمم المتحدة بحماية البيئة مع مرور الزمن حيث تطور مفهوم حقوق الإنسان لديها ليشمل حق الإنسان في التنمية، و الحق في التمتع بمستوى معيشي مقبول ، والحق في العيش في بيئة صحية و سليمة و نظيفة من التلوث ، وهو ما أشارت إليه المادة " 12 " من العهد الولي للحقوق الاقتصادية و الاجتماعية و الثقافية سنة 1966:" من حق كل فرد في المجتمع بأعلى مستوى ممكن من الصحة البدنية و العقلية ، و أنه على الدول اتخاذ كل ما هو ضروري للعمل على تحسين شتى جوانب البيئة الصناعية و الوقاية من الأمراض المعدية و النفسية و المهنية و معالجتها و حصرها ".

وبمرور الوقت نمى لدى العديد من الدول ومنظمات المجتمع المدني أهمية الحفاظ على البيئة من الاعتداءات التي يقترفها الإنسان و ما ينتج عنها من تلوث شامل يهدد بناء المجتمع الإنساني لأنها مشاكل تتجاوز الحدود السياسية للدول، و لم تعد السياسات الإقليمية لها قادرة على حلها و لذا تم عقد المؤتمرات و الندوات و اجتمعت هذه الدول و أصدرت العديد من الإعلانات الدولية و أقرت العديد من المعاهدات و الاتفاقات ، و يعد إعلان "استكهولم" سنة 1972 اللبنة الأولى في صرح القانون الدولي للبيئة و قد أشار هذا الإعلان في المبدأ "21" منه على أن :" للدول حق سيادي طبقا لقواعد القانون الدولي و ميثاق الأمم المتحدة في استغلال مواردها الطبيعية عملا بسياستها البيئية و تتحمل المسؤولية الوطنية أن تتسبب في أضرار بيئية للدول الأخرى أو في الأقاليم التي تقع خارج حدود سيادتها الوطنية ".

و صدر بعد ذلك "الميثاق العلمي للطبيعة" عام 1982 عن الجمعية العامة للأمم المتحدة ، بهدف وضع ميثاق عالمي للطبيعة لتوجيه وتقويم السلوك البشري فى التعامل مع الطبيعة، حيث يضمن قواعد السلوك فى إدارة واستغلال الموارد الطبيعية، و نص على أنه على الدول أن: " لا يتسبب ما يمارس تحت ولايتها أو رقابتها من أنشطة فى الإضرار بالمنظومات الطبيعية الواقعة فى الدول الأخرى فى المناطق التي لا تخضع لأي ولاية وطنية ". و بعد ذلك انعقد مؤتمر "ريو دي جانيرو" سنة 1992 و صدر عنه سبعة و عشرين مبدأ لحماية البيئة و قد نص المبدأ الرابع على أن " حماية البيئة يجب أن تكون جزء لا يتجزأ من عملية التنمية و لا يمكن التعامل معها بشكل منفصل".

وتم تحديد مجالات المشاكل البيئية العالمية فى تغير المناخ ، و تدهور طبقة الأوزون ، و التنوع الإحيائي ، وتلوث المياه الدولية والتصحر ، و هذه المشاكل تنقسم إلى نوعين من المشاكل البيئية العالمية ، الأول: مشاكل ذات صلة أو أثر على النواميس التي تضبط أحوال المناخ و النواميس التي تحفظ قدرا من الأوزون فى طبقات الجو العليا ،وهذه المشاكل تتطلب تعاونا دوليا وعالميا للحد منها .

أما النوع الثاني من المشاكل: فهي ذات اتساع جغرافي يشمل القارات جميعا و نماذجها تلوث الشواطئ والأنهار و التصحر[1] و تدهور الغابات و فقد التنوع الإحيائي و زيادة السكان و انتشار الأوبئة و غيرها و هذه تتطلب جهدا محليا أولا، لأن أضرارها تظهر فى مواقعها و تحتاج إلى جهد دولي فى التعاون للحد من آثارها[2].

إن برنامج الأمم المتحدة للبيئة و الذي أنشئ فى عام 1972 - و الذي يعد صوت البيئة داخل منظومة الأمم المتحدة - يعد من أهم أدوات الترويج و التحفيز على المستوى الدولي للاهتمام بحماية البيئة و التعامل

---

1 يعرف التصحر بأنه : تدهور الأراضي فى المناطق الجافة و شبه الجافة و ينتج عن عوامل تغير المناخ و نشاط الإنسان ، و المقصود بتغير المناخ ، هو الاختلافات السنوية أو الفصلية فى معدلات سقوط الأمطار .

2 د. محمد عبد الفتاح القصاص ، التصحر و تدهور الأراضي فى المناطق الجافة ، الكويت : عالم المعرفة ، العدد 242 سنة 1999 ، ص 10

معها بشكل عادل و حكيم، و أن يكون هناك توازن بين التنمية والبيئة ، و يسعى برنامج الأمم المتحدة للبيئة لتحقيق هذه الأهداف للتعاون مع بعض منظمات الأمم المتحدة الأخرى و غيرها من المنظمات الدولية و الحكومات الوطنية و المنظمات غير الحكومية و القطاع الخاص و مؤسسات المجتمع المدني على مستوى العالم ، حيث يتم تقييم مستوى حماية البيئة وطنيا و إقليميا و عالميا، ومساعدة المؤسسات المهتمة بحماية البيئة على مستوى الدول و القطاع الخاص و المجتمع المدني، و تيسر نقل المعرفة والتكنولوجيا من أجل حماية البيئة مع الحفاظ على تنمية مستدامة، و توجد مراكز إقليمية لبرنامج البيئة العالمي لتيسر تقديم هذه المساعدات بالإضافة إلى استضافة البرنامج للعديد من أمانات الاتفاقيات البيئية بما فى ذلك أمانة حماية الأوزون و بروتوكول مونتريال ، واتفاقية بازل بشأن التحكيم فى نقل النفايات الخطرة عبر الحدود و غيرها .

و فى عام 1997 تم الاتفاق على بروتوكول " كيوتو " و الذي اهتم بالأساس بقضية تغير المناخ ، حيث ألزم هذا البروتوكول دول العالم بمعايير محددة لانبعاثات الغازات المسببة للتغيرات المناخية وأهمها " ارتفاع درجة حرارة الأرض " مما يهدد الكرة الأرضية برمتها بخسائر لا يمكن تداركها ، و مع أهمية هذا البروتوكول فإن الولايات المتحدة لم تنضم إليه مع أنها هي المسبب الأول فى مشكلة الانبعاثات الغازية التي تسبب ارتفاع درجة حرارة الأرض ، وسوف نتناول هذا الموضوع بشيء من التفصيل فى ثلاثة فروع، يتناول الفرع الأول : ارتفاع درجة حرارة الأرض و ظهور التغيرات المناخية، و يتناول الفرع الثاني : بروتوكول "كيوتو" كمحاولة للسيطرة على ارتفاع حرارة الأرض، ويتناول الفرع الثالث . سمر و المعاهدات الدولية لحماية البيئة .

**الفرع الأول: ارتفاع درجة حرارة الأرض و ظهور التغيرات المناخية**

تعرف التغيرات المناخية: بأنها التغيرات التي تحدث فى المناخ العالمي أو الإقليمي بمرور الزمن، والتي يمكن أن تحدث نتيجة لقوى طبيعية أو بشرية. وطبقا للهيئة الدولية لتغيرات المناخ فإن ارتفاع درجة حرارة كوكب الأرض خلال القرن العشرين ناتجة عن النشاط البشري، وبشكل أساسي من حرق الوقود الحفري وإزالة الغابات مما أدى إلى زيادة

تركيز غازات الاحتباس الحراري[1] في الغلاف الجوى، ومن أهم غازات الاحتباس الحراري، غاز ثاني أكسيد الكربون والذي يشكل نحو 61% من مجموع غازات الاحتباس الحراري ومصدره الوقود الحفري (بترول وفحم وغاز)[2] المستخدم في توليد الكهرباء والنقل والمواصلات والصناعة والمباني السكنية والتجارية[3].

وتعد درجة حرارة سطح الأرض محصلة لاتزان دقيق بين مقدار ما يقع على سطح الأرض من أشعة الشمس ، و مقدار ما ينعكس منها و يتشتت فى الفضاء ، و زيادة نسبة غاز ثاني أكسيد الكربون فى الجو يؤدي إلى امتصاص زائد للإشعاعات الحرارية المنعكسة من سطح الأرض و الاحتفاظ بها ، مما يؤدى بالتالي إلى ارتفاع درجة حرارة الجو عن معدلها الطبيعي - و هذا ما يعني بظاهرة الاحتباس الحراري فى أبسط تعريف لها - وقد لا يؤدى ارتفاع درجة الحرارة ارتفاعا بسيطا إلى حدوث تغيرات ملموسة ، ولكن استمرار الزيادة فى نسبة غاز ثاني أكسد الكربون فى الجو الناجم عن احتراق الوقود سيؤدي بشكل مستمر إلى ارتفاع درجة حرارة طبقات الغلاف الجوي، وكذا ازدياد قطع أشجار الغابات الاستوائية و على الأخص فى الأمازون حيث يجري قطع العديد من الغابات .

---

[1] وظاهرة الاحتباس الحراري : اصطلاح يطلق على احترار سطح الأرض بسبب احتباس الأشعة ذات الموجة الطويلة بفعل غازات مثل ثاني أكسيد الكربون و الميثان ، و تمنع هذه الغازات انعكاس الحرارة من الأرض إلى الجو ، و يشبه ذلك احتباس الحرارة في بيت النباتات الزجاجي – الصوبة – لتوفير الدفء للنباتات.ملاحظة للمترجم د. مصطفى فهمي في براين فاغان ، الصيف الطويل – دور المناخ في تغير الحضارة ، الكويت : عالم المعرفة العدد340 سنة 2007 ص 13

[2] http://www.sgpgefegypt.org/index.htm برنامج المنح الصغيرة الذي يموله مرفق البيئة العالمية

[3] وسبب احتفاظ الأرض بحرارتها المناسبة للحياة أن أشعة الشمس التي تسقط على الغلاف الجوى لا تصل كلها إلى سطح الأرض، إذ ينعكس حوالي 25% من هذه الأشعة إلى الفضاء، ويمتص حوالي 23% أخرى في الغلاف الجوى نفسه ، وهذا معناه أن 52% فقط من أشعة الشمس تخترق الغلاف الجوى لتصل إلى سطح الأرض، ومن هذه النسبة الأخيرة نجد أن 6% ينعكس عائدا إلى الفضاء، بينما يمتص الباقي ( 46% ) في سطح الأرض ومياه البحار ليدفئها . وتشع هذه الأسطح الدافئة بدورها الطاقة الحرارية التي اكتسبتها على شكل أشعة تحت حمراء ذات موجات طويلة . ونظرا لأن الهواء يحتوى على بعض الغازات بتركيزات شحيحة ( مثل ثاني أكسيد الكربون والميثان وبخار الماء )، من خواصها عدم السماح بنفاذ الأشعة تحت الحمراء، فإن هذا يؤدى إلى احتباس هذه الأشعة داخل الغلاف الجوى . وتعرف هذه الظاهرة باسم " الاحتباس الحراري " أو الأثر الصوبي ولولاه لانخفضت درجة حرارة سطح الأرض بمقدار 33 درجة مئوية عن مستواها الحالي - أي هبطت إلى دون نقطة تجمد المياه - ولأصبحت الحياة على سطح الأرض مستحيلة د. نادر نور الدين، تغير المناخ من منظور مختلف، الشروق، 2009/12/13

و يرجع سبب زيادة ثاني أكسيد الكربون[1] في الغلاف الجوي للأرض إلى الكميات الهائلة من الوقود التي تحرقها المنشآت الصناعية و المحركات و وسائل النقل و المواصلات و عملية الاتزان الطبيعي لغاز ثاني أكسيد الكربون تتم عن طريق ذوبان جزء كبير من هذا الغاز في مياه البحار، و تقوم النباتات بامتصاص جزء أخر كبير منه في عملية البناء الضوئي، إذ يتم استخدام ثاني أكسيد الكربون في بناء أجسامها و إخراج الأكسجين، وإزالة الغابات يساهم بشكل كبير في زيادة نسبة ثاني أكسيد الكربون في الهواء مما يؤدى إلي اختلال التوازن الطبيعي في الأرض، و يرى العديد من الباحثين أن الدول المتقدمة ساعدت في ارتفاع درجة حرارة الأرض عن طريق التقدم التكنولوجي و الصناعي، و أن دول العالم الثالث ساعدت في ارتفاع درجة حرارة الأرض عن طريق قطع الأشجار و إزالة الغابات مما جعلها جميعا في سباق للقضاء على الحياة على كوكب الأرض و يجعل منها مسئولة عن ذلك .

---

وقد ورد باتفاقية " كيوتو " مرفق ألف أن غازات الدفيئة تشمل غاز ثاني أكسيد الكربون"CO2" وغاز الميثان "CH2" و أكسيد النيروز "N2O " و المركبات الفلورية الهيدروجينية " HFC5" المركبات الكربونية الفلورية المشبعة "PFC" و غاز سادس فلوريد الكبريت "SF6 " أما القطاعات التي تشكل مصادر لهذه الغازات ، فهي الطاقة والزراعة والنفايات فالطاقة الناجمة عن حرق الوقود في الصناعة و النقل و قطاعات أخرى ، والزراعة على الأخص إدارة السماد الطبيعي و زراعة الأرز و إحراق النفايات الزراعية و استخدامات أخرى ، أما النفايات ، فتشمل تصريف النفايات الصلبة على الأرض ، و معالجة المياه المستعملة و حرق النفايات و استخدامات أخرى للنفايات ، وبالإضافة إلى غاز ثاني أكسيد الكربون، هناك عدة غازات أخرى لها خصائص الاحتباس الحراري وأهم هذه الغازات هي الميثان الذي يتكون من تفاعلات ميكروبية في حقول الأرز وتربية الحيوانات المجترة ومن حرق الكتلة الحيوية (الأشجار والنباتات ومخلفات الحيوانات). وبالإضافة إلى الميثان هناك غاز أكسيد النيتروز (يتكون أيضا من تفاعلات ميكروبية تحدث في المياه والتربة ) ومجموعة غازات الكلوروفلوروكربون (التي تتسبب في تآكل طبقة الأوزون ) وأخيرا غاز الأوزون الذي يتكون في طبقات الجو السفلى ويساهم غاز الميثان بنحو 14.3%، ويليه غاز أكسيد النيتروز بنسبة 7.9%، ومصدره تحلل وتطاير الأسمدة النتروجينية، والمادة العضوية، ومصانع الكيماويات، والأحماض، وبعض الصناعات الحربية والمفرقعات ثم غاز الفلور ومشتقاته من الهيدرو والكلورو فلورو كربون، وأغلبه صناعي من أجهزة التكييف والتبريد والتجميد. إضافة إلى إزالة الغابات وتحلل الكائنات الحية بعد موتها وتساهم بنحو17.3% ويكون أغلبها على صورة غاز ثاني أكسيد الكربون أيضا. وتساعد المحيطات والبحار بمياهها المالحة الغطاء النباتي في امتصاص غاز ثاني أكسيد الكربون من هواء كوكب الأرض، ولذلك كانت الحكمة في أن المياه المالحة في العالم تشكل ثلثي مساحة كوكب الأرض وأنها تمثل 97.5% من المياه في العالم مقابل 2.5% فقط للمياه العذبة، بالإضافة على وجود الغابات الكثيفة منذ بدء الخليقة والتي لم نعرف فضلهما إلا مؤخرا كحوضين كبيرين لامتصاص انبعاثات غاز ثاني أكسيد الكربون..

و بالازدياد المطرد في حرارة الجو فان ذلك سيؤدي إلى زيادة الانصهار للطبقات الجليدية التي تغطى القطبين الشمالي و الجنوبي والطبقات التي على قمم الجبال مما سيؤدى إلى ارتفاع منسوب المياه في البحار والمحيطات مما سيغرق العديد من الجزر والشواطئ ، كما أن المياه الجوفية ستتلوث نتيجة لطغيان الماء المالح عليها والأهم أن توزيع سقوط الأمطار سوف يختل فتعاني بعض المناطق من الجفاف، بينما تعاني مناطق أخرى من السيول و بالتالي سوف يتأثر الإنتاج العالمي من المحاصيل و يحدث شح في الطعام مما يهدد بمجاعات، فضلا عن أن النظام البحري سيتأثر أيضا بما يخل بالثروة السمكية، و قد ظهرت بوادر إشارات في مناطق عديدة من العالم لهذه الكوارث المتوقعة .

ومن المتعذر إجراء دراسة مباشرة للتأثير الناجم عن تراكم غازات الاحتباس الحراري فى الغلاف الجوى، فقد وضعت خلال العقدين الماضيين طائفة من النماذج الرياضية للتنبؤ بما قد يحدث، ولقد أوضحت هذه النماذج أنه لو تضاعفت تركيزات غاز ثاني أكسيد الكربون فى الغلاف الجوى عن معدلها فى عصر ما قبل الصناعة، فإن هذا سيؤدى إلى رفع درجة الحرارة على سطح الأرض بمتوسط يتراوح بين 1.5 – 4.5 درجة مئوية خلال المائة عام القادمة. ولقد بينت تقارير الفريق الحكومي المعنى بتغير المناخ (IPCC ) والتي صدرت كل خمسة أعوام منذ 1990 ، أنه إذا استمر انبعاث غازات الاحتباس الحراري بمعدلاتها الحالية فمن المحتمل أن ترتفع درجة حرارة العالم من 1.5 الى 6 درجات مئوية فى غضون المائة سنة القادمة (الاحتمال الأكبر هو 3 درجات مئوية). ولكن هناك بعض العلماء يرون أن هذه الزيادة هي فى حدود التغيرات الطبيعية التي تحدث للمناخ، وبذا لا يمكن اعتبارها زيادة حقيقية خاصة وأن التحليل المفصل لدرجات الحرارة خلال المائة سنة الأخيرة يوضح أنه كانت هناك فترات انخفضت فيها الحرارة عن معدلاتها (من 1950 - 1960 ومن 1965 - 1975 مثلا) [1].

وتؤكد العلوم المناخية الحاجة لضبط تركيز ثاني أكسيد الكربون فى الجو في حدود 350 جزءا فى المليون و ذلك لتفادي تغيرات متسارعة فى المناخ العالمي ستكون لها عواقب وخيمة على سلامة الكوكب ، و قد

[1] المرجع السابق

وصلت الحدود إلى 390 جزءا فى المليون، و الأمر لا يتطلب خفض الانبعاثات فقط و لكن أيضا المحافظة على مخازن الكربون الطبيعية الموجودة فى المحيطات و فى الغابات و النباتات، فخفض الانبعاثات فقط يعد غير مؤثرا ، إذ أن المحيطات و النباتات تمتص50% من انبعاثات ثاني أكسيد الكربون فى الكرة الأرضية [1].

وتساهم الولايات المتحدة الأمريكية وحدها بنسبة 22.2% من انبعاثات غاز ثاني أكسيد الكربون فى العالم (والمتسبب الأول للاحتباس الحراري بعدم السماح بخروج الانبعاثات الساخنة إلى الفضاء الخارجي أو لامتصاصه كميات كبيرة من طاقة الشمس والأرض)، تليها الصين بنسبة 21.2% ثم الهند وروسيا واليابان وألمانيا وكندا وإنجلترا وكوريا وإيران، وهى الدول العشر الكبرى لمصادر الانبعاثات الغازية فى العالم. وتشير البيانات الصادرة هذا الشهر عن الهيئة الدولية للطاقة "*IEA*" إلى أن ثلثي الانبعاثات الكربونية فى العالم صادرة من هذه الدول العشر فقط بإجمالي 18.8 جيجا طن، وأن الولايات المتحدة والصين وحدهما يتسببان فى 41% من الانبعاثات الكربونية فى العالم بكميات 11.8 جيجا طن من إجمالي انبعاثات العالم البالغة 29 جيجا طن من غاز ثاني أكسيد الكربون لعدد 193 دولة يضمها كوكب الأرض [2].

وفى مصر تم تقدير اجمالى كمية غازات الاحتباس الحراري بنحو 100 مليون طن ثاني أكسيد كربون مكافئ عام 1991/1990، من المتوقع

[1] جون روكستورم- السويد- الاتحاد الإماراتية 21\10 \ 2009و تنشر ترتيب خاص مع " كرتسيان ساينس مونيتور "

[2] د. نادر نور الدين، تغير المناخ من منظور مختلف، الشروق، 2009/12/13 ويضيف د. نادر نور الدين في مقالته المذكورة: وفى هذا الصدد أيضا تجدر الإشارة إلى أن خمس دول فقط وهى الولايات المتحدة والصين وروسيا والهند واليابان مسئولة عن 55% من الانبعاثات الكربونية في العالم وتستأثر بنسبة 50% من الدخل العالمي GDP ويمثل سكانها 46% من عدد سكان العالم. ومن الأرقام ذات الدلالات المهمة أن الولايات المتحدة الأمريكية والتي تساهم بنسبة 22.2% من الانبعاثات الغازية لا يتجاوز عدد سكانها نسبة 5% فقط من إجمالي عدد سكان العالم، بينما الصين والتي تساهم بنحو 21% من الانبعاثات يمثل سكانها نحو 20% من إجمالي عدد سكان العالم، والهند تشارك بنحو 7% لعدد سكان نحو 17% من التعداد العالمي، لذلك فإن حساب معدل الانبعاثات التي ينتجها أو يتسبب فيها الفرد في هذه الدول يختلف كثيرا، فالفرد في الهند ينتج نحو طن واحد فقط من الانبعاثات الغازية بينما ينتج الفرد في الصين نحو 5 أطنان بينما يبلغ هذا المعدل أقصاه في الولايات المتحدة الأمريكية بكمية 19 طنا للفرد. ومن المهم أيضا الإشارة إلى أن إجمالي الانبعاثات الغازية في العالم قد تضاعف خلال الستة والثلاثين عاما الماضية حيث لم يتجاوز 14.1 جيجا طن عام 1971 ووصل إلى 29 جيجا طن في عام 2007.

ان تزداد بمعدل يقدر بنحو 4.9% سنويا لتصل الى نحو 369 مليون طن ثاني أكسيد كربون مكافئ بنهاية خطة التنمية في عام 2017/2016 . وهذه الكمية تشكل نحو 0.4 % فقط من اجمالى الانبعاثات فى العالم.[1]

## الفرع الثاني:بروتوكول "كيوتو[2]" كمحاولة للسيطرة

## على درجة حرارة الأرض

ترجع الجذور التاريخية لاتفاقية التغير المناخي إلى عام 1992 فى مؤتمر قمة الأرض فى البرازيل، حيث تم تحديد إطار عمل يستهدف تثبيت تركيز غازات الاحتباس الحراري فى الهواء الجوى لتجنب الآثار السلبية البشرية على نظم المناخ العالمي. وفى مؤتمر الدول الأطراف الثالث عام 1997، تم التوافق على بروتوكول "كيوتو"، الذي يلزم الدول الصناعية لتحديد أهداف محددة لخفض انباعاثات غازات الاحتباس الحراري بنسب محددة، وقد وافقت هذه الدول على خفض انبعاثاتها من غازات الاحتباس الحراري الستة بمتوسط قدره 5.2% قياسا بعام 1990 فيما بين 2008 و2012، وهى فترة الالتزام الأول بأهداف محددة تختلف من دولة إلى أخرى[3].

وقد أصدرت الهيئة الحكومية لتغير المناخ تقريرها الرابع عام 2006، ويتضمن تقييما شاملا ودقيقا للتغير المناخي . وقد جاء فيه أن 11 سنة من الـ12 سنة الماضية كانت الأكثر دفئا منذ عام 1850،وحتى الوقت الحاضر، والتغيرات الثلاثة معبرا عنها بقياسات درجة الحرارة، وارتفاع منسوب سطح البحر، والغطاء الجليدي في نصف الكرة الشمالي تؤكد كلها تزايد الدفء العالمي، ويرتبط بذلك الارتفاع ظواهر مناخية أخرى تتضمن نقص تكرارية الأيام شديدة البرودة وتزايد تكرارية الأيام شديدة الحرارة،

[1] المرجع السابق

[2] ويحمل هذا البروتوكول اسم مدينة كيوتو اليابانية حيث وقعت 34 دولة صناعية تعهدا بالحد من الانبعاثات التي تسبب ارتفاع درجة حرارة الأرض.

[3] صلاح طاحون،عن اجتماعات تغير المناخ في كوبنهاجن، الشروق 2009/12/13

ويرتبط بذلك أيضا تزايد تكرارية بعض الظواهر المناخية الحادة متضمنة فيضانات مغرقة وأعاصير كاسحة وجفاف مهلك[1].

وقد اهتم بروتوكول "كيوتو" منذ عام 1997 بقضية التغيرات المناخية وارتفاع درجة حرارة الأرض أساسا في محاولة لإلزام دول العالم بمعايير محددة لانبعاثات الغازات المسببة لارتفاع درجة حرارة الأرض ، و قد رفضت الولايات المتحدة و هي المسئولة عن 25% من انبعاثات ثاني أكسيد الكربون في العالم معتبرة أنه سيضعف اقتصادها، و قد تبعتها استراليا في هذا الموقف الرافض لأن البروتوكول لا يلزم سوى الدول الصناعية التي تمثل 56% من الانبعاثات العالمية، و أن الدول النامية التي تمثل 123 دولة و التي أبرمت هذا البروتوكول ليست ملزمة سوى بالإعلان عن نشاطاتها و الانبعاثات المتأتية منها، و أن من بين هذه الدول الصين والهند التي تعدان من كبار الملوثين لأنهما تشهدان نموا اقتصاديا ضخما .

وقد انعقد المؤتمر الخامس عشر لاتفاقية "الأمم المتحدة الإطارية لتغير المناخ" اجتماعاته في "كوبنهاجن" في السابع من ديسمبر 2009، وشارك في هذا المؤتمر 192 دولة يترأس وفود نحو 110 منها رئيسها أو رئيس حكومتها، وقد عقدت اجتماعات تمهيدية لعل أهمها هو مؤتمر القمة الذي دعا إليه سكرتير عام الأمم المتحدة في "نيويورك" في سبتمبر 2009، وشارك فيه أكثر من مائة من زعماء العالم بحثا عن أرضية ووسائل مشتركة، تمكن الأطراف من الوصول لصيغ شاملة وطموحة وعادلة يراضى بها الجميع[2].

و قد نصت المادة الثانية من بروتوكول كيوتو الملحق باتفاقية الأمم المتحدة للمناخ [3] على التزام أطرافها تحديد وخفض الانبعاثات وفقا للمادة الثالثة، و ذلك بغية تقرير التنمية المستدامة و ذلك عن طريق عدة إجراءات من أهمها تنفيذ وصياغة المزيد من السياسات و التدابير وفقا لظروف كل دولة برفع كفاءة الطاقة في قطاعات الاقتصاد الوطني ، و تقرير أشكال

---

[1] المرجع السابق

[2] المرجع السابق

[3] وثائق الأمم المتحدة -اتفاقية كيوتو 2005، (A) F ccc \ INFO RMAL \ 83. GE . o5-1664 )

الزراعات المستدامة ، و إجراء البحوث بشأن الأشكال الجديدة و المتجددة من الطاقة التي لا تنتج ثاني أكسيد الكربون و الخفض و الإنهاء التدريجي للحوافز والإعفاءات الضريبية و الجمركية و الإعانات في قطاع النقل ، و كذا الحد و التخفيض من انبعاث غاز الميثان من خلال إدارة النفايات. و قد ورد في البروتوكول العديد من المسائل الإجرائية منها اجتماع الأطراف دوريا لاستعراض تنفيذه على ضوء أفضل المعلومات و التقيمات العلمية المتاحة بشأن تغير المناخ و أثاره و أيضا في ضوء المعلومات التقنية و الاجتماعية و الاقتصادية ذات الصلة[1].

و قد نصت المادة العاشرة من" بروتوكول كيوتو " على المسؤولية المشتركة لجميع أطرافه و إن كانت الدول متباينة في أولوياتها و أهدافها و ظروفها التنموية ، و أن لكل دولة أن تصوغ برامج وطنية أو إقليمية مع دول أخرى للحد من الانبعاثات المحلية لتخفيف تغير المناخ و اتخاذ تدابير لتسهيل التكيف مع تغير المناخ، وأن تسعى الدول جميعها لتعزيز الطرق الفعالة لتطوير و تنسيق و نشر الإجراءات الفعالة المتخذة و المساعدة على سلامة البيئة و لتيسير تمويلها و نقلها إلى البلدان النامية ، كما أوجب البروتوكول التعاون في البحث العلمي و التقني وتطوير نظم الرصد المنتظم ذات الصلة بالتغيرات المناخية و كذا تنفيذ البرامج التعليمية والتدريبية و تقوية بناء المؤسسات الوطنية و تبادل إعارة الموظفين لتدريب الخبراء في هذا المجال .

وتسعى اتفاقية تغير المناخ من خلال بروتوكول "كيوتو" لتثبيت تركيز غازات الاحتباس الحراري في الغلاف الجوى خلال فترة زمنية كافية، بما يسمح للنظم البيئية أن تتكيف بصورة طبيعية مع تغير المناخ، دون تعرض إنتاج الغذاء للخطر، والمضي ـ في تحقيق تنمية اقتصادية مستدامة. وقد اعتمدت الاتفاقية مجموعة مبادئ تتعلق بالاعتبارات الفنية لتغيرات المناخ، وضرورة حماية النظام المناخي على أسس من الشراكة والإنصاف والمسئولية المشتركة، وإن كانت تتباين حسب قدرة كل بلد، مع إعطاء الاعتبار الضروري للاحتياجات وظروف الدول النامية خاصة المعرضة أكثر من غيرها لتداعيات وسلبيات التغير المناخي[2].

---

[1] المادة " 9 " من بروتوكول كيوتو
[2] صلاح طاحون،عن اجتماعات تغير المناخ في كوبنهاجن، الشروق 2009/12/13

و لم يحقق مؤتمر الأمم المتحدة حول التغير في المناخ الذي عقد في مونتريال بكندا في ديسمبر 2005 سوى تقدما طفيفا حيث اكتفى المندوبون الأمريكيون بالموافقة على إجراء مشاورات غير رسمية بعيدة المدى لمواجهة التغيرات المناخية، و قد أصبح بروتوكول كيوتو نافذا منذ 16\ 2 \ 2005 حيث قام بالتصديق عليه 55 عضوا من الأعضاء التي يبلغ انبعاثهم لغاز ثاني أكسيد الكربون 55% من إجمالي انبعاثات الدول المتقدمة و قد اكتمل هذا الشرط بتصديق روسيا على البروتوكول [1]. و على الرغم من أن الولايات المتحدة تبلغ انبعاثاتها 25% من ثاني أكسيد الكربون على مستوى العالم و 35% من انبعاثات الدول المتقدمة إلا أنها أعلنت على لسان رئيسها " جورج بوش " منذ توليه السلطة و حتى تركها أن بلاده لن تصدق على بروتوكول كيوتو .

وقد أبدى الرئيس " باراك أوباما " بعد توليه رئاسة الولايات المتحدة استعداد للنظر في هذه القضية و أعلن أن الولايات المتحدة سوف تعيد حدود الغازات التي تسبب ارتفاع درجة حرارة الأرض إلى مستوى عام 1990 بحلول عام 2020 و قد أعادت إدارة أوباما الولايات المتحدة إلى تولي دور نشط في المفاوضات مما قد يساهم في نجاحها و قد أقرت وزيرة الخارجية الأمريكية " هيلاري كلينتون " بأن أزمة التغيرات المناخية قائمة و تتقاطع مع الدبلوماسية و الأمن القومي و التنمية و هي قضية بيئية وقضية صحية و قضية اقتصادية و قضية أمنية وهي تمثل تهديدا عالمي النطاق ......" "وأن التغير المناخي يهدد أرواح الناس و أرزاقهم ، فالتصحر و ارتفاع منسوب البحار يولدان تنافسا محتدما على الغذاء والماء و الموارد مما يؤثر على استقرار المجتمعات و الحكومات " و ذكرت " بصفنا دولا ذات اقتصاديات هامة مسئولون عن الجزء الأكبر من غازات الاحتباس الحراري المنبعثة .... ولهذا السبب إن الولايات المتحدة ستعمل بلا كلل نحو محصلة ناجحة للمفاوضات ... و ستعمل على جعل قضية

[1] حسين عبد الله . جريدة الشروق 6 \12 \ 2009

التغير المناخي محور سياستنا الخارجية لأننا لا نشك فى الطبيعة الملحة للمشكلة و أبعادها "[1]

وقد تبني كل من "ديك تشينى" نائب الرئيس الأمريكي جورج بوش و "آل جور" نائب الرئيس كلينتون مبدأ الوقاية بالنسبة للتغير المناخي، بالرغم من أن احتمالات حدوث الكوارث بسبب التغير المناخي لا تزيد فى الواقع كثيرا عن واحد فى المائة، وهو يعد الإطار الصحيح الذي ينبغي أن نفكر من خلاله فى قضية المناخ، بينما يؤكد المحافظون علي عدم القلق إطلاقا بشأن ارتفاع درجة الحرارة بسب ضآلة احتمال وقوع كوارث[2].

إن التقارير العلمية الدولية تقطع بأن الأمر يشكل خطرا على مستقبل العالم و أكثر خطورة على مستقبل الدول النامية أكثر منه على الدول المتقدمة ، فقد ذكر الفريق الحكومي الدولي فى تقريره التقيمي الرابع للبيئة عام 2007 ، أن درجة حرارة الأرض ازدادت 4,1 درجة فهر نهيت وأن هذا الاحترار الواضح للمناخ ينعكس فى ارتفاع المتوسط العالمي لدرجة حرارة الهواء و المحيطات و انتشار ذوبان الثلج والجليد و تزايد مستوى سطح البحر، ومع اطراد زيادة درجة الحرارة يتنبأ الفريق بأن تتواتر الموجات الحارة و حالات الجفاف و الأمطار الغزيرة بما سيؤثر بشكل ضار على جميع النشاطات البشرية[3]، و قد قررت المنظمة الدولية للهجرة فى تقرير لها أن 20 مليون شخص تشردوا العام الماضي 2008 بسبب

---

[1] من خطاب : هيلارى كلينتون عن التغير المناخي فى منتدى الاقتصاديات الكبرى حول الطاقة و المناخ و الذي ألقته بوزارة الخارجية الأمريكية فى 27 \ 4 \ 2009

[2] توماس فريدمان، لتطبيق فكرة تشيني علي قضية المناخ ، الشروق20009/12/16بالتنسيق مع New York Times Syndication Service وقد أشار الكاتب في المقالة المذكورة إلي ما أثارته فضيحة «مناخ جيت» أو «Climate Gate فى 17 نوفمبر 2009عندما قام شخص مجهول الهوية باقتحام الرسائل الإلكترونية وملفات بيانات وحدة الأبحاث المناخية بجامعة «إيست أنجليا» وهى من المراكز العلمية البارزة فى العالم، المتخصصة فى المناخ وقام بنشرها على الإنترنت. وقد كشفت هذه الملفات والرسائل عن أن بعض علماء المناخ البارزين يقومون، بتلفيق بيانات أبحاث لإظهار زيادة فى الاحتباس الحراري العالمي، مع استبعاد بحث آخر مناقض، وإن كان من ينكرون مخاطر المناخ تمولهم شركات البترول الكبرى لإجراء أبحاث وهميه، وعلى الرغم من أن ذلك ليس مبررا أن يقوم علماء المناخ بتزييف نتائج الأبحاث . وبالرغم من ذلك فلابد من أخذ الأمر بجدية؛ ذلك أن مجموعة من مراكز الأبحاث المستقلة قد وثقت الدليل على أن كوكبنا يميل، منذ الثورة الصناعية، إلى ارتفاع واسع النطاق فى درجات الحرارة خارج أنماط التنوع الطبيعية مع فترات برودة دورية متناهية الصغر

[3] تقرير " ستيرن " 2006 : الفريق الأمريكي المعني بتغير المناخ التابع للأمم المتحدة

الكوارث البيئية المفاجئة و التي من المتوقع أن تتزايد فى العقود الأربعة القادمة إلى مليار شخص إذ لم يتم معالجة مشكلة الاحتباس الحراري[1] و الذي سيسبب زيادة حدة السيول و شح المياه فى آن واحد مما ستضعف المحاصيل الزراعية و سيتفاقم الوضع الصحي العالمي .

وظهرت العديد من الانتقادات لإعلان "كوبنهاجن" أبرزها أنه، تم التفاوض عليه سرا وراء الأبواب المغلقة، وهو ما يتعارض مع القواعد المتعددة الأطراف للأمم المتحدة، كما لم يضع أي قواعد واضحة لمكافحة الاحتباس الحراري، كما لم تتعهد الدول الكبرى بخفض واضح لانبعاثاتها، وعبرت الدول النامية ومنظمات حماية البيئة عن العديد من الانتقادات[2].

وقد اجتاحت قمة المناخ في "كوبنهاجن" العديد من المظاهرات التي تواصل اندلاعها كل ساعة، حيث تعقد اجتماعات وزراء البيئة من ٩٠ دولة من إجمالي ١٩٢ دولة مشاركة فى قمة التغيرات المناخية بكوبنهاجن وتقود هذه الاحتجاجات منظمات «السلام الأخضر» و«الأكشن إيد»، وعدد من منظمات المجتمع المدني خاصة فى الدول «الجزرية»[3].

وقد أنهى مؤتمر كوبنهاجن لمكافحة ظاهرة الاحتباس الحراري، أعماله،في نهاية عام 2009 بالاتفاق على إعلان «غير ملزم» لخفض درجة

[1] المصري اليوم 10 \ 12 \ 2009

[2] وقد وصف الرئيس الفنزويلى، هوجو تشافيز، الولايات المتحدة بأنها «أكبر ملوث»، واتهم الرئيس الأمريكي باراك أوباما بمحاولة صياغة اتفاقية للمناخ من وراء ظهر الزعماء الآخرين،ومن جانبهم، انتقد دعاة الحفاظ على البيئة «اتفاق الحد الأدنى» الذي توصل إليه الوسطاء الدوليون بهدف إبطاء ظاهرة الاحتباس الحراري ، وقالت منظمة «السلام الأخضر» في بيان لها إن «المفاوضات التي أجريت تحت رعاية الأمم المتحدة فشلت، ولم تتمكن من التوصل إلى اتفاق يقترب حتى مما هو ضروري للسيطرة على تغير المناخ».كما أعلنت المنظمة غير الحكومية «أصدقاء الأرض» أن «إعلان كوبنهاجن» هو «كارثة على الدول الأكثر فقرا»، وقال رئيس المنظمة "نمو باساى" في بيان «لقد أحبطنا من عجز الدول الغنية على الالتزام بتخفيض انبعاثات الغازات الدفيئة التي تعرف أنه ضروري وخصوصا الولايات المتحدة التي هي تاريخيا أول باعث عالمي لهذه الغازات».وعقد وزراء البيئة العرب اجتماعا في العاصمة الدنمركية بحث نتائج قمة كوبنهاجن ومدى ملاءمتها للدول العربية، وقدموا مقترحات وصفت بأنها «خريطة طريق» عربية استعدادا لمؤتمر المناخ المقبل في المكسيك ، اعتبرت أن المؤتمر مثل إحدى الفرص الضائعة بسبب الانقسام بين الدول المتقدمة والنامية.. حول مقدار ونسب خفض الانبعاثات الضارة بالبيئة[2]. ويقول علماء المناخ إن أي زيادة فوق المعدل المسموح به وهو درجتين مئويتين يمكن أن يسبب تغيرات كارثية محتملة في بيئة الأرض ، ولم يتم الاستجابة لضغط دول صغيرة هي عبارة عن جزر تتعرض لمخاطر الغرق بسبب زيادة مستويات مياه البحار.

[3] المصري اليوم،2009/12/16

الحرارة، ولم تحدد الاتفاقية أي التزامات على الدول لخفض الانبعاثات، حيث سادت وجهة نظر الدول الصناعية التي ترغب في خفض الانبعاث والغازات بحيث تقتصر الزيادة في درجة حرارة الأرض على درجتين مئويتين بدلا من درجة ونصف مثلما كانت الدول النامية تطالب، ويدعو الإعلان إلى إبرام اتفاق كامل بحلول نهاية ٢٠١٠. واعتبر الرئيس الأمريكي باراك أوباما أن الاتفاق الذي توصل إليه مع قادة الدول الصناعية «مهم» لكنه «غير كاف»، وسط رفض من جانب الدول الفقيرة، وجماعات الدفاع عن البيئة. وظهر العديد من الانتقادات للاتفاق، أبرزها أنه تم التفاوض عليه سرا، كما لم يضع أي قواعد واضحة لمكافحة الاحتباس الحراري، إلى جانب عدم تعهد الدول الكبرى بخفض انبعاثاتها[1].

ولم يتوصل مؤتمر كوبنهاجن[2] إلى اتفاق ملزم لمكافحة التغير المناخي لكي يحل محل بروتوكول كيوتو الذي تنتهي التزاماته عام 2012. وبدلا من إعلان فشل القمة توصلت مجموعة من الدول بقيادة الولايات المتحدة والصين والهند والبرازيل وجنوب أفريقيا إلى اتفاق غير ملزم يدعو جميع الدول ـ متقدمة ونامية ـ للعمل على عدم تجاوز الاحترار المناخي بأكثر من درجتين مئويتين، مع وعد باستثمار 30 مليار دولار لهذا الغرض حتى 2012.[3]

---

[1] المصري اليوم، ٢٠/ ١٢/ ٢٠٠٩

[2] وقد وأعرب الاتحاد الأوروبي عن أسفه، خصوصا لغياب هدف طموح وملزم لتخفيض انبعاثات غازات الدفيئة، معبرا في بيان له عن أمله في تغيير الوضع الحالي قريبا، واعتبر رئيس المفوضية الأوروبية، خوسيه مانويل باروزو، أن هذا النص هو «أفضل من لا شيء» حتى وإن كان «أدنى مما كنا ننتظره»، «النص الذي لدينا ليس كاملا.. لو لم نكن توصلنا لاتفاق فإن هذا كان سيعنى تحرر دولتين مهمتين مثل الهند والصين من أي نوع من التعهدات. وقد أقرت كل الأطراف المشاركة في مؤتمر كوبنهاجن بأن الاتفاق لم يصل إلى حد طموحات الأمم المتحدة، ولكنها قالت إنه نقطة بداية لجهود دولية منسقة لتفادى التأثيرات المفجعة للتغير المناخي، وقال الرئيس الفرنسي، نيكولاي ساركوزى، إن كل الدول المشاركة في المحادثات وافقت على الاتفاق وإن الاتفاق نجح في إلزام الدول الرئيسية التي ينبعث منها ثاني أكسيد الكربون على الحد من تلوثها، وأضاف أنه بموجب الاتفاق سيكون على كل الدول ومنها الصين تقديم خطط مكتوبة لكبح انبعاثات ثاني أكسيد الكربون بحلول يناير كانون الثاني ٢٠١٠ . وقال إن كل الدول وقعت على خطة لتقديم ١٠٠ مليار دولار من المساعدات للدول النامية سنويا بحلول ٢٠٢٠ , وقد تعهدت الولايات المتحدة بدفع ٦.٣ مليار دولار كمساعدة للدول الفقيرة حتى العام ٢٠١٢ لمساعدتها على التأقلم مع تأثيرات التغير المناخي، بينما تعهد الاتحاد الأوروبي بدفع ١٠.٦ مليار دولار واليابان بدفع ١١ مليار دولار، ليبلغ إجمالي تعهدات الدول الصناعية ٣٠ مليار دولار سنويا تقريبا المصري اليوم، ٢٠/ ١٢/ ٢٠٠٩

3 د. حسين عبد الله، الشروق، 4 /1/ 2010

وتجدر الإشارة إلي أن التحديات تختلف التي تواجه الدول الصناعية فى مجال مكافحة انبعثات الاحتباس الحراري الناتجة من استهلاك الطاقة، عن نظائرها التي تواجه الدول النامية. فالدول المتقدمة استطاعت أن تحقق ما حققته من نمو اقتصادي بفضل ما أتيح لها من مصادر رخيصة من الوقود الحفري، وخاصة النفط، خلال النصف الثاني من القرن الماضي .أما بالنسبة للدول النامية، فسوف يتطلب الأمر مواصلة كفاحها لتحقيق أهدافها التنموية، مع الاستفادة من تجارب الدول الصناعية فى مجال التنمية الاقتصادية. فالكثير مما يوجد الآن فى الدول الصناعية من تقنيات ومعدات رأسمالية مستهلكة للطاقة لايزال نظيره فى الدول النامية فى طور البناء. وفى ذلك ما يعتبر ميزة ينبغي استغلالها لكي تحسن الدول النامية الاختيار فيما تقتنيه من المعدات ومصادر الطاقة الأكثر مناسبة لتحقيق الأهداف التنموية والبيئية فى آن واحد. غير أن هذا الاتجاه قد يصطدم بحاجتها إلى الأموال اللازمة لاقتناء المعدات الحديثة، كما يصطدم بمشكلة النمو السكاني السريع الذي يحول دون الاعتماد على الأساليب ذات التقنيات المتقدمة والكثافة الرأسمالية العالية، ويفضل عليها الاعتماد على العمل البشرى لمكافحة مشكلة البطالة. ولعل مما يخفف من حدة المشكلة أن الدول النامية غير ملزمة بتحقيق أهداف بروتوكول كيوتو وأنها وعدت بمساندة الدول المتقدمة لتمكينها من المساهمة فى تلك الأهداف[1].

1 المرجع السابق

### الفرع الثالث: مصر و المعاهدات الدولية لحماية البيئة

تنص الفقرة الثانية من المادة "151" من الدستور المصري على أن:" الاتفاقيات الدولية تعد جزءا من التشريع المصري الحالي بمجرد التصديق عليها و بنشرها بالجريدة الرسمية دون حاجة إلى إصدار قانون داخلي بذلك" .

و قد انضمت مصر إلى العديد من الاتفاقيات و المعاهدات و البروتوكولات الدولية و الإقليمية فى مجال حماية البيئة، و حصرها و تعدادها يحتاج إلى دراسة مستقلة ، و لذا فان معيار التزام مصر بأي معاهدة هو: معرفة هل قامت بالتصديق عليها و نشرها فى الجريدة الرسمية من عدمه . و فى ضوء أحكام قانون البيئة 4 لسنة 1994 و لائحته التنفيذية و الذي يعتبر التشريعات الدولية البيئية من مصادره اعتبارها أصبحت تشريعا داخليا بعد التصديق عليها وفقا للمادة "151 " من الدستور، و يتضمن هذا التطبيق إجراءات الالتزام بالمسؤولية الوطنية و الافاده من الإمكانات التي تتيحها هذه الاتفاقيات عن طريق الوفاء بالالتزامات المصرية فى الاتفاقية و المطالبة بالحقوق التي تعطيها الاتفاقية .

إن الاتفاقيات و المعاهدات و البروتوكولات المتعلقة بالقضايا البيئية أصبحت كثيرة جدا ، حيث اتجه العالم منذ أوائل القرن العشرين إلى وضع العديد منها بهدف حشد الجهود الدولية لمعالجة القضايا البيئية حتى وصل عدد هذه الاتفاقيات من 1921 وحتى 1991 نحو 152 اتفاقية و من أهم هذه الاتفاقيات المتعلقة بحماية البيئة ، الاتفاقية المتعلقة بالحفاظ على الحيوانات و النباتات فى حالتها الطبيعية الموقعة بلندن سنة 1923 و الاتفاقية الدولية لمنع تلوث البحار بالنفط المعتمدة بلندن سنة 1954 و كذا اتفاقية منع التلوث البحري لعام 73 \ 1978 و معاهدة حظر تجارة الأسلحة النووية الموقعة فى موسكو سنة 1963 ، واتفاقية حماية موائل الطيور سنة 1971 ، واتفاقية حماية البحر الأبيض المتوسط و التي اعتمدت فى برشلونة سنة 1979 ، و اتفاقية حفظ أنواع الحيوانات البرية المهاجرة التي اعتمدت فى بون سنة 1979 ، و اتفاقية الأمم المتحدة لقانون البحار الموقعة فى فينا سنة 1982 ، و اتفاقية حماية طبقة الأوزون الموقعة فى فينا سنة 1985 و اتفاقية حظر الاتجار الدولي فى أنواع الحيوانات البرية المهددة

بالانقراض . وفي عام 1992 تم إبرام اتفاقية التنوع البيولوجي التي اعتمدت في ريودى جانيرو . و الاتفاقية الدولية لمكافحة التصحر عام 1994 ، و اتفاقية بازل بشأن التحكم في نقل النفايات الخطرة و التخلص منها عبر الحدود المعتمدة في مارس 1989 ثم أخيرا بروتوكول كيوتو سنة 1997 الخاص بارتفاع درجة حرارة الأرض و التغيرات المناخية و الذي تم دخوله حيز التنفيذ في عام 2005 على النحو السلف ذكره .

و هذه المعاهدات والاتفاقيات و البروتوكولات قد أوردناها فقط على سبيل المثال وليس الحصر ، وهي تشكل مع الاتفاقيات التي لم نوردها المصدر الأساسي للقانون الدولي للبيئة و الذي يعد فرعا جديدا في القانون الدولي يعني بتنظيم نشاط الدول في مجال منع وتقليل الأضرار المختلفة للبيئة خارج حدود السيادة الإقليمية للدول، أما داخل الدول فإن هذه الاتفاقيات و المعاهدات و البروتوكولات تعد قانونا داخليا بمجرد التصديق عليها من برلمانات الدول و نشرها على النحو السالف ذكره .

إن المبدأ الأساسي للقانون الدولي للبيئة هو الحفاظ على البيئة و حمايتها من التلوث حفاظا على الثروات الطبيعية للأجيال القادمة ، ولم يتوقف الاهتمام الدولي للبيئة عند إقرار المبادئ و القواعد القانونية التي تشكل ما يعرف بالقانون الدولي للبيئة بل امتدت لإنشاء أجهزه دولية مستقلة تناط بها مهمة القيام بحمل الوظائف و الاختصاصات ذات الصلة بحماية البيئة على المستوى الدولي، و السعي لوضع نظام أكثر ملائمة للمسؤولية الدولية عن الأضرار التي يمكن أن تنجم عن إخلال بعض الدول بالتزاماتها الدولية فيما يتعلق بحماية البيئة[1].

و مما لا شك فيه أن الجهود التي تبذل في مجال حماية البيئة و صياغتها في إطار التشريعات و القوانين الوطنية يجب أن تكون مرتبطة بالجهود التي يتم بذلها لحمايتها على المجتمع الدولي لتأثير كل منها في الأخر خاصة في المجالات ذات التأثير العالمي، مثل زيادة نسبة غاز ثاني أكسيد الكربون في الجو و تلوث البحار و غيرهما من المسائل التي لا يمكن السيطرة عليها فهي مسؤولية المجتمع الدولي بأسره، لأنه في حالة حدوث

---

[1] هشام بشير ، تطور الاهتمام الدولي بالبيئة ، مقال منشور على شبكة البيئة الآن http://www.ennow.ne

أي خلل فى أي مكان فى العالم فإن آثاره تنعكس على جميع الدول دون تفرقة ، بل إن معظم دول العالم الثالث ليس لها تأثير يذكر فى مسائل تلوث البحار أو تلوث الغلاف الجوي بثاني أكسيد الكربون و ليس لمعظمها غابات تم إزالتها، و تعد من أكبر المتضررين من التغيرات المناخية الناتجة عن هذه النشاطات التي تقوم بها الدول الكبرى أساسا، حيث هاجم التصحر أراضيها الزراعية و أغرقت البحار شواطئها ، و ضربت كثير منها الأعاصير .

وتشير الظواهر الحديثة إلى أن منطقة البحر المتوسط التي نعيش فيها شهدت ارتفاعا فى درجات حرارة الهواء بمعدل 2.2 إلى 5 درجات منذ عام 1970 حتى الآن وانخفضت كمية الأمطار التي تهطل على دول البحر المتوسط بنسبة 27% خلال نفس الفترة، وبالتالي فإن تغيرات المناخ أصبحت ظاهرة محسوسة وبدأت تأثيراتها بالفعل[1].

وقد شاركت١٩ منظمة من منظمات المجتمع المدني العربي، في مؤتمر"كوبنهاجن" لتغيرات المناخية، بهدف إبرام اتفاقية جديدة لحماية المناخ بدلا من بروتوكول كيوتو بعد عام ٢٠١٢.[2]وطالبت الدول التي تمتد على جزر وسط المحيطات والبحار - التي تعد الأكثر تضررا بالتغيرات المناخية لتعرضها للغرق - بسرعة اتخاذ إجراءات عاجلة لدعمها وإيجاد التمويل اللازم لها في صورة منح عاجلة للتكيف مع التغيرات المناخية، وذلك خارج إطار المساعدات والمعونات الرسمية المقررة لها لغرض التنمية.

وقد أعربت بعض الدول النامية عن احتياجها للتوسع في عملية التنمية، وهو ما يتناقض مع مبدأ خفض الانبعاثات المتفق عليه دوليا في

[1] د.نادر نور الدين، تغير المناخ من منظور مختلف، الشروق، 2009/12/13

[2] وأوضح محمد ناجي، رئيس «حابي»، أن تحالف مؤسسات المجتمع العربي المدني يهدف إلي توحيد المواقف والسياسات، بشأن مواجهة تغير المناخ، والقيام بنشاطات إقليمية واتصالات تتعلق بمفاوضات ما بعد عام ٢٠١٢، وتعزيز قدرة مؤسسات المجتمع العربي المدني في علوم وسياسات تغير المناخ.وأوضح أن العالم العربي سيكون واحدا من أكثر الأماكن تضررا مع انحسار الثروة المائية، ومع وقوع القطاع الزراعي ضحية تزايد حدة تغير الطقس، الأمر الذي يهدد أمن الموارد المائية والغذائية العربية، المصري اليوم، ٢٦/ ٨/ ٢٠٠٨

اتفاقية "كيوتو". وطالب بعض الخبراء بتعديل مفاهيم وتعريفات بعض المصطلحات الخاصة بالتغيرات المناخية رغم إقرارها والاتفاق عليها منذ ١٩٩١[1]، وطالب خبراء الدول النامية بتطوير بعض بنود الاتفاقية لوضع التزامات أكثر صرامة على الدول المتقدمة لخفض الانبعاثات، ودعم نقل التكنولوجيا للدول النامية[2].

وتعتبر الحكومة المصرية أنها تعد الأكثر التزاما في بتنفيذ التزاماتها تجاه قضية التغيرات المناخية و بروتوكول كيوتو حيث تعتبر مصر من أوائل الدول في الشرق الأوسط و أفريقيا و التي قطعت شوطا كبيرا في بناء قدراتها في هذا المجال - التقرير السنوي لوزارة الدولة لشئون البيئة لعام 2008 - ، حيث تم إنشاء اللجنة الوطنية لآلية التنمية النظيفة بوزارة الدولة لشئون البيئة في عام 2005.

و لقد وافق المجلس المصري لآلية التنمية النظيفة على تنفيذ 52 مشروعا بتكلفة استثمارية 1,266 مليار دولار أمريكي، و لقد تحقق خفض سنوي أكثر من 8,1 مليون طن مكافئ من ثاني أكسيد الكربون، حيث تساهم هذه المشروعات في توطين تكنولوجيا جديدة و نظيفة و تقوم بتوفير فرص عمل جديدة، هذا بالإضافة إلى ضخ عائدات مالية إضافية إلى الاقتصاد المصري من خلال بيع شهادات خفض انبعاثات الكربون[3]. وذلك لأن ما تضخه الصناعات المصرية – وغيرها من دول العالم النامي المماثلة لها – من كربون ليس مؤثرا بأي قدر من الفاعلية في مسألة ارتفاع درجة حرارة الأرض.

وتعتبر مصر في نظر العديد من العلماء أنها ستكون من أكثر دول العالم تضررا من الآثار السلبية للتغيرات المناخية. ويتضح بدراسة التقرير التجميعي الثالث الصادر عن الهيئة الحكومية الدولية لتغير المناخ عام٢٠٠١، أن من أهم التهديدات التي تواجه مصر- هو ارتفاع مستوى سطح البحر المتوسط بتوالي مرور سنوات القرن الحادي والعشرين.وقدرت

---

[1] المصري اليوم ١٤/ ١٢/ ٢٠٠٨

[2] المرجع السابق

[3] التقرير السنوي لوزارة الدولة لشئون البيئة لعام 2008 ( الملخص التنفيذي ) ص 11

الدراسات التي أشرفت عليها وحدة التغيرات المناخية بجهاز شئون البيئة أن ذلك سوف يعرض مساحات متفاوتة من الدلتا المصرية لاحتمالات الغرق، مما يهدد بفقدان أراض زراعية خصبة مأهولة بالسكان، واجتياح مياه البحر لبعض أحياء المدن الساحلية في أقل التقديرات.

إذ تتباين نتائج الدراسات الخاصة بمدى ارتفاع منسوب مياه البحر المتوسط، فهناك تنبؤات بارتفاع المياه 60 سم، وهناك تنبؤات أخرى تصل بالارتفاع إلى أكثر من 90 سم. ومن المنتظر أن تكون المخاطر بقدر مصداقية كل من هذه الدراسات[1]. وهناك أيضا احتمال لنقص الموارد مياه النيل بدرجة قد تصل إلى الخطورة الشديدة نتيجة لاحتمال اختلال توزيع أحزمة المطر كميا ومكانيا. وتظهر دراسات للتنبؤ بالإيراد المائي للنيل بتطبيق نماذج رياضية قياسية نتائج هذه البحوث التي تحمل درجة من عدم اليقين [2]. وفي ضوء هذه الاحتمالات التي لا يمكن تأكيدها بقدر ما لا يمكن استبعادها، تستحق عواقب تغير المناخ أن تلقى اهتماما خاصا من جميع المستويات حكوميا وشعبيا، باعتبارها تحديا وجوديا فائق الخطورة.

ويري البعض أن ارتفاع درجة حرارة الأرض، سيؤدى إلى حدوث أضرار جسيمة فى مصر، أبرزها فى قطاعات الزراعة، حيث سيتراجع الإنتاج بنسبة ١٩٪، وزيادة منسوب مياه البحر بما لا يقل عن ٢.٥ متر، بما يؤدى إلى فقد العديد من الأراضي الزراعية فى الدلتا، إلى جانب غرق مساحات من الإسكندرية وبورسعيد،[3]

ويري بعض الباحثين أنه – في ضوء ما سبق - يجب مراجعة التخطيط العمراني المستقبلي للمنشآت الواقعة في المناطق التي ستتعرض للغرق في شمال الدلتا بمحافظات البحيرة والدقهلية وكفر الشيخ ودمياط، وذلك للبحث عن أماكن بديلة لهذه المشروعات وإعداد أماكن بديلة لهذه المشروعات

[1] د.صلاح طاحون،عن اجتماعات تغير المناخ في كوبنهاجن، الشروق 2009/12/13

[2] المرجع السابق

3 د.مصطفى كمال طلبة، الخبير الدولي فى شؤون البيئة ،المصري اليوم، ٢٣/ ١٢/ ٢٠٠٩

والعمل على البحث عن حل لمشكلة التهجير المتوقعة لملايين الأشخاص من جراء غرق هذه المناطق.[1].

وقد انعكس ذلك علي كلمة وزير الدولة لشئون البيئة في كلمته أمام مؤتمر كوبنهاجن، حبث ذكر أن الموقف المصري يتأسس على قاعدة علمية بحتة، ويتركز فى ضرورة إحداث التوازن لتثبيت تركيزات الغازات الدفيئة بالغلاف الجوى عند مستوى يحول دون الإضرار بالنظام المناخي، موضحا أن التوازن يؤدى لعدم الإضرار بإنتاج الأغذية على مستوى العالم.[2] ضرورة اتخاذ تدابير جماعية بين جميع الدول العربية للحد من التأثيرات السلبية للتغيرات المناخية، مطالبة الدول الغنية بتخصيص تمويل إضافي لبرامج التأقلم مع التغيرات المناخية بالدول العربية.

ويري البعض الآخر أن الصورة شديدة القتامه، إذ أنه طبقا للسيناريوهات المتوقعة للتأثيرات السلبية للتغيرات المناخية،فمن المتوقع غرق أجزاء كبيرة من شمال الدلتا واختفاء محافظة البحيرة من خريطة مصر فى حالة استمرار التغيرات الحالية على كوكب الأرض بسبب ارتفاع منسوب مياه البحر المتوسط الناتج عن ارتفاع درجة حرارة الأرض، وإن هذا السيناريو سيتم فى حالة ارتفاع منسوب مياه البحر المتوسط من ٦٠ سم إلى واحد متر بحلول عام[3].

و تجدر الإشارة إلى أن هناك العديد من المعوقات التي تواجه مصر فى مجال تعاملها مع الاتفاقيات و المعاهدات والبروتوكولات الدولية،و من أهمها عدم مواكبة العديد من التشريعات المحلية فى مجال حماية البيئة للأحكام و الالتزامات الواردة فى الاتفاقيات و المعاهدات البيئية الموقعة و المصدق عليها من قبل الدولة ،و ذلك لعدم وجود حصر شامل لجميع أحكام تلك الالتزامات ضمن القاعدة التشريعية المصرية ، هذا على مستوى التشريع .

---

[1] المصري اليوم،2009/12/16

2 من كلمة المهندس/ ماجد جورج ،وزير البيئة ،عن تأثيرات التغيرات المناخية على مصر، في مؤتمر كوبنهاجن، المصري اليوم ١٤، ١٢/ ٢٠٠٨

[3] د. أنهار حجازي، الخبير الدولية فى اللجنة الاجتماعية والاقتصادية بالأمم المتحدة، القدس العربي : 2009/12/16

أما على مستوى التطبيق ، عدم وجود آلية فعالة لتنفيذ و متابعة تلك الاتفاقيات لدعم كفاءة التنسيق و التعاون بين الجهات المسئولة في مهمة التنفيذ أو المتابعة لأحكام الالتزامات و الحقوق المصرية تجاه الاتفاقيات البيئية ، الأمر الذي يتطلب إعادة النظر في مراجعة قانون البيئة 4 لسنة 1994 و لائحته التنفيذية و التشريعات البيئية الأخرى في ضوء الالتزام بهذه الاتفاقيات و المعاهدات والبروتوكولات بعد حصرها و تبويبها في دليل توثيقي يسهل على الجهات المعنية الاطلاع على الالتزامات و الحقوق الواردة بها [1] .

و ذلك حتى يتم تفاعل الوطني مع الإقليمي مع الدولي في شأن حماية البيئة و كل ذلك سيؤدي إلى حماية فعالة و مؤثرة للحفاظ على بيئة صالحة وسليمة خاصة وأن المنطقة العربية من أكثر الدول المهددة بتلوث البيئة و كذا التغيرات المناخية حيث هناك تهديدا لمياهها بالتلوث و لأرضها بالتصحر و لشواطئها بالغرق .

---

[1] د. سحر مصطفى حافظ ، الالتزامات المصرية تجاه الاتفاقيات و المعاهدات في مجال حماية البيئة و مدى الالتزام بتطبيقها ، مرجع سابق ص 8 و قد اقترحت الباحثة إنشاء لجنة عليا تتبع جهاز شئون البيئة للإشراف على متابعة الاتفاقيات الدولية و تسمى "اللجنة التنسيقية للإشراف و التنفيذ " و ذكرت تفصيلات كل وحدة تابعة لهذه اللجنة

# الفصل الثاني

## التنظيم الإداري والإجراءات الإدارية والقضائية
## لحماية البيئة في قانون البيئة المصري

تم إنشاء بموجبه جهاز لشئون البيئة الجديد وفقا لقانون البيئة رقم 4 لسنة 1994، وتم حل جهاز شئون البيئة المنشأ بقرار رئيس الجمهورية رقم 631 لسنة 982 ، وتم نقل جميع حقوقه و التزاماته و كذا العاملون به بدرجاتهم و أقدميتهم إلى الجهاز الجديد و تسكينهم بحالاتهم فى القطاعات التنظيمية للجهاز الجديد[1].

و كان قبل ذلك قد تم إنشاء وزارة الدولة لشئون البيئة لتحقيق عدة أهداف أساسية فى إطار تحقيق السياسة العامة للدولة و ما تهدف إليه من تنمية ، وقـد تـم تكليـف أول وزير متفرغ لشئون البيئة بمجلس الوزراء بموجـب قرار رئيـس الجمهورية رقم 275 لسنة 1997، و تتعاون الوزارة منذ إنشائها مع كافة شركاء التنمية علي تحديد الرؤية البيئية و الخطوط العريضة للسياسات البيئية و كذلك برامج العمل ذات الأولوية في دعم التنمية المتواصلة[2].

و قد أسندت لهذه الوزارة عدة مهـام و أنشـطة رئيسية منهـا ضمان أن المجتمعـات العمرانية و الصناعية الجديدة التي يتم إقامتها تكون ذات أثر إيجابي على البيئة، و صنع معايير و أكواد لكل القطاعات الصناعية لتخطيط المناطق الصناعية الجديدة بأسلوب علمي بيئي يراعي المعايير و الاشتراطات البيئية ، و تخفيف الضغوط على الموارد الطبيعية من خلال التنميـة البيئيـة للمجتمعات القائمة سواء السكنية أو الصناعية مع توفير التوصيف البيئي للمناطق الحضرية و الريفية للمساعدة على اتخاذ القرارات

---

[1] مادة 4 من قانون البيئة 4 لسنة 1994 و المادة 2 من قرار رئيس مجلس الوزراء رقم 338 لسنة 1995 بإصدار اللائحة التنفيذية لقانون البيئة

[2] http://www.eeaa.gov.eg/arabic/main/about.asp

الصحيحة في تنميتها و قد أصدرت وزارة الدولة لشئون البيئة العديد من الدراسات البيئية الفنية و قامت بإعداد الاشتراطات البيئية في العديد من المجالات و القطاعات الصناعية و الخدمية و قامت بالعديد في مجال المعاينات الميدانية للمواقع التي ستنشأ عليها أنشطة لها علاقة بالبيئة ، وكذا تم حصر دراسة العشوائيات في مصر في محاولة النهوض بها[1]، و مازال العديد من أهداف الوزارة يتطلب لتحقيقه مجهودات تفوق بكثير ما تم إنجازه في الوقت الراهن ، و لعدم وجود مخصصات مالية أو إدارة سياسية لتوجيه هذه المخصصات لتحقيق أهداف وزارة شئون البيئة في حماية البيئة في ظل التنمية المستدامة،إلا أن هذه الدراسة ينصب اهتمامها على جهاز شئون البيئة كآلية هامة في الرقابة البيئية و وضع لها تنظيما مفصلا و حدد له أهداف و منحه سلطات لتحقيق هذه الأهداف .

و تجدر الإشارة إلى أن الرقابة البيئية تعد من أهم وسائل الإدارة البيئية لأنها تقوم بضبط أية مخالفات و تجاوزات ضارة بالبيئة ، و يقصد بالرقابة ملاحظة و رصد جميع الأنشطة الضارة بالبيئة و التي يتسبب فيها الأفراد أو المنشآت للتأكد من مدى مطابقتها للمعايير و المحددات البيئية المقررة قانونا ، واتخاذ الإجراءات اللازمة لتصحيحها في حالة تجاوزها للمحددات المقررة .

و الرقابة البيئية ليست عملية مؤقتة، بل هي عملية مستمرة ، و متواصلة، لضمان تحقيق العلاقة المتوازنة والمستدامة بين البيئة و التنمية حماية لكليهما، و هذه تعد أهم أهداف العمل الرقابي للبيئة، فليس الغرض تصيد الأخطاء و تحرير المخالفات و إعاقة المنشآت عن تحقيق تنمية المجتمع من أجل حماية سلامة البيئة ، و هذا هو مفهوم التنمية المستدامة التي أسلفته الدراسة و لذا فان الرقابة البيئية يجب أن يكون هدفها إيجاد علاقة تعاونية وطيدة بينهما و بين أجهزة الدولة التنفيذية والإدارية، وبما يحقق التكامل والتنسيق بين هذه الأجهزة، لأن الهدف منها ليس تعقب الأخطاء بل الحد منها و تصحيحها بما يفيد البيئة و التنمية ، و لذا فإنه يجب أن يكون هناك تنسيق و حوار بناء بين المنشآت و غيرها من الجهات التي يتطلب نشاطها رقابة بيئية لتحقيق أهداف حماية البيئة و التنمية المستدامة للسعي معا للسيطرة على الملوثات، و تشجيع هذه المنشآت على إنشاء

[1] موقع وزارة الدولة لشئون البيئة على شبكة المعلومات الدولية

أجهزة رقابية متخصصة داخلها لتكون هناك رقابة ذاتية، و أن تكون هذه الأجهزة عالية الكفاءة و التخصص فى مجالاتها و لديها الأجهزة الكافية لإجراء رقابة فعالة و كافية . و لديها العلم بالمعايير و الحدود التي يجب عدم الخروج عليها قانونا من قبل المنشأة .

و ستتناول الدراسة التنظيم الإداري والإجراءات الإدارية و القضائية لحماية البيئة فى مصر فى ثلاثة مباحث يتناول المبحث الأول : جهاز شئون البيئة و يتناول المبحث الثاني : صندوق و حوافز حماية البيئة ويتناول المبحث الثالث: والإجراءات الإدارية و القضائية لحماية البيئة.

## المبحث الأول: جهاز شئون البيئة

على خلاف التشريعات الأوروبية لم يخول قانون البيئة رقم 4 لسنة 1994 لأي شخص طبيعي أو اعتباري الحق في إقامة دعوى المسئولية البيئية[1] تحت أي ظرف، و تم تخويل جهاز شئون البيئة فقط بموجب القانون المذكور الحق في كل ما يتعلق بمسائلة ملوثي البيئة بجميع أنواعها، و الحق في التصالح عن المخالفات البيئية، و إزالتها بالطريق الإداري، و تحويل الأوراق إلى النيابة العامة لاتخاذ شئونها في إحالة المخالف إلى المحاكمة الجنائية لتوقيع العقوبة عليه وفقا لقانون البيئة، مع عدم الإخلال بتوقيع عقوبات أخرى عليه أشد يفرضها قانون آخر .

و مما سبق يتضح أن قانون البيئة المصري لا يعتد بالأهلية و لا بالمصلحة لكل من يرغب في إقامة دعوى المسئولية عن أضرار البيئة ، و لا بالأصالة عن نفسه و لا بالنيابة عن غيره ، لا للأشخاص الطبيعية و لا الاعتبارية ، و انه لا يعترف لا بالمصلحة الجماعية و لا بالمصلحة النيابية حتى لو ثبت أن للمضرور مصلحة مشروعة و شخصية و مباشرة و حالة[2]

[1] د.نبيلة إسماعيل رسلان ، الجوانب الأساسية للمسئولية المدنية للشركات عن اللأضرار بالبيئة ، دار النهضة العربية ، القاهرة : سنة 2003 ، ص 121

[2] محسن البيه ، التأمين عن الأخطار الناشئة عن خطأ المؤمن له في القانون الفرنسي و المصري و الكويتي ، مجلة المحامي الكويتية ، عدد يناير / مارس سنة 1987 ص 80

إن المشرع البيئي قد اختص جهاز شئون البيئة دون غيره بأهلية التقاضي و خوله حق الإدعاء المدني بالتعويض ، و الحق في وقف الفعل الضار بالطريق المباشر[1]، وأما الأفراد و غـيرهم من مؤسسات المجتمع المدني و الجمعيات الأهلية فليس لها الحق إلا في الشكوى سواء للجهاز المذكور أو للجهات الإدارية الأخرى التي ستحيل الشكوى للجهاز المذكور وهو حق أصيل و مقرر سلفا بمقتضي الدستور. وسيتم تناول جهاز شئون البيئة في مطلبين ، يتناول الأول تشكيل جهاز شئون البيئة ، ويتناول المطلب الثاني اختصاصات و أهداف و سلطات الجهاز .

**المطلب الأول : تشكيل جهاز شئون البيئة**

نصت المادة الثانية من قانون البيئة على إنشاء جهاز لحماية و تنمية البيئة "يسمى جهاز شئون البيئة " و أعطته الشخصية الاعتبارية العامة، و جعلت له ميزانية مستقلة ، وجعلت من مدينة القاهرة مقرا له، و تابعا لوزارة البيئة الذي له الحق في إنشاء فروع للجهاز بالمحافظات مع إعطاء الأولوية للمناطق الصناعية ، وحلت المادة الرابعة من ذات القانون جهاز شئون البيئة المنشأ بقرار رئيس الجمهورية رقم 631 لسنة 1982 و نقلت للجهاز المنشأ بمقتضى قانون البيئة كل حقوقه و حملته بكل التزاماته، و قد نص على ذلك أيضا في المادة الثانية من اللائحة التنفيذية لقانون البيئة .

و قد نص قانون البيئة و كذا اللائحة التنفيذية له على تشكيل مجلس إدارة جهاز شئون البيئة، و أن يكون بقرار من رئيس مجلس الوزراء برئاسة وزير شئون البيئة و عضوية ممثلين لستة وزارات معنية بشئون البيئة يحددها رئيس مجلس الوزراء يختارهم الوزير المختص ، و اثنين من خبراء شئون البيئة و ثلاثة من المنظمات غير الحكومية المعنية بشئون البيئة و يختار وزير البيئة موظف من شاغلي الوظائف العليا بجهاز شئون البيئة ، و ثلاثة من ممثلي قطاع الأعمال يختارهم وزير البيئة، و اثنين من الجامعات و مراكز البحوث يختارهما وزير البيئة و أعطت اللائحة التنفيذية للمجلس حق الاستعانة بمن يراه من ذوي الخبرة أو تشكيل لجان استشارية من الخبرات المختصة لدراسة موضوعات معينة ـ دون أن يكون لأي منها صوت في المداولات ـ أو أن يعهد إلى أي من أعضائه أو أكثر من عضو

---

[1] د. أحمد محمد بهجت ، المرجع السابق ص 183، د. ياسر المنياوي ، مرجع سابق ص 484

بمهمة محددة ، و نصت اللائحة على أن يتولى أمانة مجلس الإدارة أمين عام الجهاز على أن لا يكون له صوت معدود فى المداولات ما لم يكن قد تم إخباره لعضوية المجلس .[1]

و قد نظمت المادة الثامنة من قانون البيئة اجتماعات مجلس إدارة الجهاز و جعلتها بناء على دعوة من رئيسه مرة على الأقل كل ثلاثة أشهر ، أو بناء على طلب نصف أعضاء المجلس لذلك ، و نص على أن تكون اجتماعات مجلس الإدارة صحيحة و المصوتين و عند تساوي الأصوات يرجح الجانب الذي فيه الرئيس ، و فى حالة غياب رئيس مجلس إدارة الجهاز أو وجود مانع لديه يحل محله فى مباشرة اختصاصاته نائب رئيس مجلس الإدارة[2] ، و يمثل هذا الأخير الجهاز فى علاقته بالغير أمام القضاء [3] و أعطى القانون الحق لوزير البيئة أن ينتدب بقرار من بين العاملين بالجهاز من شاغلي الوظائف العليا أمينا عاما بعد أخذ رأي الرئيس التنفيذي ، و يقوم الأمين العام بمعاونة رئيس الجهاز و يعمل تحت إشرافه و يكون للرئيس التنفيذي للجهاز سلطة الوزير المنصوص عليها فى القوانين و اللوائح بالنسبة للعاملين بالجهاز و للأمن العام سلطة رئيس القطاع [4]و قد نصت المادة " 13 " مكرر[5]، على أن ينشأ لجنة عليا للقيد و الاعتماد برئاسة الوزير المختص بشئون البيئة، و يختص بالنظر فى طلبات القيد لراغبي القيد " سجلات قيد المشتغلين بالأعمال البيئية " و ذلك تبعا لفروع تخصصاتهم ، وكذا للنظر فى طلبات اعتماد الخبراء و بيوت الخبرة فى مجال البيئة من واقع المؤهل و الخبرة ، و تشكل هذه اللجنة بقرار من رئيس مجلس الوزراء من ستة أعضاء من الخبراء المشهود لهم فى مجال البيئة ، و تعقد هذه اللجنة اجتماعاتها مرة على الأقل كل ثلاثة أشهر ، وتكون قراراتها بالأغلبية، و تتولى أمانتها أمانة فنية من بين العاملين بالجهاز ، وتكون قرارات اللجنة نهائية، و يتم تنفيذها بمعرفة جهاز شئون

---

1 انظر المادة السادسة من قانون البيئة 4 لسنة 2003 و كذا المادة الثالثة من قرار رقم قرار رئيس الوزراء رئيس مجلس الوزراء رقم 338 لسنة 1995بإصدار اللائحة التنفيذية لقانون البيئة.

2 المادة " 4 " من قانون البيئة رقم 4 لسنة 1994

3 المادة " 10 " من قانون البيئة رقم 4 لسنة 1994

4 المادة " 12 ، 13 " من قانون البيئة رقم 4 لسنة 1994

5 مضافة بالقانون رقم 9 لسنة 2009 بشأن تعديل قانون البيئة

البيئة و بعد سداد رسم قدره مائة جنيه للترخيص بالاشتغال بالأعمال البيئية، و ألف جنيه لشهادة الاعتماد للخبراء و بيوت الخبرة .

و تم حظر الاشتغال بالأعمال البيئية لغير المرخص لهم أو غير الحاصلين على شهادة الاعتماد البيئية، حيث نصت المادة " 84 " مكرر (1) بعقوبة الغرامة التي لا تقل عن عشرة آلاف جنيه و لا تزيد عن مائة ألف جنيه على كل من يخالف أحكام البند " ر " من المادة " 13 " مكرر (1) من القانون، و أن يحكم فضلا عن العقوبة المشار إليها بغلق بيت الخبرة الذي يزاول أعمال الخبرة دون الحصول على شهادة الاعتماد المشار إليها في المادة " 13 " مكرر المذكورة .

## المطلب الثاني: اختصاصات و أهداف جهاز شئون البيئة

اختص قانون البيئة جهاز شئون البيئة برسم السياسة العامة و إعداد الخطط اللازمة للحفاظ على البيئة و تنميتها أو متابعة تنفيذ هذه الخطط مع الجهات الإدارية المختصة، و للجهاز أن يقوم بتنفيذ بعض المشروعات التجريبية، و بذا يكون القانون قد مزج بين الاختصاصات و الأهداف و بموجب هذا القانون أيضا أصبح الجهاز هو المختص بالعلاقات بين مصر و الدول و المنظمات الدولية و الإقليمية و يقوم بالتوصية باتخاذ الإجراءات القانونية اللازمة للانضمام إلى الاتفاقيات الدولية أو الإقليمية المتعلقة بالبيئة ،و يقوم الجهاز بإعداد مشروعات القوانين والقرارات اللازمة لتنفيذ هذه الاتفاقيات[1].

و قد أعطى قانون البيئة للجهاز في سبيل تحقيق أهدافه العديد من الوسائل و الأدوات منها ، إعداد مشروعات القوانين و القرارات المتعلقة بتحقيق أهدافه، و إعداد الدراسات عن الوضع البيئي و صياغة الخطة القومية لحماية البيئة و المشروعات التي تتضمنها ، و وضع الاشتراطات الواجبة على أصحاب المنشآت و الالتزام بها قبل الإنشاء وأثناء التشغيل ، المتابعة الميدانية لتنفيذ المعايير و الاشتراطات التي تلزم الأجهزة والمنشآت بتنفيذها، و اتخاذ الإجراءات التي ينص عليها القانون ضد المخالفين لهذه المعايير و الشروط، وضع المعدلات و النسب و الأحمال النوعية للملوثات

---

[1] المادة " 5 " من قانون البيئة رقم 4 لسنة 1994

و التأكد من الالتزام بها، حصر المؤسسات و المعاهد الوطنية و كذلك الكفاءات التي تسهم فى تنفيذ برامج المحافظة على البيئة و الاستفادة منها فى إعداد و تنفيذ المشروعات و الدراسات .

ويري البعض أن المشرع جعل لجهاز شئون البيئة ( و هو مؤسسة تنفيذية ) في المادة الخامسة دورا تشريعيا له خطورته ، حيث أناط به سلطة وضع المعدلات و النسب اللازمة لضمان عدم تجاوز الحدود المسموح بها للملوثات، وذلك يعد من أركان الجرائم التي وضعها القانون الفعل المادي للجريمة و يقع بمخالفة ما حدده جهاز شئون البيئة، و هذا يعد أمرا تشريعيا ، و في إسناده للسلطة التنفيذية خروج على قواعد التجريم[1] .

و قد اختص قانون البيئة أيضا جهاز شئون البيئة بجمع المعلومات القومية و الدولية الخاصة بالوضع البيئي، و التغيرات التي تطرأ عليه بصفة دورية، و كذا وضع أسس و إجراءات التقييم البيئي للمشروعات ، و إعداد خطة للطوارئ البيئية و التنسيق بين الجهات المعنية لإعداد برامج مواجهة الكوارث البيئية و إعداد خطة للتدريب البيئي و الإشراف على تنفيذها، وكذا المشاركة فى إعداد و تنفيذ البرنامج القومي للرصد البيئي، و الاستفادة من بياناته و إعداد التقارير الدورية عن المؤشرات الرئيسية للوضع البيئي، و نشرها بصفة دورية.

و قد اختص قانون البيئة أيضا جهاز شئون البيئة بوضع برامج التثقيف البيئي للمواطنين و المعاونة فى تنفيذها، و التنسيق مع الجهات الأخرى بشأن تنظيم و تأمين تداول المواد الخطرة، و إدارة المحميات الطبيعية و الإشراف عليها ، و إعداد مشروعات الموازنة لحماية و تنمية البيئة، و غيرها من المسائل المتعلقة بالبيئة و المشاركة و التنسيق و إعداد التقارير مع الوزارات و الجهات المختصة لحماية البيئة.

و قد أوردت المادة الخامسة من القانون خمسة وعشرين بندا للجهاز أن يقوم بها فى سبيل تحقيق أهدافه و قد أوردنا أهم هذه البنود و هي بنود ليست واردة على سبيل الحصر، لأن كل ما له علاقة بتنمية وحماية البيئة يعد من اختصاص الجهاز وفق ما أوردت المادة الثانية من القانون

[1] أشرف هلال، جرائم البيئة بين النظرية و التطبيق، ص 231

التي أنشأه، وإن كان أي نشاط بيئي يمكن إدراجه ضمن الخمسة و العشرون بندا التي أوردتها المادة الخامسة بين وسائل تحقيق الجهاز لأهدافه .

و يعد مجلس إدارة جهاز شئون البيئة وفقا للمادة السابعة من قانون حماية البيئة و المادة الرابعة من اللائحة هو السلطة العليا المهيمنة على شئون الجهاز و تصريف أموره و وضع سياسته العامة ، حيث أعطيت له أن يتخذ من القرارات ما يراه لازما لتحقيق الأهداف التي أنشأ من أجلها فى إطار الخطة القومية، و اختصت اللائحة التنفيذية فى مادتها الربعة مجلس إدارة الجهاز ، بالموافقة على الخطط القومية لحماية البيئة و الموافقة على خطط الطوارئ البيئية ضد الكوارث، و إعداد مشروعات القوانين المتعلقة بالبيئة، والموافقة على المشروعات التجريبية التي يضطلع بها الجهاز و الموافقة على سياسة التدريب البيئي و خططه.

وقد أناط القانون أيضا بمجلس إدارة جهاز شئون البيئة الموافقة على أسس و إجراءات التقييم البيئي للمشروعات، و الإشراف على صندوق حماية و تنمية البيئة و الموافقة على الهيكل التنظيمي للجهاز و فروعه بالمحافظات، و لوائحه الداخلية و لوائح العاملين فيه، و الموافقة على مشروع الموازنة السنوية الخاصة بالجهاز، و هذه البنود لم ترد على سبيل الحصر و إنما لأهم المسائل التي سيعرض لها مجلس إدارة الجهاز و لذا فقد نص على النظر فى كل ما يرى مجلس الإدارة عرضه من مسائل تدخل فى اختصاص الجهاز، و عليه فان أي مسألة تدخل فى اختصاص الجهاز يجوز عرضها على مجلس الإدارة سواء ورد فى البنود سالفة الذكر أم لم ترد. و نص أيضا على انه فى المسائل التي اتخذ قرار بشأن عرضها على مجلس الوزراء أن تتضمن دراسة عن تكاليف التنفيذ و النتائج المنتظر تحقيقها .

و قد حددت المادة الحادية عشر من القانون و المادة الخامسة من اللائحة سلطات الرئيس التنفيذي لجهاز شئون البيئة فى كونه المسئول عن تنفيذ السياسة العامة الموضوعة لتحقيق أغراض الجهاز و قرارات مجلس الإدارة، و مباشرة اختصاصات الوزير المنصوص عليها فى القوانين و اللوائح بالبيئة للعاملين بالجهاز و كذا فى إدارة شئون الجهاز و تصريف أموره الفنية و المالية و الإدارية و تحقيق أغراضه، و هو المناط به تطوير نظم العمل بالجهاز و تدعيم أجهزته و إصدار القرارات اللازمة لذلك ،و له

الحصول على البيانات و المعلومات التي تتصل بأغراض الجهاز من مختلف الجهات المعنية حكومية و غير حكومية بالداخل والخارج، و له العمل على تطبيق أحكام قانون البيئة و اللائحة التنفيذية له بالاتفاق و التنسيق و التعاون مع الجهات الأخرى المعنية بذلك قانونا .

و لذا فان وظيفة الرئيس التنفيذي لجهاز شئون البيئة و الذي هو في ذات الوقت نائبا لرئيس مجلس الإدارة، و هو يعينه بناء على ترشيح الوزير المختص لشئون البيئة - الذي هو رئيس مجلس إدارة جهاز شئون البيئة - و عرضه على رئيس مجلس الوزراء و يصدر تعينه قرار من رئيس الجمهورية متضمنا معاملته المالية[1]، و لذا فنجد أنه يباشر معظم اختصاصات وزير شئون البيئة ومن أهمها في مجال هذه الدراسة العمل على تطبيق أحكام قانون البيئة و لائحته التنفيذية كما هو وارد في المادة الخامسة من اللائحة التنفيذية لقانون البيئة .

و يرى البعض أن المشرع توسع في منح الاختصاصات لجهاز شئون البيئة بل وأناط به دورا تشريعيا في تحديد النسب اللازمة لضمان عدم تجاوز الحدود المسموح بها للملوثات، وذلك حتى لا تتعرض حماية البيئة إلى نوع من التراخي في انتظار صدور التشريع عند وجوب تعديل نسبة من النسب اللازمة لضمان عدم تجاوز الحدود المسموح بها لملوث من ملوثات البيئة ، و حتى لا تغل يد جهاز شئون البيئة في سبيل أداء الدور المنوط به في حماية البيئة ، ولتمكينه من آداء ذلك الدور في ظل التقدم التكنولوجي الذي يصاحبه تدهور مستمر في التوازن البيئي مما قد يحتم ضرورة تغيير هذه النسب [2].

---

[1] المادة " 3 " من قانون البيئة، لسنة 1994

[2] أشرف هلال، جرائم البيئة بين النظرية و التطبيق ، ص 232

## المبحث الثاني: صندوق و حوافز حماية البيئة

ستتناول الدراسة فى هذا المبحث صندوق حماية البيئة فى مطلب أول ، و حوافز حماية البيئة فى مطلب ثاني .

### المطلب الأول : صندوق حماية البيئة

و ينقسم هذا المطلب إلى فرعين يتناول الفرع الأول : الفرع الأول : موارد الصندوق و يتناول الفرع الثاني الفرع الثاني : أغراض الصندوق

#### الفرع الأول : موارد الصندوق

نصت المادة الرابعة عشر من قانون البيئة رقم 4 لسنة 1994 على إنشاء صندوق حماية البيئة تحت مسمى خاص هو " صندوق حماية البيئة " ، وتكون موارد الصندوق من المبالغ التي تخصها الدولة فى موازنتها لدعم الصندوق ، وكذا الإعانات و الهبات المقدمة من الهيئات الوطنية و الأجنبية لأغراض حماية البيئة و تنميتها و التي يقبلها مجلس إدارة الجهاز، و من الغرامات و التعويضات التي يحكم بها، أو يتم التصالح بدفعها أو يتفق عليها بين الجهاز والمسئول عن الملوثات التي تصيب البيئة بالضرر .

وقد نص علي أن يتم إيداع المبالغ التي تحصل على سبيل الأمانة بصفة مؤقتة فى الصندوق تحت حساب الغرامات و التعويضات و تلحق بموارد الصندوق أيضا موارد صندوق المحميات المنصوص عليها فى القانون رقم 102 لسنة 1983 ، و قد أزادت اللائحة التنفيذية للقانون على هذه الموارد ما يخص جهاز شئون البيئة من نسبة 25% من حصيلة الرسوم المقررة على تذاكر السفر التي تصدر فى مصر بالعملة المصرية طبقا للمادة الأولى من القانون رقم 5 لسنة 1986 و قرار رئيس مجلس الوزراء رقم 697 لسنة 1986 أو بحد أدنى 5, 12%من إجمالي حصيلة الرسوم المشار إليها.

و تجدر الإشارة إلى أن زيادة تذاكر السفر بمقدار النسبة التي يتم تحصيلها لصندوق حماية البيئة تكون على حساب المواطنين الأكثر فقرا، و أنه من المتعين أن تكون نسب الزيادة فى تذاكر السفر وفق مستوى الدرجات التي يسافر عليها الأفراد، و كذا النسب حتى لا يتضرر المواطن البسيط الذي يعاني من قلة دخله و لا يشعر بتحسن فى أحوال البيئة فى معيشته من حيث السكن أو المياه أو الخدمات البيئية، إذ في هذه الحالة تكون هذه الزيادة بمثابة ضريبة مفروضة عليه دون مراعاة لظروف معيشته المنخفضة أصلا.

وتجدر الإشارة أيضا إلى تخوف العديد من الباحثين فى التنمية و الاقتصاد من أن يكون تحرير المخالفات البيئية للمنشآت و المشاريع مجرد ذريعة لجباية الأموال وتعظيم موارد الصندوق على حساب التنمية، وخاصة و أن جهود التنمية فى مصر تحتاج الى رعاية أيضا، إذ يجرى فى أحيان كثيرة تحرير المخالفات البيئية للمنشآت و إحالتها مباشرة للنيابة العامة دون إعادة التفتيش لمتابعة تصحيح المخالفة، ومع جواز التصالح المقرر بقانون الإجراءات الجنائية فى الجنح والمخالفات، و خشية أصحاب المنشآت من الحكم بالحبس أو الغرامة الفادحة فيلجئون إلى التصالح بالرغم من عدم متابعة الجهاز لتصحيح المخالفة فى حالة ما كانت قد وقعت .

إذ من المفترض أنه في المتابعة للمخالفة وعند وجود أن المخالفة قد أزيلت يتم حفظ تقرير التفتيش، إلا أن ذلك لا يتم فى معظم المخالفات ،وفق ما سنوضح تفصيلا عند تناول المادة "22" من قانون البيئة الخاص بالتفتيش . و قد زادت اللائحة أيضا فى موارد الصندوق عن ما ورد بالقانون بأن يكون من موارده عائد المشروعات التجريبية التي يقوم بها الجهاز ، و مقابل ما يؤديه الجهاز من خدمات للغير بأجر. وقد نص فى المادة الرابعة عشر المذكورة ، أن تكون للصندوق موازنة خاصة ، و تبدأ السنة المالية للصندوق ببداية السنة المالية للدولة و تنتهي بانتهائها ، و يرحل فائض الصندوق من سنة إلى أخرى ، وقد نص على اعتبار أموال الصندوق أموالا عامة وأن تخضع جميع أعمال الصندوق و معاملاته لرقابة الجهاز المركزي للمحاسبات [1].

[1] المادة " 16 " من قانون البيئة رقم 4 لسنة 1994

**الفرع الثاني : أغراض الصندوق**

نصت المادة " 15 " من قانون البيئة [1] على أن تكون للصندوق شخصية اعتبارية، و يكون تابعا لوزير شئون البيئة، و تخصص موارد الصندوق للصرف منها فى تحقيق أغراضه، و قد نصت المادة الثامنة من اللائحة التنفيذية للقانون على ذلك أيضا مع إضافة و بصفة خاصة : مواجهة الكوارث البيئية ، المشروعات التجريبية و الرائدة فى مجال حماية الثروات الطبيعية و حماية البيئة من التلوث ، و نقل التقنيات ذات التكلفة المنخفضة و التي ثبت تطبيقها بنجاح و تمويل تصنيع نمازج المعدات و الأجهزة و المحطات التي تعالج ملوثات البيئة.

وقد نص علي أن يعتبر من أغراض الصندوق أيضا إنشاء و تشغيل شبكات الرصد البيئي و إنشاء إدارة المحميات الطبيعية بهدف المحافظة على الثروات و الموارد الطبيعية و مواجهة التلوث غير معلوم المصدر ، وتمويل الدراسات اللازمة لإعداد البرامج البيئية و تقييم التأثير البيئي ، و المشاركة فى تمويل مشروعات حماية البيئة التي تقوم بها أجهزة الإدارة المحلية و الجمعيات الأهلية و يتوافر لها جزء من التمويل عن طريق المشاركة الشعبية , و مشروعات مكافحة التلوث و صرف المكافآت عن الإنجازات المتميزة ودعم الجهود التي تبذل فى مجال حماية البيئة ، و دعم البنية الأساسية للجهاز و تطوير أنشطته و الأغراض الأخرى التي تهدف إلى حماية أو تنمية البيئة و التي يوافق عليها الجهاز .

و تجدر الإشارة إلي أن جهاز شئون البيئة ، له شخصية اعتبارية عامة ، و له موازنة مستقلة و يتبع وزير شئون البيئة، و كذا صندوق حماية البيئة له شخصية اعتبارية عامة و يتبع الوزير المختص بشئون البيئة، و إذا أضفنا وزارة البيئة ذاتها و التي لها أيضا شخصية عامة و لها موازنة مستقلة و تتبع وزير شئون البيئة أيضا، نلاحظ أنه يوجد تداخل في الأهداف التي ينبغي على الجهاز تحقيقها و الأغراض التي سيصرف عليها الصندوق ، و هل سيحقق الجهاز أهدافه كلها من موازنته المستقلة، أم من الصندوق

[1] المادة معدلة بالقانون رقم 9 لسنة 2009 و كانت قبل تعديلها تنص على أن تختص موارد الصندوق للصرف منها فى تحقيق أغراضه .

إذ لا يوجد تفصيل في هذه الموضوعات، و يتعين أن يكون هناك تفصيل و فصل بين الموضوعات منعا لتبديد الموارد ، كما أن الأغراض المحددة للصرف من موارد الصندوق من الاتساع بحيث لا يمكن تحقيقها إلا بميزانيات ضخمة لا تتوافر إلا لدول ذات اقتصاد متقدم حتى يتم تحقيق هذه الأغراض، و إن زعم أنه تحقق الكثير في حماية البيئة و تحقيق أغراض الصندوق و أهداف الجهاز، إلا أن الواقع البيئي في مصر يثبت عكس ذلك على نحو ما ستوضح الدراسة .

و قد نصت المادة الخامسة عشر من قانون البيئة على تشكيل مجلس إدارة الصندوق بقرار من رئيس مجلس الوزراء و برئاسة الوزير المختص بشئون البيئة و عضوية الرئيس التنفيذي للجهاز، و يكون نائبا لرئيس مجلس الإدارة و رئيس إدارة الفتوى المختصة بمجلس الدولة و ممثل لوزارات الداخلية و المالية و التنمية الاقتصادية و التعاون الدولي يختارهم الوزير المختص ، و ممثل للجمعيات الأهلية يختاره وزير البيئة بناء على ترشيح رئيس الاتحاد العام للجمعيات الأهلية ، و أحد شاغلي الوظائف العليا بجهاز شئون البيئة و مدير الصندوق .

و تشكيل مجلس إدارة الصندوق بهذا الشكل من الممكن أن يرشد عن الأغراض التي سيتم الاتفاق فيها و تحديد أولوياتها وفق ما تقتضيه موارد الصندوق و لذا كان تعديل هذه المادة في القانون 9 لسنة 2009 خاصة و أنه يتخذ قراراته بالأغلبية .

و نص على أن يجتمع مجلس إدارة الصندوق بناء على دعوة من رئيسه مرة على الأقل كل شهرين أو كلما دعت الحاجة إلى ذلك ، وتكون اجتماعاته صحيحة بحضور أغلبية أعضائه ، و عند التساوي يرجح الجانب الذي فيه الرئيس و في حالة مناقشة موضوعات تتعلق بوزارة أخرى يتعين دعوة ممثليها ، و يجوز للمجلس أن يستعين بمن يراه من ذوي الخبرة لدى بحث مسائل معينة دون أن يكون لهؤلاء الخبراء صوت معدود في المداولات .

المطلب الثاني : حوافز حماية البيئة

تعدد الحوافز التي يمكن إتباعها في إدارة السياسة البيئية ما بين أدوات سياسية و اقتصادية و إعلامية و غير ذلك ، و تعد الأدوات الاقتصادية هي الأكثر فاعلية ، و تعرف بأنها ، مجموعة الوسائل و الأدوات التي تستخدم في حماية البيئة و التي من شأنها التأثير على نفقات و إيرادات المشروعات الاستثمارية و أسعار المنتجات النهائية .

**وقد** نصت المادة " 17 " من القانون علي أن يقوم جهاز شئون البيئة بالاشتراك مع وزارة المالية بوضع نظام للحوافز التي يمكن أن يقدمها الجهاز و الجهات الإدارية المختصة للهيئات و المنشآت و الأفراد و غيرها الذين يقومون بأعمال و مشروعات من شأنها حماية البيئة ، و قد زادت اللائحة التنفيذية لقانون البيئة على ذلك وجوب مراعاة الأوضاع المنصوص عليها في القوانين و القرارات السارية و على الأخص المتعلقة بالاستثمار و الجمارك و الصناعة و التعاونيات و غيرها ، و أن يعرض النظام على مجلس إدارة جهاز شئون البيئة ، و يتم اعتماده من رئيس مجلس الوزراء[1].

و هذا القيد التي وضعته اللائحة على القانون يحد من تقرير أية مزايا ، و يجعل منها إذا تم تقريرها مزايا هامشية، لأنها لن تمس الأوضاع المفروضة في هذه القوانين و على الأخص القوانين المذكورة و كذا قوانين الضرائب مما سيجعل هذه الحوافز مقتصرة على حوافز سيقدمها الجهاز عن طريق ما يدخل في نطاق اختصاصه أو ما يسمح بتحقيق أهداف صندوقه من مجالات ، أما الأعمال و المشروعات التي من شأنها حماية البيئة فلن يكون في استطاعة الجهاز تقديم حافز لها طالما لا يمكن إدراجها ضمن مصروف الصندوق .

فعلى سبيل المثال لو أرادت شركة أو مستثمر إنشاء محطة توليد كهرباء بالطاقة الشمسية صديقة للبيئة بكلفة عالية جدا و أراد الحصول على إعفاءات جمركية أو ضريبية لمدة محددة فلن يستطيع، لأن القانون لا يسمح بذلك، و إنما كل ما سيحصل عليه هو مباركة جهاز البيئة لمشروعة و قيام

---

[1] المادة " 18 " من قانون البيئة رقم 4 لسنة 1994

الجهات الإدارية بتسهيل إجراءات الترخيص و ما تستلزمه من وقت لإنهائها،و ضغط الطلبات و التأشيرات و الموافقات التي يتعين الحصول عليها من الجهات الإدارية المختلفة في الدولة.

وكذلك في الصناعات شديدة التنافسية ، إذا قررت إحدى الشركات تبني تكنولوجيا مكلفة للحد من التلوث و لم يلتزم منافسوها بذلك ، فان الشركة التي تحترم حماية البيئة أكثر من غيرها ستكون المتضرر الأكثر و ربما تتكبد خسائر تخرجها من المنافسة مع مثيلاتها[1] ، وذلك إذا لم يتم إعطائها حوافز تعوضها ما قد تتكبده من خسائر ولا يستطيع الصندوق ذلك.

و لذا فان تشجيع الاستثمار و بالتالي التنمية مع المحافظة على البيئة يتطلب حوافز حقيقية يلمسها المستثمر، و ليست مجرد تسهيلات إدارية و حوافز من جهاز البيئة تغري أي مستثمر معني بالاستثمار في هذه المشروعات المكلفة بالاستثمار فيها .

و من أهم صور هذه الأدوات والحوافز الفعالة الضرائب، و الإعانات و تصاريح الانبعاثات الزائدة عن الحد و الإعفاءات الضريبية و الجمركية، حيث يمكن استخدام هذه الوسائل في تقليل التلوث الناتج عن المشروعات الاستثمارية الصناعية من خلال ربط الضرائب بمستوى الانبعاثات. حيث تسهم الضرائب البيئية في تحفيز الشركات والمشروعات الاستثمارية الصناعية على البحث الدائم عن التكنولوجيا صديقة البيئة و السعي لخفض التلوث قدر الإمكان .

هذا فضلا عن أنه يمكن استخدام المتحصل من الضرائب البيئية لإصلاح ما أتلفته هذه المنشآت، و من الأمثلة الشهيرة للضرائب البيئية ضريبة الكربون التي تفرضها الدول الأوربية و الولايات المتحدة على منتجات الطاقة التي تحتوي على عنصر الكربون و من أهمها الفحم و البترول، و قد ضاعفت هذه الضريبة الإيرادات المالية لهذه الدول .

و

[1] د. ليزا . هـ نيوتن ، ترجمة إيهاب عبد الرحيم محمد،نحو شركات خضراء، الكويت: عالم المعرفة ، سنة 2006،العدد 329 ، ص 172

يمكن أن تكون الحوافز البيئية فى شكل إعانات اقتصادية، يتم بها تشجيع الشركات و المشروعات على القيام بتخفيض التلوث البيئي، و هي تعد أهم أشكال الحوافز البيئية إذ تم اعتبار الضريبة البيئية جزاء يعرقل التنمية و يحد من تقدمها ، و الإعانات كأداة لتحفيز حماية البيئة يأخذ أشكالا مختلفة ، فقد تمنح الدولة المشروعات الصناعية إعانات تقدم مباشرة عند تخفيض انبعاثاتها المضرة ، أو عند استخدام الآلات صديقة البيئة، أو إعانات للبحث و التطوير فى مجال حماية البيئة و المحافظة عليها ، أو يمنح قروض ميسرة و غيرها من الإعفاءات التي تفيد الشركات فى الحد من التكاليف و تشجع على حماية البيئة .

## المبحث الثالث

## الإجراءات الإدارية والقضائية لحماية البيئة

تضمنت نصوص التشريعات البيئية الأحكام اللازمة التي تخول الجهات القائمة على تنفيذ هذه التشريعات للقيام بأعمال الرقابة والتفتيش على المنشآت والمجارى المائية وغيرها من المناطق و الأماكن التي شملها القانون بالحماية و الرعاية للحيلولة دون وقوع الأضرار بالمخالفة لأحكام هذه التشريعات، حيث تم منح الموظفين القائمين بمراقبة تنفيذ قوانين حماية البيئة صلاحيات إدارية" تسمى الضبطية الإدارية " أو صلاحيات قضائية " تسمى الضبطية القضائية " و الضبطية الإدارية كعملية إجرائية غالبا ما تسبق الضبطية القضائية ، و قد تكون الضبطية الإدارية عبارة عن أعمال وقائية تهدف إلى منع وقوع الجرائم البيئية أو وقف وقوعها . والجريمة البيئية: هي عبارة عن سلوك إيجابي أو سلبي سواء أكان عمدي أو غير عمدي، سواء أكان صادرا عن شخص طبيعي أو اعتباري يضر بالبيئة، سواء أكان ذلك بطريق مباشر أو غير مباشر[1]. و ستتناول الدراسة في مطلبين الضبط الإداري و الضبط القضائي في قانون البيئة المصري رقم 4 لسنة 1994 .

[1] أشرف هلال، جرائم البيئة.، مرجع سابق ، ص 36

## المطلب الأول : الضبط الإداري فى نطاق التشريعات البيئية

إن جرائم التلوث البيئي تعد من الجرائم التنظيمية التي اقتضت معاملة تشريعية خاصة استهدف بها المشرع انتظام المصلحة العامة بقدر يزيد على رغبته في عقاب من يمس بها[1]، ويستهدف الضبط الإداري في مفهومه العام حماية المجتمع ـ النظام العام ـ بعناصره الأساسية و المحافظة عليه من كل ما من شأنه أن يؤدي إلى الإخلال به و الحفاظ عليه من الاضطراب المادي أو المعنوي. و هدف الضبط الإداري فى مجال حماية البيئة : هو فرض قيود على حرية الأفراد و المنشآت الخاصة و العامة لمكافحة التلوث البيئي على اعتبار أن حماية البيئة و المحافظة عليها من متطلبات حفظ النظام العام ، و تشمل أهداف الضبط الإداري البيئي : حماية الصحة العامة، و حماية الغذاء[2]، و عموما الحفاظ على بيئة نظيفة فى ظل تنمية مستدامة. و ينقسم هذا المطلب إلى فرعين ، يتناول الفرع الأول: الضبط الإداري و التشريعات البيئية و يتناول الفرع الثاني : الضبط الإداري و حماية البيئة فى قانون البيئة المصري رقم 4 لسنة 1994 .

### الفرع الأول: الضبط الإداري و التشريعات البيئية

الضبط لغة يعني : لزوم الشيء و عدم مفارقته ، وضبط الشيء يعني حفظه ، و الرجل "ضابط" أي حازم[3]، ولم تقم التشريعات الوضعية بتعريف الضبط الإداري و إن كانت قد حددت أهدافه ، وقد اجتهد الفقهاء فى تعريفه : " بأنه الإجراءات و التدابير الضرورية للمحافظة على النظام العام، و قد اعتبره العديد من الفقهاء قيدا على الحريات العامة لأنه فرض قيود على حريات الأفراد و يمكن تعريفه أيضا بأنه: "حق السلطات الإدارية فى تقييد النشاط الخاص من خلال فرض القيود و الضوابط على ممارسة الأفراد لنشاطاتهم و حرياتهم بهدف حماية النظام العام بعناصره المتعددة ، الأمن العام أو الصحة العامة أو السكينة العامة ...[4] " فالدولة في ظل ما لها

---

[1] د. أمين مصطفى محمد، الحماية الإجرائية للبيئة، الإسكندرية، دار المطبوعات الجامعية سنة 2010، ص 108

[2] المرجع السابق، ص 99

[3] ابن منظور، لسان العرب، طبعة دار المعارف، الجزء الرابع، ص 2549

[4] نواف كنعان ، دور الضبط الإداري فى حماية البيئة ، مجلة جامعة الشارقة للعلوم الشرعية و الإنسانية ، المجلد 3 العدد : 1 ص 77

من سلطات تصدر القوانين و القرارات اللازمة لحماية نظامها العام، و تضع التدابير الاحترازية اللازمة و الملائمة و التي تكفل عدم الإخلال بالقوانين و القرارات التي وضعتها و كذا العمل للحيلولة دون الإخلال بالنظام العام بأوجهه المختلفة.

و يعد الضبط الإداري من أهم وظائف الإدارة و أدواتها للمحافظة على النظام العام، عن إصدار القرارات اللائحية و الفردية و استخدام القوة المادية، و ما سيتبعها من تقييد بعض حريات بعض الأفراد بغرض انتظام أمر الحياة العامة في المجتمع . و الضبط الإداري نوعان ، الأول الضبط الإداري العام : و يهدف إلى المحافظة على النظام العام في الدولة، و الثاني : هو الضبط الإداري الخاص و يهدف إلى تحقيق أهداف محددة تمنع وقوع أو وقف أو منع تفاقم نشاطات معينة تخص نطاق معين ، وتطبقه سلطة إدارية خاصة استنادا إلى تشريع ينظم مسائل معينة و نشاطات محددة .و الضبط الإداري الخاص قد يقتصر على مكان معين، أو يقتصر على نشاط معين، و الضبط الإداري الخاص بمكان معين يهدف إلى حماية النظام العام في مكان أو أماكن محددة ، حيث يعهد بتولي سلطة الضبط فيها إلى سلطة إدارية ضبطية معينة، كالضبط الإداري الخاص بالسكك الحديدية ، أو التموين، أو الكهرباء و يتولى تنظيمه الوزير المختص بالتنسيق مع وزارتي الداخلية و العدل .

أما الضبط الإداري الخاص بنشاط معين، فيهدف إلى تنظيم و رقابة ممارسة وجوه معينة من النشاط عن طريق تشريعات خاصة تمنح الجهات المختصة بالضبط سلطة أكبر من سلطة الضبط الإداري العام مثل القوانين الخاصة بالمجالات العامة و قوانين و لوائح المرور و قوانين حماية البيئة[1]. و ينمو الضبط الإداري الخاص سواء المكاني أو الموضوعي، بأنه يرد على عنصر واحد فحسب من عناصر النظام العام، و من ثم يكون مقيدا بنظام قانوني خاص و ملتزما بهدف حمائي محدد و يقتصر على عنصر محدد يستهدف حمايته، دون أن يستهدف تحقيق حماية النظام العام في آن واحد ، سواء كان هذا المجال سلامة المرور، أو حماية البيئة أو غيرها من النشاطات التي تحدث في أزمنة محددة و أمكنه محددة .

[1] المرجع السابق ص 83

و يهدف الضبط الإداري فى نطاق البيئة إلى تحقيق غايتين رئيسيتين الأولى، منع أسباب التلوث، و الثانية مكافحة التلوث فى حالة حدوثه. و تستخدم سلطات الضبط الإداري على اختلاف مستوياتها وسائل متعددة فى تحقيق أهدافها فى حفظ النظام العام بعناصره المتعددة، و يصنف بعض فقهاء القانون وسائل الضبط الإداري إلى نوعين وسائل قانونية و وسائل مادية، و يندرج ضمن الوسائل القانونية اللوائح التنظيمية: ما تسمى أنظمة الضبط الإداري، و القرارات و الأوامر الضبطية الضرورية، و يندرج ضمن الوسائل المادية:استخدام القوة الجبرية كحق التنفيذ المباشر للقرارات و الأوامر الضبطية دون اللجوء للقضاء [1].

و تستخدم سلطات الضبط الإداري البيئي إجراءات و تدابير متعددة و متنوعة لحماية عناصر البيئة المختلفة، وهي إجراءات و تدابير تتفاوت فى شدتها بين الترهيب و الترغيب، و من أهم هذه الإجراءات و التدابير الضبطية الإدارية فى مجال حماية البيئة : الحظر أو المنع، حيث يمنع أو يحظر القانون أو اللائحة ممارسة أنشطة معينة، أو الإلزام و الأمر عن طريق إلزام و أمر القائمين بنشاط معين إتباع أساليب معينة فى معالجة مخلفات النشاط أو إتباع وسائل معينة فى التخزين أو المعالجة، أو الترخيص قبل مباشرة النشاط، أو الإبلاغ عند حدوث أية تغيرات فى النشاط المرخص به، أو الترغيب بمنح بعض المميزات، أو استعمال القوة المادية الجبرية لوقف النشاط الملوث فى حالة فشلت الإجراءات الإدارية الأخرى فى وقفه [2].

**الفرع الثاني : الضبط الإداري و حماية البيئة فى مصر**

لم يفصل القانون المصري بين الضبط الإداري و الضبط القضائي إذ أوكل المهمتين إلى موظفي جهاز شئون البيئة، حيث نصت المادة " 102" من قانون البيئة رقم 4 لسنة 1994 و التي تعطي موظفي جهاز شئون البيئة و فروعه بالمحافظات ـ الذين يصدر قرار بتحديدهم من وزير العدل بالاتفاق مع الوزير المختص بشئون البيئة ـ صفة مأموري الضبط القضائي فى إثبات الجرائم التي تقع بالمخالفة لأحكام قانون البيئة و

---

[1] د.محمد محمد بدران ، الطبيعة الخاصة للضبط الإداري ، دراسة فى القانونين المصري و الفرنسي القاهرة : سنة 1989 ص 115
[2] نواف كنعان ، مرجع سابق، ص 90

القرارات المنفذة له . و قد اعتبرت المادة "78" من قانون البيئة أيضا مندوبو الجهات الإدارية المختصة و الممثلون القنصليون في الخارج من مأموري الضبط القضائي فيما يختص بتطبيق أحكام الباب الثالث من قانون البيئة الخاص بحماية البيئة المائية من التلوث ، و أعطت الحق لوزير العدل بالاتفاق مع الوزراء المعنيين منح هذه الصفة لعاملين آخرين، وفقا لما يقتضيه تنفيذ القانون و بما يتفق و قواعد القانون الدولي .

والجزاءات الإدارية، هي الجزاءات التي تتوقعها السلطة الإدارية عن طريق اتخاذ إجراءات محددة بهدف تحقيق الردع الإداري لبعض المخالفات . و قد دعمت معظم التشريعات البيئية دور السلطة الإدارية في حماية البيئة من التلوث ، حيث يتم تخويل الإدارة سلطات كبيرة في فرض العديد من الجزاءات على المخالفين لأحكام التشريعات البيئية ، حيث تم منح الجهة الإدارية المختصة سلطات إزالة آثار المخالفة على نفقة المخالف، إن لم يقم بإزالتها في الموعد المحدد ، أو يوقف النشاط المخالف إن لم يتم التصحيح، و كان الخطر جسيما ، و كل ذلك يخضع لتقديرات الإدارة تحت رقابة القضاء ، و ذلك لخطورة المخالفات البيئية على صحة الإنسان و الكائنات الحية .

وقد أعطى المشرع لسلطة الضبط الاداري الحق في الغلق الإداري للمنشأة و وقف العمل بالمنشأة للأنشطة المخالفة دون المساس بحقوق العمال أو وقف و إلغاء الترخيص، أو الغرامة الإدارية حسب الحالة التي تقدرها الإدارة ، وذلك تحت رقابة السلطة القضائية حيث انتشرت هذه الإجراءات في العديد من مواد التشريعات البيئية، و يرى بعض الباحثين ضرورة إفراد المشرع المصري لنظام متكامل له ضماناته و استقلاله خاص بالجزاءات الإدارية في مجال التلوث البيئي ، و مراعاة تحديدها على وجه الدقة ، تميزا عن غيرها من التدابير الأخرى، و تفاديا لما قد يهيمن على تحديدها من عوار[1]، على أن يتم هذا التحديد في إطار المبادئ الدستورية التي تحكم الجزاء الجنائي ذاته، كمبدأ شرعية الجزء و مبدأ تناسب العقوبة مع الجريمة التي تقع بالمخالفة للتشريع البيئي،[2] و ذلك لخطورة هذه الجزاءات و آثارها

[1] د.محمد سامي الشوا ، القانون الإداري الجزائي ، القاهرة : دار النهضة العربية، سنة 1996 ،ص 256

[2] د. أمين مصطفى محمد السيد، الحد من العقاب، رسالة دكتوراه، مقدمة إلى كلية الحقوق جامعة الإسكندرية، سنة 1993 ، ص335

الاقتصادية البالغة على المنشأة التي يتم وقف النشاط بها و كذلك أثرها على التنمية الاقتصادية ، مما يؤثر في الاقتصاد القومي ككل .

و كانت المادة "19" من القانون رقم 48 لسنة 1982 الخاص بحماية نهر النيل و المجاري المائية من التلوث قد أعطت مهندسي الري - الذين يصدر قرار بتحديدهم من وزير العدل بالاتفاق مع وزير الري - صفة مأموري الضبط بالنسبة للجرائم المنصوص عليها في القانون المذكور.و يقوم مأمور الضبط القضائي سالف الذكر بمهام الضبط الإداري و القضائي في تنفيذ قانون البيئة حيث ألزمتهم المادة " 5 " من قانون البيئة بالمتابعة الميدانية لتنفيذ المعايير والاشتراطات التي تلزم الأجهزة و المنشآت بتنفيذها ، و اتخاذ الإجراءات التي نص عليها القانون ضد المخالفين للتحقق من الالتزام بهذه القوانين و لوائحها و القرارات المنفذة لها .

وقد أعطى القانون مأموري الضبط القضائي الحق في التأكد من أن تأثير المنشآت على البيئة هو في الحد المسموح بها قانونا، فلهم حق الدخول للمنشآت و المتابعة الدورية لسجل بيان تأثير نشاط المنشأة على البيئة( السجل البيئي ) و أخذ العينات اللازمة و إجراء الاختبارات المناسبة لبيان ذلك التأثير و التحقق من التزام تلك المنشأة بالمعايير الموضوعة لحماية البيئة، وذلك وفقا لما هو وارد بمواد قانون البيئة و على الأخص المادة " 5 ، 22 من القانون رقم 4 لسنة 1994 و المادتين 17 ، 18 من اللائحة التنفيذية " و وفقا للمعايير المحددة في الملاحق المرفقة باللائحة.و لمأموري الضبط القضائي أيضا متابعة التزام المنشآت الساعية التي تعمل في التداول في المواد الخطرة وفقا للمواد 29 ـ 33 من قانون البيئة و المواد 25 ـ 33 من اللائحة التنفيذية، وذلك لمراقبة هذه الأعمال و لضمان التزامها بالمعايير و الشروط التي أوجب عليها القانون الالتزام بها .

و في حماية البيئة البحرية ، نصت المادة " 8" من قانون البيئة إعطاء مأموري الضبط القضائي المشار إليهم في المادة "78" كل فيما يخصه الحق في الصعود إلى ظهر السفن و المنصات البحرية و دخول المنشآت المقامة على شواطئ البحر و تفقد وسائل نقل الزيت و المواد الملوثة للبيئة البحرية للتحقق من التزامها بتطبيق أحكام قانون البيئة و القرارات الصادرة تنفيذا له، والتأكد من و توفير معدات و وسائل معالجة

المخلفات. وقد أعطت المادة "79" لمأموري الضبط القضائي سالف الذكر عند وقوع المخالفة و في حالة رغبة ربان السفينة أو المسئول عنها مغادرة الميناء على وجه عاجل تحصيل مبالغ فورية بصفة مؤقتة تحت حساب تنفيذ عقوبة الغرامة و التعويض التي قد يقضى بها، و في الحدود المنصوص عليها قانونا، وذلك بما لا يقل عن الحد الأدنى المقرر للمخالفة مضافا إليه جميع النفقات و التعويضات التي تحددها الجهة الإدارية المختصة . وقد نصت المادة "100" من قانون البيئة على أنه :مع عدم الإخلال بأحكام المادة ( 79 ) من هذا القانون، فإنه للجهة الإدارية المختصة اتخاذ الإجراءات القانونية لحجز أية سفينة تمتنع عن دفع الغرامات والتعويضات الفورية المقررة في حالة التلبس أو في حالة الاستعجال المنصوص عليها في المادة المذكورة من هذا القانون، ويرفع الحجز إذا دفعت المبالغ المستحقة أو قدم ضمان مالي غير مشروط تقبله الجهة الإدارية المختصة[1] . وتعد جميع الإجراءات سالفة الذكر من إجراءات الضبط الإداري .

و مأموري الضبط القضائي و جهاز شئون البيئة يقع عليهم عبء حماية البيئة البحرية بموجب البند "38"من المادة الأولى من قانون البيئة ، و كذا المنشآت الصناعية المذكورة بالمواد 69 ،70 ، 71 من القانون المذكور، و المادة " 58" من اللائحة التنفيذية ، حيث حدد الملحق رقم (1) المعايير و المواصفات لبعض المواد عند تصريفها في البيئة البحرية، و حدد الملحق (10) المواد الملوثة غير القابلة لتحلل و التي يحظر على المنشآت الصناعية تصريفها في البيئة البحرية، و على مأمور الضبط القضائي مراقبة كل ذلك و العمل على أن يكون متوافقا مع ما يقرره القانون و لائحته و ملحقاتها .

---

[1] وقد نصت المادة 62 من اللائحة التنفيذية للقانون على أن:يصدر الوزير المختص بشئون البيئة قرار بتشكيل لجنة تظلمات يكون مقرها دائرة عمل الموانى أو إحدى الجهات الإدارية القريبة منها على النحو التالي:- مستشار من مجلس الدولة يختاره رئيس المجلس..رئيسا - ممثل لجهاز شئون البيئة ..عضوا- ممثل لمصلحة الموانى والمنائر..عضوا.- ممثل لوزارة الدفاع.. عضوا.- ممثل لوزارة البترول..عضوا.- ممثل للجهة الإدارية المختصة التي وقعت المنازعة في مجال نشاطها .. عضوا. وللجنة أن تستعين بخبير أو أكثر في شئون البيئة المائية.وتختص هذه اللجنة بالفصل في المنازعات الإدارية الناشئة عن تطبيق أحكام الباب الثالث من هذه اللائحة، وتصدر اللجنة قراراتها بعد سماع أقوال الطرفين بأغلبية أصوات الأعضاء الحاضرين، وفي حالة التساوي يرجح الجانب الذي منه الرئيس .ولذوى الشأن الطعن على قرارات اللجنة أمام محكمة القضاء الإداري بمجلس الدولة .

و فى مجال حماية البيئة الهوائية ، يقوم مأموري الضبط القضائي بمراقبة تطبيق المادة "35"و المادة " 36 " من اللائحة التنفيذية لقانون البيئة، و التى ألزمت المنشآت الصناعية بعدم انبعاث أو تسرب ملوثات الهواء بما يجاوز الحدود الموضحة بالملحق رقم (6) و الخاصة بنوعية الهواء ، حيث حدد القانون اشتراطات معينة لاستخدام و حرق الوقود فى المنشآت الصناعية و غيرها و منها حظر استخدام المازوت فى المناطق السكنية، و يقوم مأمور الضبط القضائي بمتابعة و مراقبة كل ذلك لمنع اختراق القانون وفى حالة اختراقه يتم تحرير المحاضر اللازمة وفقا لما تقرره المادة 22 من القانون .

و فيما يتعلق بالمخلفات الصلبة غير الخطرة، يقوم مأمورو الضبط القضائي بالتحقق من طرق التخلص منها ، وعدم قيام المنشأة بالتخلص منها عن طريق الحرق فى الأماكن غير المخصصة لذلك بالمخالفة للمادة " 37 " من قانون البيئة و المادة "38" من اللائحة التنفيذية ، أما إذا كانت المخلفات خطرة فيقوم مأمور الضبط القضائي بمتابعة التحقق من قيام المنشأة بتوفير شروط التداول و التخزين على النحو المقرر فى القانون و اللائحة التنفيذية له .

أما فيما يتعلق بحماية بيئة العمل ، فتكون مهمة مأمور الضبط القضائي لقانون البيئة هى التحقق من قيام صاحب المنشأة بالالتزام بما قررته المواد 42، 43، 44 ، 45، من اتخاذ الاحتياطات لعدم تسرب و انبعاث ملوثات الهواء داخل مكان العمل إلا فى الحدود المسموح بها وفقا لما هو محدد بالملحق رقم "8" من اللائحة التنفيذية للقانون ، و كذلك باتخاذه الإجراءات اللازمة للمحافظة على درجتي الحرارة و الرطوبة و شدة الصوت داخل مكان العمل ، و الالتزام بمدة التعرض بما لا يجاوز الحدود المسموح بها فى ملاحق اللائحة التنفيذية .

أما حماية نهر النيل و شبكات المجاري العمومية ، فيختص بها مأموري الضبط القضائي لوزارة الري وفقا لما هو مقرر بالمادة رقم "19" من القانون رقم 48 لسنة 1982 فى شأن حماية نهر النيل و المجاري المائية باعتبارها الجهة المختصة التي حددها القانون المذكور ومنحها سلطة الضبط القضائي و الإداري .

و تجدر الإشارة إلى أن هناك نوعين من المهام لمأموري الضبط القضائي ، و الأولى : هـي مهمة الضبط الإداري ، و الثانية : هي مهمة الضبط القضائي ، حيث يقـوم مفتشـو البيئـة الـذين لهم صفة الضبط الإداري و القضائي بإجراء مجموعـة مـن الأعمـال و المهـام المتعلقـة بـالتفتيش للتأكد من الالتزام بالقانون و اللوائح و القرارات التنفيذية، و هـذه كلهـا مهـام ضبط إداري ، و تبدأ فقط أعمال الضبط القضائي عند ثبوت المخالفات فيتم تحرير محاضر بهـا بصـفة ضـبطية قضائية و استكمال باقي الإجراءات المنصوص عليها في المـادة "22" مـن القـانون بإخطـار الجهـة الإدارية المختصة بتكليف صاحب المنشأة بتصحيح المخالفة على وجه السرعة ، فإذا قـام صـاحب المنشأة بالتصحيح خلال ستين يوما من تاريخه يتم حفظ تقرير التفتـيش ، بعـد إعـادة التفتـيش على المنشأة و التأكد من التصحيح .

أما في حالة استمرار المخالفة بعد هذه المـدة ، وبعـد التأكـد مـن عـدم التصـحيح مـن خلال إعادة التفتيش على المنشأة ، فيتم تحرير محضر مخالفة و إخطـار الجهـة الإداريـة المختصـة لاتخاذ إجراء من الإجراءات الآتية :

1 ـ منح مهلة إضافية محددة للمنشأة لحين إزالة آثار المخالفة ، و إلا حـق للجهـاز أن يقـوم بذلك على نفقة المنشأة ، و الملاحظ على هذه الحالة أنها تخص المنشآت الحيوية و التي يصـعب إيقافها دون أضرار كبيرة للمجتمع ، و لذا أعطى القانون الحق للجهاز منح مهلة إضافية محـددة للتصحيح، أو في أن يقوم بالتصحيح على حساب هذه المنشأة دون أن يعطيه حق وقـف النشـاط المخالف .

2ـ وقف النشاط المخالف لحين إزالة آثار المخالفة، دون المساس بأجور العـاملين فيـه ، مع إعطاء الحق للجهاز في حالة الخطر البيئي الجسيم بأن يوقف مصدر الخطر في الحال و بكافة الوسائل و الإجراءات اللازمة .

و كل هذه الإجراءات سالفة الذكر إجراءات ضبط إداري لا تخضع عند تقريرهـا لرقابـة القضاء من قريب أو بعيد تقوم بها الجهة الإدارية بنفسـها و وفـق التقـديرات الـتي تراهـا لكـن للمضرور حق الطعن علي القرار بالإلغاء أمام القضاء الإداري إن كان هنـاك وجـه لـذلك، أمـا إذا رأت الجهة الإدارية عدم اتخاذ إجراءات الضبط الإداري السالفة الذكر و المقـررة بالبنـد 1، 2 مـن المادة "22" من قانون البيئة و رغبت في اتخاذ إجراءات ضبط قضائي

فإنها تقوم بتحرير محضر بذلك و بعد أن تثبت فيه و ترفق فيه نتيجة التفتيش الأول و الثابت به وقوع المخالفة ، ثم إخطار الجهة الإدارية و إجراء تفتيش ثاني بعد مهلة الشهرين و إثبات أن التصحيح لم يتم ، ثم يتم إرسال محضر المخالفة إلى النيابة العامة من قبل الجهاز لاتخاذ ما تراه من إجراءات لقيد الدعوى الجنائية ضد المخالف. وقبل إرسال المحضر وبعده ممكن أن يتم التصالح عن المخالفة.

و تجدر الإشارة أيضا إلى أنه يثار دفع بعدم جواز إحالة المتهم إلى المحاكمة الجنائية في قضايا الجنح لمخالفة المادة"22" من قانون البيئة، إذ غالبا ما يقوم جهاز شئون البيئة بمخالفة المادة المذكورة و لا يقوم بمنح المنشأة التي ارتكبت المخالفة فرصة التصحيح المنصوص عليها بالمادة المذكورة، و نظرا لحداثة موضوعات حماية البيئة نسبيا و عدم وجود قضاء متخصص في مثل هذه القضايا يتم الأخذ و الرد فيها كثيرا، حيث تمسك الجهاز بصحة ما قام به من إجراءات، وذلك بالرغم من عدم إعطاء المنشأة مهلة التصحيح، و يكون غرض الجهاز هو الضغط على المخالف للتصالح وفقا لما يقرره قانون الإجراءات الجنائية ، أو يتعرض المخالف لخطر الحكم عليه بالغرامات الكبيرة التي يقررها القانون، و في كلتا الحالتين يكون الجهاز قد حصل علي موارد كبيرة لدعم صندوق حماية البيئة، إلا أن هناك ضررا كبيرا قد يحدث بالتنمية الاقتصادية لعدم وجود توازن بين حماية البيئة و حماية التنمية على النحو الذي فصلنا فيه عند تناول حماية التنمية و البيئة، وعدم تطبيق مهلة الشهرين التي نصت عليها المادة سالفة الذكر يضر بلا شك بالتنمية واسمرارها.

و عند تعديل المادة "22" من قانون البيئة بالقانون رقم 9 لسنة 2009 تم تعريف سجل بيان تأثير المنشأة على البيئة بأنه " سجل بيئي " و تم إضافة اختصاصات لجهاز شئون البيئة ، و هي تحديد مدى الالتزام بالأحمال النوعية للملوثات ، و التفتيش على التزام المنشأة بالسجل البيئي من عدمه ، بل مطالعة بياناته لمعرفة إن كان يتم تدوينها بانتظام، و لبيان مطابقتها للواقع ، أو معرفة التزام المنشأة بالمعايير و الأحمال النوعية للملوثات .

حالات الانبعاثات الغازية، أو التصريف للملوثات في المجاري المائية ، إذ أن هذه الانبعاثات و ذلك التصريف لا يظل على حالته لفترة طويلة، و يمكن أن تكون البيانات مطابقة للواقع ساعة قياسها و بعد ذلك بفترة وجيزة تتغير هذه القياسات نقصا أو زيادة، وذلك حسب إرادة القائمين على إدارة المنشأة أو لأية ظروف أخرى ، و لذا فإنه ليس هناك من سبيل في كثير من الأحيان لمعرفة حقيقة مطابقة بيانات السجل للواقع إلا في المسائل الغير متغيرة و التي يمكن قياسها لحظيا ، بأن يتم عمل قياس فوري عقب القياس التي تجريه المنشأة بالسجل لمعرفة إن كانت بيانات السجل من ناحية قياسات الانبعاثات أو نسب الملوثات للصرف على النهر أو البحر مطابقة من عدمه .

و قد أضافت المادة منح مهلة إضافية للمنشأة لتصحيح المخالفات و أعطت الحق للجهاز في أن يقوم بذلك على نفقة المنشأة، ونرى أن هذا التعديل يتماشى و سياسة المشرع في الحفاظ على البيئة، و أن الغرض من التشريع هو حماية البيئة مع الحفاظ على استمرار التنمية، حيث يتم منح فرصة أخرى للمنشأة للتصحيح إن لم تكفيها مهلة الستين يوما لإتمام عملية التصحيح. وقد أضافت المادة فقرة أخرى ذات بعد اجتماعي و هي أنه في حالة وقف النشاط المخالف لحين إزالة آثار المخالفة، فإنه لا يجب المساس بأجور العاملين .

وقد أضافت أيضا المادة، أنه في حالة الخطر البيئي الجسيم يتعين وقف مصادره في الحال و بكافة الوسائل و الإجراءات اللازمة ، و نلاحظ أن المشرع لم يذكر وقف النشاط بل في الفقرة الثانية قصر الأمر على وقف مصادر الخطر البيئي الجسيم و ليس وقف النشاط ، و ذلك حرص منه على عملية التنمية الاقتصادية، و أنه قدر الضرورة بقدرها ، فما يهمه هو وقف مصادر الخطر البيئي ، و إن تم ذلك دون تأثير على نشاط المنشأة فليس هناك ضرورة لوقف نشاط المنشأة، و إن كان لا يتم وقف الخطر البيئي إلا بوقف النشاط فيتم وقف نشاط المنشأة .

و ما سبق، هو ما يتفق وصحيح تطبيق القانون و الغاية التي أرادها المشرع و المنصوص عليها صراحة في القانون حيث عنون الفصل الأول

التي وردت فيه المادة "22" سالفة الذكر بالتنمية و البيئة، أي أن إرادة المشرع انصرفت إلى تحقيق هدفين هما التنمية و البيئة دون طغيان لأحدهما على الأخر بما يعرف بالتنمية المستدامة، و التي يتعارض معها إحالة المنشآت من أول تفتيش إلى النيابة العامة لرفع الدعوى الجنائية دون إعطائها مهلة للتصحيح على خلاف القانون، و ذلك سعيا للحكم بالغرامات و التعويضات على المنشآت الاقتصادية.

إذ لا يجوز قانونا الضغط علي المنشأة للتصالح مع الجهاز و دفع مبالغ مالية بعد إجراء التفتيش الأول وبالمخالفة للمادة "22" من قانون البيئة سالف الذكر الذي فصل و فسر إجرائية سير التفتيش، من تحرير تقرير بالتفتيش يثبت المخالفة ثم إخطار الجهة الإدارية و إعطاء مدة شهرين للمنشأة للتصحيح ثم التفتيش مرة أخرى و تحرير تقرير بالتفتيش يثبت التصحيح أو يثبت المخالفة، و إن ثبت التصحيح يتم حفظ تقريري التفتيش ، و إن لم يثبت التصحيح يكون للجهاز إزالة المخالفة عن طريق الضبط الإداري إن كانت ذات خطورة كبيرة وفق ما يقرره البند 1 ،2 من المادة "22" ، أو تحرير محضر بالمخالفة، وعند هذا الإجراء ممكن أن يتم التصالح أو يتم إرسال الأوراق للنيابة العامة لاتخاذ شئونها فى رفع الدعوى الجنائية من قبل الجهاز وليس من قبل مأمور الضبط القضائي حيث ألزمه القانون بالرجوع لجهاز شئون البيئة والذي له وحده هذا الحق .

و تجدر الإشارة فى نهاية هذه الجزئية، أنه في حالة تحرير محضر بالمخالفة عند عدم التصحيح و بعد التفتيش الثاني يكون من حق المنشأة المخالفة أن تقوم بالشروع فى إجراءات التصالح وفق ما تقرره المادة "18" من قانون الإجراءات الجنائية و يقوم صاحب المنشأة بدفع غرامة أو جزء منها حسب ما نص عليه القانون، حيث يتم دفع ربع الغرامة خلال 15 يوما من اليوم التالي لعرض التصالح، أو نصف الغرامة بعد 15 يوما على أن يقوم بتصحيح المخالفة ، و تم التفتيش على المنشأة للتأكد من إزالة المخالفة، و إجراءات التصالح كإجراء إداري يختص بها مأموري الضبط القضائي حيث رخص قرار وزير العدل رقم 1078 لسنة 2000 لمأموري الضبط القضائي بجهاز شئون البيئة تحصيل غرامات مقابل التصالح عن جرائم البيئة و توريدها لحساب صندوق حماية البيئة .

**المطلب الثاني : الإجراءات القضائية لحماية البيئة**

و الضبط القضائي يتمثل فى قيام مأمور الضبط القضائي بالبحث عن الجرائم و مرتكبيها و جمع الاستدلالات الكافية، وذلك نظرا لعدم قدرة النيابة العامة على القيام بنفسها بالتحري عن الجرائم و جمع المعلومات اللازمة عنها و عن مرتكبيها ، نظرا لمهامها الأخرى فى القيام بالتحقيقات و تمثيل سلطة الاتهام ، فقد تم إسناد البحث عن الجرائم و جمع المعلومات و الاستدلالات لجهاز أخر يعاون النيابة فى أعمالها و هو ما يعرف بسلطة الضبط القضائي .

و القائمين بمهمة الضبط القضائي هم مأموري الضبط القضائي وفقا لما يطلقه عليهم القانون من تسمية، و يقوم مأمور الضبط القضائي بالبحث عن الجرائم ومرتكبيها وجمع الاستدلالات التي تلزم للتحقيق فى الدعوى[1]، ويكون مأمورو الضبط القضائي تابعين للنائب العام وخاضعين لإشرافه فيما يتعلق بإعمال وظيفتهم[2]، ويجب على مأموري الضبط القضائي ان يقبلوا التبليغات والشكاوى التي ترد إليهم بشأن الجرائم[3]. و ينقسم هؤلاء إلى قسمين، الأول : أعضاء النيابة العامة و معاونوها، و رجال الشرطة و يطلق عليهم مأموري الضبط القضائي ذوي الاختصاص العام[4].

[1] المادة 22 من قانون الإجراءات الجنائية

[2] المادة 21 من قانون الإجراءات الجنائية

[3] المادة 24 من قانون الإجراءات الجنائية

[4] وقد قضت محكمة النقض بأنه :"من المقرر أن الأصل هو أن لرجال السلطة العامة في دوائر اختصاصهم دخول الأماكن العامة لمراقبة تنفيذ القوانين واللوائح وهو إجراء إداري مقيد بالغرض سالف البيان ولا يجاوزه إلى التعرض إلى حرية الأشخاص واستكشاف الأشياء المغلقة غير الظاهرة ما لم يدرك الضابط بحسه وقبل التعرض لها كنه ما فيها مما يجعل أمر حيازتها أو إحرازها جريمة تبيح التفتيش ، فيكون هذا التفتيش في هذه الحالة قائما على حالة التلبس لا على حق ارتياد المحال العامة والإشراف على تنفيذ القوانين واللوائح .
( الطعن رقم 1111 لسنة 64 ق جلسة 7/5/1996 س47 ص583 )

وتجدر الإشارة هنا إلى أن أعضاء النيابة العامة يعدون أيضا من رجال القضاء لما يقومون بـه مـن وظيفتي التحقيق و الاتهـام – وهـما وظيفتـان قضـائيتان - . و القسـم الثـاني : و هـم الموظفـون العاملون فى الجهات الحكومية الذين تم منحهم صفة الضبطية القضائية مـن قبـل وزارة العـدل بالاتفاق مع الوزير المختص لتطبيق أحكام القوانين و اللوائح و القرارات التنفيذية المتعلقة بعمل الجهات التي يعمل بها هؤلاء الموظفين ( و يطلق عليهم مأموري الضبط القضائي ذوي الاختصاص الخاص ) ، وهنا يثور تساؤل حول إسباغ صفة مأمور الضبط القضائي عـلى الممثلـين القنصـليين في الخارج ( المادة 78) فهل سيبيح لهم ذلـك إجـراءات الضـبط القضـائي في الـدول الأجنبيـة ومـدي تعارض ذلك مع سيادة الدول التي يعملون بها ؟ بل أين هي قواعد الإنابة القضائية التـي تفـرض نفسها في هذا الموقف، و لا يتصور العمل بدونها[1] ؟ وينقسم هذا المطلب إلى ثلاثة فروع ، يتناول الفرع الأول : الضبط القضائي فى نطاق التشريعات البيئية، و يتناول الفرع الثاني الضبط القضائي و حماية البيئة فى القانون المصري، ثم الفرع الثالث إجراءات المحاكمة و العقاب.

**الفرع الأول : إجراءات الضبط القضائي فى نطاق التشريعات البيئية**

يختص مأمور الضبط القضائي ـ أصلا ـ بالكشف عـما يقـع مـن الجـرائم، و ضـبطها ، و جمع الاستدلالات اللازمة للتحقيق فيها، ثم يرسل الأوراق إلى النيابة العامـة بعـد قيـدها حسـب الأحوال، و يكون للنيابة العامة وحدها التصرف في الاتهام ، فإذا رأت في مواد المخالفات و الجـنح أن القضية يجوز إصدار أمر جنائي فيها، أصدرت أمرا جنائيا سواء منها أو من القاضي الجزئي، أو قد ترى إحالتها إلى المحاكمة الجنائية المختصة[2]، أما إذا قدرت أنه لا محل للسير في الـدعوى تـأمر بحفظ الأوراق [3] أما إذا بدأت النيابة التحقيق فيكون لها إما أن تصدر أمر بالأوجه لإقامة الدعوى ، أو أن تقوم بإحالة المتهم إلى المحكمة الجنائية المختصة وفقا لما تقرره المـادة 214 مـن قـانون الإجراءات الجنائية .

---

[1] أشرف هلال، مرجع سابق ، ص 233

[2] المادة 1/63 من قانون الإجراءات الجنائية

[3] المادة 62 من قانون الإجراءات الجنائية

وفي الضبط الإداري تكون كافة الإجراءات بيد سلطة الضبط، حيث تقوم بالاستدلال و التحقيق و إعلان الجزاء و تنفيذه ، وذلك لأنه في الضبط الإداري تتطلب الأمور بساطة الإجراءات و سرعتها، و لأنها غالبا تتم في قضايا معينة مثل بعض قضايا المرور أو البيئة أو الجرائم الاقتصادية[1]، و إذا كان تم تخويل مأموري الضبط القضائي حرية الإحالة إلى القضاء ـ النيابة العامة ـ أو القيام حسب الأحوال بتطبيق جزاءات إدارية عقابية فإن ذلك يثير التساؤل عن احترام مبدأ الفصل بين السلطات، إذ هناك تساؤلا يثور حول مدى توفير الضمانات الضرورية للأفراد و المنشآت من قبل الإدارة أثناء إعلانها جزاءات إدارية عقابية، و أهم تلك الضمانات احترام مبدأ المواجهة، وكفالة حقوق الدفاع[2].

أما عن حق الالتجاء إلى القضاء فهو لا يبدأ إلا بعد انتهاء المرحلة الإدارية بصدور قرار بجزاء إداري أو عقابي، إذ يكون لصاحب الشأن أن يرفض القرار و يلجأ إلى القضاء مطالبا بإلغاء القرار الإداري الصادر بالجزاء الإداري العقابي، حيث يقوم القضاء الإداري ببحث مشروعية القرار عن طريق الطعن المقدم من المضرور ، أو التظلم من القرار أما الجهات التي يعين القانون التظلم أمامها من إجراءات الضبط الإداري ، حيث يتم مراجعة القرار المتظلم منه و التأكد من أن ضمانات المواجهة قد تمت مراعاتها، و حق الدفاع قد تمت كفالته .

و الضبط الإداري وفقا لما سلف، يختلف عن الضبط القضائي من حيث الطبيعة القانونية لكل منهما ،و من حيث تبعية سلطاتهما، و من حيث غايتهما، و من حيث مسئولية الدولة عن إجراءاتهما. فمن حيث الطبيعة القانونية : يتسم الضبط الإداري بالطابع الوقائي حيث يقتصر دوره على منع الإخلال بالنظام العام و وقائية مما يلحق به من اضطراب ، في حين يتسم الضبط القضائي بالطابع العلاجي حيث يتم ممارسة نشاط علاجي قمعي يهدف إلى إثبات وقوع الجريمة و جمع أدلتها و تسليم الجاني للعدالة لتوقيع العقوبة المقررة قانونا .

[1] د. أمين مصطفى محمد، النظرية العامة لقانون العقوبات الإداري، الإسكندرية: دار المطبوعات الجامعية ،سنة 2009 ، ص 284
[2] المرجع السابق، ص 298

و من حيث تبعية سلطاتهما : فالضبط الإداري يتبع السلطة الإدارية، في حين يتبع الضبط القضائي السلطة القضائية ، و من حيث غايتهما : فإن الضبط الإداري ينصب على منع وقوع الفعل المكون للجريمة، كمكافحة التلوث و حماية عناصر البيئة الصالحة في المجال البيئي، أو المحافظة على النظام العام في المجتمع ، في حين أن الضبط القضائي ينصب في قمع المخالف عن طريق تقديمه للمحاكمة الجنائية .

و من حيث مسئولية الدولة عن الأضرار الناشئة عن إجراءاتها : فإن الدولة تسأل عن القرارات و الأوامر الضبطية الصادرة وفقا لسلطات الضبط الإداري و التعويض عنها إذا كان الخطأ جسيما، في حين لا تسأل الدولة عن الأضرار الناشئة عن العمل القضائي،[1] و مما سبق يتضح اختلاف نطاق كل من الضبط الإداري عن الضبط القضائي حيث تم إيضاح كل منهما عن طريق المقارنة بينهما ، و الضبط الإداري و الضبط القضائي متكاملان في حالة البيئة .

و يقع على مأموري الضبط القضائي في اختصاصاتهم القضائية و هي ضبط الجرائم البيئية و التوصل إلى مرتكبيها و إحالتهم إلى المحاكمة لنيل الجزاء المستحق عن تلويثهم البيئة ، و لذا فإنه يتوجب عليهم أن يكونوا من أصحاب الخبرات و المؤهلات المناسبة التي تمكنهم من أداء أعمالهم في نطاق القانون و المشروعية، بمعنى أن تكون لديهم الخبرات العلمية في مجال عملهم، بالإضافة إلى الخبرات القانونية في مجال البيئة، و لديهم كافة المعلومات عن القانون و اللائحة و القرارات التي يقوسون بتنفيذها .

و غني عن البيان ، أن مأموري الضبط القضائي بصفتهم القضائية لهم أيضا حقوق الضبط الإداري من القيام بأعمال الرقابة و التفتيش على المنشآت و الأماكن و غيرها مما ذكره القانون على النحو السالف ذكره عند التحدث عن الضبط الإداري ، فإن كشف التفتيش عن جريمة أو جرائم يتم إتباع الإجراءات المنصوص عليها في المادة "22" من قانون البيئة ووفق ما سبق ذكره .

[1] نواف كنعان مرجع سابق، ص 80

و من نافلة القول أنه يحق لمأمور الضبط القضائي الدخول إلى أماكن العمل المختلفة ـ أو أي مكان آخر نص في القانون أو اللائحة على متابعة و مراقبة أنشطته ـ بدون إذن صاحب العمل و عليه القيام بالاطلاع على السجلات و البيانات المتواجدة بمكان العمل، و الذي نص القانون على ضرورة تواجدها ، و أخذ العينات لعمل الفحوصات اللازمة التي تمكنه من التأكد من صلاحية و كفاءة بيئة العمل و الالتزام بحدود الانبعاثات أو التصريفات، و عدم وجود أضرار تؤثر على سلامة العاملين أو تؤثر على سلامة البيئة الخارجية .

و يجب على مأموري الضبط القضائي أيضا أن يثبت الجرائم البيئية التي يتوصل إليها بشكل قانوني سليم، و أن يقوم بأخذ العينات و القياسات بطريقة قانونية صحيحة لإجراء التحاليل عليها بالطريقة التي بينها القانون و اللائحة و القرارات التنفيذية ، ويتم توضيح كل ذلك في المحضر الذي يحرره مأمور الضبط القضائي مبينا الوقت و المكان و الحاضرون ، ومثبتا اسمه و صفته و بيانات المنشأة المخالفة بشكل كامل واضح يشمل بيان المسئول عن المخالفة والتوصيف الوظيفي له، وموقعه في إدارة المنشأة، والموقع – القسم - التي تمت فيه المخالفة ، و ما قدم إليه من مستندات و صورة ضوئية لما اطلع عليه من مستندات و صور فوتوغرافية و أن يتم إرسال كل ذلك إلى جهاز شئون البيئة الذي يقوم بدوره وحسب الإجراءات التي نص عليها قانون البيئة بإرسال خطاب إلى الجهة المختصة للتنبيه على المسئول عن المنشأة لتصحيح المخالفة البيئية ، أما إذا كان التفتيش الذي أجراه مأمور الضبط القضائي هو التفتيش الثاني بعد التنبيه على المسئول عن المنشأة لتصحيح المخالفة ، وانقضت مدة الشهرين، و لم يتم تصحيح المخالفة فيكون لجهاز شئون البيئة في حال تصحيح المخالفة هو حفظ الأوراق ، أما في حال عدم التصحيح يتم إرسال الأوراق للنيابة العامة لاتخاذ شئونها في إحالة المتهم للمحاكمة الجنائية .

## الفرع الثاني : الضبط القضائي و حماية البيئة فى القانون المصري

يقوم مفتشو الجهات الإدارية المختصة ـ مثل موظفي وزارة الري مثلا فى حالة المخالفات المتعلقة بتلويث مياه نهر النيل و المجاري المائية و كذلك مفتشو جهاز شئون البيئة ـ ممن لهم صفة الضبطية القضائية فيما يتعلق بمجالات البيئة إخطار جهاتهم بأي مخالفة لأحكام قانون البيئة ، وتتولى الجهات المختصة اتخاذ الإجراءات القانونية اللازمة[1]،و عليه فإن مأمور الضبط القضائي عند ممارسته لوظيفته فى الضبط القضائي للجرائم و المخالفات البيئية لا يقوم مباشرة بإبلاغ النيابة العامة بالمخالفة عن طريق إرسال المحضر الذي قام بتحريره و الأوراق إليها ، و إنما عليه الرجوع لجهاز شئون البيئة باعتباره الجهة التي حددها القانون باتخاذ الإجراءات القانونية المناسبة .

وللجهة - الإدارية المختصة - تحديد أن المخالفة تدخل فى إطار إجراءات الضبط الإداري أو إطار إجراءات الضبط القضائي فإن كان قد تم تحرير مخالفة سابقة و تم منح المنشأة عن طريق الجهة الإدارية المختصة مهلة ستين يوما للتصحيح و لم يتم التصحيح يكون لجهاز شئون البيئة منح مهله إضافية أخري ، أو اتخاذ ما يراه من إجراءات ضبط قضائي عن طريق إحالة الأوراق للنيابة العامة لاتخاذ شئونها لإحالة المتهم للمحاكمة الجنائية ، أو اتخاذ إجراءات ضبط إدارية قاسية نحو وقف النشاط المخالف ،أو وقف مصادر التلويث فى الحال أو اتخاذ إجراءات أقل قسوة من قبيل إعطاء المنشأة مهلة أخرى للتصحيح أو القيام بالتصحيح من قبل الجهاز على نفقة المنشأة وفق ما نصت عليه المادة "22" من قانون البيئة رقم 4 لسنة 1994 ، و ذلك حماية لمسيرة التنمية المستدامة التي يجب أن تسير بالتوازي مع حماية البيئة دون أن تطغى حماية البيئة على التنمية و تعطلها ،ودون الاهتمام بالتنمية الاقتصادية فقط على حساب البيئة فتدمرها، و ذلك على نحو أسلفته الدراسة فى بداية هذا الفصل .

[1] المادة 104 من قانون البيئة رقم 4 لسنة 1994

و في الحالة سالفة الذكر إن لم يتم التصحيح- من قبل المنشأة التي تخالف قانون البيئة مخالفة يمكن تصحيحها- في المدة المحددة من الجهة المختصة ، يكون للجهاز اتخاذ الإجراءات القانونية بإرسال تقرير التفتيش الأول و تقرير التفتيش الثاني و محضر يتم تحريره بالمخالفة و إجراءاتها على النحو السالف ذكره و ترسل الأوراق و ما يرفق بها من مستندات إلى النيابة العامة لاتخاذ شئونها فى التحقيق و الاتهام و الإحالة إلى المحاكمة الجنائية لمعاقبة من قام بالمخالفة البيئية و لم يقم بالتصحيح فى المهلة المحددة أو من قام بالمخالفة البيئية الجسيمة التي يتعذر تصحيحها وفق ما يراه الجهاز من سلطة تقديرية منحت له بموجب القانون . و لذا يتعين التأكيد أن حالتي الإحالة للنيابة العامة من جهاز شئون البيئة بصفته ضبطية قضائية تقتصر على حالتين ، الأولى : هي عدم التصحيح فى المهلة المحددة وفقا للمادة "22" من قانون البيئة فى المخالفات البيئية التي يجوز التصحيح فيها. والحالة الثانية : هي حالة المخالفات الجسيمة[1] التي تستعص على التصحيح و تحدث خللا كبيرا بالبيئة يكون من الصعب تصحيحه وفق ما يقرره جهاز شئون البيئة.

و عند إحالة المخالفة ( الجريمة البيئية ) إلى النيابة العامة من هنا يمكن لمرتكبي المخالفة التصالح مع جهاز شئون البيئة ، وتنقض الدعوى بالتصالح وفق للمادة "18" من قانون الإجراءات الجنائية و تجدر الإشارة إلى أن نص المادة " 103 " من قانون البيئة التي تقرر، أن لكل مواطن أو جمعية معنية بحماية البيئة الحق فى التبليغ عن أية مخالفة لأحكام قانون البيئة ، يقتصر فقط على مجرد التبليغ كما ورد فى المادة المذكورة و يكون هذا التبليغ إلى أي من الجهات الرسمية سواء أكانت مختصة أو غير مختصة ، إذ أن الجهات الغير المختصة إن تلقت البلاغ سيكون عليها إحالته إلى الجهة المختصة للاختصاص، و هذا الحق أيضا كفلته المادة المذكورة للأشخاص، وكفلته أيضا لمنظمات المجتمع المدني المعنية بحماية البيئة و يقتصر فقط على الحق فى الإبلاغ .

[1] المخالفات الجسيمة هي المخالفات التي تستعصى على التصحيح في المهلة القانونية - 60يوم - أو المهلة الإضافية التي حددتها المادة 22 من القانون ، كحدوث تسرب كيميائي أو إشعاعي عالي الخطورة ، أو تلوث كثيف انبعاثات غازية ، أو تصريف نفايات وملوثات بالمجاري المائية بالمخالفة الصارخة للتصاريح.

وتكمل المادة "103" من قانون البيئة سالفة الذكر المادة رقم "56" من اللائحة التنفيذية و التي أجازت لكل مواطن أو جمعية معنية بحماية البيئة اللجوء إلى الأجهزة الإدارية و القضائية بغرض تنفيذ أحكام قانون البيئة و ما ورد بلائحة القانون ، و ألزمت اللائحة وزارة الداخلية بالتنسيق مع جهاز شئون البيئة إنشاء شرطة متخصصة بالوزارة و مديريات الأمن بالمحافظات ، تختص بالعمل على تنفيذ أحكام القوانين و القرارات المتعلقة بحماية البيئة و كذا تلقى الشكاوى و البلاغات التي تقدم فى هذا الشأن ، و اتخاذ الإجراءات القانونية بشأنها .

و هو ما يؤكد ما أسلفناها أن الشكوى و الإبلاغ متعين أن تكون للجهات المختصة و إن تم تقديمها لجهة رسمية غير مختصة يتم إحالتها إلى الجهة المختصة ، و ذلك لأن الحق فى الشكوى مكفول و يعد من الحقوق الدستورية حيث نصت المادة " 63" من الدستور ، أن : لكل فرد حق مخاطبة السلطات العمة كتابة و بتوقيعه ، و لا تكون مخاطبة السلطات العامة باسم الجماعات إلا للهيئات النظامية و الأشخاص الاعتبارية .

لكن الجدير بالمناقشة حقا، هل للأفراد و لمنظمات المجتمع المدني حق وقف القائم بارتكاب الجرائم البيئية و اقتياده إلى أقرب مأمور ضبط قضائي على نحو ما تقرره المادة "37" من قانون الإجراءات الجنائية[1] المتعلقة بالتلبس بالجريمة فى قانون العقوبات ، إن حق الأفراد و منظمات المجتمع المدني المهتمة بحماية البيئة يقف عند حد الشكوى للجهات المختصة و لا يتعداها، و ليس لها إقامة دعوى مبدأه بوقف نشاط صناعي مرخص، و تعتبر الدعوى غير مقبولة لرفعها من غير ذي صفة ، وإن تم رفع أمام القضاء المستعجل بإثبات الحالة[2] يتعين رفضها لرفعها من غير ذي صفة، لأن الجهة المختصة باتخاذ أية إجراءات هي جهاز شئون البيئة، و ذلك سواء أكانت الدعوي كيدية أو صحيحة حتى لا تكون المشروعات التنموية عرضة للتهديد بإقامة الدعاوى القضائية من المواطنين مما يؤثر على مسيرة التنمية المستدامة على النحو السالف ذكره .

[1] وتنص المادة المذكورة علي أن: "لكل من شاهد الجاني متلبسا بجناية أو بجنحة يجوز فيها قانونا الحبس الاحتياطي ، ان يسلمه الى اقرب رجل من رجال السلطة العامة دون احتياج الى أمر بضبطه" .

[2] و يعتبر الطريق الذي رسمه القانون و إن كانت دعوى مستعجلة بإثبات الحالة فإنها تعد غير مقبولة إن تم إقامتها أمام القضاء العادي، وذلك لأن قانون المرافعات أناط الاختصاص بها للقضاء المستعجل فقط

و يثور التساؤل عند إحداث شخص طبيعي أو اعتباري ضررا بالبيئة و نتج عن هـذا الفعـل ضررا بالغير، فهل هذا الفعل يرتب مسئولية عـلى أسـاس القواعـد العامـة في المسـئولية المدنيـة، أم أن هناك أحكام خاصة للمسئولية في نطاق البيئة[1]، و الـرأي الغالـب في الفقـه هـو انـه لـيس هنـاك أحكام خاصـة عـن المضـار الناشـئة عـن الاعتـداءات عـلى البيئـة، و أنهـا تخضـع لأحكـام العامـة للمسئولية المدنية في نطاقها العقدي أو التقصيري

وأن كان هناك بعض الصعوبات العملية في إثبات الخطأ و تقدير الضرر و كذلك إثبات رابطة السببية بينهما[2]،خاصة وأنـه يجـب أن تثبـت المسـئولية ابتـدأ للمسـئول عـن الأضرار وفقـا لقانون البيئة وفي الحدود التي يقررها هذا القانون ، ثم بعـد ذلـك يكـون للمضرـور الاسـتناد إلي هذا الخطأ والضرر الذي تم تقديره والحكم الصادر في القضية البيئية ، وعـلي المضرـور أن يثبـت علاقة السببية بين الخطأ والضرر الذي أصابه شخصيا حتي تكون دعوي التعويض مقبولـة وفقـط عن الأضرار الناجمة عن القضية البيئية التي حركهـا جهـاز شـئون البيئـة ضـد مرتكـب التلويـث، ويستند بعض الفقهاء في ذلك إلي المادة الأولى مـن قـانون البيئـة رقـم 4 لسـنة 1994 أحالـت إلى وجوب مراعاة الأحكام الواردة في القوانين الخاصة وهذه الإحالة تفترض من باب أولى الإحالـة إلى الأحكام أو القواعد العامة للمسئولية و التي لم يجد المشرع لزوما لنص عليها[3].

و قد وجه الفقه النقد إلى قـانون البيئـة رقـم 4 لسـنة 1994 لإغفالـه إمكانيـة انعقـاد مسئولية صاحب النشاط الضار إذا كان نشاطا معتادا و مشروعا و غير مخالف للوائح و القـوانين ، فالقانون لا يعرف فقط إلا المسئولية عن الفعل الخاطئ و المخـالف للقـانون، و النشـاط الضـار بالبيئة إن لم يكن مخالفا للقانون يكون مجردا مـن فكـرة الخطـأ، و بالتـالي مـن إمكانيـة انعقـاد المسئولية على أساس من حدوث الضرر مادامت ليست هناك مخالفة للقانون أو اللوائح [4].و عليه يكون لصاحب المشروع الفكاك من كل مسئولية

---

[1] د.أحمد عبد التواب محمد بهجت ، المسئولية المدنية عن الفعل الضار، القاهرة: دار النهضة العربية ، سنة 2008 ، ص 34

[2] المرجع السابق ص 35

[3] المرجع السابق، ص 36

[4] د. سعيد قنديل، آليات تعويض الأضرار البيئية، القاهرة: دار النهضة العربية، ص 104

استناد إلى دفعه للمسئولية بمشروعية النشاط " الضار" بزعم عدم اقترافه لثمة خطأ باعتبار أن المسئولية هي مسئولية لا تستبعد فكرة الخطأ بل تقوم عليه، و يرى البعض ضرورة توسعة النشاط الضار المولد للمسئولية و لو لم يمثل خرقا للقانون [1].

ومتى توافرت أركان المسئولية المدنية في نطاق البيئة - وفقا لما سلف بأن كان النشاط مخالفا للقانون بمعني أن يكون غير مرخص أ خالف شروط الترخيص - ، هل يجوز للمضرور أن يلجأ إلى القضاء بدعوى مستعجلة بوقف الاعتداء على البيئة أو بدعوى موضوعية بالتعويض عما لحقه من ضرر؟ يلزم لقبول الدعوى توافر شروطها العامة من أهلية تقاضي و أهلية في إقامة الدعوى و مصلحة شخصية و مباشرة و مشروعة، و لا تقبل الدعوى من غير الشخص المضرور، وهو فقط صاحب الحق في التعويض، حيث لا تقبل الدعوى بالتعويض عن مصالح الغير المضار في التلوث البيئي ما لم يوجد نص صريح في القانون يسمح بذلك، و لا يوجد هذا النص في قانون البيئة [2].

حيث أناط القانون بجهاز شئون البيئة القيام بها من إشراف و رقابة و متابعة لكافة المنشآت الصناعية و اتخاذ الإجراءات اللازمة لحماية البيئة مما لا يدع مجالا لأي شخص آخر التدخل فى أعماله عن غير الطريق الشكوى إليه، أو لأي الجهات المختصة أوالجهات الإدارية في الدولة والتي يجب عليها إحالة الشكوى لجهاز شئون البيئة ، أما رفع الأمر مباشرة إلى القضاء من غير الجهاز المذكور، فإنه يكون غير مقبول قانونا و مقام من غير ذي صفة فالحق المكفول للأفراد و منظمات المجتمع المدني كافة هو حق الشكوى للجهات المختصة عند وجود مخالفات بيئية ، وللأفراد الحق بمراجعة الجهاز والسؤال عن ما تم اتخاذه من إجراءات في شكواهم، أو الشكوى إلى الجهات الأعلى أو لوزارة البيئة، أو لغيرها من عدم اتخاذ جهاز شؤون البيئة إجراءات تكفل منع الاعتداء على البيئة.و لجهاز شئون البيئة إتباع ما ينص عليه القانون و اللائحة التنفيذية من إجراءات الرقابة والإشراف و المتابعة لبحث هذه الشكاوى و اتخاذ ما يلزم قانونا فى حالة كونها صحيحة أو حفظها فى حالة كونها كيدية.

---

[1] د. أحمد عبد التواب محمد بهجت، مرجع سابق ص 149

[2] د. نبيلة رسلان ، مرجع سابق ، ص 111

### الفرع الثالث : إجراءات المحاكمة و العقاب فى القضايا البيئية

**أولا :إجراءات المحاكمة**

و قد أوجب القانون نظر قضايا مخالفة أحكام قانون البيئة على وجه الاستعجال[1]، ووفقا لما هو مقرر في المادة "22" يقوم مأمور الضبط القضائي ، بإجراء تفتيش أخر على المنشأة ، ثم يقوم بتحرير محضر يثبت فيه التفتيش الأول على المنشأة ، ويثبت به جميع بياناتها و بيانات القائمين عليها و صفاتهم و يثبت أيضا ما تم فيه من إجراءات و أخذ عينات و تحليلها و نتائج ذلك و أنه تم إعطاء المنشأة المخالفة مهلة للتصحيح عن طريق الجهة الإدارية مانحة الترخيص، و أنه بالتفتيش عليها لم يتم التصحيح وذلك بذات إجراءات التفتيش الأول و يرفق بالأوراق وما يكون قدم من مستندات علي نحو ما أسلفنا.

ويعتبر أخذ العينة إجراء مهما، ولذا أوجب القانون أن يحاط ببعض الضمانات التي تكفل صحة إجراءات الحصول عليها و حفظها بطريقة صحيحة حتى يتم تحليلها و معرفة نتائجها، لأنه لو وقع خطأ في طريقة الحصول عليها أو حفظها سيؤدي إلى نتائج خاطئة تخالف المواصفات و المعايير المحددة ، و قد ينتهي الأمر إما بتقرير مسئولية صاحب المنشأة، و بالتالي تعرضه لجزاءات جنائية و إدارية أو براءته نتيجة للقياسات الخاطئة و للعينة التي أتبع في أخذها إجراءات خاطئة ، و لذا كانت عملية أخذ العينة و تحليلها و معرفة نتائجها يخضع لإجراءات معينة حددتها القرارات المنفذة للقوانين التي تقضي- بها، و هذه الإجراءات يمكن حصرها في عناصر ثلاثة هي: وقت أخذ العينة ، و مكان الحصول عليها، و حجمها، و الجهة المختصة بتحليلها [2] .

و قد اهتم القانون رقم 93 لسنة 1962 في شأن صرف المخلفات السائلة بتحديد المكان الذي يجب أن تؤخذ منه العينة ، وحددت المادة 58 منه أن تكون العينة مماثلة لطبيعة المخلفات السائلة قدر الإمكان و بمكان

---

[1] المادة 84 مكرر من قانون البيئة رقم 4 لسنة 1994، مضافة بالقانون رقم 9 لسنة 2009

[2] د. أمين مصطفى محمد، الحماية الإجرائية للبيئة، الإسكندرية: دار المطبوعات الجامعية، سنة 2010 ص 42

الاتصال النهائي لمخلفات المنشأة و في المكان الذي تصرف عليه إلى المجاري المائية ، و يراعى عند أخذ العينة وضع فوهة الوعاء بعكس اتجاه تيار الماء و لا تؤخذ العينة من السطح و لا من القاع . و في قانون البيئة أيضا نصت المادة "22" من القانون و المادة "17" من اللائحة التي تنص على وجوب الاحتفاظ "بسجل بيئي" يلتزم فيه مع أمور أخرى بتحديد تاريخ و وقت ومكان أخذ العينة .

والأصل طبقا للمادة "2/24" من قانون الإجراءات الجنائية أنه يجب أن تثبت جميع الإجراءات التي يقوم بها مأمور الضبط القضائي في محاضر موقع عليها منهم يبين فيها وقت اتخاذ الإجراءات و مكان حصوله ، و يجب أن تشمل تلك المحاضر زيادة على ما تقدم توقيع الشهود و الخبراء الذين سمعوا ، و ترسل المحاضر إلى النيابة العامة مع الأوراق و الأشياء المضبوطة[1] ". و قانون البيئة رقم 4 لسنة 1994 لم يلزم مأموري الضبط القضائي البيئي- مفتشي- لبيئة ممن لهم حق الضبطية القضائية- بما ألزم به قانون العقوبات مأموري الضبط القضائي فالمادة "104" من قانون البيئة توجب على مفتشي البيئة ذوي الضبطية القضائية فيما يتعلق بالمخالفات البيئية، أن يقوموا بإخطار جهاتهم بأية مخالفة لأحكام القانون ، و تقوم الجهات الإدارية المختصة باتخاذ الإجراءات اللازمة، لأنه وفقا للمادة "22" و كذا المادة " 104 " سالفتي الذكر أن دور مأموري الضبط البيئي يقتصر فقط على تحرير تقارير لإخطار جهاز شئون البيئة وفقط، و ليس تحرير محاضر ضبط و إرسالها إلى جهات التحقيق .و يقوم بإخطار المختصة لمنح المنشأة مهلة ستين يوما لتصحيح مخالفها ، و إذا كانت المخالفة متعلقة بتصريف مخلفات سائلة إلى البحر تكون المدة شهرا وفقا لما تقرره المادة "71" من اللائحة التنفيذية لقانون البيئة .

و تجدر الإشارة إلى أن اللائحة التنفيذية لقانون حماية نهر النيل في المادة "61" منها قد أعطت صاحب الشأن الذي يقوم بصرف المخلفات السائلة المصرح بصرفها على نهر النيل والتي تكون غير مطابقة للمواصفات مهلة ثلاثة شهور، وأعطت اللائحة التنفيذية لقانون البيئة صاحب الشأن الذي يقوم بصرف المخلفات السائلة المصرح بصرفها في البحر و الغير مطابقة للمواصفات مهلة شهر على النحو السالف ذكره ،

---

[1] د. المرجع السابق، ص 52

ويرى البعض أنه لابد من تدخل تشريعي للمساواة في المهلة بين نوعي الصرف [1].

و يتم إحالة الأوراق للنيابة العامة لاتخاذ شئونها في إقامة الجنحة ضد المخالف وفق القيد و الوصف الذي يتناسب مع المخالفات المرتكبة، و تقوم النيابة العامة إن رأت أن هناك محلا لاستيفاء الأوراق بطلب ما قد تراه من إيضاحات و سؤال محرر المحضر و المتهم و من تراه ممن غير هؤلاء و قد تستعين بخبراء بيئيين ترى لزوم الاستنارة برأيهم في الموضوع، ويقدم أي طرف ما قد يرى تقديمه من مستندات. و بعد استيفاء التحقيق و إنهائه تتصرف النيابة في الأوراق حسب مقتضى الحال، و ما يكون قد ثبت لديها من ارتكاب المخالفة لمواد التجريم في قانون البيئة أو قانون حماية نهر النيل على حسب ما تكون المخالفة، ويتم إرسال الأوراق لقسم الشرطة لقيدها برقم جنحة ضد المتسبب في المخالفة .

و تحال القضية إلى المحكمة الجنائية ـ محكمة الجنح أو الجنايات حسب ما تمثله المخالفة ـ التي تتبعها محليا المنشأة التي تم ارتكاب المخالفة فيها، فقد نصت المادة "99" من قانون البيئة بأن تختص بالفصل في الجرائم المشار إليها في هذا القانون المحكمة التي ترتكب في دائرتها الجريمة، وكذلك إذا وقعت من السفن المشار إليها في المادة ( 97 ) داخل البحر الإقليمي لجمهورية مصر العربية أو في المنطقة الاقتصادية الخالصة، وتفصل المحكمة في الدعوى على وجه السرعة، وتختص بالفصل في الجرائم التي ترتكب خارج المنطقتين المشار إليهما في هذه المادة المحكمة الواقع في دائرتها الميناء المسجلة فيه السفينة التي ترفع العلم المصري.

وتعتبر المنشأة مسئولة عن الحقوق المدنية، و يجوز للمحكمة إحالة ملف القضية إلى خبير أو لجنة خبراء لإبداء الرأي في اعتراضات المتهم، وما يكون قد آثاره من نقاط فنية حول تجاوز الحدود الدنيا والقصوى للملوثات أو طريقة القياس أو طريقة أخذ العينات، أو الوقت الذي تم أخذها فيه أو تأثيرات أخرى خارجية على العينات ليس للمنشأة علاقة بها ،

---

[1] المرجع السابق، ص 35، و نحن نرى في ظل تعاظم تلوث نهر مياه النيل على النحو السالف ذكره حظر الصرف على نهر النيل لجميع السوائل الضارة.

وغيرها من الاعتراضات وأوجه الدفاع الموضوعية، و إن رأت المحكمة وجها لإحالة القضية للخبراء لإعداد تقرير حول هذه المسائل يتم إحالتها للخبراء بموجب حكم تمهيدي بحصر المسائل المراد من الخبراء إبداء الرأي فيها .

و عندما تعود الدعوى من الخبراء و يطلع المتهم على التقرير يكون له إبداء دفاعه و ملاحظاته على التقرير، و للمحكمة الكلمة الأخيرة فى تقدير ما توصل إليه التقرير من نتائج وفق ما يقرره القانون ، و ما استقرت عليه محكمة النقض من أنها هي الخبير الأعلى فى ما يطرح عليها من أدلة، ولها الحكم بما يستقر في وجدانها. وإذا انتهت المحكمة إلى براءة المتهم يكون الحكم بها ، و أن انتهت إلى إدانته فتقضي بالإدانة وما يكون مقررا من عقوبات تكميلية أو تبعية إرتئتها المحكمة ونص عليها القانون سواء، أكانت غرامات أم تعويضات، أم إلزام بإعادة الحال إلى ما كان عليه .و إن لم يلق الحكم قبولا لدى المتهم يقوم باستئنافه إن كان صادرا في جنحة جنحة، أو الطعن عليه بالنقض إن كانت جناية ، و يصدر الحكم إما بتأييد حكم محكمة أول درجة أو بالتعديل في العقوبة أو البراءة .

و تجدر الإشارة أيضا إلى أنه قد تقوم النيابة إن رأت أن هناك وجها لاستصدار أمرا جنائيا من رئيس النيابة أو القاضي الجزئي بالغرامة دون أن يتم إحالة المتهم إلى المحاكمة الجنائية فإنها تقوم بذلك وفقا لما يقرره قانون العقوبات [1]، ويتم إعلان المتهم به ويكون له الاعتراض عليه ، أو يقوم

---

1 والمواد المتعلقة بالأمر الجنائي قي قانون العقوبات المصري هي:المادة (323) من قانون العقوبات المصري والمستبدلة بالقانون رقم 74 لسنة 2007:"للنيابة العامة في المخالفات وفي مواد الجنح التي لا يوجب القانون الحكم فيها بعقوبة الحبس أو الغرامة التي يزيد حدها الأدنى على ألف جنيه، إذا رأت أن الجريمة بحسب ظروفها تكفي فيها عقوبة الغرامة التي لا تجاوز الألف جنيه فضلا عن العقوبات التكميلية والتضمينات وما يجب رده والمصاريف أن تطلب من قاضي المحكمة الجزئية التي من اختصاصها نظر الدعوى أن يوقع العقوبة على المتهم بأمر يصدره بناء على محضر جمع الاستدلالات أو أدلة الإثبات الأخرى بغير إجراء تحقيق أو سماع مرافعة. والمادة 323 ( مكررا): مضافة بالقانون رقم 74 لسنة 2007
للقاضي من تلقاء نفسه عند نظر إحدى الجنح المبينة في المادة 323 أن يصدر فيها أمرا جنائيا وذلك إذا تغيب المتهم عن الحضور رغم إعلانه ولم تكن النيابة العامة قد طلبت توقيع أقصى العقوبة.والمادة (324) مستبدلة بالقانون رقم 74 لسنة 2007
لا يقضي في الأمر الجنائي بغير الغرامة التي لا تجاوز ألف جنيه والعقوبات التكميلية والتضمينات وما يجب رده والمصاريف، ويجوز أن يقضي فيه بالبراءة أو برفض الدعوى المدنية أو بوقف تنفيذ العقوبة. والمادة (325)يرفض القاضي إصدار الأمر إذا رأى: أولا: أنه لا يمكن الفصل في الدعوى بحالتها التي هي عليها أو بدون تحقيق أو مرافعة.

بسداد الغرامة التي أمر بها. و يكون للمتهم أيضا فى القضايا البيئية التصالح حتى بعد إقامة الدعوى الجنائية عليه، وفق قواعد التصالح المقررة فى قانون الإجراءات الجنائية، و قواعد جهاز شئون البيئة التي تقتضي تصحيح المخالفات، و يتم تقديم التصالح إلى المحكمة حيث تقضي بانقضاء الدعوى الجنائية بالتصالح .

---

ثانيا: أن الواقعة نظرا لسوابق المتهم أو لأي سبب آخر تستوجب توقيع عقوبة أشد من الغرامة التي يجوز صدور الأمر بها.
ويصدر القاضي قراره بالرفض بتأشيره على الطلب الكتابي المقدم له ولا يجوز الطعن في هذا القرار. ويترتب على قرار الرفض وجوب السير في الدعوى بالطرق العادية. (أحكام محكمة النقض) حالة رفض القاضي الجزئي إصدار الأمر بمعاقبة المتهم والمادة (325 مكررا) مستبدلة بالقانون رقم 74 لسنة 2007:لكل عضو نيابة من درجة وكيل نيابة على الأقل. بالمحكمة التي من اختصاصها نظر الدعوى أن يصدر الأمر الجنائي في الجنح التي لا يوجب القانون الحكم فيها بالحبس أو الغرامة التي يزيد حدها الأدنى على ألف جنيه فضلا عن العقوبات التكميلية والتضمينات وما يجب رده والمصاريف. ولا يجوز أن يؤمر بغير الغرامة التي لا يزيد حدها الأقصى على ألف جنيه والعقوبات التكميلية والتضمينات وما يجب رده والمصاريف ويكون إصدار الأمر الجنائي وجوبياً في المخالفات وفى الجنح المعاقب عليها بالغرامة وحدها والتي لا يزيد حدها الأقصى على خمسمائة جنيه والتي لا يري حفظها. والمادة (326)يجب أن يعين في الأمر فضلا عما قضى به اسم المتهم والواقعة التي عوقب من أجلها ومادة القانون التي طبقت.
ويعلن الأمر إلى المتهم والمدعي بالحقوق المدنية على النموذج الذي يقرره وزير العدل، ويجوز أن يكون الإعلان بواسطة أحد رجال السلطة العامة. والمادة (327) الفقرة الأولى مستبدلة بالقانون رقم 74 لسنة 2007:"للنيابة العامة أن تعلن عدم قبولها للأمر الجنائي الصادر من القاضي ولباقي الخصوم أن يعلنوا عدم قبولهم للأمر الصادر من القاضي أو من النيابة العامة ويكون ذلك بتقرير بقلم كتاب محكمة الجنح خلال عشرة أيام من تاريخ صدور الأمر بالنسبة للنيابة العامة ومن تاريخ إعلانه بالنسبة لباقي الخصوم.ويحدد الكاتب اليوم الذي تنظر فيه الدعوى أمام المحكمة، مع مراعاة المواعيد المقررة في المادة (233) وينبه على المقرر بالحضور في هذا الميعاد، ويكلف باقي الخصوم والشهود بالحضور في هذا الميعاد، ويكلف باقي الخصوم والشهود بالحضور في الميعاد المنصوص عليه في المادة (400). أما إذا لم يحصل اعتراض على الأمر بالطريقة المتقدمة يصبح نهائيا واجب التنفيذ. ولا يكون لما قضى به الأمر في موضوع الدعوى الجنائية حجية أمام المحاكم المدنية. (أحكام محكمة النقض) الأمر الجنائي النهائي مادة (328) الفقرة الثانية ملغاة بالقانون رقم 74 لسنة 2007:"إذا حضر الخصم الذي لم يقبل الأمر الجنائي في الجلسة المحددة، تنظر الدعوى في مواجهته وفقا للإجراءات العادية. أما إذا لم يحضر تعود للأمر قوته، ويصبح نهائيا واجب التنفيذ. (أحكام محكمة النقض) أثر الأمر الجنائي النهائي غي إنهاء الخصومة
مادة (329)إذا تعدد المتهمون وصدر ضدهم أمر جنائي وقرروا عدم قبوله، وحضر بعضهم في اليوم المحدد لنظر الدعوى ولم يحضر البعض الآخر تنظر الدعوى بالطرق المعتادة بالنسبة لمن حضر، ويصبح الأمر نهائيا بالنسبة لمن لم يحضر مادة (330)إذا ادعى المتهم عند التنفيذ عليه أن حقه في عدم قبول الأمر لا يزال قائما لعدم إعلانه بالأمر، أو لغير ذلك من الأسباب أو أن مانعا قهريا منعه من الحضور في الجلسة المحددة لنظر الدعوى، أو إذا حصل إشكال آخر في التنفيذ، يقدم الإشكال إلى القاضي الذي أصدر الأمر ليفصل فيه بغير مرافعة، إلا إذا رأى عدم إمكان الفصل فيه بحالته أو بدون تحقيق أو مرافعة ويحدد يوما لينظر في الإشكال وفقا للإجراءات العادية، ويكلف المتهم وباقي الخصوم بالحضور في اليوم المذكور، فإذا قبل الإشكال تجري المحاكمة وفقا للمادة (328).

## ثانيا: أركان الجريمة البيئية

تشكل أركان الجريمة ـ أية جريمة ـ مجموعة من العناصر يجب أن تتحقق حتى تكون هذه الجريمة قد ارتكبت ، و بمعنى أخر أركان الجريمة:وتتكون من عدة وقائع أو عناصر تكون النموذج القانوني للجريمة وتخلف إحداها يؤدي إلى عدم وقوع الجريمة [1]، وتختلف الأركان العامة للجريمة عن الشروط المفترضة بها ، فبينما يعد توافر الأولى أساس و لازم للوجود القانوني للجريمة، فإن الشروط المفترضة تمثل المقومات اللازمة لتوافر السلوك الإجرامي الذي يتحقق بها الركن المادي للجريمة [2]، فهي تشكل العناصر القانونية السابقة على تنفيذ الجريمة و التي يتوقف عليها و جود أو انتفاء الجريمة طبقا للوصف المقرر فى نص التجريم ، فإذا ما تخلفت هذه الشروط خضعت الواقعة المرتكبة لنص تجريمي أخر لا يستلزم توافر هذه الشروط [3] . مثال واقعة خيانة الأمانة فواقعة الائتمان هي ذاتها واقعة مدنية صرفة ، فضلا عن إنها واقعة قائمة بذاتها عن واقعة الاختلاس و التبديد و سابق عليها فى الترتيب الزمني ، بما لا غني أن شرط التجريم هو شرط تحقيق النموذج القانوني للجريمة على النحو الذي حدده النص القانوني .

و فى إطار التلوث البيئي ، تنطوي الجريمة على سلوك غير مشروع، يمثل اعتداء فى صورة تلويث لعناصر البيئة، حيث تكتمل بذلك عناصر الجريمة، من ركن مادي: وهو الفعل أو الامتناع، و ركن معنوي: و هو العلم و ما يصدر عنه من إرادة ، و يصف البعض الأخر بوجوب توافر ركن شرعي: و يقصد به النص القانوني الذي يجرم الفعل و يقرر العقوبة [4].

لقد اعتبر المشرع المصري أن أي تغيير فى خواص البيئة يعد تلويثا لها دون أن يستعرض طبيعة هذه الخواص أو يتناول تحديدا لها

---

[1] د. حسنين عبيد ، فكرة المصلحة فى قانون العقوبات المحلية و الجنائية القومية المجلد 17 ، العدد الأول ، يوليو سنة 1970 ص 254

[2] د. مأمون سلامة قانون العقوبات، القسم العام القاهرة: دار الفكر العربي، سنة 1990، ص 111

[3] د. عادل الألفي، مرجع سابق، ص 254

[4] د. أحمد شوقي أبو خطوة، جرائم التعريض للخطر، القاهرة: دار النهضة العربية، سنة 1992، ص 149

وأخذت محكمة النقض المصرية بنظرية الإرادة فى تعريفها للقصد الجنائي، فقد قضت بأن[1] : " القصد الجنائي في الجرائم العمدية يقتضي تعمد اقتراف الفعل المادي و يقتضي فوق ذلك تعمد النتيجة المترتبة على الفعل [2] و بالنسبة لجريمة تلويث البيئة العمدية فإنه يكفي توافر القصد العام لقيام الركن المعنوي فيها ، أي يكفي أن يكون الجاني عالما بتوافر أركان الجريمة و أن تتجه إرادته لارتكاب الفعل و تحقيق النتيجة التي تترتب على هذا الفعل دون الحاجة إلى أن تتوجه إلى غاية أبعد من ذلك أو إلى قصد خاص.

أما إذا توجهت النية بالتلويث إلى حد قصد خاص فإن ذلك يؤثر فى التجريم و العقاب و ينتقل به إلى البحث فى توافر نية ارتكاب الجريمة الإرهابية طبقا لنص المادة "86" من قانون العقوبات المصري، فإذا كانت هناك نية من وراء التلويث و الإضرار بالبيئة إلى الإخلال بالنظام العام و تعريض سلامة المجتمع و أمنه للخطر كان القصد الخاص مؤديا إلى عقابه بعقوبة المادة "86" عقوبات والتي تصل بعقوبة الجريمة البيئية إلي الإعدام، أما إذا كان القصد عاما عوقب بموجب أحكام قانون البيئة 4 لسنة1994[3].

ويعتبر القصد المباشر هو الصورة العادية للقصد الجنائي، حيث نتيجة إرادة الجاني إلى الفعل مع توقع النتيجة الإجرامية التي يرغب فى إحداها أو يتوقعها كأثر حتمي لازم لفعله ، فإن الأثر الاحتمالي، هو الذي تتجه فيه إرادة الجاني إلى الفعل مع توقع النتيجة كأثر ممكن لفعله ممكن أن يحدث أو لا يحدث و لكنه يقبل احتمال تحققها فى سبيل تحقيق النتيجة التي يستهدفها بفعله[4]، كما في حال ارتكاب جريمة التلوث النفطي بتفريغ السفن لمياه الصابورة. و الأخذ بالقصد الاحتمالي في نطاق تلويث البيئة يعد فعالا لتوفير الحماية للبيئة ضد الجرائم التي يرتكبها المتخصصون فى المنشآت الصناعية و العلمية و ضد المرخص لهم باستخدام و تداول المواد الخطرة[5].

---

[1] عصام الدين إبراهيم القليوبي ، ملاحظات على مشروع قانون البيئة ، المؤتمر السنوي الأول للقانونين المصريين ـ الجمعية المصرية للاقتصاد السياسي و الإحصاء و التشريع ـ مجموعة أعمال المؤتمر سنة 1992 ص 10

[2] نقض 5 يناير، مجموعة أحكام النقض، س 26، رقم، ص 5

[3] د. ماهر الألفي، مرجع سابق ص 342

[4] أحمد شوقي أبو خطوة ، مرجع سابق ص 319

[5] ماهر الألفي ، مرجع سابق ص 347

وخلاصة نظرية القصد الاحتمالي في الفقه و القضاء في مصر و فرنسا ، أن الجاني يعمل و يريد تحقيق نتيجة إجرامية معينة، و لكن الفعل أدى إلى نتيجة إجرامية أخرى كان الجاني قد توقعها و قبلها ، أو كان في استطاعته أن يتوقعها[1]، والتوقع هو النتيجة الإجرامية التي ينصرف العلم الفعلي، وبدون توقعها لا يقوم القصد الاحتمالي[2]، لأن القصد الجنائي عموما و منه القصد الاحتمالي ظاهرة نفسية، و لا يمكن البحث عنه خارج ضمير شخص الجاني [3]

والخطأ غير العمدي هو صورة الركن المعنوي فى الجرائم غير العمدية، و قد نصت المادة 27 من قانون العقوبات المصري تعريف الخطأ غير العمدي بأنه " تكون الجريمة غير عمديه إذا وقعت النتيجة الإجرامية بسبب خطأ الفاعل ، و يعتبر الخطأ متوافرا سواء توقع الفاعل نتيجة فعله أو امتناعه و حسب أن فى الإمكان اجتنابها" ، و ما ورد فى قانون البيئة المصري من فرض عقاب على ارتكاب جريمة تلويث البيئة على أساس الخطأ غير العمدي في المادة 91/ 1 " فى حالة التفريغ للسفينة أو إتلافها أو عن إهمال، و كذا نص المادة 60 / 1 التي حظرت على الناقلات الإبقاء أو التصريف للمواد الضارة أو النفايات بطريقة إرادية أو غير إرادية مباشرة أو غير مباشرة ينتج عنها ضرر للبيئة ......"

وقد قصد المشرع بعبارة " إرادية أو غير إرادية " أن يكون قد تم ارتكاب جريمة التلويث على أساس العمد أو كانت نتيجة الخطأ غير العمدي ، حيث تعتبر الجريمة غير إرادية حدوث التصريف المحظور رغما عن الجاني[4]، ولم يفرق المشرع المصري فى ذلك بين العمد والخطأ غير العمدي أو القصد و الإهمال، وتبنني قانون البيئة معيار العمل الإرادي و غير الإرادي يفسح المجال أمام عقد المسئولية عن أفعال القوة القاهرة و الحادث الفجائي و التي تعد من قبل الأمور الغير الممكنة و المستحيلة الدفع[5]، هذا فضلا عن أنه يحرم المتهم من الدفاع عن نفسه على أساس

---

[1] د. محمود نجيب حسني، شرح قانون العقوبات ، القسم العام ، القاهرة : سنة 1973 ص 420

[2] المرجع السابق، ص 628

[3] د. عبد الرءوف مهدي، المسئولية الجنائية، مرجع سابق ص 224

[4] د. ماهر الألفي، مرجع سابق

[5] د.عصام الدين القليوبي ، مرجع سابق ص 22

منهما، ويعد إخلالا بحق الدفاع وهو ما يعد مخالفة دستورية على النحو السالف ذكره.

وننتهي من ذلك إلي أن جريمة تلويث البيئة المقررة بموجب قانون البيئة تخلو من تحديد لصورة الركن المعنوي - على خلاف قانون العقوبات - بما يعني المساواة بين العمد و الإهمال في إمكان قيام الجريمة، حيث يقرر المشرع عقوبة واحدة سواء وقعت الجريمة عن عمد أو إهمال [1]، و هو ما يتفق وحسن السياسة التشريعية في هذا المجال فمن غير المعقول أن تؤثر درجة الخطأ في وجود الجريمة البيئية التي تحتاج إلى حماية جنائية فعالة على حد سواء من الانتهاكات العمدية أو الناجمة عن إهمال أو مخالفة لقواعد الحيطة و الحذر[2].

**ثالثا : المسئولية في الجريمة البيئية**

إن المسئولية في مفهومها العام تعني مساءلة الشخص عن فعل أو ترك غير جائز لقاعدة واجبة الاحترام،[3] أما المسؤولية الجنائية فيقصد بها ، صلاحية الجاني لتحمل العقاب المقرر قانونا[4]، ومن المسلم به أن المسئولية الجنائية شخصية، فلا تقع عقوبة الجريمة إلا على من يرتكبها أو يشترك في ارتكابها ، أي على من يتوافر في حقه ركني الجريمة المادي و المعنوي.[5]

إن تحديد الفعل الشخصي الذي يقود إلى تعيين الشخص الطبيعي المسئول عن ارتكاب جريمة تلوث البيئة تعتريه بعض من الصعوبات، و ذلك أن أسباب هذه الجرائم عادة ما تتعدد و تتشابك و تتداخل مع بعضها بحيث يصعب تحديد سبب معين و رئيسي- لها يصلح لتحميل الفاعل المسئولية عن ارتكابها ذات الجرائم بواسطة الإسناد القانوني والذي يعرف بأنه: الطريقة التي تتولى فيها القوانين أو اللوائح تحديد صفة الفاعل أو تعيين شخص ما كفاعل للجريمة أو المسئول عنها جنائيا بغض النظر عن

---

[1] ساوي المشرع المصري في المادة "91" من قانون البيئة بين العمد و الإهمال في تقرير العقوبة

[2] د. عبد الرءوف مهدي ، مرجع سابق، ص 170

[3] د. عبد الحميد عثمان ، المسئولية المدنية عن مضار المواد المشعة ، دراسة مقارنة ، بيروت دار نسر سنة 1993 ، ص 22

[4] محمد حسن الكندري ، مرجع سابق ص 146

[5] د. محمود مصطفى ، الجرائم الاقتصادية في القانون المقارن ، الجزء الأول دار الشعب ، سنة 1963 ، ص112

صلته المادية بفعل التلويث، حيث يستوي ارتكابه لهذا الفعل أو ارتكابه بواسطة شخص أخر، و قد يكون هذا الإسناد صريحا عندما يحدد المشرع شخصية المسئول بالصفة أو بالوظيفة[1]، و قد يكون هذا الإسناد ضمنيا عندما لا يفصح المشرع صراحة عن إرادته في تحديد شخص مسئول و يتم استنباطه منطقيا من النظام القانوني ذاته [2]، و يسند القانون الفعل الإجرامي للشخص الذي اعتبره مخطأ كصاحب المنشأة، أو المدير المسئول عنها، أو ربان السفينة، لأن هذا الشخص يملك السلطة على تنفيذ الالتزامات التي فرضها القانون، و يملك كذلك اتخاذ التدابير و الاحتياطات لمنع حدوث التلوث البيئي .

أما الإسناد المادي: فإن فاعل الجريمة يكون هو من ينفذ العناصر المادية المكونة للجريمة، أو من يمنع عن أداء الالتزام الذي ألقاه على عاتقه القانون فهو الذي يأتي الفعل المادي مباشرة. أما الإسناد الاتفاقي - أو ما يسمى بالإنابة في الاختصاص - أن يتولى صاحب المنشأة أو مديرها تعيين مسئول عن تنفيذ الالتزامات المنصوص عليها ، و من ثم يتحمل المسئولية الجنائية عن كافة المخالفات البيئية التي ترتكب بمناسبة الأنشطة التي تمارسها المنشأة .

و قد وجهت العديد من الانتقادات لكل من الإسناد القانوني و الإسناد الإتفاقي على أساس من أن مرتكب الجريمة الفعلي هو الذي يتوجب أن يتحمل عقوبتها ، و لكن تعقيدات القضايا البيئية و صعوبة إثباتها فرضت أن يتوسع المشرع و من روائه القضاء في مفاهيم الإسناد، لتشمل كل من يعتبر مسئولا عنها فعلا أو مساهمة، رغبة في توفير حماية فعالة للبيئة[3].

و يرى جانب مهم من الفقه الجنائي أن إقرار مسئولية صاحب العمل أو المسئول عموما عن جرائم التلويث البيئي التي يرتكبها المرؤوس عمدا لا يستقيم والقواعد العامة، إذ لا يمكن عقاب شخص عن جريمة و لم يتوافر الركن المعنوي الذي يتطلبه القانون لارتكابها ، و لذا فإن ما ورد في قانون البيئة رقم 4 لسنة 1994 من نصوص تعاقب صاحب العمل و المدير المسئول علي مخالفات المرؤوسين لقانون البيئة تتعارض مع نص المادة

---

[1] د. عبد الرءوف مهدي، المرجع السابق ص 357

[2] المرجع السابق، ص 358

[3] د. ماهر الألفي، مرجع سابق، ص 378

"66" من الدستور الذي يقرر شخصية العقوبة و بالتالي شخصية الجريمة ، و هو مخالف أيضا لما استقر عليه أحكام المحكمة الدستورية العليا[1]، الأمر الذي يرى معه البعض تلافيا لذلك أن يتم تقرير المسئولية الجنائية للشخص المعنوي صراحة، بدلا من إقرار المسئولية عن فعل الغير و هو ما أثار خلافا كبيرا في الفقه الجنائي بين مؤيد لذلك و معارض له[2].

و العلم بالجريمة ينصرف إلى الركن المادي و ركن المشروعية ،أي علم بالوقائع التي تشكل العمل المكون للجريمة ، و علم بالتكييف الذي يسبغه القانون على هذه الوقائع ، و السائد في الفقه و القضاء المصريين هو أن جميع الجرائم العمدية تتطلب قصدا جنائيا تتجه فيه الإرادة إلى نتيجة ، و لا عقاب على الخطأ غير العمدي إلا بنص صريح. ويري جانب من الفقه أنه يمكن تفسير كل جريمة يرتكبها العامل الواقع تحت الإشراف على أنها تقصير في واجب الإشراف ،فهو خطأ يتكون من مخاطر لصيقة بالوظيفة.

تقوم العديد من التشريعات الخاصة بافتراض الإثم الجنائي-الركن المعنوي - تشريعيا، حيث تم افتراض مسئولية مديري المحلات و المشروعات عما يقع من تابعيهم من مخالفات لنصوص القوانين التي تنظم أنشطهم، و من ذلك المادة "58" من المرسوم بقانون 95 لسنة 1945 الخاص بشئون التموين [3].ومن هذه التشريعات أيضا المادة "38" من القانون رقم 371 لسنة 1956 بشأن الأندية و التي تقضى بأن عضو مجلس الإدارة

---

[1] و يؤكد ذلك ما قضت به المحكمة الدستورية العليا من أن :الدستور إذ نص في المادة 66 على أنه لا جريمة و لا عقوبة إلا بناء على قانون ، قد دل على أن الأصل هو أن تتولى السلطة التشريعية بنفسها ـ و من خلال قانون بالمعنى الضيق تقره وفقا للدستور تحديد الجرائم و بيان عقوبتها. و ليس لها أن تتخلى كلية عن ولايتها هذه ، بأن تعهد بها بأكملها إلى السلطة التنفيذية، و إن كان يكفيها وفقا لنص المادة 66 من الدستور أن تحدد إطارا عاما لشروط التجريم و ما يقارنها من جزاء، لتفصيل السلطة التنفيذية بعض جوانبها ، فلا يعتبر تدخلها عندئذ في المجال العقابي إلا وفقا للشروط و الأوضاع التي نظمها القانون ، بما مؤداه أن النصوص القانونية وحدها ـ بعموميتها و انتفاء شخصيتها La portee general et impersonnelleهي التي يدور التجريم معها ، و لا يتصور أن ينشأ بعيدا عنها . و لا يعني ذلك أن للسلطة التنفيذية مجالا محجوزا تنفرد فيه بتنظيم أوضاع التجريم ، فما زال دورها تابعا للسلطة التشريعية ، و محددا على ضوء قوانينها ، فلا تتولاه بمبادرة منها لا سند لها من قانون قائم: مجموعة الأحكام : الطعن رقم 24 لسنة 18 ق دستورية عليا ـ جلسة 1997/7/5 .

[2] د. حمد محمد مقبل، المسئولية الجنائية للشخص المعنوي ، دراسة مقارنة ، القاهرة ، دار النهضة العربية سنة 2005 ص 214

[3] د. أحمد عوض بلال، المذهب الموضوعي و تقليص الركن المعنوي، القاهرة : دار النهضة العربية، سنة 1988 ص 252

المنتدب لإدارة النادي أو مديره المعين، يكون مسئولا عن كل مخالفة لأحكام هذا القانون، و المادة "16" من القانون رقم 97 لسنة 1976 بشأن الرقابة على النقض و التي تنص على أن يكون المسئول عن الجريمة في حالة صدورها عن شخص اعتباري، هو مرتكب الجريمة مع موظفي ذلك الشخص الاعتباري، و المادة "120" / 2 من قانون الجمارك رقم 66 لسنة 1963 و التي تنص على مسئولية أصحاب البضائع على جميع أعمال مستخدميهم و عن أعمال مخلصيهم الجمركية المتعلقة بإعداد البيانات و الإجراءات الجمركية[1] .. الخ .

وفى جريمة إعاقة ممارسة مفتشي العمل، أدان القضاء الفرنسي رئيس مشروع تغيب عن موقع العمل و لم يستطيع عماله تقديم المستندات التي طلبها رجال التفتيش، استنادا على أن من و اجب رب العمل أن يتخذ كافة التدابير اللازمة التي من شأنها ـ حتى أثناء غيابه ـ إعمال حكم النصوص القانونية أو اللائحية التي تسمح لمفتشي العمل بالإطلاع على السجلات و الأوراق المختلفة التي يتعين إمساكها، ومما سبق يتضح إمكان قيام جريمة عمديه علي مجرد الإهمال، وكان الباعث علي ذلك هو صعوبة اثبت القصد الجنائي[2].

و في ذلك قضت محكمة النقض الفرنسية بأن: " إذا كان الأصل أنه لا توقع عقوبة على شخص إلا بناء على فعله الشخصي ، فإن المسئولية الجنائية يمكن أن تتولى مع ذلك عن فعل الغير فى الحالات الاستثنائية التي تفترض فيها بعض النصوص القانونية واجب القيام بعمل مباشر بالرقابة على أفعال أحد المساعدين أو التابعين خاصة فى الصناعات الخاضعة للوائح الصادرة من أجل سلامة الصحة أو الأمن العام ، فالمسئولية الجنائية تقع أساسا على رؤساء المنشآت الذين تفرض عليهم شخصيا شروط و طرق استغلال صناعتهم "[3] .

[1] المرجع السابق، ص 254
[2] مشار إليه في ، د. أحمد عوض بلال، المذهب الموضوعي و تقليص الركن المعنوي، القاهرة : دار النهضة العربية، سنة 1988 ص
[3] نقض فرنسي 28 فبراير 1956 930 /11 J. C.P.1956

و قد اعتد القضاء الجنائي الفرنسي بسلطة الإدارة الفعلية، و ليس بسلطتها القانونية ، فحكم بأن المدير هو الرئيس المباشر و الفعلي للمنشأة أو المؤسسة التي وقعت فيها الجريمة و هو الذي له الاختصاص و السلطة الضرورية للسهر على تطبيق القانون[1]، و قد شايع القضاء المصري القضاء الفرنسي في ذلك الاتجاه ، حيث قضت محكمة النقض:" يستوي في نطاق المسئولية أن يكون متولي المحل مديرا بنص العقد، أو قائمة بإداراته بالفعل، و من ثم فلا جدوى مما يثيره الطاعن في طعنه من انحصار الإدارة عنه بنص العقد ما دامت ثابتة له بحكم الواقع الذي لم يجحده "[2] .

و قد قضت محكمة النقض أيضا:" لا تتحقق مسئولية المدير عن ما يقع في جرائم بالمخبز إلا إذا ثبت في حقه أولا فعل الإدارة، حتى يعتبر إشرافه على المخبز تبعا لما يعطيه من أوامر و لو كان غائبا، متى كان غيابه باختياره و رضاه ، أما إذا كان غيابه بسبب المرض و هو من الأعذار القهرية التي تحول دون مباشرة فعل الإدارة و استمرار الإشراف على المخبز، فإن صلته بإدارة المخبز تكون منقطعة، و بالتالي تنتفي أصلا مسئوليته بصفته مديرا "[3]

و يتضح مما تقدم أن المسئولية الجنائية تقع على عاتق المسئول عن احترام القواعد الخاصة بالصناعة و أمن و صحة العمال، و حماية البيئة بصفة عامة و هو مدير المشروع الاقتصادي لما له من سلطة على العاملين ، و مع التطور الاقتصادي و تضخم الشركات الرأسمالية و التي أصبحت سلطة القرار فيها في يد جمعيتها العمومية التي تنيب عنها مديرين في إدارة شؤونها و هؤلاء لهم مراكز مسيطرة، و لذا فقد اعتبرهم القضاء - أو من ينوبون عنهم - هم المسئولون جنائيا عن مخالفة القانون و اللوائح ، و مع أن الإنابة البسيطة لمديري الإدارات أو رؤساء الأقسام لا يمكن أن تمنحهم في الواقع السلطات اللازمة لإنفاذ و احترام اللوائح و القوانين إذ يؤدي مراعاة الانسجام في معظم الشركات بين الإدارات المختلفة إلى التفاعل عن مسائل احترام البيئة و غيرها من المسائل المتعلقة بصحة العاملين و أمنهم ، إلا أنه يبقى بعد إدانة المدير الموكل إليه سلطات احترام قوانين البيئة أو

[1] نقض فرنسي 28 يونيو 1902 ، 30 / 10/ 1942 \ 2081 -11 - 1942 . J.C.P
[2] الطعن رقم 1199 لسنة 38 ق جلسة 1968/6/24
[3] الطعن رقم 1632 لسنة 38 ق جلسة 1968/11/11

العمل أو خلافه، إن الشركة تظل مسئولة عن الحقوق المدنية و العقوبات المالية .

و قد قضت محكمة النقض الفرنسية بأن:" القانون يستبعد بوضوح فكرة تركيز المسئوليات الجنائية على رئيس المنشأة، فالقانون لا يمكن له إلا أن يضع المسئولية الجنائية لكل جريمة حسبما وقعت على الرئيس المباشر و الفعلي للإدارة التي وقعت فيها ، فإذا كان رئيس المنشأة يسأل جنائيا بوصفه فاعلا للمخالفات المرتكبة في أجزاء المنشأة التي يديرها مباشرة، فان المسئولية الجنائية عن المخالفات التي تقع في أقسام المنشأة التي أناب فيها غيره من المديرين أو الرؤساء أو التابعين لإدارتها، تقع بنفس الصفة على هؤلاء الذين يمثلونه كرؤساء مباشرين والمزودين بالاختصاص والسلطة الضرورية للسهر الفعال على مراعاة تطبيق القوانين[1].

و هناك بعض الجدل القانوني أيضا أمام القضاء و يثير دفوعا بعدم دستورية بعض مواده التي افترضت المسئولية الجنائية[2] لصاحب المنشأة أو المدير المسئول و قد استقرت أحكام محكمة النقض على أنه: "عدم مساءلة الشخص شريكا كان أو فاعلا إلا بقيامه بالفعل أو الامتناع المجرم قانونا، افتراض المسئولية استثناء يجب قصره فقط على الحدود التي نص عليها القانون "[3].

والسائد في فقه قانون العقوبات العام هو عدم مسئولية الأشخاص المعنوية جنائيا، و قد تابع القضاء هذا الاتجاه بعدم تقرير تلك المسئولية للأشخاص المعنوية، ولذلك لعدم إمكان إثبات الركن المعنوي للجريمة في

---

[1] نقض فرنسي مجلة القانون الجنائي و علم الجريمة 1950 ص 195 J.C/P. 1953 , 11, 10696 Bis, n . Meurisse
مشار إليه في د. عبد الرءوف مهدي ، مرجع سابق ص 411 J.C.P. 1953, 11 , 13068

[2] يلاحظ أن افتراض المسئولية قد أخذ به القانون المصري وأيدت محكمة النقض تطبيقاته حيث قضت محكمة النقض بأنه :" إذ من المقرر أن المادة الثانية من القانون رقم 48 لسنة 1940 بشأن الغش و التدليس و تعديلاته ، نصت على أن العلم بالغش و الفساد يفترض إذا كان المخالف من المشتغلين بالتجارة أو من الباعة الجائلين ، ما لم يثبت حسن نيته و مصدر المواد موضوع الجريمة ، و لا على المحكمة إذا هي لم تتحدث عن ركن العلم و إثبات توافره لدى الطاغي مادام من المشتغلين بالتجارة (نقض جنائي : القضية رقم 156 لسنة 51 ق جلسة 1981/5/25)

[3] الطعن رقم 8237 لسنة 61 ق جلسة 19/ 1/1993

حق الشخص المعنوي، لأن الشخص الذي له إرادة هو الشخص الآدمي[1]، إلا أن إمكانية توقيع عقوبات احترازية فى حق الشخص المعنوي مثل غلق المنشاة، و المصادرة، و وقف النشاط ، و الغرامات المالية و نشر هذه الأحكام أعطت الإمكانية لمعاقبة الشخص المعنوي، و قد اعترض بعض فقهاء القانون على ذلك لأنه يتعارض و مبدأ شخصية العقوبة، إذ سيتحمل جزء من العقوبة بعض المساهمين الأبرياء، و كذا العاملين فى الشركة[2]" -الشخص المعنوي-.

و قد تم الرد على ذلك بأن جميع العقوبات لها آثارها غير المباشرة على أفراد آخرين أبرياء من ارتكاب الجريمة مثل أقارب المحكوم عليهم. و لذا كانت هناك حاجة إلى تقرير المسئولية الجنائية للشخص المعنوي فى إطار بعض الجرائم المعينة و الحديثة نسبيا _الجرائم الاقتصادية [3]و الجرائم البيئية_ . على أساس التدابير الاحترازية و إجراءات الضبط الإداري، وذلك على خلاف الوضع السائد فى قانون العقوبات العام .

فوفقا للأحكام العامة في القصد الجنائي يجب أن يعلم المتهم بماديات الفعل و يجب أيضا أن تتجه إرادته نحو تحقيق النتيجة الإجرامية، بل قد يتطلب المشرع نية خاصة لدى فاعل الجريمة لإثبات مسئولية عنها و عقابه على أساس من ذلك كما أسلفت الدراسة ، و في مجال الإجرام البيئي يشترط المشرع توافر العمد دون تطلب نية خاصة ، فقد يقوم الجاني بإلقاء مواد في مجاري الأنهار دون أن يتوفر نية التلوث لديه ، و ربان السفينة قد يتخلص من المخلفات دون أن يكون لديه نية تلويث الشواطئ أو المياه[4].

بل لم يشترط قانون البيئة - في كثير من الأحيان - النية أساسا، إذ هناك ثمة جرائم غير عمديه يعاقب قانون البيئة عليها و هي المنصوص عليها في المواد 54 / ب و 60 ، 65 ، و قد عاقب المشرع البيئي الشخص المعنوي في الجرائم البيئية بعقوبة جنائية هي الغرامة ، وذلك في المواد 86 ،90 ، 93 على سبيل المثال حتى تهتم هذه الأشخاص بالحفاظ

[1] د. عبد الرءوف مهدي، مرجع سابق، ص 482
[2] يلاحظ أن المادة "22" من قانون البيئة قد قررت عند فرض وقف النشاط انه لا يجب أن تمس ذلك أجور العاملين
[3] المرجع السابق ص 477
[4] أشرف هلال، المرجع السابق ص 43

على البيئة، و لا يتسنى لها الإفلات من العقاب [1]، بعد أن تم عقاب المسئول عن الإدارة الفعلية استنادا إلى إخلاله بواجبات الرقابة و الإشراف .

و في هذا المقام تجدر الإشارة إلي موقف القضاء المصري من الامتناع كسلوك سلبي يتحقق به الركن المادي في جريمة تلويث البيئة من خلال حكم محكمة جنايات بنها في قضية النيابة العامة رقم 9235 لسنة 2000 مركز قليوب و المقيدة برقم 1244 لسنة 2000 كلي جنوب بنها بشان حادث التلوث الإشعاعي بقرية ميت حلفا التابعة لمحافظة القليوبية و التي شغلت الرأي العام ردحا من الزمن و أحدثت قلقا لدى أفراد الشعب المصري [2].

---

[1] المرجع السابق ص 47

[2] حيث جاء حيثيات حكم القضاء أن : البين من استعراض المحكمة لأحكام قانون البيئة أنها ألزمت المتهم و حظرت عليه تداول الجسم المشع المضبوط و غيره من الأجسام التي استوردها أو استبدلها بغير ترخيص من الجهة المختصة ، و أن يتخذ جميع الاحتياطات بما يضمن عدم حدوث أي أضرار بالبيئة ، و الفعل باعتباره صورة للسلوك الإنساني ، و الامتناع هو إحجام شخص عن إتيان فعل إيجابي معين كان الشارع ينتظره منه في ظروف معينة بشرط أن يوجد واجب قانوني يلزم بهذا الفعل ، و أن يكون في استطاعة الممتنع عنه " إرادته " ، و من ثم يقوم الامتناع على عناصر ثلاثة : الإحجام عن إتيان فعل إيجابي معين ، و وجود واجب قانوني يلزم بهذا الفعل ، و استطاعة إدارته و ذلك يعني أن الامتناع هو موقف سلبي بالقياس إلى فعل إيجابي معين يحده القانون بالنظر إلى ظروف معينة ، و يعنى ذلك أن الشارع يعتبر هذه الظروف لتوقعه أن يقدم شخص على فعل إيجابي معين تقتضيه الحماية الواجبة للحقوق ، فان لم يأت هذا الفعل بالذات فهو ممتنع في نظر القانون .و ذلك يستتبع القول بأن الامتناع يستمد أهميته القانونية من الأهمية التي يسبغها القانون علي هذا الفعل الإيجابي ، فالامتناع يفترض إلزاما و هو في لغة القانون يفترض إلزاما قانونيا ، و لا يشترط أن يكون مصدر هذا الواجب نصا في قانون العقوبات او القوانين المكملة له ، إنما يجوز أن يكون مصدره عملا قانونيا كالعقد ، و الامتناع كالفعل الإيجابي سلوك إرادي و يقتضي ذلك أن تكون الإرادة مصدره ، أي أن تتوافر علاقة النسبية بين الإرادة و المسلك السلبي الذي اتخذه الممتنع. و البين من الأدلة التي ساقتها المحكمة تدليلا على هذا المتهم و المتهمين الثاني و الثالث و الخامس و اطمأنت إليها أنهم أخلو بالتزام قانوني فرضه عليهم قانون البيئة ، باعتبارهم قد تداولوا مصدرا ذا نشاط إشعاعي مؤين ، ولم يتخذوا الاحتياطات بما يضمن عدم حدوث أضرار بالبيئة ، فبرغم علمهم بفقد الجسم المشع بقرية ميت حلفا و فشل جهودهم في العثور عليه فلم يحركوا ساكنا اعتمادا على جهودهم الذاتية دون إتباع ما يفرضه عليهم قانون البيئة ، و لم يتخذوا احتياطات تضمن عدم حدوث أضرار بالبيئة رغم علمهم اليقيني بفداحة تلك الأضرار الناجمة عن انبعاث الإشعاعات من ذلك الجسم المؤين ، فقد تحقق في شأن فعلهم و صف الامتناع بعناصره القانونية ، فجاء امتناعهم بموقف سلبي بالقياس إلى فعل إيجابي معين ، و كان امتناعهم منصبا على القيام بفعل إيجابي مفروض عليهم قانونا ، و كان لهذا الامتناع الصفة الإرادية ، فتوافرت علاقات السببية بين إرادتهم و المسلك السلبي الذي اتخذوه ، و جاء امتناعهم أيضا مخالفا لأحكام القانون رقم 59 لسنة 1960 الذي فرض عليه إخطار المكتب التنفيذي المختص بفقد الجسم المشع ، و أنه كان يتعين عليهم عدم مخالفة الالتزامات الواردة في المواد سالفة البيان كذلك في حالة فقد الجسم المشع مما ترتب عليه زيادة النشاط الإشعاعي و وفاة المجني عليهما ......... و إصابة الباقين ، و عليه فان مخالفة هذه الأحكام تعتبر في حد ذاتها عمدا لما يترتب عليها من آثار صدر حكم محكمة جنايات بنها في القضية رقم 1244 لسنة 2000 كلي جنوب بنها بجلسة 17\3\ 2001 قاضيا :

و من المطاعن التي ي يقول بها بعض فقهاء القانون على المادة "69" من قانون البيئة رقم 4 لسنة 1994 ، حيث نعى على هذه المادة أنها، تخالف الأسس و المبادئ الدستورية التي ينبغي مراعاتها في التشريع الجنائي باعتباره يمس الحريات العامة ، لأن الدستور بنصه على أنه لا جريمة و لا عقوبة بغير نص، فإن معنى ذلك أن يكون نص التشريع الجنائي منضبطا و محددا تتوافر له كل المقومات التي يتعين مراعاتها في صياغة عباراته و مدلولاتها وفقا لأصول صياغة النص القانوني الجنائي و لا يخالف الأصل الثابت من أن المتهم يسأل فقط عن فعله و نيته الإجرامية و هو ما لا يتحقق في نص المادة " 69" المذكورة .

و قد قررت المادة المذكورة أيضا عقابا على الأفعال الإرادية والغير إرادية و هو ما يخالف الأسس الدستورية و التشريعية، إذ يرتب المسئولية الجنائية رغم انتفاء الإرادة لدى المتهم مما يهدر الأسس الدستورية و فرض المسئولية الجنائية في حالة انعدام الإرادة سيمنع من الدفع بانتفائها لوجود ضرورة إكراه، و سيكون دفاعه بذلك غير مقبول و هو ما يخالف الأسس الدستورية و القانونية العامة، هذا فضلا عما يثيره النص من أن المخالفة قد تتم بصورة مباشرة أو غير مباشرة و لم يبين النص كيفية ذلك مما يثير الالتباس و الغموض مما يجعل النص المذكور مخالف للأسس العامة للتشريع الجنائي و على الأخص المادة "66" من الدستور و التي تقر" العقوبة شخصية ".

و قد أرست المحكمة الدستورية العليا عدة مبادئ في ذلك منها " أن النصوص القضائية يجب أن يكون تحديدها للأفعال التي أدخلها المشرع في مجال التجريم جليا قاطعا بما مؤداه أن يكون تعريفا قانونيا بالجريمة و تحديدا لعناصرها يكون لازما ، فلا يجوز القياس عليها لإلحاق غيرها بها

---

بمعاقبة المتهم الأول بالأشغال الشاقة سبع سنوات عما أسند إليه و بمعاقبة المتهمين الثاني و الثالث و الخامس بالأشغال الشاقة لمدة ثلاث سنوات عما أسند إليهم ، و بتغريم المتهم الرابع مائتي جنيه عما أسند إليه أولا \ ب ، ثالثا \ أ ـ في قرار الإحالة ـ و براءته فيما عدا ذلك ، و بتغريم المتهم السابع عشرة آلف جنيه ، و بمعاقبة المتهم الثامن بالحبس مع الشغل لمدة سنة واحدة ، و براءة المتهم السادس عما أسند إليه ، و بغلق مقر الشركتين الأولى الخاصة بالمتهم الأول ، و كذا الثانية الخاصة بالمتهم السابع و نزع اللوحات و اللافتات الخاصة بالشركتين ، و مصادرة الأجسام المشعة المضبوطة و نشر الحكم على نفقة المحكوم عليهما الأول و السابع و بإلزام المتهمين جميعا عدا السادس بالمصروفات الجنائية

باعتبار أن الشرعية الجنائية مناطها تلك الأفعال التي أثمها المشرع [1]،و قد نعى البعض على المادة رقم "72" من قانون البيئة التي تجرم التعريف الإرادي و غير الإرادي فى البيئة المائية لممثل الشخص الاعتباري و تعتبره مسئولا عن ما يقع من العاملين بإرادتهم أو غير إرادتهم ، مما يعني إنزال العقاب به فى كل حالة يرتكب فيها أحد العاملين الفعل المجرم و أن تم بطريق غير إرادية أي رغم انتفاء الركن المعنوي للفاعل نفسه .

وهذا لا يستقم قانونا على نحو ما أسلفنا من جهة الاتساق مع الأسس و المبادئ الدستورية للتشريع الجنائي كما أسلفنا ، و أيضا من غير الجائز أن تقوم هذه المسئولية فى المادتين 69 ، 72 على المسئولية الموضوعية، لأن هذه المسئولية تستلزم إثبات للركن المادي و الركن المعنوي بعنصري العلم و الإرادة و هما غير متوافران في النموذج القانوني للجريمة .. و على ما سبق فالمشرع قد أخذ بافتراض المسئولية الجنائية للمدير المسئول فى المادتين 69 ، 72 من قانون البيئة، وعليه فإن المسئولية المفترضة تكون صحيحة إذا ما التزمت بالضوابط الذي قررها حكم المحكمة الدستورية العليا سالف الذكر[2].

وقد اعتبر المشرع المصري في قانون البيئة رقم 4 لسنة 1994 القوة القاهرة مانعا للمسؤولية الجنائية حيث يعد التلويث الناجم عن التفريغ المحظور في البحر أو تسرب المزيج الزيتي ناتجا عن عطب في السفينة أو أحد أجهزتها و لكسر مفاجئ في خط الأنابيب الناقل للمريج الريتي بشرط

---

[1] حكم المحكمة الدستورية بجلسة 1996/2/6 فى الدعوى رقم 33 لسنة 6 قضائية دستورية واستطردت المحكمة: أن افتراض براءة المتهم من التهمة الموجهة إليه يقترن دائما من الناحية الدستورية و لضمان فاعليتها ، بوسائل إجرائية إلزامية تعتبر كذلك وثيقة الصلة بالحق في الدفاع و تتمثل في حق المتهم في مواجهة الأدلة التي قدمتها النيابة العامة إثباتا للجريمة و الحق و حضها بأدلة النص الذي يقدمها و كان النص التشريعي المطعون عليه و عن طريق القرينة القانونية التي افترض بها المسئولية الجنائية قد أخل بهذه الوسائل الإجرائية بأن جعل المتهم مواجها بواقعة القرينة بغير دليل بأن جعله هو المسئول الوحيد عن المخالفات البيئية التي وقعت بالمنشأة ، و مكلفا بنفيها خلافا لأصل البراءة ، أي يثبت أنه ليس المنوط به تنفيذ أحكام قانون البيئة و لائحته التنفيذية ، و أنه ثمة شخص أخر بالمنشأة هو المسئول عن ذلك ، و المشرع يكون قد اسقط عملا كل قيمة قد أسبغها الدستور على هذا الأصل و لذا ينال النص المطعون فيه من مبدأ الفعل بين السلطتين التشريعية و القضائية و بين الحرية الشخصية و يناقض افتراض البراءة و يخل بضوابط المحاكمة المنصفة و ما تشتمل عليه من ضمان الحق في الدفاع و من ثم يكون مخالفا لأحكام المواد 41 ،67، 69، 86، 165 من الدستور ."

[2] حكم المحكمة الدستورية العليا في القضية رقم 13 لسنة 12 قضائية دستورية جلسة 1992/2/2 و أيضا الحكم في القضية رقم 59 لسنة 18 قضائية جلسة 1997/2/1 .

ألا يكون لربان السفينة أو المسئول عنها دخل في حلول القوة القاهرة، و ألا يكون ذلك ناجما عن إهمال في الرقابة أو الصيانة أو اتخاذ التدابير اللازمة للسيطرة على التلوث، و لا يحول امتناع المسئولية بناء على القوة القاهرة دون مسألة المتسبب في التلويث مدنيا عن الآثار الناجمة عنه أو التعويض عن الخسائر أو الإضرار المترتبة على ذلك[1].

ويعد الترخيص الإداري فاصلا بين المشروعية وعدم المشروعية، فإذا وقع الفعل استنادا إلى ترخيص إداري يسمح به و ضمن حدود هذا الترخيص، فإن الفعل يكون مشروعا، و يخرج من دائرة التحريم و العقاب ، أما إذا وقع الفعل في غياب هذا الترخيص فإن الفعل يكون مجرما و يسأل عنه مرتكبه جنائيا ، إذ يعد الفاعل إضافة إلى ارتكابه لجريمة إدارة منشأة بدون ترخيص ، مرتكبا أيضا لجريمة تلوث البيئة حيث يعد مرتكبا لجريمتين و يطبق بشأنه تعدد الجرائم[2].

و قد وسع المشرع المصري من نطاق حالة الضرورة المقررة في المادة "54" من قانون البيئة كمانع للمسئولية الجنائية في جرائم التلوث البحري، عندما أجاز ارتكاب الفعل المحظور سواء لإنقاذ الأرواح أو لتأمين سلامة السفينة ، و ذلك بالمخالفة لما تقرره القواعد العامة في قانون العقوبات و التي قضت حالة الضرورة على الخطر المهدد للنفس فقط ، و ذلك دون الإخلال بالمسئولية البيئية تجاه الأضرار و الآثار الناجمة عن التلوث[3] .

## رابعا : العقوبات المقررة للجرائم البيئية

وقد نص قانون البيئة علي عدم إخلال تطبيق أية عقوبة منصوص عليها فيه بتوقيع أية عقوبة أشد منصوص عليها في قانون أخر[4]، سواء أكان هذا القانون قانون العقوبات أم أي قانون جزائي أخر ينص على فرض عقوبة أشد على الجريمة البيئية المرتكبة و التي قد تخضع لذات القيد و الوصف في القانونين .

---

1 د.عادل ماهر الألفي، مرجع سابق ص 445

2 المرجع السابق، ص461

3 المرجع السابق ص 450

4 مادة 102 من قانون البيئة رقم 4 لسنة 1994

ويقوم النظام العقابي المطبق بشأن جرائم البيئة على دعامتين رئيسيتين، الأولي: جزاءات جنائية و الثانية: جزاءات إدارية و مدنية ، و ينقسم الجزء الجنائي إلى عقوبات سالبة للحرية و عقوبات مالية، و تدابير احترازية . و يعتبر التشريع المصري متمثلا في قانون العقوبات ـ المادة 86 مكرر (أ) منه ـ متفردا في النص على عقوبة الإعدام كجزاء مقرر على ارتكاب الجرائم البيئية إذا كانت ترتكب بغرض الإرهاب لتنفيذ أهداف مرتكبيها .

والعقوبات السالبة للحرية في التشريع المصري هي السجن المؤبد و السجن المشدد[1] أو السجن [2] و الحبس [3] و قد تبنى المشرع المصري اتجاها متشددا في تقرير العقوبات السالبة للحرية في قانون البيئة رقم 4 لسنة 1994 وقرر عقوبات طويلة المدة كجزاء مقرر لبعض جرائم التلويث التي تتميز بأخطارها و أضرارها الشديدة، كذلك التي تقع بمناسبة التعامل مع النفايات الخطرة أو المواد المشعة استشعارا من المشرع بخطورتها و تحسبا من الآثار المترتبة عليها [4].

وتجدر الإشارة إلي أنه قد تصل الجريمة البيئية لحد الجناية التي عقوبتها الإعدام[5] إذا ارتكبت بغرض إرهابي وفق ما نصت عليه المادة 86 من قانون العقوبات كما أسلفنا، أو قد تصل العقوبة إلى السجن مدة لا تزيد عن عشر سنوات إذا ارتكبت عمدا و نشأ عنها إصابة أحد الأشخاص بعاهة مستديمة يستحيل برؤها ، أو إذا تم إصابة ثلاثة أشخاص أو أكثر بهذه

---

[1] المادة 14 من قانون العقوبات

[2] المادة 16 من قانون العقوبات

[3] المادة 18 من قانون العقوبات

[4] د.عادل ماهر الألفي، مرجع سابق ص482

5 **نصت المادة "86"من قانون العقوبات علي أنه** :"يقصد بالإرهاب في تطبيق أحكام هذا القانون كل استخدام للقوة أو العنف أو التهديد أو الترويع ، يلجا إليه الجاني تنفيذا لمشروع اجرامى فردى أو جماعي ، بهدف الإخلال بالنظام العام أو تعريض سلامة المجتمع وأمنه للخطر ، إذا كان من شأن ذلك إيذاء الأشخاص أو إلقاء الرعب بينهم أو تعريض حياتهم أو حرياتهم أو أمنهم للخطر ، أو **إلحاق الضرر بالبيئة** ، أو بالاتصالات أو المواصلات أو بالأموال أو بالمباني أو بالأملاك العامة أو الخاصة أو احتلالها أو الاستيلاء عليها أو منع أو عرقلة ممارسة السلطات العامة أو دور العبادة أو معاهد العلم لإعمالها ، أو تعطيل تطبيق الدستور أو القوانين أو اللوائح ويضاعف الحد الأقصى للعقوبة إذا ارتكب الجريمة تنفيذا لغرض إرهابي ".

العاهة ، بل قد تكون العقوبة الأشغال الشاقة المؤقتة في حالة وفاة إنسان و تكون العقوبة الأشغال الشاقة المؤبدة في حالة وفاة ثلاثة أشخاص[1].

أما العقوبات المالية: فهي العقوبات التي تصيب المحكوم عليه في ذمته المالية دون المساس بجسمه أو حريته أو منزلته الاجتماعية[2]، و تتعدد و تتنوع الغرامات المالية و تعد عقوبتي الغرامة و المصادرة من أهم العقوبات المالية المقررة في مواد التلويث البيئي، و يحكم بالمصادرة كتدبير وقائي وجوبي عندما يتعلق الأمر ببعض الأشياء الخطرة التي يقرر المشرع أن حيازتها و تداولها يعد جريمة لما تمثله على العناصر البيئية في ذاتها[3].

و تمثل التدابير الاحترازية: مجموعة من الإجراءات الفردية القسرية التي تحمل معنى اللوم الأخلاقي تنزلها السلطة العامة بمن يرجح أو يحتمل أنه سيرتكب جريمة تالية ، فيتم فرضها عليه للقضاء على خطورته الإجرامية[4]، و هي تنقسم إلى تدابير احترازية عنيفة و شخصية و يعد جزاء غلق المنشأة من أبرز التدابير الاحترازية العنيفة ، و يقصد بها منع المنشأة من ممارسة النشاط التي تم ارتكاب المخالفة البيئية بمناسبته. و يعد هذا التدبير قويا بدرجة كبيرة للنيل من الأشخاص المعنوية المخالفة.

أما التدابير الاحترازية الشخصية: فهي تدابير وقائية يتعلق موضوعها بشخص المحكوم عليه حيث يتم حرمانه من بعض المزايا و الحقوق، أو النشاط المهني لمدة معينة ، أو نشر الحكم الصادر ضده بالإدانة لإعلام الناس بجرمه ، و قد أخذ قانون البيئة المصري بهذه التدابير في المادة "86" منه .

أما الجزاءات غير الجنائية: فهي تنقسم إلى جزاءات مدنية، و جزاءات إدارية، و الجزاء المدني: هو الأثر المترتب على مخالفة قاعدة قانونية تحمي مصلحة خاصة و يتقرر هذا الجزاء لإزالة آثار المخالفة و قد

---

[1] المادة 95 من قانون البيئة رقم 4 لسنة 1994
[2] د. محمد حسن الكندري ، مرجع سابق، ص 209
[3] د. مأمون سلامة، مرجع سابق، ص 681
[4] محمود نجيب حسني، مرجع سابق، ص634

يكون تنفيذا عينيا أو تنفيذا بمقابل ( التعويض)أو البطلان أو الفسخ [1] و التعويض هو ، دفع مبلغ من المال لمن أصابه ضرر من الفعل المخالف للقانون لإعادة الحال إلى ما قبل وقوع الضرر[2]، و في نطاق التلوث البيئي في القانون المصري لم يتم النص على أحكام خاصة تتولى تنظيم المسئولية ، الأمر الذي يعني إخضاع هذه المسئولية للأحكام العامة الواردة في القانون المدني[3]علي النحو السالف ذكره.

ويتبين أن الأحكام القضائية الصادرة في شأن تطبيق قانون البيئة رقم 4لسنة 1994 فضلا عن ندرتها، لاسيما ما صدر منها عن محكمة النقض ، تفتقر إلى عدم وجود مبادئ قانونية قاطعة في كثير منها، و ربما يعود السبب في ذلك إلي قيام المخالفين بالتصالح في معظم هذه القضايا مع جهاز شئون البيئة ، أويتم الاقتصار في كثير من أحكام الجرائم البيئية على عقوبة الغرامة في حدودها الدنيا ورضاء المخالفين بالحكم الابتدائي و المستأنف وعدم الطعن عليه بالنقض[4]، هذا فضلا عن صعوبة متابعة الأحكام الصادرة – في جميع أنحاء الجمهورية - من هاتين المحكمتين الأخيرتين ونشرها ، ويتعين أن يقوم جهاز شئون البيئة بمتابعة الأحكام البيئية التي تصدر منهما ونشرها سنويا سدا للنقص في الأحكام التي تصدر عن محكمة النقض و لإثراء الفكر القضائي البيئي.

ومن الملاحظ انتشار الجزاءات الإدارية في قانون البيئة كوقف النشاط المخالف، و وقف الترخيص لمدد معددة، أو إلغاء التراخيص في حالة تكرار المخالفات و هذه الجزاءات الإدارية تكون قائمة إلى جوار الجزاءات القضائية رغبة من المشرع في توكيد حماية البيئة بفاعلية و سرعة كبيرة لوقف الاعتداء الحاصل عليه. إلا أن الجزاءات الإدارية نادرة التطبيق أيضا ، ويتوجب أن يتبع في شأنها ما أقترحناه في شأن الأحكام القضائية من وجوب النشر أيضا ، وأن يتم متابعة ما تم الطعن عليه منها

---

[1] د. أحمد محمود سعد، استقرار لقواعد المسئولية المدنية في منازعات التلوث البيئي، القاهرة: دار النهضة العربية، سنة 1994 ص 158

[2] د. فرج صالح الهريش ، جرائم تلويث البيئة ، دراسة مقارنة ، القاهرة : المؤسسة الفنية للنشر سنة 1998 ص 476

[3] د.مرفت محمد البار ودي ، المسئولية الجنائية للاستخدامات السلمية للطاقة النووية ، رسالة دكتوراه ، كلية الحقوق ، جامعة القاهرة ، 1993، ص 491

[4] أشرف هلال ، مرجع سابق ، ص 284

أمام القضاء الاداري ونشر الأحكام الصادرة في هذه القرارات سواء من محكمة القضاء الاداري أو من المحكمة الإدارية العليا.

وتجدر الإشارة إلى أن تشديد العقوبة لبعض مواد التجريم الذي قرره القانون 9 لسنة 2009 ليس بالضرورة هو الوسيلة المثلى فقط للحد من الجرائم البيئية، و إنما يجب أن يراع تناسب العقوبة مع الجريمة المرتكبة، و ضرورات الحفاظ على سلامة المجتمع و البيئة و التنمية في توازن و تناغم لتحقيق الصالح العام .

ومن ناحية أخري نري أنه يتعين البحث عن موارد أخرى لدعم صندوق حماية البيئة عن غير طريق التصالح في المخالفات أو الحكم بالغرامات و الذي لهما أثرهما السلبي على التنمية و التي هي مهمة للتقدم الاجتماعي و الاقتصادي ، دون إنكار أهمية حماية البيئة و الحفاظ على سلامة الحياة و حفظها عن طريق الحفاظ عليهما كليهما و هذا ما تحقق بصحيح تطبيق القانون بمنح المهلة للمنشآت حتى تقوم بالتصحيح، وأن يتم التأكد أن مبالغ التصالح أو الغرامات يتم استخدامها فعلا في حماية وتصح ما خلفه التلوث من أضرار.

# الفصل الثالث

# حماية البيئة الأرضية من التلوث

# في قانون البيئة المصري

تعتبر عملية تدهور البيئة الأرضية عملية معقدة تسببها عوامل مختلفة طبيعية وكيميائية وبيولوجية. ورغم أن تعرية التربة هو عملية طبيعية فإن النشاط البشرى قد زاد كثيرا من حدتها، وتعد الرياح عاملا هاما من عوامل التعرية التي تؤثر في حوالي 35% من مساحة الأراضي فى المنطقة. ويعني تدهور الأرض حدوث تغييرات فى المكونات العضوية والغير عضوية ، بما يخل بالتوازن الطبيعي فيما بينها ، مما يؤدى الى خفض إنتاجيتها، أو فقدها بالكامل[1].

وتلوث التربة يعني إدخال مواد غريبة فيها مما يتسبب في تغيير خواصها الفيزيائية أو الكيميائية أو الحيوية و يكون ذلك بالإفراط في استخدام الكيماويات أو المبيدات أو الفضلات الآدمية غير المعالجة أو المخلفات و نفايات المصانع و النفايات الإشعاعية [2].

ويؤدى تدهور الأرض الى مشكلات بيئية واقتصادية واجتماعية متنوعة، مثل ارتفاع معدلات الهجرة من الريف الى المدينة، حدوث مجاعات فى بعض المناطق (كما يحدث أثناء موجات الجفاف، خاصة فى الدول الأفريقية). إضافة الى هذا، يؤدى تدهور الأرض الى فقد نسبة كبيرة من مخزون الكربون فيها نتيجة حدوث اضطرابات فى الدورة الجيوكيميائية للكربون، مما يؤدى الى زيادة انبعاثات ثاني أكسيد الكربون فى الغلاف الجوى.

---

[1] http://www.sgpgefegypt.org/index.htm مرفق البيئة العالمية، ويديره برنامج الأمم المتحدة الإنمائي

[2] د. على زين العابدين عبد السلام و دكتور محمد عبد المرضي عرفات، تلوث البيئة، القاهرة: الهيئة العامة للكتاب، 1997 ص 183

ويوجد علاقة وثيقة بين تدهور التربة وتغير المناخ المحتمل، ومن ناحية أخرى يؤدى تدهور الأرض الى آثار سلبية متنوعة على التنوع البيولوجي فى المناطق التي يصيبها التدهور. ويسمى تدهور الأرض في المناطق الجافة بالتصحر[1]، والذي يعرف بأنه :" انخفاض أو فقدان الإنتاجية والتنوع البيولوجي للأراضي نتيجة للعوامل الطبيعية أو العمليات الناجمة عن الأنشطة البشرية"، وتعد أفريقيا فى مقدمة المناطق التي تأثرت فيها الأراضي بالتصحر، وهناك شواهد قاطعة على أن الجفاف يؤدى إلى انتشار آفات كالجراد الذي يدمر النباتات مما يزيد الأوضاع سوءا [2]، وقد أكد مؤتمر قمة الأرض فى عام 1992، على ضرورة الاهتمام بمشكلات تدهور الأرض لتحقيق التنمية المستدامة، وفى عام 1994 تم اعتماد الاتفاقية الدولية لمكافحة التصحر.

وفى مصر يرجع تدهور الأرض الى زيادة ملوحة وقلوية التربة ، وتجريف الأرض والتوسع العمراني، تلوث التربة بالكيماويات الزراعية والمخلفات الصناعية، وسوء إدارة الأرض والمياه ، وحركة الكثبان الرملية في المناطق الداخلية من سيناء والصحراء الشرقية. وتعتبر منطقة الصحراء الغربية والوادي الجديد من المناطق الهشة بيئيا، ويرجع تدهور الأرض فيها الى زيادة ملوحة وقلوية التربة فى المناطق المزروعة نتيجة الأساليب الغير ملائمة لاستخدام الأرض والري، وإدخال زراعات غير ملائمة بيئيا الى هذه المناطق[3].

---

[1] وقد ساهمت مصر في إعداد وصياغة الاتفاقية الدولية لمكافحة التصحر وأوفت بجميع التعهدات و الالتزامات التي أقرتها الاتفاقية كما أعدت برنامج العمل الوطني لمكافحة التصحر والذي شارك في إعداده جميع الوزارات المعنية ويتضمن عرضا شاملا لحالة الموارد الطبيعية وأسباب تدهورها ويتضمن هذا البرنامج خمسة عناصر رئيسية : تقييم ومتابعة التصحر وبناء القدرات وتوفير عناصر التدريب اللازمة وإعادة تأهيل أراضى المراعى المتدهورة وإدارتها وصياغة الموارد المائية وتحسين استغلالها و تثبيت الكثبان الرملية والحد من انجراف التربة و الإدارة المتكاملة لمشروعات الري واستخدام مياه الصرف الصحي المعالج في زراعة الغابات الخشبية والتركيز على تحسين الثروة الحيوانية بالمناطق الصحراوية. المرجع السابق.

[2] المرجع السابق

[3] المرجع السابق

إن المساحة الزراعية الحالية لمصر تبلغ «٨.٤» مليون فدان من إجمالي المساحة الكلية وقدرها «٢٣٨» مليون فدان بما يعنى أن نسبة الرقعة الزراعية إلى المساحة الكلية تبلغ ٣.٥٪ فقط وأن المساحة المقررة للزراعات المستدامة تتراوح ما بين ١.٢ و١.٤ مليون فدان، وأن المساحة المحصولية الحولية تتراوح أيضا ما بين ٧ و٧.٢ مليون فدان. أن مصر فقدت خلا الفترة من 1972وحتي 2010 أي خلال ٣٦ عاما أكثر من ٧٥٠ ألف فدان من أجود الأراضي الزراعية الخصبة[1]، حيث تم استخدامها أساسا في البناء عليها لأغراض سكنية أو صناعية، الأمر الذي يوجب ضرورة الحفاظ على ما تبقي من أراض زراعية بشتى الطرق والسعي الدءوب لإضافة مساحات أخري إليها لسد الفجوة الغذائية العميقة في مصر.[2]

هذا فضلا عن وجوب السعي أيضا الى تحسين خواص التربة وحمايتها من التدهور عن طريق تحسين عمليات الصرف فى الأراضي الزراعية (الصرف المغطى وغيره)، ترشيد استخدام مياه الري، إدخال زراعات مقاومة للملوحة فى بعض المناطق، وغير ذلك من مشروعات تهدف الى استخدام الأرض بطريقة مستدامة[3].

وقد وصلت نسب الأراضي الزراعية المصرية التي تعانى من ارتفاع تركيز الأملاح إلى 25% من إجمالي الأراضي الزراعية المصرية وتراكمات هذه الأملاح إضافة إلى ما يصل إلى التربة الزراعية ومعها الحاصلات الزراعية من ملوثات المبيدات والأسمدة ومياه الري المخلوطة بالصرف الصحي والزراعي والصناعي بما يؤثر على صحة المزارعين، ونوعية الحاصلات الزراعية الناتجة التي تؤثر على صحة بقية المواطنين، الأمر الذي يتطلب معالجة هذه الأراضي[4]. وقد أغفل المشرع المصري في

1 وهي تقترب من ذات المساحة الفعلية والمنتجة التي تم استصلاحها في ذات الفترة.

2 المصري اليوم ٢١/ ٦/ ٢٠٠٩

3 http://www.sgpgefegypt.org/index.htm مرجع سابق

4 د.نادر نور الدين، الخسائر المالية من تلوث النيل، الشروق، 2009/11/23

قانون البيئة أمر حماية البيئة الأرضية و حماية خصوبة التربة و ما يؤثر فيها من تجريف أو مخصبات مثلا فلم يورد له تأثيما[1] .

بالإضافة إلى هذا التلوث فقد أوقفت جميع دول العالم المتحضر استخدام مادة اليوريا كسماد للحاصلات الزراعية بسبب تسببها فى تراكمات لمادة كربونات الأمونيوم الضارة والتي تسبب سرطانات أكيدة لكل ما يتناول حاصلات زراعية مسمدة باليوريا، ومازال يتم استخدام اليوريا كسماد بكثافة ، ويتعين العمل علي استخدامها في الأغراض الصناعية لإنتاج البلاستيك بمختلف أنواعه وبما لا يضر بمصانع انتاجها، علي نحو ما ينصح العديد من الباحثين.[2]

إن برامج الإنتاج الصناعي المكثف فى الولايات المتحدة و أوروبا و تنافس الاتحاد السوفيتي السابق معهما فى مجال التقدم الصناعي و التكنولوجي أدى إلى التوسع فى الصناعات دون مراعاة لتلوث الأرض و المياه و الهواء حيث لم يتم العناية بالتخلص السليم من النفايات و فى ظل العولمة، و بعد سقوط الاتحاد السوفيتي انصب الاهتمام فى الشركات على زيادة الأرباح فقط و أصبحت الأضرار البيئية نتيجة ثانوية، و ذلك لاستمرار المنافسة بين الدول المتقدمة و الدول الناهضة فى جنوب شرق آسيا و على رأسها الصين والهند، حيث سعت الدول النامية إلى التقدم الصناعي بكل ما تملك من قوة مولية أهمية حماية البيئة درجة ثانية بعد تقدمها مما زاد فى تلويث البيئة على المستوى الوطني و الدولي، و قد وصل التلوث إلى درجة خطيرة فى الولايات المتحدة حيث يحتوى الدخان على أكاسيد النيتروجين و الكبريت و تلتقطها السحب و تتحول إلى أحماض سائلة ويقترب المطر أحيانا من حموضة الخل ، وينتشر هذا التلوث بدرجات متفاوتة فى بلدان معظم قارات العالم الأخرى .[3]

---

[1] أشرف هلال ،جرائم البيئة بين النظرية و التطبيق، ص 231

[2] المرجع السابق

[3] د.ليزا . ه. نيوتن ،نحو شركات خضراء ، ترجمة إيهاب عبد الرحيم محمد ، الكويت : عالم المعرفة ، العدد 329 ، ص 131

إن البيئة على مستوى العالم تعد في أزمة حقيقية و هذه الأزمة تتسم بالطابع الشامل
إذ أنها تتصل بشكل مباشر و غير مباشر بجميع ميادين النشاط البشري[1]،ففي اقتصاد السوق
يكون المبدأ الراسخ في التعامل مع الموارد الطبيعية هو زيادة الأرباح و التراكم الرأسمالي إلى الحد
الأعلى و تدار كل الأشياء من خلال آليات السوق بصرف النظر عن تخريب البيئة في الدول
النامية[2]

ويؤدي تنامي عمليات التصنيع من جهة و تزايد النمو السكاني من جهة ثانية يؤدي
إلى مشكلات خطيرة قد تؤدي إلي تقويض المستقبل[3]، وقد كان يتعين أن تخلق التنمية الكفاية
والوفرة للجميع في العالم إلا أن ذلك لم يحدث سوى في بعض الدول المتقدمة ولم يكن نصيب
الدول النامية سوى التدهور البيئي و الفقر[4]. فقد رعت الحكومات في دول العالم الثالث
الصناعات شديدة التلوث بغرض جني أرباح طائلة على حساب البيئة و ذلك لأن هذه الصناعات
لم يعد يتم الترخيص بها في الدول الأوربية ، ولذا يتم ترحيلها إلى الدول النامية و السيطرة عليها
في بلادها عن طريق الاستحواذ على المصانع، حيث يتم تصدير المنتج إلى الخارج دون ملوثات
وبتكلفة أقل من تصنيعها في البلاد الأوربية حيث توفر دول العالم الثالث العمالة الرخيصة، و
المواد الخام الرخيصة، كذلك الفساد الذي يسمح بعدم المعاقبة على تلويث البيئة .

ويرى البنك الدولي أن مصر تأتي في المرتبة الأولى في التلوث البيئي بين الدول العربية
وقبل كل من المغرب والجزائر وسوريا ولبنان والأردن وتونس، وأن التلوث البيئي يكلف مصر
خسائر سنوية تقدر بحوالي 14.4 مليار جنيه منها 13 مليار جنيه بسبب تلوث الهواء والتربة
الزراعية والمياه العذبة، والباقي لتلوث السواحل ومعالجة المخلفات[5].

[1] د.مايكل زيمرمان، ترجمة معين شفيق رومية،الفلسفة البيئية ، الكويت :عالم المعرفة،سنة 2006، العدد 332، ج 1 ، ص 9
[2] فاندانا شيفا، مرجع سابق ، ص 53
[3] مايكل زيمرمان، ترجمة معين شفيق رومية ، الفلسفة والبيئة ، الكويت: عالم المعرفة،سنة 2006، العدد 332، ج 1، ص 17
[4] فاندانا شيفا، في مايكل زيمرمان، ترجمة ، معين شفيق رومية ، الفلسفة والبيئة ، الكويت :عالم المعرفة العدد، 332، ج 2، ص 52
[5] د.نادر نور الدين، الخسائر المالية من تلوث النيل، الشروق، 2009/11/23

وقد أورد القانون الصادر بشان حماية البيئة رقم 4 لسنة 1994 و كذا لائحته التنفيذية في بداية الباب الخاص بحماية البيئة الأرضية و الهوائية و المائية عنوان: البيئة و التنمية، و اقتصر القانون و اللائحة فقط على مجرد ذكر كلمة التنمية دون أن يورد أي تعريف لها أو يبين ما هو المقصود منها ، هذا فضلا عن أن تعريف التنمية لم يرد أيضا ضمن التعريفات التي وردت في القانون أو اللائحة في الباب التمهيدي للقانون و الذي عرف العديد من المفاهيم التي وردت به، و لذا تناولت الدراسة العلاقة بين البيئة و التنمية في الفصل التمهيدي منها .

و تجدر الإشارة إلى أن ما قصده القانون بإدراج كلمة التنمية ضمن عنوان حماية البيئة الأرضية و الهوائية و المائية هو حماية البيئة في إطار الحفاظ على التنمية و كل المواد التي وردت بعد هذا العنوان هي المواد التي تعنى بإجراءات حماية البيئة في ظل التنمية بمعناها الشامل، إذ لم تعد التنمية مقتصرة على التنمية الاقتصادية فقط فقد تطور مفهومها من التنمية الاقتصادية إلى التنمية الشاملة، أو التنمية المستدامة، بل إن بروتوكول "كيوتو" عندما تطرق إلى التنمية في إطار تطبيقه قام بتعريفها بالتنمية النظيفة، أي التي لا تحدث آثارا ضارة بالبيئة و تترك البيئة نظيفة من آثار التلوث، وهو مفهوم لا يتعارض مع مفهوم التنمية المستدامة و الذي يعني الحفاظ على البيئة بمواردها الطبيعية حتى تنتفع منها الأجيال القادمة على نحو ما أوردت الدراسة عند تناولها للعلاقة بين البيئة والتنمية .

و ستتناول الدراسة في هذا الفصل حماية البيئة الأرضية من التلوث في مبحثين يتناول المبحث الأول: وسائل و أدوات حماية البيئة من التلوث ، و يتناول المبحث الثاني: حماية البيئة من المواد و النفايات الخطرة .

## المبحث الأول: وسائل وأدوات حماية البيئة الأرضية من التلوث

عرف قانون البيئة المواد والعوامل الملوثة :"أي مواد صلبة أو سائلة أو غازية أو ضوضاء أو إشعاعات أو حرارة أو اهتزازات تنتج بفعل الإنسان، وتؤدى بطريق مباشر أو غير مباشر إلى تلوث البيئة أو تدهورها"[1].

وقد نصت المادة الأولي في بندها التاسع من قرار رئيس مجلس الوزراء رقم 338 لسنة1995 والمضافة بقرار رئيس الوزراء 1741 لسنة 2005 بإصدار اللائحة التنفيذية لقانون البيئة والتي تناولت الأحكام العامة بأن: المقصود بالقمامة والمخلفات الصلبة : بأنها المخلفات الصلبة البلدية وكافة الفضلات الصلبة المتخلفة عن الأفراد والمباني السكنية وغير السكنية كدور الحكومة والمؤسسات والهيئات والشركات والمصانع والمنشآت الفندقية والسياحية والمحال على اختلاف أنواعها والمخيمات والمعسكرات والحظائر والسلخانات والأسواق والأماكن العامة والملاهي وغيرها ووسائل النقل وكذا المخلفات الصلبة الزراعية التي يتخلى عنها أصحابها أو يحرقونها فى غير الأماكن المخصصة لذلك، وحمئة الصرف الصحي ونواتج تطهير المجارى المائية والمخلفات الصلبة الحيوانية والدا جنة والطيور والحيوانات والدواب النافقة وأعقاب السجائر وكل ما يترتب على وضعه فى غير الأماكن المخصصة له أضرار صحية أو نشوب حرائق أو الإخلال بالمظهر الجمالي للمدينة أو القرية أو بنظافتها .

وقد تضمن قانون إصدار قانون البيئة رقم 4 لسنة 1994 عدة قواعد، حيث نص في مادته الأولي، يتوجب مراعاة القواعد والأحكام الواردة فى القوانين الخاصة ،وأنه على المنشآت القائمة وقت صدوره توفيق أوضاعها وفقا لأحكامه ، خلال ثلاث سنوات اعتبارا من تاريخ نشر لائحته التنفيذية ، وبما لا يخل بتطبيق أحكام القانون رقم 48 لسنة 1982 فى شأن حماية نهر النيل والمجارى المائية من التلوث .

[1] المادة الأولي - أحكام عامة - من القانون رقم 4 لسنة 1994 في شأن البيئة، بند 13

وقد ذكر قانون العمل رقم 12 لسنة 2003 في المادة 202 منه، يقصد في تطبيق أحكامه بالمنشأة : كل مشروع أو مرفق يملكه أو يديره شخص من أشخاص القانون العام أو الخاص0 وقد ورد في الباب الثاني قانون العمل رقم 12 لسنة 2003 تحديد مواقع العمل إنشائها وتراخيصها، حيث نصت المادة 204: يراعي عند اختيار مواقع العمل والمنشآت وفروعها ومنح التراخيص الخاصة بها مقتضيات حماية البيئة طبقا لأحكام التشريعات الصادرة في هذا الشأن0 وقد نصت المادة 205من القانون سالف الذكر علي تشكيل لجنة بذلك[1].

وقد عاقبت المادة "256" من قانون العمل كل مـن يخالف أيـا مـن الأحكـام الخاصة بشأن السلامة والصحة المهنية وتأمين بيئة العمل والقرارات الصادرة تنفيـذا لـه بـالحبس مـدة لا تقل عن ثلاثة أشهر وبغرامة لا تقل عن ألف جنيه ولا تجاوز عشرة آلاف جنيه أو بإحدى هاتين العقوبتين، .وتكون عقوبتا الحبس والغرامة المنصوص عليهما في الفقرة السابقة وجـوبيتين إذا ترتب علي الجريمة الوفاة أو الإصابة الجسيمة. وقد نص علي أن تتضاعف الغرامة في حالة العـود، وأن يكون صاحب العمل أو من يمثله عن المنشأة مسئولا بالتضامن مع المحكوم عليه في الوفاء بالعقوبات المالية إذا كانت الجريمة قد وقعت نتيجة إخلاله بأي من الواجبات التي يفرضها عليه هذا القانون .

---

1 مادة 205: تشكل في وزارة الصناعة لجنة مركزية برئاسة رئيس الإدارة المركزية المختصة في هـذه الـوزارة وعضوية كـل مـن رؤسـاء الإدارات المركزية المختصين بوزارات القوي العاملة والهجرة والإسكان والصحة والموارد المائية والري والكهرباء الداخلية وشئون البيئة 0 ويصدر بتشكيل هذه اللجنة قرار من الوزير المختص بالاتفاق مع الوزراء المعنيين، وتختص هذه اللجنة بما يلي :
1-وضع معايير واشتراطات منح تراخيص المحال والمنشآت الصناعية التي تنشئها أو تديرها الـوزارات أو الهيئات العامة والوحدات الاقتصادية التابعة لها أو شركات قطاع الأعمال العام أو شركات القطاع العام0
2-الموافقة علي اتخاذ إجراءات منح التراخيص للمحال والمنشآت المشار إليها علي ان يكون إصدار الترخيص من وحدات الإدارة المحلية المختصة ، مع عدم الإخلال بأحكام القوانين الصادرة في هذا الشأن 0

142

المطلب الأول: حماية البيئة الأرضية من التلوث

## من النشاط الصناعي

تولد الصناعة مجموعة من المواد الملوثة يتوقف كمياتها و أنواعها على الخامات و الأساليب و الآلات المستخدمة، و هي تنتج على المستوى العالمي حوالي خمس المواد الملوثة الشائعة و المعروفة، فمتى وجدت صناعة فلابد أن يوجد معها العديد من أنواع الملوثات تزيد أو تقل حسب نوع الصناعة و التكنولوجيا المستخدمة والآلات التي تستخدم في التصنيع[1].

و ينقسم هذا المطلب إلى فرعين يتناول الفرع الأول :التقييم البيئي للمنشأة و يتناول الفرع الثاني: تأثير نشاط المنشأة على البيئة .

## الفرع الأول: التقييم البيئي للمنشأة

يهدف التقييم البيئي للمنشآت و المشروعات إلى الحفاظ على التوازن بين التنمية، و حماية البيئة عن طريق دراسة و تحليل المنافع الاقتصادية التي سيحققها المشروع و مقارنتها بالآثار البيئية التي قد تنجم عنه ، مع الحرص على أفضل الوسائل إلى تعظيم المنافع الاقتصادية التي تحقق فورات رأس المال و تكاليف التشغيل و في ذات الوقت تكفل حماية البيئة و صيانة صحة الإنسان و موارده الطبيعية حفاظا عليها للأجيال القادمة، و هو ما يطلق عليه التنمية المستدامة .

و تسعى كل الدول إلى تحقيق التنمية المستدامة عن طريق تحقيق أقل قدر من التلوث و الأضرار البيئية، و بالحد الأدنى من استهلاك الموارد الطبيعية و ذلك عن طريق دمج الاعتبارات البيئية و إدارة الموارد الطبيعية، في سياسات و خطط التنمية بحيث يكون التخطيط للتنمية و التخطيط للبيئة عملية واحدة، فإذا كانت الدول لا تستطيع إيقاف التنمية من أجل المحافظة على سلامة البيئة ، فان التنمية ذاتها ستتعثر إذا لم يتم أخذ سلامة البيئة في

[1] د. حسن أحمد شحاتة التلوث البيئي و مخاطر الطاقة، القاهرة : الهيئة المصرية العامة للكتاب، سنة 2007 ، ص137

الحسبان. و لن كان هدف التنمية هو سد حاجات الإنسان و تحقيق رفاهيته، فانه لن يتمتع بهذه الحاجات أو الرفاهية إن كانت حياته فى بيئة ملوثة تسير فى طريق التدهور باستمرار ، ولذا كان لابد من التوفيق بين البيئة و التنمية بإتباع أنماط التنمية المستدامة أو التنمية النظيفة صديقة البيئة[1] .

و يعد تقييم الآثار البيئية إجراء هاما لتحقيق إستراتيجية بيئية متكاملة للمنشآت و للمشروعات الجديدة أو التوسعات التي يتم فيها ، و عملية تقييم الآثار البيئية لأي مشروع يجب أن تتضمن وصفا كاملا للمشروع و أهدافه، إضافة إلى وصف كامل للوضع البيئي الحالي الذي قد يتأثر به المشروع المقترح إذا تم تنفيذه، و تحديد التفاعلات المتوقعة بين المشروع و البيئة المحلية و محيطها و سكانها و الإجراءات و التدابير المطلوب اتخاذها لحماية البيئة من آثار المشروع المقترح و تقييم مدى فاعليتها و تأثيرها على جميع جوانب البيئة المحيطة .

و يساعد التقييم البيئي على تحديد القضايا البيئية التي يثيرها المشروع و تقدير تكلفتها الفعلية ، و بحث إمكانية تقليل هذه التكلفة ، و اختيار مواقع بديلة فى حالة ارتفاع التكلفة البيئية للمشروع، و وطأة آثارها على المنطقة التي سينشأ فيها المشروع بحيث يكون الاهتمام الأكبر هو للحفاظ على نوعية جيدة للحياة من تربة و ماء و هواء عن طريق تنمية نظيفة و متوافقة مع البيئة فى المدى الطويل.

و لذا أدخلت معظم الدول المعايير البيئية عند إقامة المشاريع الصناعية و الزراعية و الخدمية و ألزمت المستثمرين بأن تكون دراسات الجدوى البيئية للمشروعات المقدمة منهم متوائمة و المعايير الموضوعة من قبل الدولة، و متضمنة لإمكانيات و كيفيات معالجة الآثار البيئية الناجمة عن إقامة المشروع ، وتستمر عملية التقييم البيئي بعد انشأ المشروع للتعرف على الآثار السلبية و الإيجابية للمشروع على البيئة ، و بعد ذلك يتم الانتقال إلى مرحلة أخرى و هي المتابعة من قبل المنشأة و المراقبة من قبل الجهات الرسمية لتأثير نشاط المنشأة على البيئة و التزامها بالمعايير التي حددت من القانون ولائحته لحماية البيئة، و بالأحمال النوعية للانبعاثات والتصريفات التي تطلقها وفقا لملفات ترخيصها .

[1] مجلة البيئة الآن، مرجع سابق .

و قد تناول قانون البيئة المصري رقم 4 لسنة 1994 التقييم البيئي للمنشآت و المشروعات و ذلك حفاظا على التنمية المستدامة ، وإن كان القانون لم يورد أي تعريف لها و اكتفى بأن أورد كلمة التنمية فقط فى عنوان الفصل الأول فى الباب الأول من القانون الذي عنوانه " التنمية و البيئة " عند تناوله حماية البيئة الأرضية من التلوث ، و كذلك كان ذات النهج فى اللائحة التنفيذية للقانون .وتناولت المادة التاسعة عشر من قانون البيئة[1]التقييم البيئي للمشروعات و المنشآت، حيث تم إلزام كل من ينتوي القيام بأي مشروع أن يتقدم بدراسة عن تقويم التأثير البيئي للمنشأة للجهة المانحة للترخيص أو الجهة الإدارية المختصة قبل البدء فى تنفيذ المشروع سواء أكان القائم بالمشروع شخص طبيعي أو اعتباري عام أو خاص .

و اشترطت المادة المذكورة أن تكون الدراسة وفقا للعناصر و التصميمات و المواصفات و الأسس و الأحمال النوعية الصادرة التي يقدرها جهاز شئون البيئة بالتنسيق مع الجهات الإدارية المختصة.و ألزمت المادة أيضا الجهات الإدارية المختصة بتقديم خرائط للمناطق الصناعية توضح أنواع الصناعات المسموح بها حسب الأحمال البيئية ، و أحالت المادة المذكورة إلى اللائحة التنفيذية المشروعات و المنشآت التي تسري عليها أحكامها حيث نصت المادة الحادية عشر من اللائحة التنفيذية على أنها المنشآت المبينة فى الملحق رقم (2)منها، و هي فى معظمها المنشآت الصناعية الخاضعة لأحكام القانونين رقمي 21 لسنة 1985 بشأن تنظيم الصناعة و تشجيعها و القانون رقم 55 لسنة 1977 بشأن إقامة و إدارة الآلات الحرارية و المراجل البخارية و المنشآت السياحية و المنشآت العاملة فى مجال الكشف عن البترول و استخراجه و تخزينه و نقله ، و منشآت إنتاج وتوليد الكهرباء ، و المنشآت العاملة فى المناجم و المحاجر و إنتاج مواد البناء و حددت اللائحة منشآت أخرى تخضع لتقييم التأثير البيئي وفقا لموقعها كالتي تقام على شواطئ النيل و البحر و فى المناطق السياحية والأثرية و ذات الكثافة السكانية العالية .

وتخضع كذلك لتأثير التقييم البيئي مدى استنزاف المنشأة للموارد الطبيعية من تجريف للأرض الزراعية أو إزالة تجمعات الأشجار و النخيل

[1] المادة مستبدلة بالقانون رقم 9 لسنة 2009

أو تلويث مياه النيل أو المجاري المائية الفرعية، وما هو نوع الطاقة المستخدمة لتشغيل المنشأة وهل بها وقود نووي أو مواد مشعة أم وقود حراري، و مدى توافق الانبعاثات مع المعايير المعتمدة من جهاز شئون البيئة. و قد أوجبت المادة العاشرة من اللائحة التنفيذية إضافة إلى ما سبق وجوب بيان كافة عناصر نظام الرصد البيئي للمنشاة و أحمال التلوث المطلوب الترخيص بها وألزمت جهاز شئون البيئة مراجعة كل هذه الأمور.

و قد ألزمت المادة العشرون من قانون البيئة الجهة الإدارية المانحة للترخيص بإرسال صورة من تقييم التأثير البيئي مستوفيا العناصر التي حددتها المادة "19" من قانون البيئة سالف الذكر إلى جهاز شئون البيئة لإبداء الرأي و تقديم أية اقتراحات يرى تنفيذها في مجال التجهيزات و الأنظمة اللازمة لمعالجة الآثار البيئية السلبية و عند تقديم جهاز شئون البيئة أية اقتراحات تكون الجهات الإدارية مسئولة عن تنفيذها سواء كانت مطلوبة منها أو مطلوبة من طالب الترخيص ، و إن لم يقم جهاز شئون البيئة بالرد على الجهة مانحة الترخيص خلال 60 يوما من تاريخ استلامه اعتبر عدم الرد موافقة على التقييم البيئي للمنشأة.

و قد ألزمت المادة الثانية عشر من اللائحة [1] طالب الترخيص بأن يرفق بطلبه بيانا شاملا عن المنشأة وفقا للنموذج المعد من قبل الجهاز والذي يتضمن بيانات أساسية من أهمها أحمال الملوثات المطلوب الترخيص بها و عناصر الرصد الذاتي للمنشأة، و يقوم الجهاز بإبداء الرأي في ذلك عن طريق مختصيه أو من يستعين بهم من قائمة المختصين في هذه المسائل التي يضمها مجلس إدارة الجهاز[2].

و قد حددت المادة "21" من قانون البيئة قيام الجهة الإدارية بإبلاغ صاحب المنشأة بخطاب مسجل بعلم الوصول بنتيجة التقييم و له أن يعتبر من خلال ثلاثين يوما من إبلاغه أمام لجنة تشكل بقرار من الوزير المختص بشئون البيئة، و قد حددت المادة "14" من اللائحة التنفيذية لقانون البيئة اختصاصات هذه اللجنة و التي تشكل برئاسة مستشار من مجلس الدولة و مندوب عن جهاز شئون البيئة يرشحه الرئيس التنفيذي للجهاز و صاحب

[1] مستبدلة بقرار رئيس مجلس الوزراء رقم 1741 لسنة 2005
[2] مادة "13" من اللائحة التنفيذية لقانون البيئة رقم 4 لسنة 1994

المنشأة أو من ينوب عنه بتوكيل رسمي و ممثل عن الجهة المختصة أو الجهة مانحة الترخيص وذلك إن لم تكن هي الجهة المختصة ، و ثلاثة من الخبراء يتم اختيارهم بناء على ترشيح المدير التنفيذي للجهاز لمدة ثلاث سنوات . و للجنة أن تشكل من بين أعضائها و من غيرهم من لجانا فرعية لدراسة ما يحال إليها من اعتراضات ، وعلى اللجنة أن تصدر قرارها خلال ستين يوما من تاريخ وصول أوراق الاعتراض مستوفاة إليها .

وقد حددت المادة "15" من اللائحة التنفيذية لقانون البيئة اختصاصات اللجنة سالفة الذكر ـ اللجنة الدائمة للمراجعة ـ وتنظر ما يقدم أو يحال إليها من اعتراضات على نتيجة التقييم ، أو على ما يطلب تنفيذه من اقتراحات يراها جهاز شئون البيئة ، و تقرير رأيها فى هذه الاعتراضات وفقا للضوابط المنصوص عليها فى المادة "10" من اللائحة ، على أنه يتوجب على المعترض أن يقدم اعتراضه لجهاز شئون البيئة مستوفيا أسباب الاعتراض بالاستناد إلى أسباب قانونية و علمية مرفقا به المستندات التي تؤيد اعتراضه .

و عند استيفاء ما تقدم تجتمع اللجنة بدعوة من الرئيس التنفيذي لجهاز شئون البيئة خلال خمسة عشر يوما من تاريخ ورود الاعتراض كتابة للجهاز ، ويصدر قرارها بأغلبية الأصوات و يوقع على محاضرها جميع الحاضرين، و يتولى تحرير هذه المحاضر مندوب من الجهاز ليس له رأي معدود فيما يثار من مناقشات .

و على ما تقدم، فان دراسة الجدوى البيئية و تقييمها من قبل جهاز حماية البيئة تعد إحدى أهم ركائز حماية البيئة بقصد توفير الحماية و الصيانة للبيئة التي سيتم إنشاء المشروع فيها وذلك من خلال مراعاة القدرة أو الطاقة القصوى لإمكانات و موارد البيئة على تحمل مختلف العناصر دون حدوث تدهور أو استنزاف بيئي، إذ الغرض من دراسات الجدوى هذه هي الموازنة بين المنفعة البيئية و المنفعة الاقتصادية و تحقيقهما معا قدر الإمكان و هو ما يسمى بالتنمية المستدامة .

ويتطلب الأخذ بهذا النهج ضرورة توافر كوادر وطنية على مستوى فني عال وأن يكون لديها درجة عالية من الوعي البيئي، مع توافر

قاعدة بيانات عن المشروعات التنموية المزمع تنفيذها و خواص البيئة التي سيتم إقامة المشروع عليها مع توفير الأجهزة التكنولوجية المتطورة الخاصة بالرصد البيئي و الصور و الخرائط التي تساعد فى رصد المتغيرات البيئية و الاستعانة بالدراسات السابقة و المشابهة من خلال قاعدة البيانات حتى يصل جهاز حماية البيئة إلى القرار الصائب بيئيا دون التأثير على مسيرة التنمية الاقتصادية .

الفرع الثاني: تأثير نشاط المنشأة علي البيئة

يعد تقييم الأثر البيئي أهم أدوات نجاح التخطيط البيئي و التنمية المستدامة، و ذلك لأنه يحقق التوازن المطلوب بين البيئة و التنمية و قد برزت أهمية التقييم البيئي فى الآونة الأخيرة مع ازدياد تدهور البيئة و ازدياد وعي المواطنين فى جميع أنحاء العالم بهذا التدهور، و بالتالي ازدياد الاهتمام بها خشية أن يؤدي هذا التدهور البيئي إلى إعاقة التنمية ذاتها حيث أصبح الناس أكثر حساسية تجاه إقامة المشروعات الملوثة للبيئة قريبا منها[1].

و لذا فقد اهتمت جميع الدول بتقييم الأثر البيئي لمنشآتها و مشاريعها اهتماما كبيرا خلال العقود الأخيرة و أصبح التقييم البيئي علما مستقلا له خبراؤه و مختصوه لمساعدة متخذي القرار على تقرير مصير المشروعات و المنشآت .ويستهدف تقييم الأثر البيئي تحقيق متابعة و مراقبة بيئية مستمرة للمشروعات و المنشآت التنموية بما يؤمن مسيرتها و يحول دون انحرافها عن الخط البيئي المحدد لها و التي صدر ترخيصها على أساس منها و فى حدود ما تقرر لها من انبعاثات و التصريف الآمن لمخلفاتها وفق ما ينص قانون البيئة و القوانين الأخرى ذات العلاقة ، بما يضمن حماية البيئة و الحفاظ عليها و بالتالي حماية هذه المنشآت و المشروعات و استمرارها فى تحقيق تنمية الوطن[2] .

---

[1] انظر ما قام به أهالي دمياط عام 2008 ضد شركة أجريوم التي كانت تعتزم إقامة مصنع كبير للبتر وكيماويات في موقع غير مناسب بيئيا و احتج الأهالي و تظاهروا ضد ذلك إلى أن تم إلغاء المشروع فى المنطقة المحددة له

[2] موقع الهيئة المصرية العامة للاستعلامات علي شبكة المعلومات الدولية http://www.sis.gov.eg/Ar/Story.aspx مجال الإدارة البيئية : إنجازات البيئة خلال عام(2006/2005) وقد ورد به مشروع التحكم في التلوث الصناعي ( المرحلة الثانية 2007 - 2012 ) تم تنفيذ المرحلة الأولى من هذا المشروع عام 2000 ، وقد تم البدء في تنفيذ المرحلة الثانية في يناير 2007 وتبلغ ميزانية هذه المرحلة حوالي مليار جنيه مصري وتستمر هذه المرحلة حتى عام 2012

وقد عرف قانون البيئة تقويم التأثير البيئي بأنـه:"دراسـة وتحليـل الجـدوى البيئيـة للمشروعات المقترحة التي قد تؤثر إقامتها أو ممارستها لنشاطها على سلامة البيئة وذلك بهـدف حمايتهـا"[1] ،و لذا فان تقييم الأثر البيئي هو عملية مستمرة و متغيرة فى أبعادها و توجيهاتها طبقا للتغيرات التي تحدث فى طبيعة العلاقة بين التنمية والبيئة نتيجة لما يحدث من تطور علمي و تقني و ما يكشف عنه من مخاطر بيئية غير مسبوقة مع الأخذ فى الاعتبار النمو السكاني المطرد و تداعياته على البيئة[2].

وقد تناولت المادة "22" من قانون البيئة رقم 4 لسنة 1994 طرق تقييم النشاط البيئي للمنشآت التي تم إنشائها فى ظله و المنشآت القائمة و وضعت الإجراءات التي سيتم اتخاذها عند المخالفة ، و بينت المادة "23" من القانون المذكور أحكام التوسعات أو التجديدات فى المنشآت القائمة و أخضعتهما لذات الأحكام المنصوص عليها للمشروعات الجديدة[3].

---

ويركز المشروع على المناطق الأكثر تلويثا بمحافظات القاهرة الكبرى والإسكندرية وقد بلغ عدد المشروعات التي يتم تنفيذها خلال عام 2007 / 2008 حوالي 28 مشروعا في 12 شركة . وأهداف المشروع - توفيق أوضاع المنشآت الصناعية الكبيرة والمتوسطة للتوافق مع القوانين البيئية . - إنشاء آليات دائمة لتفعيل مشروعات مكافحة التلوث ورفع القدرة على الالتزام البيئي وتشجيع الصناعة المصرية على المنافسة في الأسواق العالمية بعد توافقها مع متطلبات التصدير. وآلية التنمية النظيفة هي إحدى الآليات التي استحدثها بروتوكول كيوتو للحد من تغيير المناخ وقد صدقت مصر على هذا البروتوكول عام 2005 وفى ضوء ذلك تم إنشاء اللجنة الوطنية لآلية التنمية النظيفة . وبلغ عدد مشروعات آلية التنمية النظيفة في مصر 38 مشروعا اجمالى استثمارات 1140 مليون دولار تحقق خفضا سنويا يعادل 5ر6 ملايين طن من مكافئ ثاني أكسيد الكربون وتم تحقيق عائد اقتصادي للصناعة بلغ 16 مليون جنيه سنويا بعد تطبيق تكنولوجيا الإنتاج الأنظف بالوحدات الصناعية.

[1] المادة الأولي - أحكام عامة - من القانون رقم 4 لسنة 1994 في شأن البيئة بند 36

[2] و تجدر الإشارة فى هذا المجال إلى تفكير الحكومة المصرية جديا فى نقل شركات الأسمنت التي أصبحت فى نطاق القاهرة الكبرى إلى الصحراء بعد أن زادت معدلات تلويثها و قربها الشديد من التجمعات السكانية مما يشكل خطرا صحيا عليها .

[3] المواد: 19، 20، 21، 22

**أولا : تناول قانون البيئة و لائحته**
**لتقييم الأثر البيئي للمنشأة**

فقد ألزمت المادة "22" من قانون البيئة [1] المسئول عن إدارة المنشأة الاحتفاظ بسجل بيان تأثير نشأة المنشأة على البيئة ، و أحالت المادة على اللائحة التنفيذية في بيان نموذج "السجل البيئي" ، و الجدول الزمني اللازم للاحتفاظ به. و أعطت المادة المذكورة لجهاز شئون البيئة متابعة بيانات السجل للتأكد من مطابقتها للواقع، و للجهاز أيضا أخذ العينات اللازمة و إجراء الاختبارات المناسبة لبيان تأثير نشاط المنشأة على البيئة، وتحديد مدى التزامها بالمعايير الموضوعة لحماية البيئة أو الأحمال النوعية للملوثات .

وفي حالة عدم احتفاظ المنشأة بالسجل البيئي أو عدم انتظام تدوين بياناته ، أو عدم مطابقتها للواقع ، أو عدم الالتزام بالمعايير و الأحمال المصرح بها أو أية مخالفة أخرى لأحكام المادة المذكورة ، فان الجهاز سيقوم بإخطار الجهة الإدارية المختصة لتكليف صاحب المنشأة بتصحيح المخالفة على وجه السرعة ، فإذا لم يقم بذلك خلال ستين يوما من تاريخ تكليفه من قبل الجهة الإدارية المختصة ، يكون للجهاز بعد إخطار الجهة الإدارية المختصة اتخاذ أي من الإجراءات الآتية :

1:منح مهلة إضافية محددة للمنشأة لتصحيح المخالفات و إلا حق للجهاز أن يقوم بذلك على نفقة المنشأة .

2:وقف النشاط المخالف لحين إزالة آثار المخالفة دون المساس بأجور العاملين فيها . و في حالة الخطر البيئي الجسيم يتعين وقف مصادر الخطر في الحال و بكافة الوسائل و الإجراءات اللازمة .

و قد فصلت المادة "18" من اللائحة التنفيذية لقانون البيئة [2] اختصاصات جهاز شئون البيئة بأنه يقوم بمتابعة بيانات السجل للتأكد من مطابقتها للواقع و من التزام المنشأة بخطة الرصد الذاتي و مدى صلاحية معداته و كفاءة الأفراد القائمين بالرصد ، و أعطت المادة أيضا للجهاز الحق في أخذ العينات اللازمة و إجراء الاختبارات المناسبة لبيان تأثير

---

[1] معدلة بالقانون رقم 9 لسنة 2009
[2] الفقرتين الأولى و الثانية من المادة مستبدلتان بقرار رئيس الوزراء رقم 7141 لسنة 2005

المنشأة على البيئة و تحديد مدى التزامها بالمعايير و الأدلة الاسترشادية الموضوعة لحماية البيئة ، و حددت المادة أن تكون المتابعة دورية مرة على الأقل كل سنة أو كلما أوجبت الضرورة ذلك على أن يرفع تقرير موقع عليه من المسئول عن المعاينة و الإخبار به من تاريخهما .

وفي حالة عدم احتفاظ المنشأة بالسجل البيئي أو عدم انتظام تدوين بياناته، أو وجود أي مخالفة يقوم الجهاز بإخطار الجهة الإدارية المختصة لتكليف صاحب المنشأة بخطاب مسجل بعلم الوصول لتصحيح تلك لمخالفات على وجه السرعة بحسب ما تقتضيه أصول الصناعة ، فإذا لم يقم بذلك خلال ستين يوما يكون للرئيس التنفيذي بالتنسيق مع الجهة الإدارية المختصة اتخاذ الإجراءات التالية:

**1**ـ منح مهلة إضافية للمنشأة لتصحيح المخالفات مع تحملها بتعويضات يتم الاتفاق عليها معها عن الأضرار الناشئة عن تلك المخالفات.

**2**ـ وقف النشاط المخالف لحين تصحيح المخالفات .

**3**ـ غلق المنشأة .

**4**ـ المطالبة بالتعويضات القضائية المناسبة لمعالجة الأضرار

الناشئة عن المخالفة .و قد نصت المادة على وجوب الاحتفاظ بالسجل البيئي لمدة عشر سنوات تحسب من تاريخ توقيع مندوب جهاز شئون البيئة على السجل بالمعاينة.

وقد كررت المادة من اللائحة التنفيذية لقانون البيئة أيضا خضوع جميع التوسعات و التجديدات في المنشأة القائمة لذات الأحكام المنصوص عليها في المواد 19 ،20 ، 21 ،22 ، من قانون البيئة، و أضافت أنه يعتبر من قبل التجديدات و التوسعات تغيير النمط الإنتاجي لألأت التشغيل أو زيادة عدد العاملين بصورة تفوق القدرة الاستيعابية لمكان العمل أو أي تعديلات جوهرية في مبنى المنشأة و بوجه خاص، تلك المتصلة بنظام التهوية، أو تغير موقع العمل أو غير ذلك مما يترتب عليه زيادة أحمال الملوثات أو أي تأثير ضار على البيئة أو العاملين في المنشأة .

و أعطت المادة المذكورة للجهة الإدارية المختصة أو الجهة المانحة للترخيص من تلقاء نفسها، أو بناء على طلب جهاز شئون البيئة إلغاء الترخيص الصادر للمنشأة التي لم تلزم بأحكام المواد 19 ،20 من قانون

البيئة و 10 ، 12 من اللائحة التنفيذية له ، أو وقف سريان الترخيص لحين إتمـام إجـراءات تقيـيم التأثير البيئي للمنشأة وفقا للمنصوص عليه في اللائحة و القانون.

و تجدر الإشارة إلى أن الملحق رقم "3" الخاص بسجل تأثير نشاط المنشأة علـى البيئـة يحتوي على جدولين ، الجدول الأول : نموذج سجل الحالة البيئية للمنشأة، وبـه يـدون معلومـات المنشأة و توصيفها ، و مدخلات الإنتاج و القوانين التي تخضع لها المنشأة ، و العمليات الإنتاجيـة و المرافق ، و الانبعاثات الغازية و معدلاتها و أحمالها، و المخلفات السائلة و المخلفات الصـلبة و بيئة العمل و خطة الرقابة الذاتية .

أما الجدول الثاني : فهو سجل المـواد و المخلفات الخطـرة المتداولـة بالمنشأة و يحـوي بيان بهذه المواد و الاستهلاك السنوي و عبوات التخزين ، و توصيف أمـاكن التخـزين و أسـلوب التخلص من العبوات الفارغة و طرق تداولها ، و المخلفات الخطرة و خطة مواجهة الطوارئ و التصاريح الصادرة بالتداول لهذه المواد .

### ثانيا: المعاقبة على مخالفة نصوص تقييم التأثير البيئي للمنشأة

وقد نصت المادة "84" مكرر من قانون البيئة رقم 4 لسنة 1994 علـى معاقبـة مـن يخالف أحكام المادة "22" سالفة الذكر بالحبس مـدة لا تزيد عـن سنة و بغرامـة لا تقـل عـن خمسة آلاف جنيه و لا تزيد عن مائة ألف جنيه أو بإحدى هاتين العقوبتين ،و يعاقب بغرامـة لا تقل عن خمسين ألف جنيه و لا تزيد عن مليون جنيه كل من يخالف أحكام المـادتين "19 ، 23 " من قانون البيئة وفي حالة العود يضاعف الحد الأدنى و الأقصى ـ للغرامـة و الحد الأقصى ـ لعقوبة الحبس ، وفضلا عـن العقوبات الأصلية السـابقة أجـازت المـادة الحكـم بغلـق المنشأة وإلغـاء الترخيص الصادر لها، أو وقف النشاط المخالف.

و يثير تطبيق المادة "22" العديد مـن المشكلات العمليـة عنـد تطبيقهـا وذلـك لأنهـا فرضت على جهاز شئون البيئة عنـد ثبـوت المخالفـة أن "يقـوم الجهاز بإخطار الجهة الإداريـة المختصة بتكليف صاحب المنشأة بتصحيح

المخالفة على وجه السرعة ، فإذا لم يقم بذلك خلال ستين يوما من تاريخ تكليفه يكون للجهاز بعد إخطار الجهة الإدارية المختصة اتخاذ أي من الإجراءات التي نصت عليها المادة المذكورة.

وعليه فانه لا يتعين على جهاز شئون البيئة اتخاذ أية إجراءات قانونية تجاه المنشأة بالمخالفة للمادة "22" و كذا المادتين "19 ، 23" ـ والتي تخضعان لذات أحكام المادة "22" وفقا لما تقرره المادة "23" من قانون البيئة ـ إلا بعد أن يقوم الجهاز بإخطار الجهة الإدارية و تقوم الأخيرة بمنح المنشأة ستين يوما لتصحيح المخالفة ثم يتم التفتيش على المنشأة مرة أخرى بعد هذه المدة و إن كانت المنشأة قد أزالت و صححت المخالفة، فانه يتم حفظ محضر المخالفة ، و لا يتم إبلاغ النيابة العامة أو اتخاذ أي إجراء عقابي آخر ضد المنشأة، و ذلك هو ما يتفق وصحيح تطبيق القانون و المتفق نصا و روحا مع ما تقرره المادة "22" من القانون .

كما أن تصحيح المخالفة و إزالتها تتفق و حماية البيئة و لا يكون هناك أي انتهاك لها و هذه هو ما يتفق و السياسة البيئية المتوافقة مع التنمية المستدامة . إذ أن المادة "22" المذكورة قد وردت فى فصل عنوانه التنمية و البيئة ، و الغرض كما أسلفنا هو حماية البيئة فى ظل التنمية المستدامة ، وليس فرض عقوبات بالحبس للمسئول و غرامات ضخمة تصل إلى مليون جنيه على المنشأة قبل منح المنشأة فرصة التصحيح التي أعطاها لها القانون فى المادة "22" لا يفيد التنمية في شيء ، و لا نقول بهذا الرأي انتصارا للتنمية الاقتصادية على حماية البيئة و لكن هو التزام بما قرره القانون من حماية و موازنة بين مصالح التنمية و البيئة كليهما، لأن المنشآت الاقتصادية يتعين أيضا أن يكون لها بجوار أهدافها المالية وظائف اجتماعية تفيد بها المجتمع الذي يحتضنها[1] .

---

[1] إن الشركة كشخص معنوي تنشأ لغرض وحيد هو إعادة المال إلى مستثمريها و هذا الكيان المعنوي يكون له اكتساب الحقوق و التحمل بالالتزامات بل و يرى الباحثين أن للشركات حريات مشابه لحريات البشر مثل دعم الحملات الانتخابية و المشاركة في الحياة السياسية عن طريق دعم الأفراد والأحزاب، و لذا يرى هؤلاء أنه يتوجب عليها احترام الواجبات الأخلاقية من دعم و مساعدة الفقراء - و دعم الفنون- وأن تتحكم في الانبعاثات الضارة من مصانعها و ما يحدده القانون و أن ترعى موظفيها صحيا و اجتماعيا و لا تتخلى عنهم وقت أزماتهم أن تكون للشركات وظائف اجتماعية مشاركة للمجتمع الذي أعطاها حرية لنشاطها في جني الأرباح، و أن على مديري الشركة الافتراض بأن المساهمين يولون أهمية للعناية بالبيئة و حمايتها من أضرار التلوث و أنهم أيضا مهتمين بالوسط الاجتماعي الذي توجد فيه الشركة .و يرى البعض أن الشركات متعددة الجنسيات - بفرض أن الشركة الوطنية تقوم بذلك - يجب أن تتصرف في

ويقوم جهاز شئون البيئة - في غالب الأحوال - بعد تفتيشه على المنشآت يقوم بتحرير محاضر المخالفات و يرسلها مباشرة فى شكل بلاغ إلى النيابة العامة لاتخاذ ما تراه في إقامة الدعوى الجنائية ضد المسئول عن المخالفة و المنشأة ودون التزام بما فرضته المادة "22" ، وهذا يعد قفزا فوق الإجراءات القانونية و بما يخالف أحكام القانون .

و قد نصت المادة "31" من قانون الإجراءات الجنائية على أنه : " يترتب البطلان على عدم مراعاة أحكام القانون المتعلقة بأي إجراء جوهري ، و هذا البطلان يترتب عليه بطلان أمر إحالة المتهم إلى المحاكمة الجنائية و بالتالي بطلان المحاكمة لأن الركن المادي للجريمة المنصوص عليها فى المادة "22" من قانون البيئة لا يكتمل إلا بعد إخطار الجهة الإدارية للمنشأة بالتصحيح للمخالفة و منحها مدة شهرين للقيام بهذا التصحيح، أما قبل التفتيش على إجراءات التصحيح فلا جريمة أسسا .

و قد نصت محكمة النقض بأنه :" إذا ترتب على عدم مراعاة الإجراء تخلف الغاية المقصودة منه غدا الإجراء جوهريا ، وهذه الغاية أو الغرض قد تكون المحافظة على مصلحة المتهم نفسه "[1] و عليه فإن منح المشرع للمنشأة ستون يوما للتصحيح هو" قيد إجرائي "لمصلحة المنشاة و المسئول (المتهم) و عدم الأخذ به يفوت عليهما مصلحة جوهرية هو القيام بالتصحيح و حفظ المخالفة .

و لذا يتعين الدقة فى فهم و تطبيق القانون حماية للبيئة و فى ذات الوقت حفاظا على التنمية المستدامة ، و هذا هو جوهر الموضوع، و ليس فرض غرامات باهظة تضر بالتنمية أو حبس المسئول عن المنشأة إضرارا بالاستثمارات، و إنما القصد هو حفظ التوازن بين البيئة و التنمية وفق ما قرر القانون من إجراءات يجب على الكافة إتباعها .

---

البلد المضيف و تتعامل مع المجتمع المضيف على أساس من ذلك يجب ترك الغرفة أكثر ترتيبا مما كانت عليه عندما سكنتها و لا يجب أن يكون وجود الشركة قائم على فلسفة المبادلة بل على عرض يربح فيه جميع الأطراف ، الشركة و البلد المضيف و البيئة على المستوى الإقليمي و الدولي د. ليزا. ه. نيوتن . نحو شركات خضراء ، ترجمة إيهاب عبد الرحيم محمد ، الكويت : عالم المعرفة العدد 329 ، ص 86

[1] نقض 14\ 6\ 1952 مج ،سنة ، 3 ص 1103 رقم 413

بل إن نص المادة "103" من قانون البيئة و التي تقرر " بأن لكل مواطن أو جمعية بحماية البيئة الحق في التبليغ عن أي مخالفة لأحكام هذا القانون. ، فإن حق الشكوى أو التبليغ و أن كان يعد من الحقوق الدستورية[1]،وهو مكفول لكل مواطن ، فانه يجب الإبلاغ إلى جهاز شئون البيئة باعتباره الجهة المختصة بحماية البيئة و التي أناط بها قانون البيئة ذلك ولديه آلات لاتخاذ قرارات حماية البيئة في جميع أنحاء جمهورية مصر العربية .

و عليه فإن توجه أي مواطن إلى أي جهة رسمية بشكوى بيئية، فيجب أن يتم البحث أولا عما إذا كانت هذه الشكوى من الموضوعات التي تناولها قانون البيئة فإنها تكون من اختصاص جهاز شئون البيئة فقط ويتم إحالتها عليه.

وثانيا : يقوم الجهاز ببحث الشكوى ويطبق عليها إجراءاته في التفتيش و المتابعة. و ليس لأي جهة إدارية أخرى التدخل في المسائل البيئية التي يختص بها جهاز شئون البيئة إلا من خلال هذا الجهاز وفق ما قرره القانون، و أن لا تكون الشكاوى الكيدية للجهات الإدارية والقضائية أو رفع الدعاوى مباشرة وسيلة للكيد للمشروعات و المنشآت المرخص لها و الخاضعة للإشراف البيئي من جهاز حماية البيئة .

أما الشكاوى البيئية و التي من جنح و مخالفات بيئية و تنظمها قوانين أخرى خاصة مثل قانون العقوبات- من قبل إلقاء القاذورات في الشوارع و غيرها من المسائل التي تخ تص بها المحليات- ، فانه يجوز أن تتصدى لها الجهات الإدارية و تتخذ إجراءاتها القانونية فيها هي و شأنها .

---

[1] تنص المادة (63) من دستور سنة 1971 على أن:"لكل فرد حق مخاطبة السلطات العامة كتابة وبتوقيعه، ولا تكون مخاطبة السلطات العامة باسم الجماعات إلا للهيئات النظامية والأشخاص الاعتبارية ".

المطلب الثاني: الرصد البيئي ومواجهة الكوارث البيئية

وحماية النباتات والطيور

و تجدر الإشارة إلى أن هناك أنواعا من التلوث لم يتناولها قانون البيئة إما لأن هناك قوانين أخرى تناولتها ، أو أنها يمكن إدراجها ضمن أنواع أخرى من الملوثات لم يتناولها قانون البيئة ، مثل التلوث بالمخصبات الزراعية ( مركبات الفوسفات ـ مركبات النترات ) و التي تلوث التربة و التي يمكن إدراجها ضمن التلوث بالمبيدات ، و التلوث الضوئي و التلوث الكهرومغناطيسي الناجم عن استخدام أبراج الاتصالات و الميكروويف و شبكات الضغط العالي و خلافها و التي مازال هناك اختلاف حول آثارها السلبية على البيئة و الإنسان عموما و لذا لم يتناولها قانون البيئة .

و هناك أنواع أخرى من التلوث تحدث لأسباب طبيعية لا دخل للإنسان بها مثل البراكين و الزلازل و العواصف التي ينجم عناها الكثير من الدمار للإنسان و البيئة، و أنواع أخرى من التلوث قد يكون للإنسان تدخل فيها بطريق غير مباشر، مثل الأمطار الحمضية التي تسقط محملة بالأكاسيد نتيجة لنشاط الإنسان الزائد في تحميل الهواء بهذه السموم و يحملها إليه المطر مرة أخرى عند سقوطه .

إن القوانين عموما تتناول تنظيم ما يقع في إمكان الإنسان من حيث الفعل أو الترك ، أما ما تحدثه الطبيعة فليس له إلا الرضوخ له ، و يحاول بعد حدوثه التقليل من آثاره أو إزالة هذه الآثار قدر الإمكان. وستتناول الدراسة في هذا المطلب شبكات الرصد البيئي و مقاومة الكوارث البيئية في فرع أول ، ثم حماية النباتات و الأشجار في فرع ثاني .

## الفرع الأول: شبكات الرصد البيئي ومواجهة الكوارث البيئية

عرف قانون البيئة شبكات الرصد البيئي بأنها :"الجهات التي تقوم في مجال اختصاصها بما تضم من محطات ووحدات عمل برصد مكونات وملوثات البيئة وإتاحة البيانات للجهات المعنية بصفة دورية"[1] .

وتناولت المادة " 24 " من قانون البيئة رقم 4 لسنة 1994 و المادة "20" مـن اللائحـة شبكات الرصد البيئي، و تتكون هذه الشبكات وفقا للمادتين المذكورتين مـن الشبكات الموجـودة حاليا بما تضمه من وحدات عمل تابعة لجهاتها المختصة من الناحية الإدارية . و تقوم كل شبكة في مجال اختصاصها برصد مكونات ملوثات البيئة دوريا و إتاحة البيانات للجهة المعنية و لهـا في سبل ذلك الاستعانة بمركز البحوث و الهيئات و الجهات المختصة ، و على هذا المركز و الهيئـات و الجهات تزويدها بما تطلبه من دراسات و بيانات.وأعطت المادتين المذكورتين لجهاز شئون البيئة الإشراف على إنشاء و تشغيل شبكات الرصد البيئي و ذلك تمهيـدا لإقامـة برنامـج قـوي للأرصاد البيئية .

و عليه فإنه طبقا للمادتين المذكورتين فان شبكات الرصد البيئي- و وحـدات العمـل التابعة لها و العاملة في مجال رصد تلوث البيئة الهوائية و المائية و الأرضية و التابعة لجهـات حكومية و إدارية أخرى - تقوم برصد الملوثات، ويتم إتاحة البيانات الناتجـة مـن عمليـة الرصد للجهات المعنية بما فيها جهاز حماية البيئة ، أما ما يتم إنشاءه بعد ذلك من شبكات فإنه يكون لجهاز شئون البيئة الإشراف عليها و تشغيلها و ذلك وفقا لبرنامج قومي للأرصاد البيئية ، و لهـذه الشبكات سواء التابعة لجهاتها المعنية أو التابعـة لجهـاز شئون البيئـة لهـا أن تستعين بمراكـز البحوث و الجهات المختصة و إلزام قانون البيئة في مادته 24 و كذا اللائحة في مادتها العشـرين هذه الجهات بتزويد شبكات الرصد البيئي بما تطلبه مـن دراسـات و بيانات تحتاجهـا في إعـداد تقارير الرصد البيئي الخاصة بها .

---

[1] المادة الأولى - أحكام عامة - من القانون رقم 4 لسنة 1994 في شأن البيئة، بند 35

و قد نصت المادة "25" من قانون البيئة رقم 4 لسنة 1994 على أن يقوم جهاز شئون البيئة بوضع خطة لمواجهة الكوارث البيئية ، و قد أصبحت المادة "21" من لائحة القانون المذكورة تفصيلات خطة الطوارئ من أنه يتم وضعها بالتعاون مع الوزارات و المحافظات و الهيئات العامة و غيرها من الجهات المعنية و أن يتم اعتمادها من رئيس مجلس الوزراء .

و قد قسمت اللائحة الخطة إلى أربعة مراحل : المرحلة الأولى : و هي مرحلة ما قبل وقوع الكارثة ، حيث يتم فيها تحديد أنواع الكوارث البيئية و تحديد المناطق الأكثر تأثرا بها و معرفة التأثير المتوقع لكل منها ، و جمع المعلومات المحلية و الدولية عن كيفية التعامل مع الكوارث البيئية و سبل التخفيف من الآثار التي تنتج عنها و حصر الإمكانات المتوفرة محليا و دوليا لتحديد كيفية الاستعانة بها بطريقة تكفل سرعة مواجهة الكارثة، و تحدد الجهات المسئولة عن الإبلاغ عن الكارثة أو توقع حدوثها ، و وضع الإجراءات المناسبة لكل نوع من أنواع الكوارث و الإشراف و التدريب على مواجهة الكوارث ، و تيسر نظام و أساليب تبادل المعلومات بين الجهات المختلفة فيما يتعلق بالكوارث و تحديد أسلوب تبادل المعلومة بين الجهات من إدارة الأزمة مع إنشاء قواعد البيانات المناسبة، وإنشاء غرفة عمليات مركزية لتلقي البلاغات عن الكوارث البيئية لمتابعة استقبال و إرسال البيانات.

و المرحلة الثانية : هي مرحلة اجتياح الكارثة حيث قررت اللائحة على وجوب تكوين مجموعة عمل لمتابعة مواجهة الكارثة البيئية عند وقوعها لتنفيذ الخطط الموضوعة للتنسيق و التعاون على المستوى المحلي و الإقليمي و المركزي لضمان تدفق استمرار الإمداد بالمعدات و التجهيزات لموقع الكارثة، و تحديد أسلوب إعلام المواطنين عن الكارثة و تطوراتها و سبل التعامل من آثارها .

و المرحلة الثالثة : هي مرحلة إزالة آثار الكارثة ، و التي يتم فيها تحديد أسلوب مشاركة مختلف الجهات في إزالة آثار الكارثة و تطوير الخطط بهدف تحسين الأداء، و رفع مستوى الوعي العام بأسلوب التعامل مع الكوارث .

و المرحلة الرابعة : هي مرحلة تسجيل نتائج الكارثة و آثارها الاقتصادية و الاجتماعية و تسجيل الدروس المستفادة من التعامل معها ، و مقترحات تفادي أوجه النقص و القصور التي ظهرت أثناء المواجهة و قد طالبت المادة "26" من القانون الجهات العامة و الخاصة و الأفراد المسارعة بتقديم جميع المساعدات و الإمكانات المطلوبة لمواجهة الكارثة البيئية، على أن يقوم صندوق حماية البيئة برد النفقات الفعلية التي تحملتها الجهات الخاصة و الأفراد .

و الجانب النظري سالف الذكر و الذي تناوله القانون و فصلته اللائحة، يمتاز بالصياغة المحكمة و الإجراءات المنطقية المتفقة مع وسائل و أدوات و طرق مواجهة الكوارث على مستوى عال ، و لكن عند التطبيق يكون الجانب النظري فى واد و التطبيق فى واد آخر وأن تحققت بعض الانجازات[1]، و يكفى للتدليل على ذلك بعض الكوارث البيئية التي تمر بها مصر على فترات و يكون التعامل معها متناقضا تماما مع ما قرره القانون أو فصلته اللائحة فتلوث مياه الشرب فى جميع ربوع مصر قراها و مدنها ، وقد حصلت حالات تلوث بالتيفود فى قرية البرادعة بالقليوبية لتلوث مياه الشرب بمياه الصرف الصحي ، و لم يسمع أحد عن أجهزة مكافحة الكوارث البيئية، و كذا تحدي السحابة السوداء التي تمر بسماء القاهرة سنويا منذ عام 1998.

وغيرها كثير من الكوارث، إذا تم اعتبار سقوط أجزاء من جبل المقطم على المساكن المجاورة له كوارث بيئية، أو اعتبار صرف المجارى والصرف الصناعي في نهر النيل كوارث بيئية على نحو ما ستوضح الدراسة عند تناول نهر النيل، وكذا الصرف فى البحيرات و البحر كوارث بيئية مستمرة فشل الجهاز المذكور فى التعامل معها ، إذ يعد المسئولين أن

[1] موقع الهيئة المصرية العامة للاستعلامات على شبكة المعلومات الدولية http://www.sis.gov.eg/Ar/Story.aspx مجال الإدارة البيئية : إنجازات البيئة خلال عام(2006/2005) وقد ورد به تحقيق العديد من الانجازات منها :تمت مراجعة عدد 8228 دراسة تقييم الأثر البيئي لمشروعات مختلفة لتحقيق الالتزام البيئي للمنشآت الجديدة واعتماد نظام تقييم الأثر البيئي المصري في مراجعة المشروعات الممولة من البنك الدولي.- تم إعداد إستراتيجية وطنية للإنتاج الأنظف للصناعة المصرية والبدء في تنفيذ خطة العمل الخاصة بها .- الانتهاء من تحويل عدد 50 مصنعا لإنتاج الطوب الطفلى بمنطقة عرب ساعد بتغيير الوقود المستخدم من استخدام المازوت إلى استخدام الغاز الطبيعي ، وجارى العمل في باقي المصانع ( عدد 98 مصنعا ) من خلال مشروعات آلية التنمية النظيفة

الانجاز قد تحقق في كثير من الأحيان بمجرد إصدار التشريع ، وأن ذلك يعد كافيا لمواجهة الواقع،ولا تتم متابعة أو مراقبة فعالة في التطبيق مما ينتج عنه أن يكون التشريع في وآد و الواقع فى وآد أخر. و ينقسم هذا المطلب إلى مطلبين يتناول المطلب الأول : حماية البيئة و النشاط الصناعي ، و يتناول المطلب الثاني : شبكات الرصد البيئي و حماية النباتات و الطيور .

**الفرع الثاني : حماية النباتات والطيور و الأشجار**

و استكمالا لما سبق نصت المادة "27" من قانون البيئة على أن تخصص في كل حي و فى كل قرية مساحة لا تقل عن ألف متر مربع من أراضي الدولة لإقامة مشاتل لإنتاج الأشجار على أن تتاح منتجات هذه المشاتل للأفراد و الهيئات بسعر التكلفة، و تتولى الجهات الإدارية المختصة إعداد الإرشادات الخاصة بزراعة هذه الأشجار و رعايتها[1] ، و يساهم جهاز شئون البيئة فى تمويل إقامة هذه المشاتل .

وهذا النص أيضا بينه و بين الواقع بون بعيد فلم يتم إقامة المشاتل التي نص عليها القانون فى كل القرى المصرية أو فى نصفها أو حتى فى ربعها أو أقل و لم تقم الجهات الإدارية المختصة بإعداد الإرشادات المذكورة ، و لم يتم البيع بسعر التكلفة أو بتكلفة مضاعفة حتى بالرغم من مرور ما يقارب خمسة عشر عاما على تطبيق قانون البيئة ، الأمر الذي يؤكد البعد الكبير بين نصوص القانون و الواقع المعاش و الأولى و الأصح أن يتم التشريع بما يمكن حقيقة الالتزام به و تطبيقه بشكل دقيق على أرض الواقع .

[1] المادة 162من قانون العقوبات المستبدلة بالقانون رقم 29 لسنة 1982 وكما عدلت بالقانون رقم 97 لسنة 1992 ) والتي تنص علي أنه: كل من هدم أو اتلف عمدا شيئا من المباني أو الأملاك أو المنشات المعدة للنفع العام أو الأعمال المعدة للزينة ذات القيمة التذكارية أو الفنية ، وكل من قطع أو اتلف أشجار مغروسة فى الأماكن المعدة للعبادة أو فى الشوارع أو في المتنزهات أو في الأسواق أو في الميادين العامة يعاقب بالحبس وبغرامة لا تقل عن مائة جنية ولا تزيد علي خمسمائة جنيه أو بأحدي هاتين العقوبتين فضلا عن الحكم عليه بدفع قيمة الأشياء التي هدمها أو أتلفها أو قطعها .

و قد نصت المادة "28" من قانون البيئة رقم 4 لسنة 1994 [1]على خطر القيام بأعمال من شأنها التأثير على الحياة البرية و النباتية و الحفريات و الاتجار فى الكائنات الحية المهددة بالانقراض بأي طريقة تؤثر على هذه الأنواع فحظرت أولا : صيد أو قتل أو إمساك الطيور والحيوانات البرية و الكائنات الحية المائية أو حيازتها أو نقلها أو تصديرها أو استيرادها أو الاتجار فيها حية أو ميتة كلها أو أجزائها أو مشتقاتها، أو القيام بأعمال من شأنها تدمير الموائل الطبيعية لها أو تغير خواصها الطبيعية أو موائلها أو إتلاف أوكارها أو إعدام بيضها أو إنتاجها .

و قد حددت اللائحة التنفيذية فى الملحق رقم "4"الطيور و الحيوانات البرية المحظور صيدها أو قتلها أو إمساكها ، وهي الطيور و الحيوانات المرفقة بقرار وزير الزراعة رقم "28" لسنة 1967 ، و الطيور و الحيوانات التي تحددها الاتفاقيات الدولية التي تنضم إليها مصر ، و أية طيور و حيوانات يصدر بها قرار من وزير الزراعة بالاتفاق مع جهاز شئون البيئة ، و قد حدد الملحق المذكور المناطق التي يحظر فيها صيد هذه الحيوانات و الطيور.

وقد حظرت المادة "28" من قانون البيئة سالفة الذكر أيضا قطع أو إتلاف النباتات أو حيازتها أو نقلها أو استيرادها أو تصديرها أو الاتجار فيها كلها أو جزء منها أو مشتقاتها أو منتجاتها ، أو القيام بأعمال من شأنها تدمير موائلها الطبيعية أو تغير الخواص الطبيعية لها أو لموائلها و قد حظرت المادة أيضا جمع أو حيازة أو نقل أو الاتجار بالحفريات بأنواعها الحيوانية أو النباتية أو تغير معالمها أو تدمير التراكيب البيولوجية أو الظواهر البيئة المميزة لها أو المساس بمستواها الجمالي بمناطق المحميات الطبيعية .

كما حظرت المادة المذكورة الاتجار فى جميع أنواع الكائنات الحية أو النباتية المهددة بالانقراض أو تربيتها أو استزراعها فى غير موائلها دون الحصول على ترخيص من جهاز شئون البيئة و أحالت المادة المذكورة على اللائحة التنفيذية للقانون بيان أنواع هذه الكائنات و شروط الترخيص، و قد نصت المادة "84" من قانون البيئة رقم 4 لسنة 1994 على عقاب من

[1] معدلة بالقانون رقم 9 لسنة 2009

يخالف أحكام المادة " 28" سالفة الذكر بغرامة لا تقل عن خمسة آلاف جنيه و لاتزيد عن خمسين ألف جنيه أو بإحدى هاتين العقوبتين مع عدم الإخلال بأي عقوبة أشد ينص عليها قانون أخر ،ونصت على أنه فى جميع الأحوال يجب الحكم بمصادرة الطيور و الحيوانات و الكائنات الحية و النباتات و الحفريات المضبوطة و كذا الآلات و الأسلحة ، و الأدوات و وسائل النقل التي استخدمت فى ارتكاب الجريمة .

و الملاحظ أنه و مع تشديد هذه العقوبات إلا أن الانتهاكات فى هذا المجال أيضا مازالت صارخة إذ يجرى الصيد و التهريب بالرغم منها و ذلك لعجز وسائل الرقابة عن مجاراة وسائل و أدوات الأشخاص الذين ينتهكون هذه القوانين حيث تجلب لهم الاتجار فى هذه الأنواع أرباح مالية كبيرة ، أو أن يكون القائم بالصيد من صغار الصيادين الذي تعد مهنة الصيد هي مصدر رزقهم الوحيد ، ويلاحظ أنه فى كل عام على سبيل المثال يجأر صيادو الأسماك فى البحر المتوسط بالشكوى لمنعهم من الصيد لمدة شهرين فى نهاية ربيع كل عام حيث موسم تزاوج الأسماك، و لعدم حل المشكلة إيجاد مصدر رزق أخر لهم خلال هذين الشهرين، يقوم العديد منهم بالصيد على خلاف الحظر القانوني.

ومن جهة أخري فقد نصت المادة 378 من قانون العقوبات علي العقاب بغرامة لا تجاوز خمسون جنيها كل من ارتكب فعلا من الأفعال الآتية:1- ...2-..3- من قطع الخضرة النباتية في المحلات المخصصة في المنفعة العامة أو نزع الأتربة منها أو الأحجار أو مواد أخرى ولم يكن مأذونا بذلك .

وتمثل المحميات الطبيعية في مصر نماذج من النظم البيئية ذات الأهمية التي تسعي الدولة إلي حمايتها والحفاظ عليها من عوامل التدهور ورفع كفاءتها، ويبلغ عدد المحميات الطبيعية 27 محمية تقع علي مساحة حوالي 150 ألف كيلو متر مربع بما يمثل 15% من مساحة الجمهورية حيث تغطي المحميات معظم النظم البيئية المتميزة وتأوي أكثر من 20 ألف نوع من النباتات والحيوانات[1]

---

[1] http://www.sis.gov.eg/Ar/Story.aspx موقع الهيئة المصرية العامة للاستعلامات علي شبكة المعلومات الدولية(انجازات 2006- 2008)

ومنذ عام 2005 تم البدء بزراعة ما سمي بالحزام الأخضر حول القاهرة الكبرى، وهو حزام شجري كثيف يحيط بالطريق الدائري بطول 100 كم ، ومخطط أن يزرع به حوالي 500 ألف شجرة ويعتمد المشروع على الاستفادة من مياه الصرف الصحي المعالجة في الزراعة وذلك على أربع مراحل . وفي يونيو 2006 تم الانتهاء من المرحلة الأولى من المشروع ابتداء من تقاطع طريق القطامية - العين السخنة مع الطريق الدائري وحتى تقاطع طريق القاهرة السويس وقد تمت زراعة 65 ألف شجرة من الكافور والكازورينا والسرو والأكاسيا . ويشهد عام 2008 استكمال المرحلة الثانية من هذا المشروع والتي يبلغ طولها 24 كم بإجمالي 50 ألف شجرة والتوسع في زراعة الغابات الخشبية المروية بمياه الصرف الصحي[1]، ونتمني أن يتم ذلك وأن تتم تستمر مراعاة الأشجار حتى اكتمال نموها.

## المبحث الثاني: تلوث البيئة بالمواد و النفايات الخطرة

عرف قانون البيئة النفايات الخطرة بأنها:"مخلفات الأنشطة والعمليات المختلفة أو رمادها المحتفظ بخواص المواد الخطرة التي ليس لها استخدامات تالية أصلية أو بديلة مثل النفايات الإكلينيكية من الأنشطة العلاجية والنفايات الناتجة عن تصنيع أي من المستحضرات الصيدلية والأدوية أو المذيبات العضوية أو الأحبار والأصباغ والدهانات"[2] .

وقد عرف قانون البيئة التخلص من النفايات بأنه:"العمليات التي لا تؤدى إلى استخلاص المواد أو إعادة استخدامها ، مثل الطمر في الأرض أو الحقن العميق أو التصريف للمياه السطحية أو المعالجة البيولوجية أو المعالجة الفيزيائية الكيميائية أو التخزين الدائم أو الترميز"[3] وإعادة تدوير النفايات الخطرة للاستفادة منها عكس ذلك ، وقد عرف قانون البيئة إعادة تدوير النفايات بأنه:" العمليات التي تسمح باستخلاص المواد أو إعادة استخدامها ، مثل الاستخدام كوقود أو استخلاص المعادن والمواد العضوية

---

1 المرجع السابق

2 المادة الأولي - أحكام عامة - من القانون رقم 4 لسنة 1994 في شأن البيئة بند 19

3 المرجع السابق، بند 22

أو معالجة التربة أو إعادة تكرير الزيوت"[1] . وينقسم هذا المبحث إلى مطلبين ، يتناول المطلب الأول : التلوث بالمواد و النفايات الخطرة ، و يتناول المطلب الثاني : حماية البيئة من المواد و النفايات الخطرة .

**المطلب الأول: مفهوم و أنواع المواد والنفايات الخطرة**

عرفت اتفاقية بازل النفايات الخطرة بأنها :المواد أو الأشياء التي يراد التخلص منها و التي تحتاج إلى طرق و أساليب خاصة للتعامل معها و معالجتها ، حيث لا يمكن التخلص منها في مواقع طرح النفايات المنزلية ، وذلك بسبب خواصها الخطرة و تأثيراتها السلبية على البيئة و السلامة العامة ، و تنظم القوانين و اللوائح الوطنية طرق التخلص منها .

و تتصف النفايات الخطرة بأنها أكالة : أي تسبب التآكل للمعادن بسبب خصائصها القاعدية أو الحمضية ، أو سامة : لأنها تهدد صحة الكائن الحي عند الاستنشاق أو البلع أو اللمس أو متفاعلة : أي غير ثابتة و يمكن أن يتولد عنها انفجارات أو غازات أو أبخرة سامة ،أو أن تكون قابلة الاشتعال و تحترق بسهولة ، وهناك قوائم للنفايات الخطرة تقررها المنظمات الدولية المعنية و المهتمة بالبيئة و كذا منظمة الصحة العالمية و كذلك تحدد لوائح وقوانين العديد من الدول هذه النفايات بوضع قوائم لها .

و مما تقدم يمكن تعريف جامع مانع للنفايات الخطرة بأنها: مجموعة من المخلفات و النفايات الناتجة من النشاطات الصناعية أو الطبية أو الزراعية و التي بسبب كميتها أو تركيزها أو خصائصها الكيميائية أو الفيزيائية أو الحيوية تشكل مخاطر على صحة الإنسان و بيئته خلال التداول و التخزين و النقل و المعالجة والطرح التلقائي أو تطلق غازات قابلة للاشتعال أو تطلق غازات قابلة للانتقال عند ملامسة الماء أو الهواء أو تتضمن مؤكسدات لمواد سامة أو معدية أو أكالة أو قادرة على إنتاج مواد أخرى بعد التخلص منها [2].و يمكن تقسيم هذه النفايات إلى أربعة أقسام رئيسية[3] من حيث مصادرها إلى :

---

[1] المرجع السابق، بند 23
[2] لا يشمل هذا التعريف النفايات المشعة و التي تحتاج إلى إجراءات أمنية خاصة للتخلص منها
[3] د. زيد أبو زيد ، النفايات السامة و خطرها على البيئة . www . jeeran . com

**نفايات صناعية** : وهي النفايات الناتجة عن عمليات التنمية الصناعية و تراكم البلدان الصناعية المتقدمة 90% من النفايات الخطرة فى العالم و تصدرها إلى بعض الدول النامية لتطمر فيها و كانت أفريقيا و أمريكا اللاتينية فى مقدمة هذه الدول حيث تم استخدام العديد من حكومات الدول فيها للقيام بتوفير مناطق يتم فيها عمليات الطمر لهذه المخلفات الخطرة على نحو غير سليم .

**نفايات طبية** : و هي ذات طبيعة خاصة أكثر خطورة نظرا لسميتها العالية بمحتواها الكيميائي أو السام أو المشع و تلوثها بالميكروبات و العديد من الأمراض لنقلها للعدوى و هي تشكل من 10 : 25% من مجموع المخلفات الطبيعية ، وتعاني المنشآت الطبية فى العالم الثالث عموما من إهمال شديد فى التخلص من النفايات الطبية ، إذ يتم حرقها بطريقة خاطئة مما يؤدي إلى التلوث بغاز الديوكسين السام و هو من الغازات التي لا تتحلل و تظل عالقة فى الهواء و يسبب الإصابة بمرض السل و السرطان ، أو يتم التخلص من هذه النفايات فى صناديق القمامة مما يشكل خطرا كبيرا على الصحة العامة .

**نفايات المنزلية** : وهي لا تصنف كنفايات خطرة غالبا و تلقى فى مكب النفايات الصلبة العادية. **ونفايات كيماويه زراعية** : و تأتي فى معظمها ضمن المبيدات الغير مستعملة شديدة السمية و ذات الأخطار على البيئة النباتية و الحيوانية .

أما عن تخزين هذه النفايات فإنه يستخدم عند وجود ظروف معينة تقتضي إستبعاد خيارات المعالجة و التخلص منها ، و التخزين كأسلوب لإدارة النفايات الخطرة هو حل مؤقت و يتطلب تصميم و بناء وتشغيل و إدارة مخازن النفايات الخطرة بطريقة سليمة بيئيا حتى تتوافر إمكانات التخلص منها بطريقة سليمة بيئيا و آمنة[1]، و الحل الآمن هو بحث إمكانية ما يمكن تدويره من هذه النفايات و إعادة استخدامه مرة أخرى ، إذ نجحت العديد من الدول المتقدمة فى إعادة تدوير نسبة كبيرة من تدوير نفاياتها عن طريق استخدام التكنولوجيا الحديثة ،مع إتباع أساليب صناعية متطورة تقلل

---

[1] المرجع السابق

من توليد النفايات الخطرة قدر الإمكان، وفتح الباب أمام إعطاء حوافز ضريبية و دعم مالي للشركات للتقليل من توليد هذه النفايات .

وقد عرف قانون البيئة المواد الخطرة بأنها:"المواد ذات الخواص الخطرة التي تضرـ بصحة الإنسان أو تؤثر تأثيرا ضارا على البيئة مثل المواد المعدية أو السامة أو القابلة للانفجار أو الاشتعال "[1].

<br>

المطلب الثاني:حماية البيئة من المواد و النفايات الخطرة

أولا : خطر تداول النفايات الخطرة

وعرف قانون البيئة تداول المواد بأنه :"كل ما يؤدى إلى تحريكها بهدف جمعها أو نقلها أو تخزينها أو معالجتها أو استخدامها"[2]، وقد عرفت قانون البيئة إدارة النفايات بأنه: "جمع النفايات ونقلها وإعادة تدويرها والتخلص منها"[3] وقد حظرت المادة "29" من قانون البيئة رقم 4 لسنة 1994 تداول المواد و النفايات الخطرة بغير ترخيص من الجهة الإدارية المختصة ، و أحالت إلى اللائحة التنفيذية للقانون بيان إجراءات و شروط فتح تراخيص التداول و الجهات المختصة بإصدارها ، كما أحالت إلى المادة "30" من القانون إدارة النفايات للقواعد و الإجراءات الواردة باللائحة التنفيذية للقانون و وضع جداول للنفايات الخطرة بالتعاون بين الجهة المختصة و جهاز شئون البيئة .

وقد تناول الفصل الثاني من اللائحة التنفيذية لقانون البيئة المواد و النفايات الخطرة، و نصت المادة "25" من اللائحة المذكورة على وجوب الحصول على تصريح تداول المواد و النفايات الخطرة و استخدامها بتصاريح من الجهات التي يدخل فى نطاقها هذه المواد ، فالمواد و النفايات الخطرة الزراعية بما فيها مبيدات الآفات و المخصبات ، الجهة المختصة بمنح الترخيص هي وزارة الزراعة، و المواد و النفايات الخطرة الصناعية الجهة المختصة هي وزارة الصناعة، و المواد و النفايات الخطرة

[1] المادة الأولى - أحكام عامة - من القانون رقم 4 لسنة 1994 في شأن البيئة، بند 18
[2] المرجع السابق، بند 20
[3] المرجع السابق، بند 21

للمستشفيات و العيادات و المنشآت الطبية و الدوائية ، الجهة المختصة هي وزارة الصحة، و المواد و النفايات الخطرة البترولية الجهة المختصة هي وزارة البترول، و المواد و النفايات الخطرة التي تصدر عنها إشعاعات مؤينه الجهة المختصة هي وزارة الكهرباء - هيئة الطاقة الذرية و المواد و النفايات الخطرة القابلة للاشتعال و الانفجار الجهة المختصة هي وزارة الداخلية . و نصت اللائحة التنفيذية على أن تصدر كل وزارة بالتعاون مع وزارة البيئة جدولا بالمواد والنفايات الخطرة[1].

**ثانيا : قواعد و إجراءات إدارة النفايات الخطرة**

وقد تناولت المادة "28" من اللائحة قواعد و إجراءات إدارة النفايات الخطرة حيث ألزمت الجهة التي يتولد عنها نفايات خطرة، أولا : بالعمل على الحد من تولد هذه النفايات كما ونوعا عن طريق التطوير التكنولوجي ، و أن تقوم بتوصيف النفايات المتولدة عنها كما و نوعا و تسجيلها ، و أن تقوم بإنشاء و تشغيل و حدات لمعالجة النفايات و الحصول على موافقة جهاز شئون البيئة على أسلوب المعالجة و المواصفات الفنية لها. و ثانيا : تحديد أماكن معينة لتخزين النفايات الخطرة و وضع علامات تحذير عليها ، و أن يتم تخزينها فى حاويات خاصة و يتم وضع علامات على هذه الحاويات مع وضع برنامج زمني و تجميعها حتى لا تترك فترة طويلة فى الحاويات، و أن يتم تنظيفها بعد كل استعمال .و يشترط ثالثا: وجوب أن يتم نقلها بوسائل النقل للجهات المرخص لها بإدارة النفايات الناشئة ، و أن تكون وسائل النقل مجهزة بكافة وسائل الأمان و صالحة للعمل ، و أن توضع على المركبات علامة واضحة تحدد مدى خطورة حمولتها و الأسلوب الأمثل للتصرف فى حالة الطوارئ . و أن يتم تحديد خطوات سير المركبة، و عناوين جراجات هذه المركبات مع مداومة غسل و تنظيف هذه

[1] نصت المادة المذكورة -25- من اللائحة على أنه يجب أن تحدد في الجدول نوعية المواد و النفايات الخطرة ، و الضوابط الواجب مراعاتها عند تداول كل منها ، و أسلوب التخلص من العبوات الفارغة و ما تضيفه الوزارة من شروط أخرى ترى أهميتها و أن الترخيص يصدر خمس سنوات بناء على طلب للجهة المختصة يمكن أن يكون لفترة مؤقتة و قصيرة و يشترط لمنح الترخيص ، توافر المواد المدربة على التعامل مع المواد ، توافر الوسائل و الإمكانات و نظم التداول الآمن ، توافر متطلبات مواجهة الأخطار ، و أن لا ينتج عن الترخيص أي آثار ضارة بالبيئة أو بالصحة العامة ثم تناولت المادة "27" من اللائحة التنفيذية الإجراءات الإدارية لاستخراج الترخيص.

المركبات و تعد المياه الناتجة عن غسيلها نفايات خطرة.لكن قلما يتم الالتزام بذلك.[1]

و عند عبور السفن الناقلة لنفايات خطرة يلزم الإخطار المسبق وفقا لما نصت عليه اتفاقية بازل ، و يكون للجهة الإدارية المختصة عدم التصريح فى حالة احتمال حدوث أي تلوث للبيئة ، و فى حالة السماح بعبور السفن المذكورة يتعين اتخاذ الاحتياطات اللازمة المنصوص عليها فى الاتفاقيات الدولية و شهادات الضمان التي تطلبها القانون رقم 4 لسنة 1994 بشأن البيئة .

و بشرط رابعا : أن يتم اختيار مواقع و مرافق معالجة تصريف النفايات الخطرة فى منطقة تبتعد عن التجمعات السكانية و العمرانية بمسافة لا تقل عن ثلاثة كيلو مترات مع أن تتوافر فى الموقع اشتراطات و معدات نصت عليها اللائحة التنفيذية تفصيلا ، و هي إجراءات كافية فى حالة توفرها لحماية البيئة من التلوث بهذه النفايات .

**ثالثا: معالجة النفايات الخطرة :**

و قد حظرت المادة "31" من القانون إقامة أية منشآت بغرض معالجة النفايات الخطرة إلا بترخيص من الجهة الإدارية المختصة بعد أخذ رأي جهاز شئون البيئة ، و نصت هذه المادة أيضا على أن يكون التخلص من هذه النفايات طبقا للشروط و المعايير التي تحددها اللائحة التنفيذية [2].وقد نصت المادة أيضا على أخذ رأي وزارتي الصحة و الصناعة و جهاز شئون البيئة فى أماكن و شروط الترخيص للتخلص من هذه النفايات. و نصت المادة 32 من قانون البيئة على حظر استيراد

[1] وجد «بالتفتيش على مدفن المخلفات الصلبة التابع لشركة النظافة الفرنسية بمحافظة الإسكندرية، ووحدة تعقيم وفرم المخلفات الطبية في محرم بك، تبين أن الشركة القائمة بعملية التخلص من تلك المخلفات تقوم بدفن المخلفات الطبية في مدفن الكيلو 54 ببرج العرب، وهو مدفن مخصص لدفن مخلفات القمامة العادية». وأضاف التقرير: «اللافت أن عمليات دفن هذه النفايات تتم، دون أي معالجة أو تعقيم، كما تبين سوء بيئة العمل داخل وحدة التعقيم الخاصة بالشركة، وسوء عملية التداول والتخلص». وتابع: «بالتوجه للمدفن تبين بالفعل وجود كمية كبيرة من أكياس المخلفات الطبية عالية الخطورة داخل المدفن، كما تبين وجود عدد كبير من جامعي القمامة يقوم بفرز المخلفات دون الالتزام بتطبيق الاشتراطات البيئية في عملية الدفن»، مشددا على أنه تم اتخاذ الإجراءات القانونية ضد الشركة، المصري اليوم 2/ ٢/ ٢٠١٠

[2] و قد ورد هذا النص أيضا برقم 29 فى اللائحة التنفيذية و التي نصت المادة "25" منها على الشروط و المعايير الواجب توافرها للترخيص بمعالجة النفايات الخطرة .

النفايات الخطرة أو السماح بدخولها أو مرورها في الأراضي المصرية ، كما حظرت أيضا مرور السفن التي تحمل النفايات المذكورة في البحر الإقليمي أو المنطقة البحرية الخاصة لمصر بغير تصريح من الجهة الإدارية المختصة[1] . و قد أوجبت المادة "33" من قانون البيئة على القائمين على إنتاج و تداول المواد الخطرة سواء في حالتها الغازية أو السائلة أو الصلبة أن يتخذ جميع الاحتياطات مما يضمن عدم حدوث أي أضرار بالبيئة ، وعلى أصحاب هذه المنشآت الاحتفاظ بسجل هذه المخلفات وفق ما بينته اللائحة التنفيذية .

و قد اشترطت اللائحة التنفيذية على القائمين على إنتاج هذه المواد اشتراطات عديدة تتعلق بالموقع و البناء و النقل و التكنولوجيا المستخدمة و نظم الأمان و الإنذار و خطط الطوارئ و التأمين على العاملين و العبوات المستخدمة و بياناتها و وزنها و العديد من البيانات التفصيلية الأخرى المهمة ، و اشترطت اللائحة في المادة "33" منها أن يقوم صاحب المنشأة التي ينتج عن نشاطها مخلفات خطرة وجوب الاحتفاظ بسجل لهذه المخلفات و كيفية التخلص منها، و كذلك الجهة المتعاقد معها لتسلم المخلفات و أوجب تدوين العديد من البيانات بالسجل المذكور و ألزمت جهاز شئون البيئة بمتابعة بيانات السجل لهذه المخلفات وفقا للملحق المرفق باللائحة .

و قد أوجبت المادة "33" فقرة أخيرة،[2] على مالك المنشأة أو المسئول عن إدارتها التي تنتج عنها مخلفات خطرة أن يقوم بتطهيرها و تطهير التربة و المكان الذي كانت مقامة فيه إذا تم نقل المنشأة أو وقف نشاطها و ذلك وفقا للمعايير و الشروط التي تبنتها اللائحة التنفيذية.

### رابعا: تجريم إنتاج وإدارة النفايات الخطرة

نصت المادة "8" من قانون البيئة رقم 4 لسنة 1994 على عقاب كل من يقوم بإنتاج أو إدارة النفايات الخطرة أو من يقيم منشآت لمعالجتها دون الحصول على ترخيص بذلك من الجهة المختصة ، وكذلك من لا

---

[1] المادة 30 من اللائحة التنفيذية لقانون البيئة رقم 4 لسنة 1994
[2] مضافة بالقانون رقم 9 لسنة 2009

يتخذ الاحتياطات اللازمة لعدم تلويث البيئة بهذه النفايات ، وبذلك بمخالفة ما قررته المواد 30 ، 31 ، 33 من قانون البيئة و السالف ذكرها تفصيلا، فقد قررت المادة " 85 " معاينة من لا يقوم بالأمور السالف ذكرها بالحبس مدة لا تقل عن سنة و بغرامة لا تقل عن عشرة آلاف جنيه ولا تزيد عن عشرين ألف جنيه أو بإحدى هاتين العقوبتين .

و لكي تقع الجريمة المنصوص عليها في أي من المواد 30، 31، 33 من قانون البيئة لابد من توافر ثلاثة أركان[1] :

---

[1] وقد قضت محكمة النقض بأنه:"القضاء بالإدانة في جريمة استيراد نفايات محظور استيرادها . شرطه. أن تكون المادة المستوردة من عداد النفايات الخطرة المبينة في قانون البيئة. وجوب القطع بحقيقة هذه المادة عن طريق الخبير الفني المختص . إغفال ذلك . قصور وإخلال بحق الدفاع . مؤدى وأثر ذلك . القاعدة : لما كان القانون الجنائي هو قانون جزائي له نظام مستقل عن غيره من النظم القانونية الأخرى وله أهدافه الذاتية إذ يرمى من وراء العقاب إلى الدفاع عن أمن الدولة ، ومهمته الأساسية حماية المصالح الجوهرية فهو ليس مجرد نظام قانوني تقتصر وظيفته على خدمة الأهداف التي تعنى بها تلك النظم ، وعلى المحكمة عند تطبيقه على جريمة منصوص عليها فيه وتوافرت أركانها وشروطها أن تتقيد بإرادة الشارع في هذا القانون الداخلي ومراعاة أحكامه التي خاطب بها المشرع القاضي الجنائي فهو الأول في الاعتبار بغض النظر عما يفرضه القانون الدولي من قواعد أو مبادئ يخاطب بها الدول الأعضاء في الجماعة الدولية . لما كان ذلك وكانت اتفاقية بازل بشأن التحكم في نقل النفايات الخطرة والتخلص منها عبر الحدود الموقعة بتاريخ 22 مارس سنة 1989 والتي صدر بشأنها القرار الجمهوري رقم 385 لسنة 1992 بتاريخ 24 أكتوبر سنة 1992 والتي نشرت في الجريدة الرسمية بتاريخ 8 يوليه سنة 1993 - على ما يبين من ديباجتها - هي مجرد دعوة من الدول بصفتهم أشخاص القانون الدولي العام إلى القيام بعمل منسق لضمان فعالية التدابير المتخذة والتي تكلف إدارة النفايات الخطرة والنفايات الأخرى بما في ذلك نقلها والتخلص منها عبر الحدود على نحو يتفق من حماية الصحة البشرية والبيئة أيا كان مكان التخلص منها ، ولم تتضمن تعريفاً للجرائم وإجراءات المحاكمة وتوقيع العقاب وإنما تركت ذلك كله إلى القوانين المحلية للدولة المنضمة إليها ، ولما كان القانون رقم 4 لسنة 1994 بإصدار قانون البيئة قد صدر بتاريخ 27 يناير سنة 1994 ونشر في الجريدة الرسمية بتاريخ 3 فبراير سنة 1994 متضمنا تعريف الجرائم المتعلقة بمخالفة أحكامه والعقاب عليها ومن ثم فإنه يتعين إعمال أحكام القانون الأخير على الواقعة بحسبان أن مجال تطبيقه يختلف عن مجال تطبيق الاتفاقية . لما كان ذلك ، وكان البين من استقراء نصوص القانون رقم 4 لسنة 1994 سالف الذكر أن الشارع وإن حظر استيراد النفايات الخطرة إلا أنه لم يبينها على سبيل الحصر بل أناط للوزراء - كل في مجال اختصاصه - بالتنسيق مع وزير الصحة وجهاز شئون البيئة إصدار جداول المواد والنفايات الخطرة التي تخضع لأحكام القانون وخص وزير الصحة بإصدار جدول المواد والنفايات الخطرة للمستشفيات والدوائية والمعملية والمبيدات الحشرية المنزلية ، وقد شكل الوزير المذكور لجنة المواد والنفايات الخطرة بموجب القرارين رقمي 82 لسنة 1996 ، 226 لسنة 1999 بيد أنه لم يتم إعداد جداول المواد والنفايات سالفة البيان حتى بعد اكتشاف الواقعة - على ما يبين من كتاب جهاز شئون البيئة الموجه إلى مصلحة الجمارك بتاريخ 21 مارس سنة 2000 - ومن ثم فإن القطع بحقيقة المواد المضبوطة - في خصوصية الدعوى الماثلة - إعمالا لأحكام قانون البيئة لا يصلح فيه غير الدليل الفني ، ولا محل للاستناد إلى أحكام اتفاقية بازل وملاحقها المنشورة بالجريدة الرسمية بتاريخ 8 يوليه سنة 1993 في تحديد المواد والنفايات الخطرة لأنه فضلا عن أن البين من الاطلاع عليها أنها لم تورد بيانا حصريا لتلك المواد والنفايات ولم تنص صراحة على أن أفلام الأشعة المستعملة من النفايات الخطرة ، فإن المشرع وقد أصدر تشريعا لاحقا في ذات مرتبة الاتفاقية بعد التصديق عليها ينظم من جديد ذات الموضوع لم يحل إليها في هذا الخصوص ولو أراد غير ذلك لما أعوزه النص على ذلك صراحة ،

أ ـ الركن الشرعي: و يعني وجود صفة غير مشروعة للفعل من حيث الخضوع لنص تجريم يقرر فيه القانون عقابا لمن يرتكبه، و هو ما نصت عليه المواد سالفة الذكر

ب ـ الركن المادي : و يتوافر عند وجود إدارة أو إنتاج أو معالجة للنفايات الخطرة أو عدم اتخاذ احتياطات فى ذلك على نحو ما تفصل أي من المواد سالفة الذكر أو اللائحة التنفيذية لقانون البيئة .

ج ـ الركن المعنوي : و يتوافر عند الإخلال العمدي بما تطبقه هذه المواد، و يعتبر الإهمال فى مقام العمد لأن القانون تطلب اتخاذ جميع الاحتياطات على نحو مفصل بما لا يسمح بحدوث إهمال فى تداو ل و إدارة و إنتاج هذه المواد ، و لذا لابد لدرء المسئولية عن وجود سبب أجنبي لا يد للمخاطب بالتجريم فى المواد سالفة الذكر فالركن المعنوي و الذي يعني أيضا القصد الجنائي يتطلب علما و إرادة حتى يتحقق ، فقد استقرت أحكام محكمة النقض على أن "القصد الجنائي فى الجرائم العمدية يقتضي تعمد اقتراف الفعل المادي [1] و لذا فهذه الجرائم المنصوص عليها بالمواد 30، 31، 33 يتوافر أركانها بمجرد حدوث المخالفة المنهي عن ارتكابها .

---

ويؤكد ذلك أنه نص في البند 3 من المادة 1 من الفصل الأول من الباب التمهيدي في شأن قانون البيئة إلى أن المقصود بلفظ الاتفاقية في تطبيق أحكام هذا القانون ( الاتفاقية الدولية لمنع التلوث البحري من السفن لعام 73 / 1978 وكذا الاتفاقيات الدولية التي تنضم إليها جمهورية مصر العربية في مجال حماية البيئة البحرية من التلوث والتعويض عن التلوث ) . لما كان ذلك ، وكان الشرط لصحة الحكم بالإدانة في جريمة استيراد نفايات محظور استيرادها أن تكون المادة المستوردة من عداد النفايات الخطرة المبينة في قانون البيئة – على ما سلف بيانه – وكان الكشف عن المادة المستوردة والقطع بحقيقتها وما إذا كانت من النفايات الخطرة – عند المنازعة الجدية كما هو الحال في الدعوى الماثلة – لا يصلح فيه غير الدليل الفني الذي يستقيم به قضاء الحكم ، وكانت المحكمة قد قعدت عن نقص هذا الأمر عن طري الخبير المختص بلوغا إلى غاية الأمر فيه مع وجوب ذلك عليها ، فإن حكمها يكون معيبا بالقصور فضلا عن الإخلال بحق الدفاع ، ولا يقدح في هذا أن يسكت الدفاع عن طلب دعوة أهل الفن صراحة ، ذلك بأن منازعة الطاعن في كنه المادة المستوردة المضبوطة يتضمن في ذاته المطالبة الجازمة بتحقيقه والرد عليه بما يفنده ، ولا يرفع هذا العوار ما أورده الحكم من رد قاصر سبق بسطه لأن هذا الرد ليس من شأنه أن يواجه دفاع الطاعن – في خصوصية الدعوى الماثلة – باعتباره من المسائل الفنية التي لا تستطيع المحكمة أن تشق طريقها لإبداء الرأي فيها بنفسها ولابد ان تستند فيها إلى رأى فني ، لما كان ما تقدم ، فإنه يتعين نقض الحكم المطعون فيه .

**الطعن رقم 3487 للسنة القضائية 71 ق جلسة 2003/10/19**

[1] نقض 5 يناير 1975 مجموعة أحكام النقض س 26 رقم 2 ص 5

# الفصل الرابع

## حماية البيئة الهوائية من التلوث

## في قانون البيئة المصري

يتكون الهواء من خليط عدة غازات أهمها الأكسجين بنسبة 21% و غاز النيتروجين بنسبة 87% من وزن الهواء، و تشكل النسبة الباقية القليلة غاز ثاني أكسيد الكربون بنسبة 0.03%، و بعض الغازات الخاملة الأخرى مثل الهليوم و النيون و الأرجون و الكربتون، و هذا الهواء هو ما يشكل الغلاف الجوي للكرة الأرضية، و يحتاج الإنسان إلى قدر من الهواء يصل إلى نحو 15 ألف لتر كل يوم [1].

ويعتبر الهواء ملوثا إذا تغيرت نسبة تركيبه الطبيعية لأي سبب، أو إذا اختلطت به الشوائب و الغازات الأخرى بقدر يضر بحياة الكائنات الحية التي تقوم حياتها على استنشاق هذا الهواء، و تتعدد ملوثات البيئة الهوائية وهي في أغلبها من صنع الإنسان، و نتيجة للتقدم الصناعي الحديث حيث تم استخدام كميات هائلة من كافة أنواع الوقود ـ فحم و بترول وغاز طبيعي و غيرها ـ و التي ينجم عن حرقها في محطات توليد الكهرباء في المصانع أو في محركات السيارات كميات ضخمة من الغازات تتصاعد إلى الهواء على هيئة دخان محمل بالرماد و الشوائب، و ينتشر ذلك في جو المناطق المحيطة بتلك المنشآت و قد تحملها الرياح إلى مناطق أخرى، و هذه الغازات تكون محملة بغازات خطرة أهمها ثاني أكسيد الكربون و ثاني أكسيد الكبريت و بعض أكاسيد النيتروجين قد تحتوي على شوائب محملة بأبخرة بعض الفلزات الثقيلة مثل الرصاص [2].

[1] د. احمد مدحت إسلام، التلوث مشكلة العصر، مرجع سابق، ص 21
[2] المرجع السابق ص 23

وقد عرفت المادة الأولى من القانون رقم 4 لسنة 1994 في شأن البيئة في بندها الثاني الهواء بأنه:"الخليط من الغازات المكونة له بخصائصه الطبيعية ونسبه المعروفة، وفي أحكام هذا القانون هو الهواء الخارجي، وهواء أماكن العمل، وهواء الأماكن العامة المغلقة وشبه المغلقة" .

ويتسبب حرق كميات هائلة من الوقود في إطلاق ملايين الأطنان من الغازات الضارة في الهواء مما يؤدي إلي تلويثه، فضلا عن أن عمليات الاستخراج و النقل للوقود بأنواعه المختلفة تؤدي إلى تلويث التربة في كثير من الأماكن و إلى تلويث البحار، مما يخل بالنظام البيئي المتوازن.

ويعد زيت البترول و الغاز الطبيعي أهم مصادر إنتاج الطاقة في العالم المعاصر، حيث تدار بهما محطات توليد القوى و محطات توليد الكهرباء، و وسائل النقل و الموصلات ، ومع ازدياد معدلات التصنيع في الدول جميعها النامية و المتقدمة، و زيادة عدد السكان في العالم مما يؤدي إلي الزيادة المطردة في النمو الصناعي، وبالتالي إلى زيادة الاستهلاك في مصادر الطاقة بدرجة كبيرة[1].

وقد عرف قانون البيئة تلوث الهواء بأنه:" كل تغيير في خصائص ومواصفات الهواء الطبيعي يترتب عليه خطر على صحة الإنسان والبيئة سواء كان هذا التلوث ناتجا عن عوامل طبيعية أو نشاط إنساني ، بما في ذلك الضوضاء "[2]. وسوف يتم تناول هذا الفصل في مبحثين، يتناول المبحث الأول:سلوثات البيئة الهوائية، ويتناول المبحث الثاني: حماية البيئة الهوائية من التلوث

---

[1] د. أحمد مدحت إسلام، الطاقة و تلوث البيئة، القاهرة: الهيئة المصرية العامة للكتاب، سنة 2008 ص 9
[2] المادة الأولى - أحكام عامة - من القانون رقم 4 لسنة 1994 في شأن البيئة بند 10

## المبحث الأول: ملوثات البيئة الهوائية

### أولا : تلوث الهواء من الغازات المختلفة

و ينتج تلوث الهواء بثاني أكسيد الكربون نتيجة لاحتراق أية مادة عضوية في الهواء سواء أكان ذلك خشبا أو ورقا أو فحما أو زيت بترول ، و لكون غاز ثاني أكسيد الكربون من المكونات الطبيعية للهواء، فإن ضرره بالكائنات الحية يحدث على المدى الطويل ، و يرجع سبب التلوث بغاز ثاني أكسيد الكربون إلى الكميات الهائلة من الوقود التي تحرقها المنشآت الصناعية و محطات توليد الكهرباء و محركات الاحتراق الداخلي في وسائل النقل و المواصلات، حيث يولد كل جرام من المادة العضوية المحتوية على الكربون عند حرقها من 5,1 إلى 3 جرامات من غاز ثاني أكسيد الكربون[1].

وبإطلاق الإنسان هذه النسب الكبيرة من غاز ثاني أكسيد الكربون إلى الهواء، وغيره من أنواع الملوثات الأخرى، فإن ذلك يعد تدخلا منه في عملية الاتزان المعقدة القائمة بين الهواء و البحر و الكائنات الحية مما يخل بقاعدة التوازن، و بالتالي يضر البيئة، لأن كثرة هذه الانبعاثات عن الحدود التي يمكن استيعابها أدى إلى ظاهرة الاحتباس الحراري التي تعاني منها الأرض على النحو السالف ذكره .

أما تلوث الهواء بثاني أكسيد الكبريت و بأكاسيد النيتروجين و أول أكسيد الكربون، فهو ينتج من حرق أنواع الوقود التي تحتوي على مركبات الكبريت في تكوينها مثل الفحم و البترول ، فعند حرق هذا الوقود يتأكسد ما به من كبريت إلى ثاني أكسيد الكبريت، و ينطلق إلى الهواء مصاحبا ثاني أكسيد الكربون، و ينتج هذا الغاز أيضا من الصناعات التعدينية، و قد ينجم أيضا من بعض المصادر الطبيعية كالبراكين ، وخطورة غاز ثاني أكسيد الكبريتيك يتمثل في أنه غاز حمضي أكال، و لذلك فهو يعد من أخطر عناصر تلوث الهواء فوق المدن، و في المناطق الصناعية إذ يؤدي إلى أضرار كبيرة للجهاز التنفسي للإنسان و كذا للكائنات الحية ، و قد يتحد هذا

---

[1] د. أحمد مدحت إسلام، التلوث مشكلة العصر، مرجع سابق، ص 24

الغاز في بعض الظروف الخاصة بأكسجين الهواء معطيا غازا أخر هو ثالث أكسيد الكبريت ، و عندما يذوب هذا الغاز في بخار الماء الموجود في الهواء يعطي حمضا قلويا يعرف باسم حمض الكبريتيك ، و يعتبر غاز ثاني أكسيد الكبريت أحد العناصر الرئيسية التي تسبب الأمطار الحمضية [1].

فضلا عن ما سبق فإنه عند تساقط هذا المطر الحمضي على سطح الأرض في هيئة رزاز مع الأمطار فإنه يلوث التربة و الأنهار و البحيرات بما يضر بحياة مختلف الكائنات الحية، و نظرا لخطورة هذا الغاز على صحة الإنسان و مختلف عناصر البيئة فقد حددت العديد من الدول النسب الآمنة التي يتعين حرقها من أنواع الوقود التي تنتج عنها انبعاثات من ذلك الغاز[2].

أما بالنسبة لأكاسيد النيتروجين ، فهي تتكون عند اتحاد غاز النيتروجين و الأكسجين و هي توجد على عدة أشكال أهمها: أكسيد النتريك و ثاني أكسيد النيتروجين ، و تحتوى معظم أنواع الوقود على نسب صغيرة من المركبات العضوية المحتوية على النيتروجين، و عند احتراق هذه الأنواع من الوقود ينتج بعض هذه الأكاسيد سواء في المصانع أو محطات توليد القوى أو السيارات و غيرها .

أما الغاز الثالث، الذي يشترك في تلويث الهواء ، فهو غاز أول أكسيد الكربون و نسبته قليلة جدا في الجو عن ثاني أكسيد الكربون، و يتكون هذا الغاز نتيجة الأكسدة غير الكاملة للوقود خصوصا في محركات السيارات، و هذا الغاز يتصف بسميته الشديدة و يعتبر من أخطر الغازات على صحة الإنسان لأنه يكون مع الدم مركبا صلبا يقلل كفاءة الدم في نقل الأكسجين ، و عندما تزداد كميته في الدم يتسبب في انسداد الأوعية الدموية مما يؤدي إلى حدوث الوفاة [3].

---

[1] المرجع السابق ص 32

[2] المرجع السابق ص33

[3] المرجع السابق ص 34

**ثانيا : تلوث الهواء بالشوائب**

تحتوى الغازات المتدفقة من مداخن المصانع على كثير من الشوائب و الأبخرة العالقة و التي تحتوى على مركبات شديدة السمية مثل: مركبات الزرنيخ و الفسفور و الكبريت و السلينيوم كما تحمل بعض مركبات الفلزات الثقيلة كالرصاص و الزئبق و الكاديوم و محاليلها و تبقى هذه الشوائب معلقة في الهواء على هيئة أيروسول أو ضباب خفيف ، و يظهر هذا بوضوح في مناطق التجمعات الصناعية [1].

و تدفع المنشآت الصناعية إلى الهواء كل يوم بكميات هائلة من الرماد و الشوائب يبقى أغلبها معلقا في الهواء، و تحتوي على كثير من المواد الضارة بالبيئة و الإنسان، و لكون الصناعة تعد من الضرورات الحيوية للإنسان لا يمكن أن تستمر حياته بدونها ، و لذا يتوجب التوفيق بين ضرورات حماية الصناعة و ضرورات حماية الإنسان و هو ما أصطلح على تسميته باسم التنمية المستدامة ، وإن لم يكن بالإمكان منع التلوث البيئي بشكل كامل ، فإنه يجب الالتزام بالنسب المحددة للانبعاثات في الهواء من هذه المنشآت, و من السيارات و غيرها من محطات الوقود، بما يؤدي إلى تضرر البيئة بشكل كبير و بما لا يتعدى الحد الأقصى المسموح ببثه من أي من هذه العناصر الضارة بالبيئة الهوائية، و بالقدر الذي يستطيع الإنسان تحمله حتى لا يؤثر ذلك على سلامة صحته و كفاءته البدنية و الذهنية .

و تجدر الإشارة إلى أن الدراسة قد تتناول تلوث الهواء بمركبات الكلوروفلوروكربون عند تناول أثر تلوث الهواء في طبقة الأوزون، في المبحث الثاني من هذا الفصل . و ينقسم هذا المبحث الذي يتناول ملوثات البيئة الهوائية إلى مطلبين ، يتناول المطلب الأول : التلوث من الآلات و المحركات و المركبات و القمامة ، و المطلب الثاني و يتناول : حماية البيئة من التلوث من الآلات و المحركات و المركبات و القمامة .

[1] المرجع السابق، ص 48

## المطلب الأول: التلوث من المنشآت و الآلات

## و المحركات والمركبات والقمامة

لقد تسارعت وتيرة التدمير البيئي فى القرنين السابع عشر و الثامن عشر مع بداية تصنيع الزراعة، ثم تسارعت مرة أخرى فى القرن الثامن عشر و التاسع عشر مع الثورة الصناعية، و استمرت على سرعتها حيث تزايدت المصانع والشركات التي تتعامل بدون حساسية مع البيئة و جمعت ملايين الأطنان من المواد الخام و سعت إلى التخلص من نفاياتها دون مراعاة لسلامة البيئة وبثها لملايين الأطنان من الانبعاثات فى الغلاف الجوي نتيجة حرق النفط والفحم، مما أدى إلى ارتفاع درجة حرارة الأرض بشكل غير مسبوق[1].

وإذا نظرنا إلى تلوث الهواء في مصر، نجد أن من أوضح مظاهره السحابة السوداء التي تظهر قي سماء القاهرة في أكتوبر من كل عام والتي بدأت منذ عام 1998 تتسبب في وجود 12 مليون متر مكعب سنويا من المخلفات الكربونية الصلبة العالقة والتي تغطى سماء 11 محافظة، بينما التلوث الكامل للهواء بعادم وسائل المواصلات والنقل والصناعة والغازات المنبعثة من كافة الأنشطة الزراعية والصناعية والمدنية تتسبب في خسائر سنوية للاقتصاد المصري تبلغ 6400 مليون جنيه[2].

وتسبب السحابة السوداء المذكورة في ضيق بالتنفس و احمرار و التهاب في الأعين للسكان، و قد عزي ذلك لحرق القمامة ولحرق مخلفات المصانع في المدن الصناعية حول القاهرة، و قيل أيضا أنها بسبب حرق الفلاحين في الدلتا للمخلفات الزراعية، و خاصة قش الأرز في شمال الدلتا ، و أعواد القطن و مخلفات بعض الزراعات الأخرى في جنوب الدلتا ، و ذكر الفلاحين أن ذلك الحرق يتم بناء على تعليمات وزارة الزراعة حتى يتم قتل يرقات الحشرات الزراعية التي بهذه المخلفات حتى لا تنتقل للمحاصيل

---

[1] د. ليزا . ه. نيوتن ، ترجمة إيهاب عبد الرحيم محمد ، نحو شركات خضراء ، الكويت : عالم المعرفة ،سنة2006، العدد 329

[2] نادر نور الدين، الخسائر المالية من تلوث النيل، الشروق، 2009/11/23

في السنوات القادمة ، و لذا فقد اجتمع رئيس مجلس الوزراء و المحافظين من القاهرة و الجيزة و محافظات الدلتا و وزير الحكم المحلي و وزير الدولة لشئون البيئة و وزير الزراعة، حيث تم اتخاذ قرارات بمنع حرق المخلفات الزراعية و الصناعية و البحث عن طرق بديلة للتخلص منها[1].

الفرع الأول: التلوث من الآلات و المحركات

لقد أدت طفرت التطور الصناعي بعد الحرب العالمية الثانية إلى إجهاد بيئي كبير و ظهرت الآثار السلبية لهذه النشاطات الصناعية على الهواء و المياه و التربة لأن عماد النشاط الصناعي هو استخدام الآلات و المحركات في عمليات التصنيع بجميع مراحلها، وذلك باستخدام الطاقة الناجمة من الفحم أو البترول أو الغاز أو الكهرباء، حيث يستخدم الفحم و الغاز في تشغيل محطات توليد الكهرباء ، و يستخدم البترول و مشتقاته و كذلك الكهرباء في تشغيل جميع أنواع المحركات و الآلات ، في دورة صناعية من الاعتماد المتبادل بين مصادر الطاقة الأكثر تلويثا - الفحم و البترول و الغاز - و الأقل تلويثا - الكهرباء - و الصديقة للبيئة - الطاقة الشمسية و قوة الرياح و أمواج البحر - و نظرا لما تمثله الصناعة و منتجاتها من دور حيوي في التنمية الاقتصادية و الاجتماعية حيث يعتمد عليها الدول لزيادة دخلها القومي، و لخلق فرص عمل جديدة للشباب مما يساهم في حل مشاكلهم الاجتماعية و الاقتصادية، و بالتالي المساعدة في حل مشاكل المجتمع ككل .

وكانت ضريبة التنمية هي انتشار التلوث البيئي للهواء و الماء و التربة و تراكم النفايات الكيماوية و السامة و التي تنتج الدول الصناعية الكبرى 90% منها ، وتتزايد الانبعاثات الغازية الخطرة في الغلاف الجوي للكرة الأرضية، و الذي تأتي معظمها من الدول الصناعية الكبرى أيضا نتيجة لصراعها و تنافسها نحو التقدم الصناعي و التكنولوجي و لمزيد من الرفاهية لشعوبها، وذلك على حساب تغيير مناخ كوكب الأرض مما يضر بالدول الفقيرة التي لم تستفيد من عمليات التصنيع و أصيبت بالضرر من التغيرات المناخية .

---

[1] Nicholas. Hopkins, Sohair R. Mehanna , and Slah El - Haggar People and Pollution , Cairo : The American University in Cairo , press , year 2001 , p 20

والتلوث البيئي الصناعي الناتج من الآلات و المحركات يعني: مجموعة التغيرات التي تطرأ على الطبيعة بفعل تشغيل الإنسان لهذه المحركات و الآلات و ما تطرحه من مخلفات سواء أكانت غازية أم سائلة أم صلبة، إضافة إلى ما تثيره من ضوضاء، و لكل صناعة مخلفاتها النوعية التي تشكل ضررا نوعيا على البيئة، فالصناعات الغذائية و النسيجية تطرح مواد عضوية إلى المصادر المائية، في حالة عدم المعالجة الفعالة للمياه المتخلفة عنها ، و الصناعات الهندسية تطرح انبعاثات غازية و ثاني أكسيد الكربون، و مخلفات سائلة تحتوي على عناصر ثقيلة تشكل خطرا على البيئة و الإنسان ، و الصناعات الكيماوية كالأسمدة و البويات و المبيدات و غيرها تطرح مخلفات سائلة تحتوي على مواد كيميائية شديدة الخطورة و السمية على الإنسان و البيئة.

و تشكل الصناعات الإنشائية و مصانع الأسمنت و المسابك و غيرها من الصناعات الشبيهة مصدرا رئيسيا لملوثات الهواء، و جميع هذه الصناعات لا يمكن الاستغناء عنها لأنها أساس التنمية في دول العالم الثالث ، حيث نجحت الدول الأوروبية المتقدمة في نقل هذه الصناعات شديدة التلوث مثل صناعة الأسمنت و الأسمدة إلى دول العالم الثالث و استحوذت عليها في هذه الدول.

و الحل الأمثل المتاح هو مكافحة التلوث الذي تحدثه التنمية الصناعية و عدم تجاهله و معرفة أبعاده للحد منه عن طريق التقييم المستمر لمستويات التلوث واقتراح الحلول المناسبة للتقليل منه، و تطبيق مبدأ الملوث يدفع الثمن، مع الأخذ في الاعتبار أن يتم إقامة الصناعات شديدة التلويث بعيدا عن التجمعات السكانية[1] و مجاري المياه، و نشر الوعي البيئي لدى الكوادر الصناعية ، و تقديم الحوافز للمستثمرين في حالة حفاظهم على البيئة و حمايتها[2].

[1] لقد بدأت الوزارة في تنفيذ المرحلة الثانية من مشروع مكافحة التلوث الصناعي و يعتبر هذا المشروع امتداد للمرحلة الأولى و التي انتهت عام 2005 و التي بلغت ميزانيتها 35 مليون دولار، و قد تم تنفيذ 24 مشروعا لتطبيق تكنولوجيا الإنتاج الأنظف لعدد 20 منشأة صناعية. -التقرير السنوي لوزارة الدولة لشئون البيئة لعام 2008 ( الملخص التنفيذي ) ص 10

[2] د. ساطع محمود الراوي، مجلة البيئة و الحياة ، جامعة الموصل www. Estis/ sites/ enviroirak

**الفرع الثاني : تلوث الهواء الناتج من المركبات " عوادم السيارات [1] "**

تلوث الهواء بعوادم السيارات و الرصاص ظاهرة تعاني منها المدن الكبرى في العالم و التي يقدر عدد سكانها بالملايين ، حيث يكتظون في مساحات ضيقة من الأرض حيث تتزاحم وسائل النقل المتنوعة التي تجوب في شوارع هذه المدن ليلا و نهارا، وهذا يجعلها تعيش في ضباب دخاني يبقى معلقا في جوها لعدة أيام و هذا الضباب غير مرئي [2] ـ و هو يختلف عن السحابة الدخانية التي تغطي سماء القاهرة كل عام و التي يستطيع الناس ملاحظتها و الشعور المباشر بها - ، و تزداد خطورة هذا الضباب الدخاني عندما يختلط ببعض الغازات السامة من ثاني أكسيد الكبريت أو كبريتيد الهيدروجين أو بعض أكاسيد النيتروجين .

وتشير الإحصاءات أن الغازات المنطلقة من عوادم السيارات هي العامل الرئيسي في تلويث هواء المدن، حيث تصل النسبة إلى 60% من حجم عوامل التلوث الأخرى [3]. أما التلوث بالرصاص فيحدث نتيجة أن بعض الدول تضيف مادة " رابع أثيل الرصاص " إلى الوقود لتحسين صفاته و رفع رقمه "الأوكتيني" و لتحسين كفاءة محركات السيارات ، و عندما يحترق الوقود في محركات السيارات يتأكسد الوقود العضوي إلى ثاني أكسيد الكربون و بخار الماء ، و يتأكسد معه الرصاص إلى أكسيد الرصاص ، وهو مادة جامدة لا تقبل التطاير و لمنع تراكمها على جدران المحرك يتم إضافة مادة كيماوية أخرى هي " بروميد الأثيلين " تحول الرصاص إلى بروميد الرصاص، و هي مادة متطايرة تخرج مع عادم السيارات و تمنع ترسب الرصاص على الجدران الداخلية للمحرك ليستقر في صدور المواطنين من سكان المدن مما يسبب العديد من الأمراض التنفسية [4].

---

[1] عرف قانون البيئة مركبات النقل السريع بأنها:"هي السيارات والجرارات والدراجات الآلية وغير ذلك من الآلات المعدة للسير على الطرق العامة". المادة الأولى - أحكام عامة - من القانون رقم 4 لسنة 1994 في شأن البيئة بند 11

[2] د. أحمد مدحت إسلام، مرجع سابق،ص35

[3] المرجع السابق ، ص36

[4] المرجع السابق ص 39

**الفرع الثالث: التلوث من القمامة**

ازدادت مشكلات جمع القمامة و معالجتها في العصر الراهن و تزداد تعقيدا مع تطور الحضارة و ازدياد السكان و أصبحت مشكلة اجتماعية و بيئية كبيرة تعاني منها الأحياء السكنية في المدن الكبري، هذا فضلا عن مشاكل مخلفات المصانع و المستشفيات، و التي تم تناولها في مكان أخر في هذه الدراسة .و لا تزال مدن كثيرة - إن لم تكن معظم المدن المصرية - تعاني من مشكلة إدارة القمامة المنزلية ، إذ يتم قلب القمامة في التربة و تترك لتتعرض لعمليات التحلل الطبيعي و التآكل و عمليات التحول الأخرى و الاشتعال الذاتي، و التناقص التدريجي في الكمية لتحولها إلى غازات ضارة بالبيئة و الصحة العامة .

و تشتمل القمامة المنزلية على مخالفات عضوية و هي المواد القابلة للتخمر و التحلل الناتجة من إنتاج و تجهيز الطعام، و التي تختلف من مدينة إلى أخرى و من حي إلى آخر حسب العادات و التقاليد المتبعة في الطعام و يدخل في نطاق هذه القمامة أيضا مخلفات كنس الشوارع و التي تتمثل في عمليات جمع و كنس الأتربة و الأوساخ الموجودة على جانبي الطرق و الميادين . و في البلدان النامية عموما تتزايد مشكلة القمامة المتولدة نتيجة لزيادة السكان و لانخفاض المستوى الاقتصادي و الثقافي، حيث يقوم السكان بالتخلص من القمامة برميها في الطرقات أو على الأكثر في مقالب مكشوفة في العراء بجوار المساكن، و لعجز الإدارة المحلية في هذه البلدان عن حل هذه المشكلة فتتحلل القمامة، و ينتج عنها روائح كريهة و تلويث خطير و ضار بالصحة العامة .

و عندما تتفاقم المشكلة يتم تجميع القمامة في مقالب عمومية أكبر و أبعد نسبيا عن المناطق السكنية، حيث يتم حرقها أو تركها في العراء للتحلل الذاتي و تنتشر الروائح الكريهة في تلك المناطق و ينتشر الذباب و البعوض و الكلاب الضالة، و في مصر كانت القمامة تجمع في المدن الكبرى من قبل القطاع الخاص حيث يقوم مقاولون بتشغيل عدد من جامعي القمامة " الزبالين " في الأحياء السكنية لجمع القمامة نظير مبلغ شهري معين[1]، و

[1] هذا المبلغ يتراوح بين 3 إلى 5 جنيهات في الأحياء الشعبية و من 5 إلى 10 جنيهات في الأحياء الراقية

يقوم هؤلاء بتجميعها في أماكن متعددة داخل القاهرة، حيث يتم فرز ما يمكن إعادة تدويره منها و خاصة الورق و الزجاج و البلاستيك ، ثم يتم إلقاء المواد العضوية و المخلفات الأخرى للخنازير و التي كان يتم تربيتها على هذه المخلفات في المناطق العشوائية و الأكثر فقرا داخل القاهرة و خوافا من انتشار أنفلونزا الخنازير " *H1N1* " حيث رأتها الدولة فرصة سانحة لإعدام جميع الخنازير، و نتج عن ذلك مشكلة تراكم للقمامة بدرجة كبيرة في القاهرة الكبرى، إذ امتنع جامعو القمامة عن جمعها و ذلك لأن مكسبهم الأكبر كان في بيعها إلى الذين يقومون بتربية الخنازير ، و تعد مشكلة القمامة من المشاكل المزمنة في المدن المصرية و قد لجأت الحكومة للتعاقد مع شركات أجنبية بإدارة عملية جمع القمامة، و تم تحميل المواطنين تكلفة ذلك مما آثار جدلا حول كفاءة التعامل مع المشكلات في مصر .

**المطلب الثاني: حماية البيئة الهوائية من تلوث المنشآت**

**و الآلات والمحركات والمركبات والقمامة**

وحدد قانون البيئة المقصود بالمنشأة بأنها:"المنشآت الصناعية الخاضعة لأحكام القانونين رقمي 21 لسنة 1958 و 55 لسنة 1997 . المنشآت السياحية الخاضعة لأحكام القانونين رقمي 1 لسنة 1973 و1 لسنة 1992 .و منشآت إنتاج وتوليد الكهرباء الخاضعة لأحكام القوانين أرقام 145 لسنة 1948 و 63 لسنة 1974 و 12 و 13 و 27 لسنة 1976 و 103 لسنة 1986 . و منشآت المناجم والمحاجر والمنشآت العاملة فى مجال الكشف عن الزيت واستخراجه ونقله واستخدامه ، الخاضعة لأحكام القوانين أرقام 66 لسنة 1953 و 86 لسنة 1956 و 61 لسنة 1958 و 4 لسنة 1988"[1] ،جميع مشروعات البنية الأساسية ،أي منشأة أخرى أو نشاط أو مشروع يحتمل أن يكون لها تأثير ملحوظ على البيئة . ويصدر بها قرار من جهاز شئون البيئة بعد الاتفاق مع الجهة الإدارية المختصة .

[1] المادة الأولي - أحكام عامة - من القانون رقم 4 لسنة 1994 في شأن البيئة بند 34

**الفرع الأول: حماية البيئة الهوائية من تلوث المنشآت و الآلات**

تكون الآلات و المعدات في معظم الأحيان داخل منشآت صناعية يقوم عليها عاملين، و قد اهتم المشرع برعاية البيئة الهوائية لهؤلاء العاملين وحرص على أن تكون البيئة الهوائية التي يمارسون فيها أعمالهم ملائمة من حيث سلامة الهواء المستنشق فيها، و أن لا يكون هناك تأثير خطر للمعدات و الآلات التي تستخدم في العمل على سلامة الهواء في بيئة العمل .

و لذا نصت المادة " 43" من قانون البيئة على إلزام صاحب المنشأة باتخاذ الاحتياطات و التدابير اللازمة لعدم انبعاث ملوثات الهواء داخل أماكن العمل إلا في الحدود المسموح بها ، و ألزمته بأن يوفر سبل الحماية اللازمة للعاملين تنفيذا لشروط السلامة و الصحة المهنية بما في ذلك اختيار الآلات و المعدات و أنواع الوقود المناسبة ، و أن يأخذ في الاعتبار مدة التعرض للملوثات و أن يضمن التهوية الكافية و تركب المداخن و غيرها من وسائل تنقية الهواء .

و قد حددت المادة "45" من اللائحة التنفيذية للقانون أن يكون انبعاث ملوثات الهواء داخل مكان العمل في الحدود المسموح بها قانونا و المنصوص عليها في الملحق رقم "8" من اللائحة، سواء كانت ناتجة عن طبيعة ممارسة المنشأة لنشاطها أو عن خلل في الأجهزة.و ألزمت المادة "44" من القانون صاحب المنشأة باتخاذ الإجراءات اللازمة للمحافظة على درجتي الحرارة و الرطوبة داخل مكان العمل بما لا يجاوز الحد الأقصى و الحد الأدنى المسموح بهما ، و نصت أيضا على أنه إذا اقتضت الظروف ضرورة العمل في درجتي حرارة أو رطوبة خارج هذه الحدود فإنه يتعين عليه أن يكفل وسائل الوقاية المناسبة للعاملين من ملابس خاصة و غير ذلك من وسائل الحماية ، و هذه الحدود بينتها اللائحة التنفيذية تفصيلا في الملحق رقم "9" وفق ما هو وارد بالمادة "46" من اللائحة التنفيذية .

و قد نصت المادة "45" أن تكون الأماكن العامة المغلقة وشبه المغلقة ـ وفق ما هو وارد بالأحكام العامة بالقانون بنده 5، 6 ـ أن تكون مستوفية لوسائل التهوية الكافية بما يتناسب و حجم المكان و قدراته

الاستيعابية و نوع النشاط الذي يمارس فيه، بما يضمن تجدد الهواء و نقائه و احتفاظه بدرجة حرارة مناسبة ، و نصت المادة "47" من اللائحة على أن يكون الجدول رقم "4" من الملحق رقم "8" يبين كميات الهواء اللازمة في الأماكن العامة .

و على ما سبق، يتضح مدى اهتمام المشرع بتوفير بيئة صحية للعمل ، و توفير حماية للعاملين من انبعاثات الآلات و المعدات المستخدمة في عملية الصناعة، وذلك بأن وضع حدودا قصوى للانبعاثات الملوثة يحب الالتزام بها من صاحب المنشأة و وفق دراسة التقييم البيئي، و كذا الالتزام بدرجة الرطوبة و حرارة دنيا و قصوى لا يجوز مخالفتها إلا عند الضرورة مع توفير الإمكانات اللازمة للعاملين في هذه الظروف من أدوات و ملابس مناسبة لحمايتهم، بل إن المادة "46" من القانون ألزمت المدير المسئول عن المنشأة باتخاذ الإجراءات الكفيلة بمنع التدخين في الأماكن المغلقة إلا في الحدود المسموح بها في الترخيص الممنوح لهذه الأماكن، وأن يقوم بتحديد حيز للمدخنين بما لا يؤثر على الهواء في الأماكن الأخرى ، و تم حظر التدخين في وسائل النقل العام . و كررت ما سبق و أكدت عليه المادة"48" من اللائحة، بأن اعتبرت التدخين خارج الحيز المحدد من المدير المسئول يعد مخالفة إدارية تعرض مرتكبها للعقاب التأديبي المعمول به بالمنشأة ، وتجدر الإشارة إلي أن هناك عدة قوانين أخري تحظر التدخين[1].

وقد نظم قانون البيئة رقم 4 لسنة 1994 حماية البيئة الهوائية من تلوث الآلات و المحركات و المركبات في المواد 34 ،35 ، 36 ، و اشترطت المادة "34" ، أن يكون الموقع الذي سيقام عليه المشروع و الذي سيستخدم آلات و محركات مناسبا لنشاط المنشاة بما يضمن عدم تجاوز الحدود المسموح بها لملوثات الهواء ، و أن تكون جملة التلوث الناتج عن مجموع المنشآت في منطقة واحدة في الحدود المصرح بها . و قد أحالت المادة المذكورة للائحة التنفيذية في تحديد المنشآت الخاضعة لأحكامه و

[1] قانون رقم 52 لسنة 1981م و الذي يقضي بمنع التدخين و حظره داخل الأماكن العامة و وسائل المواصلات.قانون رقم 4 لسنة 1994م و الذي يقضي بمنع التدخين في الأماكن العامة و تغريم المدخنين من 50-100جنيه مصري داخل وسائل المواصلات العامة.

الجهة المختصة بالموافقة على ملائمة الموقع و الحدود المسموح بها لملوثات الهواء و الضوضاء في المنطقة التي ستقام بها المنشأة .

و قد نصت اللائحة التنفيذية لقانون البيئة في المادة "34" على وجوب مراعاة أحكام المادتين العاشرة الخاصة بتقييم الأثر البيئي ، و المادة الحادية عشر الخاصة بحصر المنشآت التي تنطبق عليها المادة "10" وفقا للملحق رقم "2" من اللائحة التنفيذية و أضافت عدة شروط أخرى، منها أن يؤخذ في الاعتبار عن تقرير مناسبة الموقع مدى بعده عن العمران سواء في منطقة المشروع أو في المناطق المحيطة، و اتجاه الرياح و مدى قدرة الطبيعة على استيعاب الملوثات .

و نصت المادة "35" من قانون البيئة على أن تلزم المنشآت الخاضعة لأحكام هذا القانون في ممارستها لأنشطتها بعدم انبعاث أو تسرب ملوثات للهواء بما يجاوز الحدود القصوى المسموح بها في القوانين و القرارات السارية، و ما تحدده اللائحة التنفيذية لهذا القانون، و قد أضافت اللائحة في مادتها "36" على وجوب الالتزام بأحمال الملوثات المحددة بتقييم التأثير البيئي لها وفقا للملحق رقم "6" من اللائحة ، و بالأدلة الاسترشادية لأحمال التلوث التي يصدرها جهاز شئون البيئة .

و قد نصت المادة "36" من قانون البيئة[1] علي أنه لا يجوز استخدام آلات أو محركات أو مركبات ينتج عنها عادم أو ينبعث منها دخان كثيف أو صوت مزعج يجاوز الحدود التي تحددها اللائحة التنفيذية لهذا القانون ، و مع عدم الإخلال بقانون المرور رقم "66" لسنة 1973 ، يجوز لمأموري الضبط القضائي من ضباط شرطة البيئة و المسطحات المائية و قف تشغيل أو تسيير الآلات أو المحركات و سحب تراخيصها لحين إزالة أسباب المخالفة .

و يتبين من المادة السابق أن التعديل الذي أدخل على المادة المذكورة، قد أعطى لضباط شرطة البيئة سلطات ضباط شرطة المرور على المركبات و أعطاهم حق سحب تراخيصها لحين إزالة أسباب المخالفة.

[1] معدلة بالقانون رقم 9 لسنة 2009 : و كانت تنص قبل تعديلها على أنه : لا يجوز استخدام آلات أو محركات أو مركبات ينتج عنها عادم يجاوز الحدود التي تقررها اللائحة التنفيذية

وعليه فإنه لضباط شرطة البيئة حق التفتيش و استيقاف المركبات و فحصها و سحب تراخيصها إن كانت مخالفة لاشتراطات قانون البيئة في ما تصدره من انبعاثات أو أصوات . و هذا الاختصاص أيضا معطى لضباط شرطة المرور بموجب قانون المرور ، مما يجعل هذه الجزئية الخاصة بالانبعاثات الزائدة و الأصوات المزعجة من المركبات تخضع في ضبطها لكل من ضباط شرطة المرور و ضباط شرطة البيئة .

**الفرع الثاني: حماية البيئة الهوائية من التلوث**

**بحرق القمامة والمخلفات الصلبة**

حظرت المادة "37" من قانون البيئة[1] في الفقرة (أ) بشكل قطعي الحرق المكشوف للقمامة و المخلفات الصلبة ، و حظرت الفقرة (ب) على القائمين على جمع القمامة و نقلها إلقاء و فرز و معالجة القمامة و المخلفات الصلبة إلا في الأماكن المخصصة لذلك بعيدا عن المناطق السكنية و الصناعية و الزراعية و المجاري المائية ، و أحالت على اللائحة التنفيذية تحديد المواصفات و الضوابط و الحد الأدنى لبعد الأماكن المخصصة لهذه الأغراض عن المناطق المذكورة . و ألزمت الفقرة (ج) من المادة المذكورة وحدات الإدارة بالاتفاق مع جهاز شئون البيئة بتخصيص أماكن إلقاء و فرز و معالجة القمامة و المخلفات الصلبة طبقا لأحكام قانون البيئة و لائحته التنفيذية ، كما ألزمت أيضا الإدارة بتخصيص صناديق و أماكن داخل المدن و القرى لتجميع القمامة و المخلفات الصلبة و نقلها و تحديد المواعيد المناسبة لذلك و إلا وجب محاسبة المختص إداريا .

و حظرت الفقرة (د) من المادة المذكورة إلقاء القمامة و المخلفات الصلبة في غير تلك الصناديق و الأماكن المخصصة لها ، و التزمت القائمون على جمع القمامة و المخلفات الصلبة و نقلها بمراعاة نظافة صناديق جمعها و سيارات نقلها ، و أن تكون الصناديق مغطاة بصورة محكمة ، و أن يتم جمع و نقل ما بها من قمامة و مخلفات صلبة في فترات مناسبة ، و ألا تزيد كميتها في أي من تلك الصناديق عن سعتها الحقيقية .

[1] معدلة بالقانون رقم 9 لسنة 2009

و باستقراء المادة سالفة الذكر يتضح مدى مثالية القانون و بعده عن الواقع المعاش على الأرض في معظم ربوع مصر وقراها و حضرها ، - إذا تم استثناء الأحياء الراقية و أماكن عيش أصحاب السطوة و النفوذ - فلن يعدم أي مواطن دليلا يناقض جميع الالتزامات القانونية الواردة في المادة المذكورة، فهناك فجوة كبيرة بين التشريع و الواقع عموما في مصر و يعلم المشرعون أنهم بإصدارهم القانون فإنه لن يكون قيد التنفيذ و أنه يكون رهن رغبة الإدارة التي ستتعلل دائما بنقص الإمكانات للتنفيذ، و على أكثر تقدير ستنفذه على مناطق و أناس و تترك مناطق و أناس آخرين ، فتجد مواطنون ينعمون بالعيش في وسط تلال من القمامة، و آخرين يعيشون في مناطق تماثل أحياء أوروبية، و كلا المنطقتين خاضعتين لذت القانون .

أما الريف عموما فهو بلا استثناء يعاني من تلوث بيئي على جميع الأصعدة، من تلوث مياه الشرب، إلى تلوث الترع و المصارف الملئ بالمياه الآسنة و مخلفات الصرف الصحي و أكياس القمامة و المواد الصلبة و السائلة التي تصدم أي مشاهد لم يتعود على رؤية مثل هذه القاذورات ، حيث أن الناس في القرى من كثرة معايشتهم لهذه الملوثات أصبحت بمثابة أشياء عادية بالنسبة لهم .

هذا الفرق بين الواقع و القانون عند تناول ما تقرره اللائحة التنفيذية من قواعد ، فاللائحة التنفيذية تحظر نهائيا الحرق المكشوف للقمامة و المخلفات الصلبة إلا في الأماكن المخصصة لذلك على نحو ما جرى نص القانون و وضعت ضوابط لبعد أماكن الحرق عن المناطق السكنية و الصناعية و الزراعية كالآتي :

1 ـ أن تخصص وحدات الإدارة المحلية أماكن لاستقبال القمامة و المخلفات الصلبة لمعالجتها بعد دراسة متكاملة وفقا للاشتراطات و المواصفات المبينة بالملحق رقم "11" من اللائحة .

2 ـ تتولى الجهة الإدارية المختصة بتقييم الأثر البيئي للأماكن و المنشآت المطلوب الترخيص لها لاستقبال و معالجة القمامة و المخلفات الصلبة وفقا لما يصدره جهاز شئون البيئة من تصميمات و مواصفات بالاتفاق مع الجهة الإدارية المختصة وفقا للملحق رقم "11" من اللائحة .

3 ـ يجب أن تبعد أماكن إلقاء القمامة و المخلفات الصلبة و منشآت معالجتها و مواقع الردم الصحي بمسافة 1500 متر عن أقرب منطقة سكنية و أن تبعد منشآت معالجة المخلفات الحيوانية و الداجنة و المخلفات الزراعية بمسافة 500 متر عن أقرب منطقة سكنية و يجب استيفاء الاشتراطات المبينة بالملحق رقم "11" للائحة، و يجوز لدواعي الضرورة في المناطق الريفية تعديل هذه المسافات وفقا لظروف المنطقة و بعد موافقة الجهات المختصة .

4ـ و قد تم وضع نظام لمعالجة القمامة و المخلفات الصلبة عن طريق فصل و إعادة استخدام ـ استرجاع ـ تدوير بعض مكوناتها ـ الورق و الزجاج و البلاستيك و المعادن و غيرها ـ ، ثم يتم معالجات بيولوجية و فيزيائية و حرارية و كيماوية حسب الحالة وفقا للاشتراطات المقررة بالملحق رقم "11" من اللائحة .

و قد كررت المادة "39" من اللائحة ما أكثرته المادة "39" من القانون ، و يتضح مما سبق اتساع الفجوة بين النصوص القانونية و الواقع المعاش سواء في القرى أو في المدن حيث تشغي المناطق الشعبية بالمخلفات الصلبة و القمامة و تزداد الظاهرة في الأماكن البعيدة عن مراكز القاهرة الكبرى وأحيائها الراقية، ففي المرج مثلا و شبرا الخيمة و المطرية وعين شمس و مراكز محافظة الجيزة و حلوان ، فضلا عن القرى في جميع أنحاء الجمهورية تعاني معظمها من مشكلات مزمنة من القمامة و الصرف الصحي .

ففي دراسة أعدتها وزارة البيئة عن العشوائيات في مصر [1] تلاحظ أنها تشمل معظم أغلبية محافظات مصر و أنها تمثل 30% من المناطق السكنية ، و يسكنها نحو 16 مليون مواطن في أكثر من 1100 منطقة عشوائية ، و أنها تعاني من نقص الخدمات و المرافق و أن هناك تدهورا في البيئة و الثروات الطبيعية في الكثير من المناطق ، إن هناك مراكز للأنشطة غير الرسمية بها و يوجد بها أنشطة مختلفة ( صناعية ـ تجارية ـ زراعية ـ سكنية ) و تتميز عموما بنقص الوعي العام، و قد أرفق بالدراسة جدول تفصيلي يبين عدد العشوائيات في كل محافظة و إجمالي

[1] التنمية البيئية للمجتمعات العمرانية ، ص 131

عدد سكان العشوائية ، فهل و فر قانون البيئة المطبق و الملزم أية حماية البيئة في هذه العشوائيات من التلوث بالقمامة و المخالفات الصلبة هذا فضلا عن حمايته لمياهها و هوائها و تربتها من التلوث، حقيقة إنه لا يعيب القانون اكتماله و لكن العيب هو في التطبيق للقانون و عدم أخذه مأخذ الجد و تنفيذه في كل المناطق و على الكافة دون تميز سلبي أو إيجابي ، مما جعل مصر بجميع مستوياتها الإدارية الحكومية تفشل في التعامل مع مشكلة القمامة .

**وقد تم تجريم مخالفة حماية البيئة الهوائية من تلوث الآلات و المحركات و المركبات و المخلفات الصلبة و حرق القمامة ، و حماية البيئة الهوائية في المنشآت .** حيث نصت المادة (86) من قانون البيئة على معاقبة كل من خالف المادة "36" ـ الخاصة بعدم جواز استخدام آلات و محركات و مركبات ينتج منها عادم أو دخان كثيف يجاوز الحدود المنصوص عليها في القانون و لائحته ـ بغرامة لا تقل عن مائتي جنيه و لا تزيد على ثلاثمائة جنيه .

و نصت المادة (87) على معاقبة كل من يخالف أحكام المواد : (35) ـ التي تلزم المنشآت بعدم تجاوز الحدود القصوى للانبعاثات الملوثة للهواء ـ و المادة (37) بند (ب ، د ) ـ التي تلزم بعدم حرق أو معالجة القمامة و المخلفات الصلبة إلا في الأماكن المخصصة لذلك ـ و المادة (43)  التي تلزم صاحب المنشأة باتخاذ الاحتياطات و التدابير اللازمة لعدم تسرب و انبعاث ملوثات الهواء داخل مكان العمل إلا في الحدود المسموح بها ، و المادة (44)  التي تلزم صاحب العمل بالمحافظة على درجتي الحرارة و الرطوبة في الحدود المسموح بها ، و المادة (45) التي تلزم صاحب العمل بأن تكون الأماكن المغلقة و شبه المغلقة مستوفية لوسائل التهوية الكافية ، و المادة (46)  / فقرة أولى و التي تلزم المدير المسئول عن المنشأة باتخاذ الإجراءات الكفيلة بمنع التدخين في الأماكن المغلقة ، و حظر التدخين في وسائل النقل العام .

حيث قررت المادة "87" عقوبة الغرامة التي لا تقل عن ألف جنيه و لا تزيد عن عشرين ألف جنيه لكل من خالف أحكام المواد سالفة الذكر . و قررت المادة عقاب المدير المسئول عن المنشأة بمنع التدخين في الأماكن العامة المغلقة بذات العقوبة سالفة الذكر ـ و في حالة العود تضاعف

الغرامات المذكورة[1]، و عاقبت المادة سالفة الذكر أيضا كل مـن يـدخن في وسائل النقل العـام بغرامة لا تقل عن خمسين جنيها و لا تزيد على مائة جنيها .

و الملاحظ أن العقوبات المالية المقررة عند مخالفة المادة "37" مـن القـانون، و خاصـة البند (أ) ، الخاص بالحرق المكشوف للقمامة ، و البند (د) الذي يحظر إلقاء القمامة و المخلفات الصلبة غير الصناديق و الأماكن المخصصة لها، فبالرغم من حرص المشرع علـى نظافة البيئـة مـن التلوث بالقمامة أو حرقها إلا أن المبالغة في العقوبة يجعل من تطبيقها غايـة في الصعوبة سواء من القائمين على تطبيق القانون أو الذين تطبق عليهم القانون.

فكما أسلفنا أن نطاق المناطق الملوثة سواء بإلقاء القمامـة أو حرقها تتسع لتشمل معظم القرى و المدن ، و هي تقع في الغالب مـن أنـاس فقراء في معظمهـم ليـس لـديهم مبلـغ الغرامة في حدها الأدنى ، مما يحمل مطبق القانون على التعاطف معهم ، و لو جعلت الغرامة في حدود 50 جنيها في حدها الأدنى فإنها تكون مناسبة ، كما هي غرامة التدخين في وسائل المواصلات حتى تكون فعالة في ردع المواطنين عن عمليات الإلقاء و الحرق للقمامة خاصة و أنه لا تتوافر الصناديق و الأماكن المخصصة لإلقاء القمامة في معظم المناطق المـذكورة . ونـرى أنـه في حالة تقرير غرامة معقولة يستطيع المواطن دفعها ويتم تطبيقها علي المخالفين ، أفضل كثيرا من وجود غرامة كبيرة لا يتم تطبيقها ، وبالتالي لا يطبق القانون ولا تكون له أهمية في حماية البيئة.

أما النقطة الثانية التي يثيرها تطبيق المواد سالفة الذكر أنها نصت على عقاب صاحب المنشأة في عدة مخالفات و نصت على عقاب المدير المسئول في المخالفة الأخيرة ، و هـذه مسـألة يرى العديد من الباحثين أنها تثير دفعا بعدم دستورية نصوص هذه المواد و ذلك لأنـه يمكن أن يكون المرتكب للمخالفة ليس المدير المسئول أو صاحب المنشأة . إذ جرت نصوص المواد العقابية دائما كما في قانون العقوبات المصري أنها تسري على كل من ارتكب فعلا مـن الأفعـال المنصوص على تجريمها في القانون ،

[1] المادة معدلة بالقانون رقم 9 لسنة2009

فصاحب المنشأة غالبا ما يفوض غيره في كل أو معظم مسئولياته و يكون غير متواجد على أرض الواقع و ليس لديه أي علم أو إرادة تتعلق بأركان الجريمة،

و كذا يمكن تطبيق ما سبق على المدير المسئول ، الذي يمكن أن لا يكون متواجدا ويكون مفوضا سلطاته لغيره من المديرين ، الأمر الذي قد يوجد شبهة تعارض مع نص المادة "66" من الدستور التي تقر بأن العقوبة شخصية ، و بالتالي فالجريمة شخصية لابد و أن يكون مرتكبها هو شخص الفاعل و ليس مدير المنشأة أو مالكها على النحو الذي تم تناوله في الفصل الثاني من هذه الدراسة عند تناول المسئولية المفترضة لمدير المنشأة.

وتجدر الإشارة إلى ما ذكرته وزارة الدولة لشئون البيئة من قيامها بالتعامل مع مشكلة المخلفات الصلبة البلدية، وأنها قامت خلال السنوات السابقة برفع حوالي 14 مليون متر مكعب من المخلفات المتراكمة بالتعاون مع جهاز الخدمة الوطنية بالقوات المسلحة و إدارة المهندسين العسكريين، و كذلك تم دعم المحافظات بالمعدات و الآليات مساهمة منها في حل هذه المشكلة المزمنة و التي تؤدى إلى اشتعال الحرائق ذاتيا بالمقلب العمومية و بالتالي إلى تلوث الهواء و خاصة وقت حدوث السحابة السوداء.

لقد تم خلال عام 2008-حسب تقرير وزارة الدولة لشئون البيئة- الاستمرار في التنسيق مع كل من الإدارة العامة للمرور و شرطة البيئة لتفعيل برنامج لفحص عادم السيارات على الطريق من خلال حملات مشتركة متخصصة في بعض مناطق القاهرة الكبرى حيث تم فحص عادم عدد 44545 مركبة ديزل و بنزين و قد أوضحت النتائج نجاح 72 % منها في هذه الاختبارات[1].

إن تزيد تكاليف جمع القمامة لما تحتاجه من توفير أدوات و حاويات و سيارات نقل أو مقالب آمنة و مدافن لتداول هذه القمامة و التي تزداد نتيجة لاتساع المدن و لزيادة الزحف العمراني، الأمر الذي يجب معه إعطائها مزيد من الاهتمام حتى يتم توفير البيئة الآمنة داخل المدن . وقد

---

[1] التقرير السنوي لوزارة الدولة لشئون البيئة لعام 2008 ( الملخص التنفيذي ) ص 9
http://www.eeaa.gov.eg/arabic/main/about.asp-

طلب الرئيس مبارك من الوزراء المختصين ضرورة الاهتمام بسرعة تنفيذ منظومة لإدارة المخلفات الصلبة، والعمل علي تحسين عملية جمع المخلفات ونقلها خارج الكتل السكنية.وأوضح وزير البيئة أنه تم تحديد خمسة مواقع لجمع وتدوير المخلفات ودفنها خارج نطاق المدن، وأشار الوزير إلي أن حجم المخلفات في القاهرة الكبري يبلغ25 ألف طن يوميا، وأن ما يتم تدويره يبلغ20% فقط [1] ، ونأمل أن فلح هذه التوجيهات في حل هذه المشكلة المستعصية علي الحل.

## المبحث الثاني: حماية البيئة الهوائية من أنواع أخري من الملوثات

و ينقسم هذا المبحث إلى مطلبين، يتناول المطلب الأول: الحماية من التلوث من المبيدات، ومن حرق الوقود و من الحفر و التلوث الصوتي، و يتناول المطلب الثاني: الحماية من الإشعاعات الضارة، و حماية طبقة الأوزون، و حماية نهر النيل.

## المطلب الأول: حماية البيئة الهوائية من التلوث

### من المبيدات و من حرق الوقود و من الحفر

ينقسم هذا المطلب إلى فرعين، يتناول الفرع الأول : الحماية من التلوث من المبيدات، و يتناول الفرع الثاني التلوث من حرق الوقود و من الحفر .

### الفرع الأول: التلوث من المبيدات

تعرف المبيدات: بأنها كل المركبات الطبيعية و الكيميائية التي لها القدرة على مكافحة الآفات المختلفة و الحد من تكاثرها و انتشارها على مصادر الغذاء و الكساء، أو من مهاجمة الإنسان أو الحيوان و نقل العدوى إليه [2].

[1] الأهرام 2010/2/16
[2] د. عبد الله محمد إبراهيم، المبيدات سلاح ذو حدين، القاهرة: الهيئة المصرية العامة للكتاب ، سنة 2009 ، ص 5

ولا يوجد من الناحية الفعلية قطاع من قطاعات النشاط البشري لا يستخدم منتجات كيماوية ، و قد عادت منتجات كيميائية كثيرة بالنفع على الإنسان مما أدى إلى التوسع في استخدامها ، و تتميز جميع المواد الكيميائية بدرجة ما من السمية ، و المبيدات من بين المواد الكيميائية تتميز بدرجة عالية من السمية ، و قد أفرط الإنسان في استخدام المبيدات بصورة مبالغ فيها مما أدى إلى ظهور أثارها الخطرة على البيئة عموما و على الإنسان و الحيوان، وذلك بسبب مخلفاتها الكيميائية السامة التي انتشرت حتى وصلت إلى طعام الإنسان و شرابه و سببت له العديد من المشاكل المرضية، و سعى الإنسان إلى إنتاج مواد كيميائية أكثر تخصصا تصب الآفة المستهدفة فقط دون المساس بالأحياء الأخرى، و تكون سريعة التحلل حتى لا يتخلف عنها أثار تضر به و بالبيئة إلا استخدام المكافحة البيولوجية و غيرها من الوسائل الآمنة بيئيا .

إلا أنه مع ذلك مازال الإنسان يعتمد اعتمادا كبيرا على استخدام المبيدات لمكافحة الآفات، و معظم المبيدات هي سموم واسعة المدى لا تميز بين النافع و الضار من الأحياء في البيئة التي تطلق فيها، ولا يقصر مفعولها السام على الآفة المستهدفة بل إن تكرار استخدام المبيدات يؤدى إلى ظهور آفات جديدة، و يحول الآفات المحدودة و غير الملموسة إلى آفات خطيرة واسعة الانتشار، حيث تلاحظ أنه عندما قضى المبيد على الحشرة فإنه يؤدي إلى تزايد أعداد حشرة أخرى[1].

و المبيدات لا تبقى مكانها حيث أطلقت، بل لا يصل إلى الافة المستهدفه أحيانا سوى 10% مما يتم رشه بينما تنتهي النسبة الكبيرة 90 % إلى التربة و الهواء و المياه، و لكثير من الكائنات الغير مستهدفة و منها الإنسان ، و لا يزول أثر هذه المبيدات من التربة إلا بعد مدة طويلة قد تصل إلى عشر سنوات، مما يؤدى إلى تلويثها للمياه الجوفية و وصولها إلى مياه الشرب، و عندما تحملها المياه إلى المجاري المائية فإنها تصيب الأسماك و تخزن في دهونها و يتناول الإنسان هذه الأسماك مما يسبب له العديد من الأضرار الصحية .

[1] المرجع السابق ص 33، و يرى الباحث أن في مصر تحولت بعض الآفات الثانوية إلى آفات خطيرة بعد تزايد الاعتماد على المبيدات، كما حدث للعنكبوت الأحمر، و دودة اللوز في القطن و المن الذي يصيب العديد من الزراعات و غيرها كثير .

و كذلك تمتص النباتات جزاء من هذه المبيدات و تخزنه في أنسجتها، ثم تنقل هذا الجزء إلى الحيوان ثم تنتقل إلى الإنسان عن طريق تناوله ألبان هذه الحيوانات و لحومها [1]،أو إذا تغذى مباشرة على ثمار هذه النباتات، و تؤدى دورة الحياة و الاعتماد المتبادل إلى انتشار أو سع مدى للتلوث بالمبيدات قد يشمل جميع الكائنات الحية نباتية وحيوانية، و خاصة الإنسان الذي قد يتناول العديد من الخضراوات و الفواكه التي تم رشها بمبيدات شديدة السمية [2].

و مازالت العديد من الدول النامية تستخدم المبيدات بتوسع - ومنها مصر- لشدة سميتها ضد الآفات، و لرخص ثمنها حيث تسعى الدول المتقدمة إلى التخلص من مخزونها من هذه المبيدات و إهدائها بلا ثمن إلى الدول النامية حيث اتبعت الدول المتقدمة وسائل بيولوجية و غيرها من الوسائل غير الملوثة في مكافحة الآفات، و قد حذرت منظمة" الفاو" الدول النامية من احتمال تسرب هذا المخزون الهائل من المبيدات إلى الإنسان و البيئة نظرا لعدم كفاية احتياطات التخزين، و العجز عن التخلص من النفايات بالطرق الآمنة [3].

و قد صدرت في مصر عدة قوانين لتنظيم استخدام المبيدات و ضمان حماية البيئة و الإنسان من أخطارها ، و كان قد صدر قانون برقم 50 لسنة 1967بإعطاء مسئولية استيراد المبيدات و تسويقها و تعبئتها و توزيعها إلى كل من وزارة الزراعة و الصحة ، و كلف القانون وزارة الزراعة بإصدار التعليمات الخاصة بالوقاية من أخطار التسمم و بعد ذلك في عصر الانفتاح الاقتصادي فتح باب الاستيراد لكل شيء حيث حدثت طفرة كبيرة في السبعينات إذ وصلت كمية المبيدات المستخدمة سنويا 35 ألف طن و كانت عام 1960 "23400" طن و "30700 " طن في عام 1966 ، ثم بدأت في الانخفاض مع بداية التسعينات 4بعدما زاد الوعي بمخاطرها و انتشرت العديد من الأمراض التي تسببها .

---

[1] د. أحمد مدحت إسلام ، مرجع سابق ص 33

[2] تسبب المبيدات أورام السرطان في الكبد و الجهاز الهضمي و المثانة و الخصية ، و تؤدى إلى اختلال الجهاز المناعي و غيرها من الأمراض ، انظر د. عبد الله محمد إبراهيم ، مرجع سابق ، ص 65

[3] المرجع السابق، ص88

[4] المرجع السابق، ص112

إلى أن صدر القانون رقم 4 لسنة 1994 في شأن البيئة، حيث تضمن مادتين، الأولى المادة "33" و هي تتعلق بإنتاج و تداول المواد الخطرة، سواء الغازية أو السائلة أو الصلبة، حيث ألزمت القائمين بذلك أن يتخذوا جميع الاحتياطات بما يضمن عدم حدوث أي أضرار بالبيئة ، و هذه المادة تم تناولها تفصيلا عند التحدث عن تداول و إنتاج المواد الخطرة، و منها بلا شك المبيدات بجميع أنواعها. والمادة "38" من قانون البيئة، فقد حظرت رش أو استخدام المبيدات الخاصة بالآفات لأغراض الزراعة أو الصحة العامة، إلا بعد مراعاة الشروط و الضوابط المحددة في اللائحة التنفيذية للقانون ، بما يكفل عدم تعرض الإنسان أو الحيوان أو النبات ، أو مجاري المياه أو سائر مكونات البيئة بصورة مباشرة أو غير مباشرة في الحال أو المستقبل للآثار الضارة لهذه المبيدات .

و قد تناولت اللائحة التنفيذية للقانون في المواد 25 ، 31 ، 32 ، 40 منها تحديد الجهات المسئولة عن إصدار التراخيص الخاصة بتداول المبيدات و هي وزارة الزراعة، في حالة المبيدات الزراعية و وزارة الصحة في حالة المبيدات المنزلية ، كما تناولت احتياطات الأمان الخاصة للوقاية من خطورة هذه المواد ، سواء من حيث مواقع الإنتاج و التخزين و النقل و نظم و أجهزة الأمان ، و سبل الوقاية بما يضمن عدم الإضرار بالإنسان أو بالبيئة. و أوضحت هذه المواد خطة الطوارئ لمواجهة الحوادث المحتملة في حالة التلوث بالمبيدات خلال الإنتاج أو التخزين أو النقل، و حماية العاملين عن طريق الكشف الطبي الدوري عليهم و إتاحة علاجهم و التعويض للعاملين أو المواطنين الذين يتعرضون للتسمم بالمبيدات .

و قد أشارت المادة "32" من اللائحة إلى المواصفات القياسية التي يجب توافرها فللأغراض الزراعية للأغراض الزراعية حتى لا يتعرض للتلف أثناء النقل أو الاستخدام مما يؤدي إلى تسرب المبيد ، كما تناولت الطرق الآمنة في استخدام العبوات و فتحها و تخزينها و تعبئتها و التخلص من الفارغ منها. أما المادة "40" من اللائحة التنفيذية من القانون قد أوضحت خطورة رش المبيدات للأغراض الزراعية على الصحة العامة، بغير مراعاة الشروط و الضوابط الموضوعة من قبل وزارتي الزراعة و الصحة و جهاز شئون البيئة .

و تم النص على ضرورة إخطار الجهات الصحية و البيطرية بأنواع المبيدات المستخدمة في الرش و مضادات التسمم، مع توفير وسائل الإسعافات اللازمة، و كذلك الملابس و المهمات اللازمة لعمال الرش، و تحذير الأهالي من التواجد في مكان الرش، و مراعاة عدم الرش بالطائرات إلا في ظروف استثنائية تقدرها وزارة الزراعة، مع تحديد المساحة المطلوب رشها، و يراعى أن تكون بعيدة عن المناطق السكنية و المناحل و المزارع السمكية و مزارع الدواجن و حظائر الماشية و المجاري المائية. و قد حددت بعض ملاحق اللائحة التنفيذية للقانون الحد الأقصى لتركيز المبيدات ( 2,. مليجرام للتر ) عند تصريفها في البيئة البحرية، على أن يتم ذلك بعيدا عن مناطق صيد الأسماك و مناطق الاستحمام و المحميات الطبيعية، و تم تجريم أنواع معينة من المبيدات نظرا لعدم أو بطء تحللها.

**تجريم التلوث بالمبيدات**

تناولت المادة "85" من قانون البيئة عقاب من يقوم بعمليات التداول و الإنتاج للمبيدات في حالة ما إذا نتج عنها تلوث، و ذلك باعتبارها من المواد و النفايات الخطرة، و بذلك فإنها تعد مخالفة للمادة "33" من القانون المذكور و قد فرضت العقوبة الحبس مدة لا تقل عن سنة و غرامة لا تقل عن عشرة آلف جنيه و لا تزيد على عشرين ألف جنيه أو بإحدى هاتين العقوبتين .

و بعقاب من يخالف المادة "38" التي حظرت رش و استخدام المبيدات الخاصة بالآفات الزراعية و الصحة العامة مع عدم مراعاة الشروط والضوابط بالغرامة التي لا تقل عن ألف جنيه و لا تزيد على عشرين ألف جنيه. و نرى أن الغرامة المفروضة عند رش المبيدات الخاصة بالآفات الزراعية لا تشكل رادعا للمزارعين بالرغم من أنها كبيرة حيث يتم الرش نهارا جهارا دون مراعاة الشروط و الضوابط المنصوص عليها في اللائحة لنقص الإمكانات و لعدم حدوث أضرار ظاهرة مباشرة للبيئة ولعدم وجود شكاوى من رش المبيدات ، ونري أن تكزن الغرامة معقولة مع تفعيلها ، أفضل من أن تكون كبيرة دون أني تم تطبيقها.

الفرع الثاني: التلوث من حرق الوقود والحفر

أولا : التلوث من حرق الوقود

مصادر الطاقة التقليدية هي : المصادر التي تنضب نتيجة الاستخدام، و يطلق عليها مصادر الطاقة غير المتجددة، مثل البترول و الفحم و الغاز الطبيعي و هذه الأنواع الثلاثة تسمى" الوقود الأحفوري"، و يرجع أهمية هذه المصادر إلى ما تختزنه من طاقة كيميائية يكون من السهل إطلاقها كطاقة حرارية عند احتراقها في وجود الأكسجين، و تمثل هذه المصادر أهم مصادر الطاقة اليوم [1].

يصاحب عمليات حرق الوقود انبعاث العديد من الملوثات الصلبة و الغازية التي تتصاعد في الهواء الجوي على هيئة أدخنة محملة بمواد كيميائية سامة وغازات خطرة تسبب تلوث الهواء و المياه و التربة مما ينعكس سلبا على صحة الإنسان و الكائنات الحية و النباتات.

و قد أسلفت الدراسة أن معظم أنواع الوقود تحتوى على نسبة من مركبات الكبريت في تكوينها، و عند احتراق الوقود يتأكسد الكبريت إلى ثاني أكسيد الكبريت ، فضلا عن انطلاق غاز ثاني أكسيد الكربون بكثافة أكبر بالإضافة إلى غاز أول أكسيد الكربون الذي يتميز بسمية شديدة و ينتج عن عدم الأكسدة غير الكاملة للوقود إضافة إلى بعض الغازات الأخرى الخاملة بصورة أقل مما يتسبب بأضرار بالغة للبيئة .

و قد تناولت المادة "40" من قانون البيئة تنظيم حرق أنواع الوقود، و أوجبت عند حرق أي نوع من أنواع الوقود سواء أكان في أغراض الصناعة أو توليد الطاقة أو أي غرض أخر أن تكون الغازات و الأبخرة الضارة و الدخان في حدود المسموح به ، و أوجب على المسئول من النشاط اتخاذ جميع الاحتياطات لتقليل كمية الملوثات في نواتج الاحتراق

[1] د. حسن أحمد شحاتة التلوث البيئي و مخاطر الطاقة، القاهرة : الهيئة المصرية العامة للكتاب، سنة 2007 ، ص 45

المذكورة ، و أحالت المادة المذكورة على اللائحة التنفيذية للقانون بيان تلك الاحتياطات و الحدود المسموح بها و مواصفات المداخن و غيرها من وسائل التحكم في الدخان و الغازات و الأبخرة المنبعثة من عملية الاحتراق.

و قد بينت المادة "42" من اللائحة الاحتياطات و الحدود المسموح بها و مواصفات المداخن عند حرق أنواع الوقود المختلفة ، فأوجبت مراعاة التصميم السليم للمواقد و بيت النار و المداخن و أن تكون متناسبة و نوع الوقود الذي يتم حرقه ، و أن يتم استخدام وسائل تحكم عالية الكفاءة و تم حظر الحرق المكشوف للوقود عند عدم توافر التصميمات السليمة التي تضمن الاحتراق الكامل و تصريف العوادم وفقا للمواصفات المحددة ، و أيتم تصميم بيت النار و الموقد بشكل يحدث مزج كامل للوقود مع توزيع الحرارة و التقليب و الحفاظ على الحدود القصوى للانبعاثات وفقا للجدولين رقمي 5 ،6 من اللائحة التنفيذية .

و قد حظرت المادة المذكورة استخدام الفحم الحجري للمناطق الحضرية بالقرب من المناطق السكنية ، و كذلك حظرت استخدام المازوت و المنتجات البترولية الثقيلة الأخرى و البترول الخام و الزيوت المختلفة ، و حددت نسبة الكبريت بالوقود المستعمل في المناطق الحضرية و بالقرب من المناطق السكنية بنسبة 1,5% نظرا للخطورة الشديدة لمادة الكبريت و أوجبت المادة المذكورة أن يتم انبعاث الغازات المحتوية على ثاني أكسيد الكبريت عن طريق مداخن مرتفعة بالقدر الكافي حسب نسب الانبعاثات التي تصدر منها، و كلما ذادت كمية الانبعاثات كلما كان ارتفاع المدخنة أطول و العكس صحيح، و تم تحديد حدود قصوى للانبعاثات الصادرة من مداخن مصانع الطوب الطفلي و الحراري و الغلايات، و نص على إلزام الجهة الإدارية بذلك عند منحها التراخيص للمصانع و المنشآت و عند التفتيش عليها .

و قد جرمت المادة "87 " من قانون البيئة كل من يخالف أحكام المادة "40" سالفة الذكر و ذلك بالحكم عليه بالغرامة التي لا تقل عن ألف جنيه و لا تزيد على عشرين ألف جنيه و في حالة العود يضاعف الغرامة المنصوص عليها ، و يلاحظ أن وضع حد أدنى و حد أقصى للغرامة حتى في حالة العود قصد المشرع ، من جهة أولى أن يلاءم القاضي بين جسامة

الجرم المرتكب و مبلغ الغرامة الذي سيوقع على المخالف ، و من جهة أخرى الحفاظ على البيئة و إيجاد توازن بين حمايتها و حماية التنمية .

**ثانيا: التلوث الناجم عن عمليات الحفر**

تتسبب عمليات الحفر و البناء و الهدم التي يقوم بها الأفراد و الشركات لأغراض مختلفة، و ما ينتج عنها من مخلفات و أتربة متطايرة في تلويث البيئة المجاورة لها ، و خاصة إذا كانت هذه المخلفات ذات طبيعة ملوثة كعمليات البحث و الاستكشاف و الحفر لاستخراج البترول و غيره من المعادن المطمورة في باطن الأرض .

و قد تناولت المادتين "39 ، 41 " من قانون البيئة تنظيم عمليات الحفر و الهدم و البناء بما لا يترك أثرا سيئا على البيئة و يلوثها فقد نصت المادة" 39" من القانون المذكور على إلزام جميع الأفراد و الجهات عند القيام بأعمال التنقيب أو الحفر أو البناء أو الهدم أو نقل ما ينتج عنها من مخلفات أو أتربة باتخاذ الاحتياطات اللازمة للتخزين أو النقل الآمن لها لمنع تطايرها .

و ألزمت المادة "41" من القانون المذكور الجهات القائمة بأعمال البحث و الاستكشاف و الحفر و استخراج الزيت الخام و تكريره و تصنيعه أن تلتزم بالضوابط و الإجراءات المستمدة من أسس و مبادئ صناعة البترول العالمية والتي توفرها الجهة المختصة، و ألزمت المادة هذه الجهات بالتخلص الآمن من نواتج حفر الآبار البترولية و أن يتم التزام بأحكام القانون و اللائحة التنفيذية .

و قد تناولت المادة"43" من اللائحة التنفيذية بيان الضوابط و الإجراءات التي يتوجب على الجهات المذكورة الالتزام بها لحماية البيئة و المستمدة من مبادئ صناعة البترول العالمية و التي توافق عليها الهيئة المصرية العامة للبترول حسب طبيعة كل مشروع أو منشأة أو عملية .

و نص على وجوب إتباع تعليمات الهيئة المصرية العامة للبترول بالمواصفات القياسية العالمية في شأن طرق و أساليب التشغيل الآمن، و في

كل ما يتعلق بتنقية و تخزين البترول و البتر وكيماويات و الغاز و نقلها و تصريف المياه و المواد الأخرى المستغنى عنها ، و أخذ الاحتياطات اللازمة للوقاية من الحريق و وقاية الآلات و الآبار و مساكن العاملين و المخازن و المنشآت البترولية و غيرها من المسائل التي تضمن حسن سير العمل و المحافظة على البيئة و على السكان المجاورين.

وقد نصت اللائحة كذلك على وجوب مراعاة عدة أمور تتعلق بالمسافات بين الآبار الاستكشافية و الآبار الإنتاجية و المسافات المحددة عند استخدام المتفجرات و أوجبت المادة استخدام الصمامات اللازمة لمنع تسرب الزيت أو الغاز ، و تركيب المداخن و الشعلات الهوائية و خطوط التدفق و المنشآت البحرية و الصناعية مع توفير ما يجب أن يراعى فيها من اشتراطات تتوافق و المعايير العالمية ،و وجوب التصرف في فضلات الآبار و عدم طرحها على سطح الأرض أو الطرق العامة أو المجاري المائية أو البحار و شواطئها .

وتجدر الإشارة في نهاية هذه الجزئية إلي ما تم تحقيقه من إنجازات البيئة خلال عام 2007 / 2008في مجال نوعية الهواء[1]، حيث، بلغ عدد محطات الرصد البيئي لملوثات الهواء 78 محطة رصد موزعة على أنحاء الجمهورية ، منها 41 محطة في القاهرة الكبرى. وتم تنفيذ برنامج لتحويل المركبات التابعة للجهات الحكومية للعمل بالغاز الطبيعي بدلا من وقود البنزين وذلك على أربع مراحل تستهدف تحويل 4200 مركبة حكومية، وقد انتهت المرحلة الأولى من هذا المشروع بتحويل عدد 1960 مركبة حكومية بتكلفة إجمالية 13 مليون جنيه. وفى إطار المرحلة الثانية تم إجراء الفحص الفني لعدد 804 مركبات حكومية تبين صلاحية 696 مركبة للتحويل للعمل بالغاز الطبيعي. كما تم إجراء عمليات حصر لعدد 870 مركبة حكومية لتنفيذ المرحلة الثالثة من البرنامج .

وحسب البيانات المذكورة، تم الانتهاء من تطبيق برنامج فحص المركبات بوحدات المرور في عدد 22 محافظة بالتعاون مع وزارة الداخلية وذلك

[1] 1http://www.sis.gov.eg/Ar/Story.aspx موقع الهيئة المصرية العامة للاستعلامات علي شبكة المعلومات الدولية(انجازات 2006-2008)

على أربعة مراحل).و تم نقل عدد 5 مسابك من اكبر مسابك الرصاص بمصر ـ من منطقة شبرا الخيمة الى المنطقة الصناعية الجديدة بالقليوبية ، وقد نتج عن هذه الخطوة انخفاض ملحوظ في تركيزات الرصاص في الهواء بنسب وصلت الى أكثر من 80% بمنطقة شبرا الخيمة [1] . إلا أن موضوع حماية البيئة الهوائية والبيئة عموما بجميع أنواعها و نوعياتها مازالت تتطلب المزيد والمزيد من الجهد حتى يتم الوصول بها إلى المستويات المقبولة.

**تجريم التلوث الناتج عن أعمال التنقيب و الحفر**

و قد عاقبت المادة "86" من قانون البيئة كل من يخالف أحكام المادة"39" الخاصة بأعمال التنقيب و الحفر و البناء و الهدم و نقل مخلفاتها بالغرامة التي لا تقل عن خمسمائة جنيه و لا تزيد على ألف جنيه ، و للمحكمة أن تقضي بوقف الترخيص لمدة لا تقل عن أسبوع و لا تزيد عن ستة أشهر و في حالة العود يكون الحكم بإلغاء الترخيص . و العقوبة المذكورة كافية لردع المخالف خاصة في حالات وقف الترخيص أو إلغائه و اللتان تشكلان عقوبة اقتصادية جسيمة في حالات المشروعات الكبيرة ، و خصوصا المشروعات البترولية و ستجعل هذه العقوبة كل من يحاول المخالفة أن يتريث كثيرا خوفا من وقف الترخيص أو إلغائه.

و قد نصت المادة "43" من قانون البيئة على عقاب المخالف بغرامة لا تقل عن ألف جنيه و لا تزيد على عشرين ألف جنيه و في حالة العود تتضاعف الغرامة المنصوص عليها . و يرى البعض انه يجوز للقاضي عندما تكون المخالفة متعلقة بالمادتين "39 ، 40 " ـ أي تنطبق عليهما كلا المادتين ـ فيجوز للقاضي أن يطبق أي منهما ، و نرى أنه عندما لا ترتدع الشركات بالغرامة فإنه يجوز تطبيق المادة "39" بوقف الترخيص ، ثم إلغائه في حالة العود إذا كانت هناك أمورا تستلزم ذلك و في حالة قيام الشركة بتلويث البيئة بصورة كبيرة و متعمدة .

---

[1] المرجع السابق

**الفرع الثالث: التلوث الصوتي**

و يعرف أيضا بالتلوث السمعي أو الضوضاء ، و هو عنصر مستحدث من عناصر تلوث البيئة ، و يتركز بصفة خاصة في المناطق الصناعية و في مناطق التجمعات السكنية التي تزدحم فيها المباني وتكتظ بالسكان، و خصوصا المناطق الشعبية و العشوائيات، حيث تنتشر المحال التجارية و الورش الصناعية من سمكرة و إصلاح سيارات و أجهزة منزلية و غيرها[1]، وكذا استخدام مكبرات الصوت بصورة مبالغ فيها في المناسبات الاجتماعية فضلا عن انه لا يوجد فصل بين المناطق السكنية و المناطق الصناعية. هذا فضلا عن الضجيج العادي عن عشرات الألوف من السيارات و الدراجات البخارية و وسائل النقل الأخرى التي تجوب المدن ليلا و نهارا، و كذا أعمال البناء و التشييد و المقاهي التي تستمر إلى ساعات متأخرة من الليل.

و تختلف الضوضاء عن غيرها من عوامل تلوث البيئة من عدة نواح ، فهي متعددة المصادر، و توجد في أماكن عديدة و لا يسهل السيطرة عليها، و أن أثرها وقتي يتوقف بمجرد توقفها، و تتميز أيضا بأنها محلية، أي لا يتأثر بها إلا من يكون بالقرب منها فقط و لا تنتشر كبقية الملوثات الأخرى في أماكن بعيدة .

يعتبر التلوث الصوتي احد مرتبطا بالمدينة المعاصرة وهو ليس●كأنواع التلوث الأخرى يمكن تلافيها، حيث أحدث الإنسان في العقود القليلة الماضية تغيرات ملحوظة في ميزان الطبيعة، وذلك بفضل قدرته علي تغيير بيئته،وكانت النتيجة هي تعريض مختلف الكائنات الحية وفي مقدمتها الإنسان نفسه للخطر الذي ثبت أنه لا يمكن درؤه، وتتعدد مصادر الضوضاء في مجتمعاتنا سواء صدرت عن وسائل النقل وأعمال بناء أو عن العمليات الصناعية.

---

[1] د.احمد مدحت إسلام، مرجع سابق، ص 224

ويعرف التلوث الصوتي[1] بأنة: " التغير المستمر في أشكال حركة الموجات الصوتية ، بحيث تتجاوز شدة الصوت المعدل الطبيعي المسموح به للأذن بالتقاطه وتوصيله إلى الجهاز العصبي والتلوث الصوتي :إما أن يكون تلوث مزمن ،يحدث نتيجة التعرض بشكل دائم ومستمر للضوضاء أو تلوث مؤقت لا تنتج عنه أضرار فسيولوجية مميزه، مثل الضوضاء الناتجة بسبب التعرض لأصوات طلقات نارية ، أو تلوث مؤقت تنتج عنه أضرار فسيولوجية دائمة،مثل الضوضاء الناتجة بسبب التعرض لأصوات المفرقعات ، حيث تصاب الأذن الوسطى للإنسان بأضرار دائمة من جراء هذا التلوث الصوتي، فيحدث ثقب فى طبلة الأذن ، أو تلف للأعصاب الحسية بها نتيجة صوت المفرقعات .

وتعتبر الضوضاء من أكثر الملوثات البيئية المؤثرة على صحة الإنسان الجسدية و النفسية و الاجتماعية و التي لم يتم الالتفات إليها مسبقا كعامل رئيسي في ضعف إنتاجية الفرد و كأحد الأسباب الهامة في وقوع الحوادث المختلفة[2].

ويتمثل الآثار الضارة الناتجة عن التلوث الصوتي في حدوث ضعف في السمع لفترة مؤقتة ثم يعود إلى حالته الطبيعية خلال عدة دقائق أو ساعات، وقد يحدث ضعف مستديم نتيجة التعرض الدائم والمستمر للأصوات العالية . وتؤدى الأصوات العالية المفاجئة إلى تقلص الشعيرات الدموية ، كما تحدث ذبذبات في الجلد ، وربما تحدث تغيرات في نشاط الأنسجة .

ويتأثر الجهاز العصبي بالضوضاء ، حيث تندفع إليه الموجات الصوتية في صورة إشارات كهربائية ، وتعبر هذه الإشارات الألياف العصبية حتى تصل الى لحاء المخ ، فتتهيج خلايا هذا اللحاء وتثير الإشارات المناطق الموجودة تحت هذه الخلايا فينتج عن ذلك تهيج الجهاز

[1] الصوت:هو عبارة عن موجات ذات ترددات مختلفة وكلما•زادت الترددات زادت حدة الصوت وكلما قلت أصبح الصوت غليظا ولا يستطيع الإنسان سماع•الصوت إذا قل عن 30 ذبذبه في الثانية أو زاد عن 10 الاف ذبذبه في الثانية ومستوى•الراحة السمعيه للإنسان يقع ما بين 25و40 ديسيبل

[2] التقرير السنوي لوزارة الدولة لشئون البيئة لعام 2008 ، ص 37- http://www.eeaa.gov.eg/arabic/main/about.asp

العصبي اللاإرادي والذي يؤثر بدوره على الكثير من أعضاء الجسم كالقلب الـذي يسرـع دقاتـه ،والجهاز الهضمي الذي تتقلص بعض عضلاته حيث تزيد إفرازات المعدة ، وتتـأثر إفـرازات الكبـد والبنكرياس والأمعاء ، وكذلك يحدث ارتفاع في ضغط الـدم , وهـذا يـؤثر عـلى إنتـاج العـاملين وحسن الأداء في العمل .

و تنقسـم الأصوات إلى أصوات مسـموعة ، و أصوات متوسطة الارتفـاع و أصـوات مرتفعة جدا ، و أصوات مزعجة أو مرضية. و تقاس شدة الضوضاء بوحدة ( ديسي ـ بـل ) و يبـدأ هذا المقياس من الصفر و حتى 130 "ديسي"، و هي الأصوات شديدة الإزعاج و المسـببة للألـم ـ و الحد الآمن للإنسان هو التعرض إلى 75 ديسبل و تسبب الضوضاء المرتفعة الكثير مـن المشـاكل للإنسان فهي ترفع ضغط الـدم و تـؤثر عـلى الأوعيـة الدمويـة الدقيقـة ، و تـؤدي إلى الشـعور بالصداع و قلة التحصيل الدراسي، حيث أنها تقلل من التركيز و تسبب إجهاد ذهني و اضطراب في وظائف الأذن، و مع استمرارها تؤدي إلى حساسية في السمع لـدى الإنسـان .و تـؤثر الضوضاء أيضا على الحيوانات فتصيبها بالتوتر الشديد ، و تقلل من إنتـاج حيوانـات المـزارع فتخفـض مـن إنتاج اللبن، و تقلل من إنتاج بيض الدواجن .

و لقد تم ابتكار العديد من الوسائل لخفض الضوضاء في المصانع، و تم نقـل الـورش في معظم الدول إلى مناطق صناعية صرفة ،إلا أنه لم يكن في الإمكان التخلص من ضجيج أعمال البنـاء و الهدم و التشييد، هي أكثر أنواع الضوضاء انتشارا لأنها تجرى في الشوارع و الطرقات و بجـوار الكتل السكنية و المناطق التجارية مـما يزيـد مـن الأشـخاص الـذين يتـأثرون بهـا ، حيـث تـزداد معاناتهم من أصوات آلات الحفر و ضجيج البلدوزارات و الجرارات ، و خلاطـات الأسـمنت و أصوات المطارق و غيرها [1] و عمليات التفريغ و التعبئة التي تتم في هذه المواقع.

و عند تعريف البند العاشر من الأحكام العامة بقانون البيئة رقم 4 لسنة 1994 لتلوث الهواء، اعتبر أن الضوضاء تعد من ملوثات الهواء ، إذ ذكر أن تلـوث الهـواء هـو:" كـل تغـير في خصائص و مواصفات الهواء الطبيعي الذي يترتب عليه خطر على صحة الإنسـان أو عـلى البيئـة سواء

---

[1] المرجع السابق ص 226

أكان هذا التلوث ناتجا عن عوامل طبيعية أو نشاط إنساني ، بما في ذلك الضوضاء و الروائح الكريهة ". و قد درجت جميع الدراسات البيئية على اعتبار الضوضاء نوعا مستقلا و متميزا من الملوثات له خصائصه المختلفة عن تلوث الهواء، و قد يكون القانون اعتبر الضوضاء من ملوثات الهواء لأنها في الغالب تكون مصاحبة لنشاطات أخرى ملوثة للهواء.

ويمكن التقليل من حدة التلوث الصوتي عن طريق: التخطيط العمراني الجيد بحيث يراعى وجود المناطق السكنية والمدارس بعيدا عن مصادر الضوضاء، ويجب عدم منح تراخيص إقامة المصانع داخل المناطق السكنية أو قريبا منها ويجب استخدام المواد العازلة للصوت في بناء المنازل والمدارس والمستشفيات، وأن يتم وضع ضوابط لاستخدام مكبرات الصوت ذات الأصوات الحادة وبخاصة في أماكن الترفيه العامة والمقاهي. وأن تقوم الدولة بنشر الوعي عن طريق وسائل الإعلام المسموعة والمرئية والمقروءة بأخطار الضوضاء وتأثيرها السلبي على الصحة العامة للمجتمع ككل، وأن يتم العمل على زيادة الرقعة الخضراء حول المدارس والمساكن والمستشفيات للتقليل من تأثير الأصوات وامتصاصها.

و أهم الإنجازات التي تقول وزارة شئون البيئة بأنه تم تحقيقها في إطار تنفيذ الخطة الخمسية 2007 ـ 2012 في مجال مكافحة الضوضاء ، هي تفعيل القانون 453 لسنة 1954 بشأن المنشآت العامة الصناعية و التجارية و غيرها من المحلات المقلقة للراحة و الضارة بصحة الإنسان، و اتخاذ الإجراءات القانونية ضد المخالف منها و كذلك السيطرة على الباعة الجائلين و التوسع في إيجاد أماكن مناسبة لأداء أعمالهم و منع استخدام مكبرات الصوت. وأيضا التوعية البيئية للمواطنين و تشديد تطبيق قانون المرور الخاص بالضوضاء[1].

و قد نصت المادة "36" من قانون البيئة على عدم جواز استخدام آلات و محركات أو مركبات ينتج عنها عادم أو ينبعث منها دخان كثيف أو صوت مزعج تجاوز الحدود التي تحددها اللائحة التنفيذية. و عند تناول تلوث الهواء تناولنا الانبعاثات، ولم يجز المشرع استخدام آلات أو محركات

---

[1] التقرير السنوي لوزارة الدولة لشئون البيئة لعام 2008 ، ص 37- http://www.eeaa.gov.eg/arabic/main/about.asp

يصدر عنها صوت مزعج تجاوز الحدود في اللائحة التنفيذية، و أجازت المادة لمأمور الضبط القضائي من شرطة البيئة و المسطحات المائية وقف تشغيل و سحب ترخيص الآلات أو المحركات أو المركبات لحين إزالة أسباب المخالفة .

وقد نصت المادة "42" على إلزام جميع الجهات و الأفراد عند مباشرة الأنشطة الإنتاجية أو الخدمية أو غيرها ، و خاصة عند تشغيل الآلات أو المعدات أو استخدام الآلات الفنية أو مكبرات الصوت بعدم تجاوز الحدود المسموح بها لشدة الصوت ، و أوجب على الجهات المانحة للتراخيص مراعاة أن تكون مجموع الأصوات المنبعثة من المصادر الثابتة في منطقة واحدة في نطاق الحدود المسموح بها، و أحالت المادة على اللائحة التنفيذية للقانون الحدود المسموح بها لشدة الصوت ، ومدة الفترة الزمنية للتعرض له، و قد أحالت اللائحة التنفيذية على الملحق رقم 7 جدول 1 و 2 و الذي يبين تفصيلا ساعات التعرض في الأنشطة المختلفة و عدد الطرقات المسموح بها و الوقت الفاصل بينها إذا كانت شديدة القوة فيما بين 115 و 135 ديسبل.

و قد عاقبت المادة "86" من قانون البيئة على استخدام الآلات أو المحركات أو المركبات التي ينتج عنها صوت مزعج بالغرامة التي لا تقل عن مائتي جنيه و لا تزيد على ثلاثمائة جنيه ، مع وقف الترخيص لمدة لا تقل عن أسبوع و لا تزيد عن ستة أشهر ، و في حالة العود يجوز الحكم بإلغاء الترخيص

و تناولت المادة "86" أيضا، عقاب كل من يخالف حكم المادة "42" فقرة أولى ( تشغيل الآلات[1] و المعدات و استخدام آلات التنبيه و مكبرات

---

1 وفي حكم قضائي لمحكمة جنح مستأنف الدخيلة يتعلق بالتلوث السمعي جاء فيه : و حيث إن الأوراق قد حوت تضرر الشاكي من صدور انبعاثات صوتية من المولدات الخاصة بالفندق إدارة المشكو في حقه تفوق المستوى المسموح به و تؤدي إلى عدم إمكانية ممارسته لحياته الطبيعية ، و تؤثر عليه ، و قد أيده في ذلك تقرير جهاز شئون البيئة بالإسكندرية و المؤرخ في 9/ 4/ 2001 ـ محل اطمئنان المحكمة ـ لصدوره من هيئة مختصة ذات دراية و خبرة فنية عالية و الذي ثبت به أن المولدات الخاصة بالفندق إدارة المشكو في حقه تصدر عنها ضوضاء تفوق الحدود المسموح بها لشدة الضوضاء بالمخالفة لنص المادة 42 من القانون رقم 4 لسنة 1994 علاوة على ما ورد بالتقرير من ضرورة نقل وحدة توليد الكهرباء بعيدا عن الوحدات السكنية حفاظا على راحة و صحة الملاك و عائلتهم ، بما يقطع بأن تلك المولدات تسبب تلوثا بيئيا يؤدي للتأثير على الأشخاص المحيطين ، الأمر الذي تطمئن معه المحكمة إلى ثبوت الاتهام في حق المتهم ، و من ثم تقضي بإدانته و تعديل مبلغ الغرامة إلى خمسمائة جنيه و مصادرة

الصوت بما يجاوز الحدود المسموح بها ) بالغرامة التي لا تقل عن خمسمائة جنيه و لا تزيد على ألفي جنيه مع الحكم بمصادرة الأجهزة و المعدات المستخدمة في ارتكاب الجريمة.

و الملاحظ أنه يجوز للقاضي تطبيق أي من المادتين على المركبة حسب نوع الجرم المرتكب ، و تجدر الإشارة إلى أن الحكم بالمصادرة ينصب فقط على الأجهزة و المعدات المستخدمة في ارتكاب الجريمة، و هي مكبرات الصوت في حال استخدامها بالمخالفة للمادة المذكورة، و آلات التنبيه للمركبات، أما الآلات و المعدات يسري عليها حكم الغرامة و وقف الترخيص أو إلغائه في حالة العود فقط .

وتجدر الإشارة إلي أن القاضي يكون بالخيار بين تطبيق العقوبة التي نص عليها قانون البيئة في حالتي الإزعاج والضجيج، أو العقوبة المقررة بالمادة "379" من قانون العقوبات والتي تنص علي :علي العقاب بغرامة لا تجاوز خمسة وعشرين جنيها كل من ارتكب فعلا من الأفعال الآتية:1 /.../2 /من حصل منه في الليل لغط أو ضجيج مما يكدر راحة السكان، إن كانت واردة في القيد والوصف المقدم به المتهم إلي المحاكمة، ويجوز للقاضي أيضا تطبيق عقوبة أشد من العقوبة المقررة في قانون البيئة بشرط أن تكون واردة في القيد والوصف الذي أحالت به النيابة المتهم للمحاكمة أو نكون المحكمة قد عدلت القيد والوصف للتهمة محل الواقعة المؤثمة، وذلك لأن قانون البيئة قد نص عي أنه يطبق مع عدم الإخلال بأية عقوبة أشد يقررها قانون آخر غير قانون البيئة، وهذا استثناء لا يجوز معه العمل بقاعدة القانون الأصلح للمتهم.

المولدات عملا بنص المادة 2/304 إجراءات جنائية ، و المادة 1/87 من القانون رقم 4 لسنة 1994 على نحو ما سيرد بالمنطوق .وقد حكمت المحكمة بقبول الاستئناف شكلا و تعديل الحكم المستأنف بتغريم المتهم مبلغ خمسمائة جنيه و مصادرة المولدات محل الجريمة و المصاريف "محكمة جنح مستأنف الدخيلة في القضية رقم 295 لسنة 2001 جنح مارينا المقيدة برقم 20175 لسنة 2002

## المطلب الثاني: حماية البيئة من الإشعاعات الضارة

## وحماية طبقة الأوزون و حماية نهر النيل

### الفرع الأول: الحماية من الإشعاعات الضارة

التلوث بالإشعاعات الضارة يعني: تلوث المكان بموجات مختلفة من الأشعة الناتجة عن الأجهزة أو محطات التجارب الخاصة بالتشعيع والتي قد تتسبب في حدوث بعض الطفرات الجينية أو التغيرات الحيوية ، خاصة على المدى الطويل . وهذه التغييرات لا يمكن التكهن بها وتسبب أضرارا بالإنسان والحيوان والنبات. واهم أعراض الأضرار التي تلحق بالإنسان هي أنواع الحساسية والتوتر والارتباكات الهرمونية مع تعدد المظاهر مما يصعب معه التشخيص والعلاج.

وقد تلاحظ للباحثين ازدياد الإصابة بالسرطان بعد انفجار مفاعل تشير نوبل النووي بالاتحاد السوفييتي عام 1985 والذي غطى مناطق تبعد عنه ألاف الكيلو مترات، مما أثبت واقع وإمكانية انتشار خطر الإشعاعات النووية إلي آلاف الكيلو مترات من منطقة الحادث، وقبل ذلك اتضح للعالم آثار وحظر الإشعاع النووي بعد إلقاء قنبلتي "هيروشيما و ناجازاكي" اليابانيتين قبل انتهاء الجرب العالمية الثانية. وقد أدى أن اليورانيوم المنضب الذي استعمله الجيش الأمريكي في عدوانه المستمر على العراق منذ عام1991 لإصابة مئات الآلاف من العراقيين بالتشوهات الخلقية والسرطان ، بالإضافة إلى إصابة الجنود الأمريكيون أنفسهم ببعض الإشعاعات.

وفي مصر قضت محكمة النقض بأنه:"من المقرر أن المقصود بالإشعاعات المؤينة التي حظر القانون رقم 59 لسنة 1960 استعمالها بغير ترخيص هي الإشعاعات التي تنبعث من المواد ذات النشاط الإشعاعي وهى بهذه المثابة تعد من المواد الخطرة طبقا للبند رقم 18 من المادة الأولى من الفصل الأول من الباب التمهيدي من القانون رقم 4 لسنة 1994 في شأن البيئة والتي حظرت المادة 29 منه تداولها بغير ترخيص من الجهة المختصة ومخالفة هذا الحظر معاقب عليها أيضا بالمادة "33 " من القانون

الأخير، وأن المخاطب بأحكام القانونين سالفى الذكر من حيث وجوب الحصول على ترخيص باستعمال الإشعاعات المؤينة وتداولها بحسبانها من المواد الخطرة، هو صاحب العمل الذي يستخدم في نشاطه المهني أو التجاري هذه الإشعاعات .

وأن الترخيص بالاستعمال نوعان الأول، شخصي: وهو خاص بالشخص الذي يستعمل هذه الإشعاعات والثاني، مكاني: وهو خاص بالمواد المشعة ذاتها ، أن هذا الترخيص بنوعيه كان من اختصاص قسم الرخص الطبية بوزارة الصحة على التفصيل الوارد بالمادة 4 من اللائحة التنفيذية للقانون رقم 59 لسنة 1960 بقرار وزير الصحة سالف الذكر ثم أصبح بصدور القانون رقم 4 لسنة 1994 في شأن البيئة من اختصاص وزارة الكهرباء- هيئة الطاقة الذرية - طبقا للبند 5 من المادة 25 من قرار رئيس مجلس الوزراء بإصدار اللائحة التنفيذية للقانون رقم 4 لسنة 1994 .

وتداول المواد الخطرة كما عرفه البند "20" من المادة الأولى من القانون الأخير هو كل ما يؤدى إلى تحريكها بهدف جمعها أو نقلها أو تخزينها أو معالجتها أو استعمالها . ثانيا : أنه إذا فرض القانون التزامات معينة على من يرخص له باستعمال وتداول المواد الخطرة فإن من يتداول هذه المواد ويستعملها بغير ترخيص يكون في حل من الالتزام بما يفرضه القانون على من يرخص له باعتبار أن مسئوليته عن استعمالها وتداولها بغير ترخيص باعتبارها مسئولية أشد تجب مسئوليته عن مخالفة هذه الالتزامات"[1] .

---

[1] الطعن رقم 56615لسنة 73ق جلسة 2006/03/19 واستطرت المحكمة في حكمها : مسئولية صاحب العمل عن الحصول على ترخيص باستعمال الإشعاعات المؤينة تجب مسئولية العاملين لديه وتختلف عن التزاماتهم . لا يغير من ذلك نقل أحدهم للمصدر المشع لكونه لحساب صاحب العمل . القاعدة : حيث إنه بالنسبة لما اسند إلى المتهمين الخمسة الأول عن استعمال الإشعاعات المؤينة بغير ترخيص فإنه لما كان المخاطب بأحكام القانون في شأن وجوب الحصول على ترخيص باستعمال الإشعاعات المؤينة وتداولها باعتبارها من المواد الخطرة هو صاحب العمل وهو في خصوص هذه الدعوى المتهم الأول وحده دون باقي المتهمين المشار إليهم في الوصف أولا ( ب ) لأنهم من العاملين بالمكتب لدى المتهم الأول ـ وليس عليهم التزام إلا فيما اشترطه القانون من توافر شروط معينة فيمن يعمل فنيا في مجال الإشعاعات على ما سيجئ ـ بالنسبة للمتهمين الثالث والرابع والخامس ولا يغير من ذلك قيام المتهم الثاني بنقل المصادر المشعة إذ أن ذلك لحساب المتهم الأول . فإن المتهم الأول يكون وحده مسئولا عن استعمال الإشعاعات المؤينة بغير ترخيص وهو ما يتضمن أيضا تداولا للمواد الخطرة بالمخالفة لقانون البيئة بغير ترخيص من الجهة المختصة ـ وهى هيئة الطاقة الذرية ـ وهو ما تتحقق به أيضا تداولا للمواد الخطرة بالمخالفة لقانون البيئة بغير ترخيص من الجهة المختصة ـ وهى هيئة الطاقة الذرية ـ وهو ما تتحقق به

وقد صدر قرار لوزير القوى العاملة و الهجرة[1] ـ يبين حدود الأمان و الاشتراطات و الاحتياطات اللازمة لدرء المخاطر الفيزيائية و

---

أيضا مسئولية المتهم السادس عما أسند إليه في هذا الشأن وذلك أخذا بما قرره الشهود وما تضمنه تقرير لجنة الفحص وإقرار المتهمين بالتحقيقات على نحو ما سلف بيانه ولا يجديهم دفعا لمسئوليتهم حصولهما على ترخيص مكاني من المكتب التنفيذي بوزارة الصحة أو حصولهم على إذن باستيراد الأجسام المشعة نتيجة قصور في المكتب التنفيذي وقلة إمكانياته على نحو ما شهد به رئيس لجنة الفحص كما أن ما تمسك به المتهم السادس من أن التبادل لا يعنى التداول إذ أن هذا الدفاع ظاهر الفساد لأن التداول وفقا لما عرفه القانون يتسع لما قام به المتهمان من أفعال

الجريمة المعاقب عليها بالمادة 95 من القانون 4 لسنة 1994 بشأن البيئة . من صور جرائم القصد الاحتمالي . القصد الاحتمالي . ماهيته ؟ القصد الاحتمالي لا يقوم مستقلا بذاته . وجوب توافر القصد المباشر . مثال . عقاب الطاعن بالأشغال الشاقة المؤقتة عملا بنص المادة 95 من القانون 4 لسنة 1994 دون تدليل على توافر القصد الجنائي المباشر لديه. مخالفة المادة 47 من ذات القانون . قصور. القاعدة : ـ لما كان ذلك وكانت هذه المادة إنما هي صورة من الصور التي تطبق فيها نظرية القصد الاحتمالي كما هو الحال في المادة 257 من قانون العقوبات وغيرها من الحالات التي يساءل فيها الجاني أخذا بقصده الاحتمالي وكان القصد الاحتمالي هو توقع النتيجة الإجرامية كأثر ممكن للفعل ثم قبولها ، بمعنى أنه إذا اقترف الجاني فعله يريد تحقيق نتيجة إجرامية معينة ولكن الفعل أفضى إلى نتيجة أخرى أشد جسامة من الأولى وكان في استطاعة الجاني ومن واجبه أن يتوقعها فإن القصد الاحتمالي يعد متوافرا لديه بالنسبة لها ويكون أساسا لمسئوليته عنها وتفترض فكرة القصد الاحتمالي أنه قد توافر لدى الجاني القصد المباشر بالنسبة للنتيجة التي أراد تحقيقها بارتكاب الفعل ، وهو ما يعنى أن القصد الاحتمالي لا يقوم مستقلا بذاته دون أن يستند إلى قصد مباشر يتوافر لدى الجاني أولا . ومن ثم كان التحقق من توافر القصد المباشر أمرا لابد منه قبل القول بتوافر القصد الاحتمالي ولما كان القصد الجنائي ـ في كل صوره ـ يفترض نتيجة ينصرف إليها ويكون أساسا للمسئولية عنها ، فإن اجتماع القصد المباشر والقصد الاحتمالي يفترض حتما نتيجتين إحداهما أشد جسامة من الأخرى ، فالقصد المباشر ينصرف إلى النتيجة الأقل جسامة بينما ينصرف القصد الاحتمالي إلى النتيجة الأشد جسامة ، فإذا لم يتوافر القصد المباشر لدى الجاني لأن إرادته لم تتجه ـ عندما اقترف فعله ـ إلى تحقيق نتيجة إجرامية فلا سبيل إلى توافر القصد الاحتمالي ، فإذا أفضى الفعل إلى نتيجة إجرامية فلا يسأل عنها سوى مسئولية غير عمديه . لما كان ذلك ، وكان البين من مدونات الحكم المطعون فيه أن إصابات المجني عليهم المبينة أسماؤهم بوصف التهمة الأولى المسندة إلى الطاعن والموضحة بالتقارير الطبية والتي أودت بحياة اثنين منهم قد حدثت نتيجة زيادة مستوى النشاط الإشعاعي وتركيزات المواد المشعة في الهواء عن الحد المسموح به بالمخالفة للمادة 47 من القانون رقم 4 لسنة 1994 في شأن البيئة والتي فرضت المادة 88 من القانون ذاته عقوبتى السجن والغرامة جزاء على مخالفتها ومن ثم فإنه كي يصح مؤاخذة الطاعن بالقصد الاحتمالي وتقرير مسئوليته عن إصابة ووفاة المجني عليهم ومعاقبته بالأشغال الشاقة المؤقتة عملا بالمادة 95 من قانون البيئة سالف الذكر أن يتوافر لدى الطاعن القصد الجنائي المباشر في مخالفة المادة 47 من القانون سالف الإشارة إليه بمعنى أن تكون إرادته قد اتجهت إلى زيادة النشاط الإشعاعي وتركيزات المواد المشعة في الهواء عن الحد المسموح به وأن يعنى الحكم باستظهار هذا القصد ، ولا يكفى في هذا الصدد أن تكون هذه الزيادة في النشاط الإشعاعي قد تحققت نتيجة فعل عمدي قوامه الامتناع عن القيام بواجب يفرضه قانون البيئة أو قانون تنظيم العمل بالإشعاعات الصادر بالقرار بالقانون رقم 59 لسنة 1960 ـ والتي فرض لها القانون عقوبة الجنحة ـ مادام لم يثبت أن إرادة الطاعن قد اتجهت إلى تحقيق هذه النتيجة بزيادة النشاط الإشعاعي وإذ كان الحكم المطعون فيه قد عاقب الطاعن بالأشغال الشاقة المؤقتة عملا بنص المادة 95 من القانون رقم 4 لسنة 1994 في شأن البيئة دون أن يدلل على توافر القصد الجنائي المباشر لديه في مخالفة المادة 47 من ذات القانون . فإنه يكون معيبا بقصور في التسبيب جره إلى الخطأ في تطبيق القانون .

[1] القرار رقم 211 لسنة 2003 بتاريخ 2003/10/4

الكيميائية و البيولوجية و السلبية و لتامين بيئة العمل، حيث تناول تفصيلا تأمين مواقع العمل ، و الوقاية من أخطار الحريق و خطط الطوارئ، و السلامة و الصحة المهنية فى الزراعة ، و تأمين بيئة العمل من المخاطر الفيزيائية و البرودة ، و شدة الإضاءة و الضوضاء و الاهتزازات، و تنظيم العمل بالإشعاعات المؤينة و الوقاية من أخطارها ، و الوقاية من التأثيرات الضارة لأشعة الليزر و الوقاية من الأشعة المؤينة و التعرض للأشعة البنفسجية ، و الوقاية من المخاطر الميكانيكية فى أعمال البناء و الحفر و الهدم و غيرها ، و الوقاية من المخاطر البيولوجية و الكيميائية السلبية .

وتجدر الإشارة أنه، تختلف آثار الإشعاع باختلاف المصدر المشع الذي يتعرض له الإنسان، و باختلاف شدة هذا الإشعاع و طول المدة التي يتعرض فيها الإنسان للإشعاع. و يتعرض الإنسان إلى الكثير من مصادر الإشعاع في حياته اليومية ، فقد يتعرض لبعض الإشعاعات في عيادات طب الأسنان أو في عيادات الطب الباطني عندما يتطلب الأمر استعمال الأشعة السينية في التشخيص أو في العلاج ، و كذلك يتعرض العاملين في بعض المناجم التي تستخرج منها بعض العناصر المشعة مثل الراديوم و اليورانيوم هذا فضلا عن الإشعاعات النووية و التي تعد من أخطر الحوادث البيئية في حالة تعرض محطات توليد القوى الكهربائية التي تستخدم في الطاقة النووية إلى حوادث تؤدي إلى تسرب إشعاعات نووية[1].

و يعد التلوث النووي من أهم الأخطار التي تعرض لها الإنسان، في النصف الثاني من القرن الماضي و التي أصبحت تهدد جميع عناصر البيئة بما فيها الإنسان و الحد الأقصى للإشعاع النووي الموجود في الهواء الذي يجب ألا يتعرض له الإنسان لحد أعلى منه هو (5) "ريم" في اليوم - و الريم ( Rem ) هو وحدة تستعمل لقياس الإشعاع الممتص - ، و التعرض للإشعاعات الضعيفة لمدة طويلة يوميا يؤدي إلى الإضرار بصحة الإنسان ، و يؤدى إلى اضطرابات في الدورة الدموية ، و إذا زادت شدة التعرض يصاب الإنسان بسرطانات مختلفة[2].

---

[1] د.أحمد مدحت إسلام، المرجع السابق، ص 181

[2] المرجع السابق، ص 180

وتجدر الإشارة إلي أن مصر تسعي للدخول في مجال الحصول استخدام الطاقة النووية للأغراض السلمية وخاصة مجال توليد الكهرباء، وتم تحديد موقع المحطة النووية المزمع إنشاؤها في منطقة الضبعة بالساحل الشمالي مما جعل الموضوع يتعثر منذ عقود لطمع المستثمرين العقاريين في الموقع الذي يصلح لمنتجعات الرفاهية التي تنتشر بالساحل الشمالي، ولا يتحمس البعض للمشروع من أساسه في الوقت الراهن وفي ظل تفشي قيم الإهمال والمحسوبية والتي جعلت الدولة تفشل في إدارة موضوع جمع القمامة من المدن، مما يشكك في قدرتها علي إدارة محطة نووية قد يسبب قليل من الإهمال في إدارتها إلي كارثة تقضي علي مستقبل هذا البلد قضاء مبرما، ومن الأفضل التريث لحين إعادة تأصيل قيم الجدية والموضوعية والنزاهة في المجتمع.

و قد نصت المادة "47" من قانون البيئة على عدم جواز زيادة مستوى النشاط الإشعاعي أو تركيزات المواد المشعة بالهواء عن الحدود المسموح بها و التي تحددها الجهات المختصة، و أحالت على اللائحة التنفيذية في تحديد هذه الحدود ، و قررت اللائحة أن هذه الحدود يصدر بها قرار من وزير الصحة و جهاز شئون البيئة .

وقد نصت المادة "88" من القانون على عقاب كل من يخالف أحكام المادة "47" الخاصة بالنشاط الإشعاعي ـ السالفة الذكر بالحبس مدة لا تقل عن خمس سنوات و غرامة لا تقل عن عشرين ألف جنيه و لا تزيد على أربعين ألف جنيه و يلاحظ أن العقوبة مشددة و هي الجمع بين الحبس مدة لا تقل عن خمس سنوات و الغرامة التي لا تقل عن عشرين ألف جنيه. و لا تزيد على أربعين ألف جنيه و ذلك للأضرار الخطيرة التي يسببها التلوث الإشعاعي على البيئة سواء التربة أو النبات أو الحيوان أو الإنسان .

**الفرع الثاني: حماية طبقة الأوزون**

طبقة الأوزون هي طبقة من طبقات الغلاف الجوى، وسميت بذلك لأنها تحتوى على غاز الأوزون وتتواجد فى طبقة الستراتوسفير[1]، ويقدر

[1] يتكون غاز الأوزون من ثلاث ذرات أكسجين مرتبطة ببعضها ويرمز إليها بالرمز الكيميائي .(O3) ويتألف الأوزون من تفاعل المواد الكيميائية إلى جانب الطاقة المنبعثة من ضوء الشمس متمثلة في الأشعة

ارتفاع غاز الأوزون عن سطح الأرض لمسافة بين 30 إلي 50 كيلومتر، وسمكه يصل ما بين 2 إلي 8 كيلومتر. والأوزون غاز طبيعي يغطي الجو المحيط بالأرض بطبقة طفيفة. وتكتسي هذه الطبقة أهمية كبرى للمحافظة على الحياة حيث تلعب دور المرشح لأشعة الشمس. فلو لم تكن هذه الطبقة موجودة لتسببت الشمس في حروق مضرة، وفي مشاكل خطيرة للعيون وأضرار عديدة للنباتات[1].

ويتكون الأوزون عندما يتعرض أكسجين الهواء الجوي لتأثير الأشعة فوق البنفسجية الصادرة عن الشمس فتتفكك بعض جزيئاته و تنشط بتأثير هذه الأشعة ثم تتحد ذراته مرة أخرى مع جزيئات الأكسجين مكونه الأوزون ، و يتم في هذه العملية امتصاص قدر كبير من الأشعة فوق البنفسجية الصادرة عن الشمس، فلا يصل منها إلى سطح الأرض سوى قدر معقول لا يؤثر في حياة الكائنات الحية ، و بذلك تمثل طبقة الأوزون التي تتكون في طبقات الجو العليا - في طبقة الاستراتوسفير على ارتفاع من 10: 40 كيلو متر فوق سطح الأرض - درعا واقيا يحمي الكائنات الحية التي تعيش على سطح الأرض من هذه الأشعة الضارة [2].

وتسبب هذه العناصر تفاعلا متسلسلا يدمر جزيئات الأوزون، وتحدث هذه الظاهرة منذ عدة عقود مضت بصفة متكررة لدرجة أن الإنتاج الطبيعي للأوزون في المحيط الجوي لم يعد كافيا لسد الحاجيات الضرورية، وينجم عن ذلك أن طبقة الأوزون الواقية تتقلص أكثر فأكثر لدرجة أن حماية الإنسان والبيئة تصير هشة وواهية يوما بعد يوم.

---

فوق البنفسجية وفى طبقة الاستراتوسفير (إحدى طبقات الغلاف الجوى) يصطدم غاز الأكسجين - والذي يتكون بشكل طبيعي من جزيئات ذرتي أكسجين - ($O_2$) بالأشعة فوق البنفسجية المنبعثة من الشمس، وهذه الذرات تصبح حرة لكي تندمج مع أجسام أخرى، ويتكون غاز الأوزون عندما تتحد ذرة أكسجين واحدة (O) مع جزئي أكسجين ($O_2$) ليكونوا .($O_3$)

[1] نشرة نشاط الأوزون وهي المصدر العالمي للأخبار المتعلقة بحماية طبقة الأوزون وتنفيذ بروتوكول مونتريال .يصدرها برنامج نشاط الأوزون ويدعمها ماليا الصندوق متعدد الأطراف التابع لبروتوكول مونتريال.متوفرة على الموقع / http://www.unep.frozonaction/news/oan.htm وانظر أيضا http://ozone.unep.org/

[2] د. أحمد مدحت إسلام ،التلوث.. مرجع سابق، ص 59

و تعتـبر أكاسـيد النتروجيـن و غـازات الكلوروفلوروكربـون التـي تسـتخدم في أجهـزة التبريـد، و الإسبراي من أهم المواد التي تسبب تغير طبقـة الأوزون لأنها عنـدما تتلامس جزيئـات أكاسـيد النتروجين مع جزيئات الأوزون يحدث بينهما تفاعل كيميائي يؤدى إلى تفكيك جزيئات الأوزون و تحويلها إلى جزيئات الأكسجين مرة أخرى مما يؤدى إلى نفاذ الأشعة فوق البنفسجية التي كانت طبقة الأوزون تحجبها أو تحد من تدفق كميات كبيرة منها [1].

ومنذ بضع سنوات نلاحظ للعلماء وجود ثقب يتطابق مع منطقـة القطب الجنوبي يصل الى سطح الأرض من خلاله كميات محدودة جدا من تلك الأشعة القاتلة السامة للإنسان والحيوان والنبات، وبسبب تكرار عملية التفكيك وإعادة تشكيل طبقة الأوزون مما يزيد بدوره مـن تعـرض البشرـ للإشعاع فـوق البنفسـجي الـذي يسـبب سرطـان الجلد[2] و الميـاه الزرقـاء (والكاتاراكت).

وكان الاعتراف بالآثار المباشرة على صحة الإنسان من الحوافز الرئيسية التي دفعت إلى وضع بروتوكول مونتريال، الذي ينص على ضرورة الحد من انبعاثات الملوثات التي تضعف طبقة الأوزون. وعلى الرغم من أن هذا الاتفاق أثبت فعاليـة كـبرى في الحـد مـن المخـاطر على المـدى الطويل، فإن الإشعاع فوق البنفسجي يظل مـن الأخطار الصحية القائمـة . وقد أبرمت اتفاقيـة مونتريال الدولية في السادس عشر من أيلول (سبتمبر) للعام 1987،وأصبح تطبيقها ملزما منذ الأول من كانون الثاني(يناير) للعام 1989، و شملت آنذاك مائة وتسعة وثمانين دولة، وقد نصت على الوقف التدريجي لاستهلاك وإنتاج عدد من المواد التي عرفت بتأثيراتها الضارة على طبقـة الأوزون، الذي يهدد انحلالها الحياة على كوكب الأرض [3]

---

[1] المرجع السابق، ص 60
[2] المرجع السابق،ص61

[3] المرجع السابق، ص61

وبعد انقضاء نحو ربع قرن على اكتشاف ثقب الأوزون، ووسط زوبعة القلق التي تسببها التقارير الصادرة عن الهيئات والمؤسسات العالمية المتخصصة في مجال البحوث البيئية، والتي تشير إلى تدهور الوضع البيئي على كوكب الأرض، أعلن أخيرا مختصون في مجال علوم البيئة، في الولايات المتحدة الأمريكية، بأن طبقة الأوزون قد بدأت في التماثل للشفاء.

وكان فريق من الباحثين ضم علماء من معهد جورجيا للبحوث، ووكالة الفضاء الأمريكية (ناسا) ، وبمعاونة من باحثين في "إدارة المحيطات والغلاف الجوي القومية الأمريكية". قد أجرى دراسة تحليلية لبيانات تم جمعها حول طبقة الستراتوسفير على مدى خمسة وعشرين عاما.وتشير نتائج الدراسة إلى أن طبقة الأوزون فوق المناطق القطبية قد توقفت عن الانحلال في العام 1997، بعد أن كانت قد بدأت بالتأثر منذ العام 1979، وهو ما استمر حتى العام 1997[1].

كما أظهر تحليل البيانات بأن المركبات الضارة التي تعمل على انحلال طبقة الأوزون، مثل الكلورين والبرومين، قد وصل أعلى تركيز لها في طبقة الستراتوسفير في العام 1997، في حين بلغت أقصى مستوياتها في الطبقة السفلية من الغلاف الجوي في العام 1993. وحسب ما أوضح القائمون على الدراسة، فقد اعتمدوا في دراستهم تلك على معلومات تم جمعها بواسطة مناطيد هوائية وأجهزة مثبتة أرضيا، تم توصيلها من خلال عدد من الأقمار الصناعية التابعة لوكالة الفضاء الأمريكية( ناسا)، و"إدارة المحيطات والغلاف الجوي القومية الأمريكية[2]".

ويشير المختصون من "إدارة المحيطات والغلاف الجوي القومية الأمريكية" إلى أن الاتفاقيات الدولية كاتفاقية مونتريال، والتي أبرمت في العام 1987، قد ساهمت في وقف انحلال هذه الطبقة من الغلاف الجوي، وذلك باعتبار أنها تنص على الوقف التدريجي لاستخدام المواد الكيماوية المتلفة لطبقة الأوزون التي يتسبب في إنتاجها البشر، مثل مركبات

---

[1] المرجع السابق، ص61

[2] المرجع السابق، ص 62

الكلوروفلوروكاربون أو ما يعرف اختصارا CFC .ويعلق ين- سو يانج رئيس فريق البحث، على ذلك بالقول" تؤكد هذه النتائج بأن اتفاقية مونتريال قد نجحت في وقف انحلال الأوزون في طبقة الستراتوسفير".كما يوضح" يانغ": بأنه إذا ما استمر حدوث عملية التعافي بنفس المعدل الحالي، فإن أفضل التكهنات تشير إلى أن طبقة الأوزون ستعود إلى الحالة التي كانت عليها في العام 1980 ،عندما لوحظت، ولأول مرة، التأثيرات الضارة التي يسببها النشاط الإنساني على طبقة الأوزون[1].

و تجدر الإشارة إلى أن الاستهلاك الأكبر و المؤثر للمواد المستنفذة لطبقة الأوزون يأتي من قبل الدول المتقدمة أساسا و في مقدمتها الولايات المتحدة و الصين و الاتحاد الأوروبي ، أما دول العالم الثالث مجتمعة تعد غير مؤثرة في كمية الانبعاثات للمواد المستنفذة لطبقة الأوزون تماما كما هو موقفها في الانبعاثات المسببة لاحترار الكرة الأرضية .و إنما تم النص عليها في القانون التزاما من مصر باتفاقية مونتريال التي انضمت إليها لحماية طبقة الأوزون .

و قد نصت المادة "47" مكرر من قانون البيئة على حظر الاتجار غير المشروع في المواد المستنفذة لطبقة الأوزون أو استخدامها في الصناعة أو استيرادها أو حيازتها بالمخالفة للقوانين و القرارات الوزارية المنظمة لذلك و كذا الاتفاقيات الدولية التي تكون جمهورية مصر العربية طرفا فيها . و قررت المادة "87" من قانون البيئة [2] عقوبة على كل من يخالف أحكام المادة "47" مكرر ـ الخاصة بحماية طبقة الأوزون ـ بالغرامة التي لا تقل عن ألف جنيه و لا تزيد على عشرون ألف جنيه . لقد انصب الاهتمام المتخصص و العلمي المصري على مشكلة التلوث و نضوب الموارد في مصر و لم يهتم كثيرا بمشكلة ثقب الأوزون أو ارتفاع درجة حرارة الأرض[3] مع أن معظم التقارير تؤكد تضرر الشواطئ المصرية وعلي الأخص الدلتا نتيجة ارتفاع منسوب المياه بسبب ارتفاع درجة حرارة الأرض.

[1] المرجع السابق، ص 62

[2] معدلة بالقانون رقم 9 لسنة 2009

[3] Eman ELRamly , women's perceptions of Environmental change in Egypt , Cairo papers in social science , The American University in Cairo press , vol 23 No 4 . year2000

**الفرع الثالث: حماية نهر النيل**

تمثل مياه المحيطات والبحار المالحة في العالم نسبة 97.5% من مجموع المياه في الكرة الأرضية، في حين لا تمثل المياه العذبة أكثر من 2.5%، وبهذا يمكن تشبيه المياه العذبة في كوكب الأرض بملء ملعقة صغيرة من المياه بالنسبة إلى مغطس مملوء بالمياه المالحة[1]. و 70% من هذه النسبة الصغيرة من المياه العذبة في العالم متجمدة في القطبين الشمالي والجنوبي وقمم الجبال الشاهقة ولا يمكن الاستفادة منها، و30% موجودة على صورة مياه جوفية مختلفة الأعماق في حين لا تمثل مياه الأنهار الجارية والبحيرات العذبة أكثر من 0.3% فقط من مجموع المياه العذبة في العالم، ومن هذه المياه العذبة تمتلك دول الشرق الأوسط وشمال أفريقيا نسبة لا تزيد على 1% من المياه في العالم لعدد سكان يبلغ نحو 5% من سكان العالم لذلك تعانى جميع الدول العربية من ندرة في المياه حيث يبلغ نصيب الفرد فيها أقل من ألف متر مكعب من المياه العذبة[2].

تتفاوت كمية المياه العذبة المتاحة للاستخدام من منطقة الى أخرى، وهناك ما يقرب من 41% من سكان العالم يعيشون الآن في مناطق ضغط مائي، ومن المتوقع ارتفاع هذه النسبة الى 48% في عام 2025 . ولم تعد القضية بالنسبة للمياه العذبة هي مجرد وفرة المياه فحسب، بل نوعية المياه أيضا. فلقد ازداد تلوث المياه السطحية والجوفية بدرجة ملحوظة، ويعد تلوث المياه مسئولا عن وفاة ما يقرب من 3.5 مليون فرد كل عام.[3]

وتعد الزراعة هي المستخدم الأعظم للمياه العذبة في العالم بمتوسط عام يبلغ 70% مقابل 22% لاستخدامات القطاع الصناعي و8% للقطاع المنزلي، وعلى الرغم من ندرة المياه في مصر والدول العربية فإن الزراعة

---

[1] د. نادر نور الدين محمد، المصري اليوم 20 يناير 2010

[2] المرجع السابق

[3] http://www.sgpgefegypt.org/index.htm برنامج المنح الصغيرة ، مرفق البيئة العالمية، ويديره برنامج الأمم المتحدة الإنمائي

تتجاوز نسب المتوسط العالمي، حيث تستهلك نحو 85% من المياه العذبة [1]، تبلغ إجمالي الموارد المائية المصرية من المياه العذبة وإعادة استخدامات المياه (نيل ــ آبار جوفية ــ صرف زراعي وصناعي، وصحي وأمطار) نحو 69 مليار متر مكعب سنويا، وعدد السكان في مصر ـ الآن نحو 80 مليون نسمة وبالتالي يكون حاصل قسمة الموارد المائية على عدد السكان لمعرفة نصيب الفرد من المياه العذبة سنويا في حدود 860 متر مكعب أي أقل من حد الندرة المقدر بألف متر مكعب سنويا، إضافة إلى أن التلوث والتدهور في الموارد المائية يقلل من صلاحيتها، وبالتالي يقلل من القيمة الفعلية لنصيب الفرد من المياه العذبة في مصر، لذلك وجب تعظيم إنتاجية وحدة المياه والتربة من الغذاء، وأن يكون الهدف المقبل هو غذاء أكثر من مياه أقل، وإن كل قطرة مياه مهمة.

و يشكل نهر النيل المصدر الرئيسي للمياه العذبة في مصر، ويغطي حوض نهر النيل - الذي تشارك فيه عشر دول افريقية- مساحة 2.9 مليون كيلومتر مربع، ويبلغ طول النهر نحو 6000 كيلومتر، وجملة تصريفه الطبيعي عند أسوان نحو 84 مليار متر مكعب سنويا. ويبلغ نصيب مصر الثابت من مياه النيل 55.5 مليار متر مكعب سنويا. وهناك أيضا مصدر دولي آخر تشترك فيه مصر وهو خزان المياه الجوفية في الحجر الرملي النوبي، والذي يمتد من الصحراء الغربية في مصر الى ليبيا وتشاد والسودان. ويغطي هذا الخزان ما يقرب من مليوني كيلومتر مربع، ويقدر مخزون المياه الجوفية فيه بنحو 75000 كيلومتر مكعب، وهي مياه في معظمها غير متجددة. وتقدر أقصى كمية من المياه يمكن سحبها من المصادر الطبيعية في مصر بنحو 64 مليار متر مكعب سنويا، ويبلغ نصيب الفرد من هذه المياه نحو 980 متر مكعب في السنة، أي اقل من مؤشر الضغط المائي [2].

و لما كانت هذه الدراسة ستتناول في الفصل القادم حماية البيئة المائية من التلوث، و لما كان قانون البيئة قد أحال بشأنها إلى القانون 48 لسنة 1982 بشأن حماية نهر النيل و المجاري المائية ، و نظرا لأهمية نهر

[1] نادر نور الدين محمد، المصري اليوم 20 يناير 2010
[2] http://www.sgpgefegypt.org/index.htm برنامج المنح الصغيرة الذي يموله مرفق البيئة العالمية، ويديره برنامج الأمم المتحدة الإنمائي

النيل باعتباره شريان الحياة الرئيسي في مصر، و الذي يعد تلويثه بمثابة تلويث لمجمل الحياة البيئية لمصر على اعتبار أن الماء هو مصدر الحياة و أساس كل شيء حيث قال تعالى:**"وجعلنا من الماء كل شيءٍ حي أفلا يؤمنون"**[1]. فالماء أصل وسبب لكل كائن حي، نبات أو حيوان أو غيره من كائنات لا يعلمها إلا اللـه، ولذا فإنه من الأهمية بما يوجب تناوله بشئ من التفصيل، و سيتم التمهيد لذلك بتناول تلوث الماء عموما، تم تناول حماية نهر النيل من التلوث

## أولا: تلوث الماء

تأتي أهمية الماء للإنسان بعد الأكسجين مباشرة ، و هو سائل لا غنى عنه لجميع الكائنات الحية ، و يجب أن يكون نقاء الماء في حدود معينة و إلا تمت إصابة الإنسان عن طريقه بكثير من الأضرار و الأمراض التي قد تنهي حياته ، و تذوب معظم المواد في الماء بنسب متفاوتة ، وتحتوي مياه البحار و المحيطات على كثير من الأملاح و المواد الكيميائية الذائبة فيها ، كما تحتوي هذه المياه على نسب متفاوتة من أغلب المعادن و الفلزات، و عندما تتعرض مياه البحار و المحيطات لحرارة الشمس يتبخر جزء منها دون أن يحتوي البخار على أي من الأملاح و المركبات، و يبرد في طبقات الجو العليا مشكلا السحب ، و عندما تبرد أكثر يتحول البخار إلى قطرات ماء و تسقط على شكل أمطار ، و تختلط المياه بما قد يكون في الهواء من أبخرة وتسقط علي سطح الأرض بما فيه من أملاح معدنية أو مبيدات أو مخصبات زراعية و غيرها من شوائب و مواد قابلة للذوبان في الماء حيث يحمله الماء إلى المجاري المائية و البحيرات و الأنهار .

و التجمعات السكانية في معظم دول العالم تقع على شواطئ الأنهار و البحيرات، و تأخذ مياه الشرب من هذه المصادر المائية و من هنا وجبت المحافظة على نظافة هذه المصادر المائية[2]. و لقد تسبب النشاط الصناعي خلال القرن التاسع عشر و القرن العشرين من تلوث المياه سواء في الأنهار أو البحار و المحيطات عن طريق الإلقاء المباشر للمخلفات في الأنهار و البحيرات و المحيطات مباشرة، أو عن طريق الأمطار التي تحمل جميع

1 سورة الأنبياء، الآية 30

2 د. أحمد مدحت إسلام، مرجع سابق ص 100

ملوثات الهواء إلى الأنهار و البحار ، و كان كل ذلك نتيجة لتزايد السكان بشكل عام و خصوصا في المدن التي تحتوى على موانئ و تجمعات صناعية قريبة من الأنهار و البحار، و كانت الأنهار في أوروبا في القرن الثامن عشر تلقى فيها جميع أنواع المخلفات بما فيها مياه الصرف، مما أدى إلى انتشار الأوبئة في العديد من المدن الأوروبية نتيجة تلوث المياه و ظلت الأمور كذلك في أوروبا فترة طويلة حتى تم حلها مع التقدم الحضاري في منتصف القرن الماضي، و لم تكن الولايات المتحدة أفضل من أوروبا في ذلك فقد تم تلويث المياه في الأنهار و البحيرات و المحيطات و خاصة في المناطق الصناعية و المدن الكبرى على طول سواحلها[1].

إن المياه تعتبر ملوثة عندما تحتوي على مكونات تفسدها بحيث لا تصلح للاستهلاك البشري أو كمياه الشرب بحيث تؤثر على الأحياء التي تعيش فيها كالأسماك والأحياء المائية الأخرى. وبصورة عامة وجد ان تلوث مياه النيل في تزايد، خاصة التلوث بالبكتريا والفيروسات المختلفة نتيجة صرف مياه الصرف الصحي في النيل وفروعه بطريق مباشر وغير مباشر. كذلك يتم صرف مياه الصرف الزراعي وبعض المخلفات الصناعية السائلة في مجارى النهر. وهناك اتجاه متزايد لتلوث المياه الجوفية في بعض المناطق، ولاستنزافها في مناطق أخرى.

إلا أن ازدياد اهتمام الإنسان بالبيئة من منتصف القرن الماضي أدى إلى الحد من هذا التلوث المباشر بدرجة كبيرة، حيث تم سن قوانين صارمة تعاقب على تصريف المخلفات بجميع أنواعها في المياه سواء مياه الأنهار أو البحار ، و خاصة مياه الأنهار بعد ما زادت الحاجة إلى مياه الشرب نتيجة الزيادة الهائلة في السكان و الحاجة إلى هذه المياه في الزراعة و الصناعة أيضا مما أدى إلى سعي معظم دول العالم للحفاظ عليها من التلوث حتى تكون صالحة للاستخدامات سالفة الذكر.

وتتعدد موارد المياه العذبة في مصر، و هي تشمل نهر النيل بالأساس و المخزون الجوفي إضافة إلى كميات ضئيلة من الأمطار الساحلية و السيول و هذه الموارد عرضة للتلوث نتيجة الزيادة السكانية و ما يتبعها

---

[1] المرجع السابق، ص 103 ـ 105

من توسيع المشاريع الإسكانية و الصناعية و السياحية مما ضاعف العوامل المؤثرة على سلامة البيئة و نوعية الحياة. و تعاني مصر من تلوث المجاري المائية السطحية خصوصا في منطقة الدلتا حيث الكثافة السكانية العالية و عدم و توفيره خدمات الصرف الصحي، حيث ساهم النمو السكاني العشوائي حول المدن الكبرى في انخفاض قدرات محطات المعالجة على استيعاب الكميات الهائلة من الصرف الصحي مما دفع المحطات إلى إجراء معالجة جزئية، أو صرف السوائل دون معالجة على الإطلاق في المصارف الزراعية [1].

أما فيما يخص المخزون الجوفي للمياه، فتشير نتائج الدراسات[2] إلى ارتفاع نسبة النبرات في بعض الآبار نتيجة للاستخدام المفرط للأسمدة الكيماوية مما يؤدى إلى تلويث هذه الآبار[3].و مع أن اتساع مجرى نهر النيل و سرعة التيار فيه يمثل أهم عوامل مقاومة التلوث و خصوصا الناتج عن النشاط الصناعي .

و في نهاية هذه الجزئية ، تجدر الإشارة إلى تهديد من نوع آخر يهدد نهر النيل المصدر الأساسي للمياه في مصر و التي تعتمد عليه اعتمادا كاملا في توفير المياه، حيث ترى دول المنبع أن المياه ملكها و لها الحق الكامل من إقامة ما تشاء من سدود لتنمية شعوبها الفقيرة بل و لها الحق في بيع المياه إلى مصر و شرعت العديد من هذه الدول في إقامة سدود كبيرة على مجرى النهر بمساعدات من الصين مثل أثيوبيا والسودان، و إسرائيل في بعض دول المنابع الأخرى، و هو ما يشكل خطرا أكبر على مصر التي تتمسك بالاتفاقية توزيع المياه المبرمة منذ عهد الاستعمار، بل و تطالب بزيادة حصتها من المياه و تطالب تنزانيا و كينيا و أثيوبيا بتعديل هذه الاتفاقية، و

[1] تقرير اللجنة الاقتصادية و الاجتماعية لغرب أسيا ( الاسكو ) التابعة للمجلس الاقتصادي و الاجتماعي ـ الأمم المتحدة ـ الدورة الثامنة ، لجنة الموارد المائية البند 5 (ج) أ ـ جمهورية مصر العربية ـ حالة لبلدان مختارة

[2] و تعتبر الشبكة القومية لرصد و متابعة نوعية المياه السطحية و الجوفية هي إحدى أهم آليات تفعيل سياسات المحافظة على نوعية المياه ، و كذلك المركز القومي لبحوث المياه حيث يتم إعداد تقارير عن نوعية المياه في مصر بالتعاون مع الوزارات المعنية ، و هناك جهات أخرى تقوم بأبحاث مفصلة مثل معهد بحوث الصرف و معهد بحوث المياه الجوفية ، و معهد بحوث نهر النيل ، كما تجرى الهيئة القومية لمياه الشرب و الصرف الصحي بعض الدراسات أيضا[2].

[3] المرجع السابق

هذه المشكلة تهدد أمن و استقرار مصر بشكل جوهري في جانبها الاقتصادي و الاجتماعي و السياسي بل و الحياة في مصر على العموم ، و تؤثر من ناحية أخرى على البيئة إذ سيؤدي بطء تدفق نهر النيل إلى زيادة الملوثات و تركزها، مما يضاعف من أخطارها، و لذا يتوجب أن تكون حل هذه المشكلات مع دول المنبع ذو أولوية قصوى و على درجة بالغة من الأهمية و يتعين الالتفات إليها و معاونتها في حل مشاكلها حتى لا تلجأ إلى إسرائيل و الصين أو غيرهما ، بما يضر بمصالح مصر في مياه نهر النيل ، حيث هناك تهديدا حقيقيا قد يؤثر علي حصة مصر من المياه ،وقد وصل هذا التهديد إلي حد جعل الحكومة تقربه[1].

## ثانيا: حماية نهر النيل و المجاري المائية من التلوث

تضمن قانون إصدار قانون البيئة رقم 4 لسنة 1994 عدة قواعد، حيث نص في مادته الأولي علي وجوب مراعاة القواعد والأحكام الواردة في القوانين الخاصة...وبما لا يخل بتطبيق أحكام القانون رقم 48 لسنة 1982 في شأن حماية نهر النيل والمجارى المائية من التلوث، و تمت إضافة مادة برقم "47" مكرر بالقانون رقم 9 لسنة 2009 إلى قانون البيئة رقم 4 لسنة 1994 نصت على، أن ينشأ برئاسة مجلس الوزراء مجلس أعلى لحماية النيل و المجاري المائية من التلوث برئاسة رئيس مجلس الوزراء، و يضم المجلس في عضويته الوزراء المختصين بكل من الموارد المائية و الري و شئون البيئة ، و الصحة و الزراعة و الصناعة و استصلاح الأراضي و التنمية المحلية و الإسكان و المرافق و التنمية

[1] وقد نشر في المصري اليوم بعدد 2/ ٣/ ٢٠١٠ ، أن الحكومة المصرية قد اعترفت - بتصاعد الأزمة مع دول حوض النيل حول «اتفاقية التعاون» - وقالت ممثلة في الدكتور محمد نصر الدين علام، وزير الموارد المائية والري، بوجود أزمة حادة بين مصر والسودان من جهة، وبقية دول حوض النيل من جهة أخرى، تسببت في عدم توقيع اتفاقية الإطار المؤسسي للتعاون بين دول الحوض على مدى عدة اجتماعات للوزراء المعنيين في هذه الدول. وتكتلت دول المنبع لوضع بند الأمن المائي لمصر والسودان ضمن ملحق الاتفاقية وليس في صلب المواد، رغم مطالبة مصر بضرورة وضع البند ضمن الاتفاقية بعناصره الثلاثة وهي: 1/ عدم إقامة مشروعات في أعالي النيل تؤثر على حصة مصر والسودان من المياه.2/عدم المساس بالحصة التاريخية لمصر والسودان من مياه النيل 3/موافقة مصر والسودان على توقيع أي اتفاقيات بالأغلبية» وقد اتهم أعضاء من البرلمان الحكومة بعدم الحفاظ على المكانة التاريخية لمصر في دول حوض النيل، وعدم الاهتمام بحق دول الحوض في التنمية، وتجاهل مساعدات الدول الأخرى مثل إسرائيل وتركيا والصين لدول الحوض في إقامة مشروعات في أعالي النيل بما يمكنها من التأثير على حصة مصر.

العمرانية و النقل النهري . و يختص هذا المجلس باتخاذ التدابير اللازمة لحماية نهر النيل و المجاري المائية من التلوث، و يصدر بتحديد سائر اختصاصاته قرار من رئيس مجلس الوزراء، و ينعقد المجلس كل ثلاثة شهور على الأقل لمتابعة أحوال النهر .

ويمثل القانون رقم 48 لسنة 1982 حجر الزاوية في حماية الموارد المائية في مصر على جميع أنواعها. و قد اعتبرت المادة "1" من القانون رقم 48 لسنة 1982 مجاري المياه في تطبيق أحكامه هي مسطحات المياه العذبة و تشتمل على نهر النيل و فروعه و الأخوار ، و كذا الرياحات و الترع بجميع درجاتها و الجنابيات ، و مسطحات المياه غير العذبة و تشمل المصارف بجميع درجاتها ، و البحيرات ، البرك و المسطحات المائية و السياحات، و أخيرا خزانات المياه الجوفية .

و قد حظرت المادة الثانية من القانون سالف الذكر، صرف أو إلقاء المخلفات الصلبة أو السائلة أو الغازية من العقارات أو المنشآت التجارية أو الصناعية أو السياحية و من عمليات الصرف الصحي و غيرها في مجاري المياه على كامل أطوالها و مسطحاتها إلا بعد الحصول على ترخيص من وزارة الري في الحالات و وفق الضوابط و المعايير التي يصدر بها قرار من وزير الري، بناء على اقتراح وزير الصحة و يتضمن الترخيص الصادر في كل حالة تحديد المعايير و المواصفات .

و قد نصت بقية مواد القانون الأخر من المادة الثالثة و حتى الخامسة عشر على تنظيم ما ورد بالمادة الثانية ، حيث نصت المادة "3" على وجوب إجراء معامل وزارة الصحة تحليلا دوريا لعينات المخلفات السائلة المعالجة للمنشآت المرخص لها بالصرف في المجارى المائية ، و نصت المادة الرابعة على عدم جواز التصريح بإقامة أية منشآت ينتج عنها مخلفات تصرف في المجارى المائية ، إلا أن المادة عقبت باستثناء لوزارة الري عند الضرورة و تحقيقا للصالح العام إقامة المنشآت التي منعتها في المادة المذكورة .

و تناولت المادة الخامسة إلزام ملاك العائمات السكنية و السياحية و غيرها الموجودة في مجرى النيل و فروعه بعلاج مخلفاتها أو تجميعها في

أماكن محددة و نزحها، و أعطت مهندسو الري تطبيق ذلك، و أعطت المادة السادسة لوزارة الري ترخيص إقامة العائمات الجديدة و تجديد العائمات القائمة.و حظرت المادة السابعة على الوحدات النهرية المتحركة تسريب الوقود المستخدم في تشغيلها في مياه نهر النيل.

و نصت المادة الثامنة على تولي مرفق مياه الصرف الصحي وضع نموذج لوحدات معالجة المخلفات اللزجة و السائلة من المصانع و المساكن و المنشآت الأخرى و العائمات و الوحدات النهرية بما يجعلها مطابقة للمواصفات، و ألزمت المادة التاسعة طالب الترخيص أن يقدم لوزارة الري ما يثبت تدبيره وحدة لمعالجة المخلفات، و شهادة من مرفق الصرف الصحي بمعاينة الوحدة و صلاحيتها .و نصت المادة العاشرة على إلزام وزارة الزراعة بعدم استخدام مواد كيماوية من شأن استعمالها تلويث مجاري المياه، و نصت المادة الحادية عشر على إلزام وزارة الري باستخدام مواد كيماوية لا تلوث المياه عند مقاومة الحشائش المائية .

و نصت المادة الثانية عشر من القانون على عدم جواز خلط مياه المصارف بالمياه العذبة إلا بعد ثبوت صلاحيتها لهذا الغرض و أخذ رأي وزارة الصحة ، و نصت المادة الثالثة عشر على تولي شرطة المسطحات المائية التفتيش و ضبط المخالفات و إزالة أسباب التلوث. و نصت المادة الرابعة عشر على إنشاء صندوق خاص تؤول إليه حصيلة الرسوم و الغرامات و التكاليف الناتجة عن تطبيق أحكام القانون ، و نص على طريقة توزيعها ، و حددت المادة الخامسة عشر الرسوم المستحقة تنفيذا لأحكامه .

و كان قد طعن بعدم دستورية المادتين 2 ، 16 من القانون رقم 48 لسنة 1982 في شأن حماية النيل أمام المحكمة الدستورية العليا على أساس من مخالفة مبدأ المساواة و تكافؤ الفرص بالمخالفة لأحكام المادتين 8 ، 40 من الدستور و المادة الخاصة ، برجعية القانون بالمخالفة لأحكام المادة 187 من الدستور ، حيث نعى الطاعن على القانون سماحه للبعض بإلقاء المخلفات الصلبة و السائلة أو الغازية، بناء على استثناء في القانون يقدره

الوزير المختص، وبناء علي ترخيص .[1] وقضي بأنه يجوز لجهة الإدارة إلغاء ترخيص العائمة كليا أو جزئيا مادام مالكها أو المنتفع بها أخل بالتزاماته، أو إذا وجدت اعتبارات تتعلق بالمصلحة العامة تقتضي إنهاء ترخيصها .

و تجدر الإشارة إلى أنه كان الأولى بالمشرع أن يحرم بصورة مطلقة إلقاء المخلفات والصرف للملوثات بجميع أنواعها، السائلة أو الصلبة أو الغازية في نهر النيل، و جميع المجارى المائية العذبة على اختلاف أنواعها وأن لا يكون هناك محل لاستثناءات أو تراخيص بالصرف منعا لذرائع تلويث المياه ومنعا للجدل بأن نسبة الملوثات تتوافق مع الترخيص من عدمه ، مع وجوب تشدد العقوبات المالية و عقوبة الحبس على كل من يخالف ذلك وتطبيق القانون بفاعلية كبيرة، و ذلك للأهمية الكبيرة لمياه النيل و المياه العذبة عموما .

و سبب المطالبة بهذا التشديد هو ما وصلت إليه مياه النيل من تلوث بلغ حدا بعيدا استنادا إلى استثناء قررها القانون، و لم يلتزم من منحوا هذه الاستثناءات بها في جميع أنواع السوائل التي يتم صرفها في النيل ، فقد

[1] و قد ردت المحكمة على ذلك بأن مبدأ مساواة المواطنين أمام القانون ، لا يعنى ـ تعامل فئاتهم على تباين مراكزهم القانونية ـ معاملة قانونية متكافئة ، و لا معارضة صور التميز على اختلافها ، ذلك أن من بينها من يستند إلى ملائمة منطقية بين النصوص القانونية التي يتبناها المشرع لتنظيم موضوع معين ، و النتائج التي رتبها عليها و ليكون التمييز بالتالي موافقا لأحكام الدستور التي ينافيها انفصال هذه الأحكام عن أهدافها و توخيها مصالح ضيقة لا يجوز حمايتها ، و كان الحظر المقرر بالمادة "2" المطعون عليها لا يتعلق ببعض المواطنين دون بعض ، و لا من يكون منهم مقيما في جهة بذاتها ، بل ينطبق على مدنها و قراها جميعا ، و ترتيبا علة واقعة بذاتها هي إلقائهم لمخلفاتهم أو صرفها في الموارد المائية ، و مقررا بمقتضى قاعدة قانونية عامة مجردة لا تقيم في مجال سريانها تمييزا بين المخاطبين بها ، بل تنتظمهم جميعا أحكامها التي ربطها المشرع بمصلحة عامة تتمثل في صون الأوضاع الأفضل لبيئتهم ، فإن النعي عليه بمخالفة المادة "40" من الدستور يكون منتحلا، و انتهت المحكمة أيضا في ردها على رجعية المادة "2" المنصوص عليها بأنه من وقت تجريم المادة السادسة عشر لأفعال صرف و إلقاء المخلفات و التي كان يتم قبل صدور القانون و حظر المادة الأولى لذلك فإن استمرار الصرف و الإلقاء يعتبر جريمة معاقبا عليها وفقا لأحكامه و لا مخالفة فيه لمبدأ عدم رجعية القوانين و ليس هناك مركزا قانونيا لا يجوز تعديله من كان يلقى المخلفات أو يصرف في النيل . **الطعن رقم 34 لسنة 15 ق دستوريا عليا بجلسة ، مارس 1996**. و حكمت المحكمة برفض الطعن ، و ذكرت أن ليس هناك مخالفة دستورية فضلا عن أن الغاية هي حماية نهر النيل و غيره من المجارى المائية مما يلوثها على حد تعبير المحكمة . والملاحظ يريد أن تقوم منشأته بالصرف علي النيل بغير ترخيص متذرعا بمدأ المساواه القانونية بين المواطنين وفقا للدستور، ولذا فإن الأوجب هو منع الصرف لجميع الملوثات علي النيل سؤاء بترخيص أو بغير ترخيص، وأن تقام الدعاوي لمنع الآخرين من هذا الصرف وذلك لترسيخ حماية ونظافة نهر النيل مصدر الحياه الأساسي مي مصر.

نشر بأن شركة الحوامدية للسكر و الصناعات التكاملية و التابع لها ستة مصانع تصرف مخلفاتها على النيل، و تشمل هذه المخلفات نواتج غسيل أوعية ضخمة بحمض الكبريتيك و غيرها، من المخلفات غير المطابقة لمواصفات الصرف[1].

فهناك أكثر من 120 منشأة صناعية مطلة على النهر و معظم صرفها مخالف للمواصفات ، و منها منشآت قطاع عام أهمها، شركة إسمنت طره، و شركة السكر سالفة الذكر حيث يصرفان مخلفاتهما بشكل مباشر في النهر و هي مخلفات كيميائية سامة في أغلبها منذ عشرات السنين مما أدى إلى تلوث أسماك النهر بدرجة كبيرة في مناطق صرف هذه المصانع وأصيب العديد من السكان في الحوامدية و إمبابة و غيرها من المناطق بالعديد من الأمراض الخطيرة[2]، و لم يقتصر الأمر على ذلك فقط بل يلقى في النهر في منطقة الجيزة وحدها 400 ألف متر مكعب من مياه الصرف الصحي يوميا بعلم الحكومة، و بموافقة وزارة البيئة[3]، هذا في منطقة الجيزة فقط، فما بالنا بما يتم إلقائه على طول مجرى النهر من أسوان إلى المصب في البحر الأبيض المتوسط .

و لذا فإن طلب العديد من الباحثين بتعديل تشريعي يحرم و يجرم إلقاء أية مخالفات أو صرف أية مياه غير صالحة للشرب في البحر بمثابة جريمة يعاقب فاعله بأشد العقوبات المالية و المقيدة للحرية له ما يؤيده من واقع مزري وصل إليه حال المياه في النهر، و ذلك حتى يتم السيطرة على نظافة النهر العظيم و تنقية مياهه مما أصابها من تلوث ينذر بكارثة قومية من عدة أوجه، أولا : تلويث مياه الشرب التي يعد النيل هو مصدرها الأول ، وثانيا: تلويث المياه الخاصة بالري الزراعي، وثالثا : تلويث المياه الجوفية، ورابعا: انتشار الأمراض الخطرة على نطاق واسع نتيجة كل ما سبق .إضافة إلي غيرها من الأضرار غير المنظورة و على المدى البعيد، لأن زيادة تلوث مياه النهر ستؤدى إلى فساد الحياة عموما، لأن مياه النيل هي أصل الحياة في مصر و أصل رخائها و نمائها و بفسادها لا رخاء و لا تنمية، بل ولا حياة كريمة لمواطنيها .

---

1 المصري اليوم 2009/11/17
2 المرجع السابق
3 المصري اليوم 2009/11/19

و قد قضت المحكمة الإدارية العليا في هذا الشأن بأن : القانون رقم 48 لسنة 1982 في شأن حماية نهر النيل و المجاري المائية من التلوث ، حظر صرف أم إلقاء المخلفات الصلبة أو السائلة أو الغازية من العقارات و المحال و المنشآت التجارية و الصناعية و السياحية و من عمليات الصرف و غيره في مجاري المياه إلا بعد الحصول على ترخيص بذلك من وزارة الري[1]، وفقا للضوابط و المعايير و المواصفات المحددة في هذا الشأن ـ و في حالة مخالفة المعايير و المواصفات المحددة بحيث تشكل خطرا فوريا على تلوث مجاري المياه يخطر صاحب الشأن بإزالة الأعمال المخالفة أو التصحيح بالطريق الإداري و على نفقة المخالف وذلك دون إخلال بحق الوزارة في إلغاء الترخيص "[2].

و تؤكد محكمة النقض ذلك بقولها : " إذا كان قرار المحافظ يقضي بإلقاء مياه بيارات المطاعم و المقاهي و المياه المخلفة عن الرشح و الأمطار و انفجار المواسير بما تحويه من مخلفات في المصرف موضوع النزاع ، و كان هذا القرار مخالفا لما نصت عليه المادة 69 من قانون الصرف و الري رقم 74 لسنة 1971 3 من حظر القيام بإلقاء جثة حيوان أو أية مادة أخرى مضرة بالصحة أو ذات القانون من معاقبة من يخالف ذلك بغرامة لا تقل عن خمسة جنيهات و لا تزيد على ثلاثين جنيها ، فإنه بذلك يكون قد صدر من شخص لا سلطة له إطلاقا في إصداره و مشوبا بمخالفة صارخة للقانون بما يجرده من صفته الإدارية و يسقط عنه الحصانة المقررة للقرارات الإدارية ، و يكون من حق القضاء العادي أن يتدخل لحماية مصالح الأفراد مما قد يترتب عليه ، و يكون الحكم المطعون فيه إذ قضى بإلزام الطاعن بصفته بالامتناع عن استعمال المصرف موضوع النزاع مقلبا و مستودعا للمواد البرازية و بعدم إلقاء القاذورات و مياه الكسح به لم يخالف أحكام الاختصاص الولائي أو مبدأ الفصل بين السلطات "[4].

---

[1] و يقصد بها الآن وزارة الأشغال العامة و الموارد المائية .

[2] الطعن رقم 842 لسنة 45 ق إدارية عليا ـ جلسة 2003/3/7 ـ س 42

[3] ألغى القانون رقم 74 لسنة 1971 بموجب المادة 2 من القانون رقم 12 لسنة 1984 المعدل بالقانون رقم 213 لسنة 1994 بشأن إصدار قانون الري و الصرف .

[4] مجموعة أحكام : الطعن رقم 479 لسنة 44 ق جلسة 1978/2/16 ـ س 29

وقد أكد التقرير، الصادر عن مركز بحوث صحة الحيوان، التابع لمركز البحوث الزراعية، أن أسماك المريوطية تحمل ديدانا متنوعة فى العضل والخياشيم وأن عينات الأسماك التي تم فحصها تبين أن بها ديدانا فى العضلات، والخياشيم، والأعضاء الداخلية، كما أن نسبة الأكسجين الذائب أقل من المسموح به، بينما تركيزات الأمونيا، والنيتريت، والكبريتات، والفوسفات، والنحاس، والزنك، والنيكل، أعلى من الحدود المسموح بها، وأرجع التقرير سبب نفوق السمك إلى نقص الأكسجين الذائب فى المياه والملوثات الأخرى. وقد حذر العديد من الأطباء من تناول هذه الأسماك، لأن الديدان التي تحملها تصيب الإنسان بالتسمم، والإصابة فى أماكن حساسة مثل المخ والقلب، والتهابا في الكلى والمجارى البولية، موضحا أن وجود حمض الكبريتيك فى المياه بنسبة ٦٥٠ ملليجراما لكل متر مكعب،وهو شيء خطير لأنه مثل «مياه النار» يقتل الكائنات الحية[1].

أن تلوث الموارد المائية يكبد الدولة خسائر صحية وزراعية تقدر بـ«٣.٥٥» مليار جنيه سنويا أي ما يعادل ١.٨٪ من إجمالي الدخل القومي مما يعكس تدهور الإنتاجية الزراعية والسمكية فى مصر وأن استمرار هذا التدهور يرفع خسائر الاقتصاد المصري إلى ٩.٥ مليار جنيه أي ما يعادل ٣.٢٪ من إجمالي الدخل العام.[2]

وقد أكدت ١٠ استجوابات ناقشها مجلس الشعب، أن مصر تتعرض لتلوث بيئي خطير، واتهم مقدمو الاستجوابات الحكومة بالعجز عن مواجهته سواء على مستوى المياه أو الهواء، مما تسبب فى إصابة عشرات المصريين بأمراض خطيرة. وذكر بالاستجوابات أن نهر النيل تحول إلى أكبر مصرف كيميائي ، حيث يحمل سنويا ٩٥٠ مليون متر مكعب من الصرف الصناعي و٩ مليارات متر مكعب من الصرف الزراعي.

---

[1] المصري اليوم،٢١/ ١/ ٢٠١٠

[2] المصري اليوم ٢١/ ٦/ 2٠٠٩ عن الدكتور نادر نور الدين محمد، أستاذ علوم الأراضي والمياه بكلية الزراعة جامعة القاهرة فى ورقة بحثية تقدم بها إلى مؤتمر «حماية الموارد الأرضية والمائية من التدهور من أجل تنمية مستدامة».

وذكرت هذه الاستجوابات أن الحكومة قد فشلت في مواجهة مشكلة التلوث البيئي، بسبب عدم التنسيق بين الوزارات، مما تسبب فى إصابة المصريين بأمراض السرطان المختلفة والفشل الكلوي والالتهابات والعديد من الأمراض الخطيرة[1]، فقد تم تحويل ترعة المريوطية إلى مصب لكل أنواع الصرف، سواء الزراعي أو الصناعي أو الصحي. وقد اعتاد الصيادين بيع أسماك المصرف فى حلقة سمك المنيب، بالإضافة إلى أسواق شعبية فى أكثر من ١٢ قرية فى الجيزة و٦ أكتوبر[2].

فتلوث الترع والمصارف ومياه الشرب في محافظات الدلتا يعد السبب الأول في ارتفاع نسبة وفيات الأطفال الأقل من 5 سنوات طبقا لتقرير البنك الدولي الصادر عام 2006 إلى 20 ٪ نتيجة للإصابة بالنزلات المعوية وهى أعلى بمعدل 2 إلى 3 أضعاف النسب في الدول المشابهة لمصر، من حيث معدل الدخل السنوي للفرد، نتيجة لزيادة نسبة الميكروبات القولونية (البرازية) في المياه العذبة.

كما يقل هذا التلوث تركيز الأكسجين الذائب كثيرا عن المعدل المسموح به في المجارى المائية بما يضر بأسماك الترع والمصارف ويقلل من تحلل المخلفات العضوية ويزيد من أضرارها. ويضاف إلى ذلك أن تلوث الترع والمصارف في محافظات الوجه البحري قد بلغ نسبا غاية في الخطورة بالمقارنة بمثيلاتها في الوجه القبلي، وأن مصرف الرهاوى (كوتشنر) الذي يصب في فرع رشيد يحتاج إلى إجراءات عاجلة لمواجهة ما يحمله من سموم تهدد كل من يعيش على مياه هذا الفرع من إنسان وحيوان وتربة ومنتجات زراعية[3].

ويؤكد هؤلاء الباحثين أن الزيادة السكانية هي من أهم المشاكل البيئية التي تواجه مصر، حيث تسبب هذه الزيادة بمشكلة التلوث البيئي

[1] المصري اليوم،١٩/ ١/ ٢٠١٠

[2] المصري اليوم، 11/1/ ٢٠١٠

[3] د.نادر نور الدين، الخسائر المالية من تلوث النيل، الشروق، 2009/11/23

لنقص الوعي البيئي لدي السكان[1]، إضافة إلى الضغط المستمر على المصادر الطبيعية مما يهدد بنضوبها، فالتوسعات الزراعية المطردة تفوق الموارد المائية المتاحة وتتسبب في زيادة العجز المائي مما يستلزم العمل على ضرورة حماية هذه الموارد المتاحة وترشيد استخدامها من خلال استخدام الري الحديث وتقليل الزراعات والمحاصيل الشرهة للمياه مثل الأرز وتقليل فواقد التسرب من القنوات المائية ، وتبلغ فواقد البخر الكلية من الشبكة المائية المكشوفة في مصر ما يقترب من ٣ مليارات متر مكعب سنويا، الأمر الذي يتطلب ضرورة الحفاظ على هذا البخر بتطهير الترع والمصارف باستمرار ورش أسطح المياه المعرضة للجو بمواد «مثبطة» للبخر وأن فواقد تسرب الشبكة الخارجية تصل إلى ٤ مليارات متر مكعب بخلاف «المساقى والمراوي» مما يستلزم ضرورة القيام بـ«التبطين» للترع والمصارف بهدف الحفاظ على ناتج البخر لتعظيم الموارد المائية.[2]

## ثالثا: تجريم تلويث المياه

نصت المادة السادسة عشر ـ و هي مادة التجريم في القانون رقم 48 لسنة 1982 في شأن حماية نهر النيل ـ مع عدم الإخلال بالأحكام المقررة بقانون العقوبات ـ يعاقب على مخالفة أحكام المواد 2، 3 فقرة أخيرة ـ و هي الخاصة بحظر صرف إلقاء المخلفات الصلبة و السائلة أو الغازية في النهر، أو في حالة مخالفة العينات المأخوذة من المواد المسموح بتصريفها في النهر للمعايير و المواصفات المحددة ـ و المواد 4، 5، 7 وحالات مخالفة وحدات معالجة المخلفات التي تصرف في النهر من المنشآت المقامة عليه، أو عدم نزح مخلفات العائمات السكنية و السياحية و إلقائها في النهر أو حالة تسرب الوقود من الوحدات المتحركة في النهر ـ من يخالف هذه المواد أو القرارات المنفذة لها يعاقب بالحبس مدة لا تزيد

[1] Eman EL Ramly ,the women's perceptions of Environmenal change in Egypt , Cairo papers social science , The American University in Cairo press , vol 23 , No 4 . year 2000 .p 1

[2] المصري اليوم ٢١/ ٦/ ٢٠٠٩

عن سنة و غرامة لا تقل عن خمسمائة جنيه و لا تزيد على ألفي جنيه أو بإحدى هاتين العقوبتين ، و في حالة تكرار المخالفة تضاعف العقوبة[1] .

و يجب على المخالف إزالة المخالفة أو تصحيحها في الميعاد الذي تحدده وزارة الري ، و لها أن تقوم باتخاذ إجراءات الإزالة و التصحيح بالطريق الإداري على نفقة المخالف ، دون الإخلال بحقها في إلغاء الترخيص .و قد منحت المادة التاسعة عشر ـ من القانون صفة مأموري الضبط بالنسبة للجرائم المنصوص عليها في القانون المذكور. ولم يرد في قانون حماية نهر النيل أو قانون البيئة ما يؤكد على حماية مياه الشرب و الحفاظ عليها[2] .

وقد نصت المادة "89 " من قانون البيئة رقم 4لسنة 1994 على أنه "يعاقب بغرامة لا تقل عن مائتي جنيه ولا تزيد على عشرين آلف جنيه كل من خالف أحكام المواد 2 و 3 فقرة أخيرة و 4 وه و 7 من القانون رقم 48 لسنة1994 في شأن حماية نهر النيل والمجارى المائية من التلوث والقرارات المنفذة له . وفى حالة العود تكون العقوبة الحبس والغرامة المنصوص عليها في الفقرة السابقة.

---

[1] العقوبة المقررة لجريمة صرف مخلفات في مجارى المياه بدون ترخيص . الحبس أو الغرامة التي لا تقل عن خمسمائة جنيه ولا تزيد على ألفي جنيه أو بإحداهما. المادة 16 من القانون رقم 48 لسنة 1982 . قضاء الحكم المطعون فيه بتغريم المتهم عشرة جنيهات . خطأ في تطبيق القانون . يوجب النقض والتصحيح. كون المتهم هو المستأنف وحده . أثره . نقض الحكم وتأييد الحكم المستأنف . أساس ذلك ؟ القاعدة:لما كان القانون 48 لسنة 1982 الواجب التطبيق على واقعة الدعوى قد نص في المادة السادسة عشر منه على أنه " مع عدم الإخلال بالأحكام المقررة بقانون العقوبات يعاقب على مخالفة أحكام المواد 2 ، 3 فقرة أخيرة ، 4 ، 5 ، 7 من هذا! القانون والقرارات المنفذة له بالحبس مدة لا تزيد على سنة وغرامة لا تقل عن خمسمائة جنيه ولا تزيد على ألفي جنيه أو بإحدى هاتين العقوبتين " وكانت المحكمة الاستئنافية قد قضت بحكمها المطعون فيه بتغريم المطعون ضده عشرة جنيهات فإنها تكون قد أخطأت في تطبيق القانون بنزولها بالعقوبة عن الحد الأدنى المقرر بمقتضى المادة سالفة البيان !الأمر الذي يتعين معه نقض الحكم المطعون فيه نقضا جزئيا وتصحيحه ولما كان المطعون ضده هو المستأنف وحده وكان من المقرر أنه لا يصح أن يضار المتهم بناء على الاستئناف المرفوع منه وحده فإنه يتعين عملا بالمادة 39 من القانون رقم 57 لسنة 1959 بشأن حالات وإجراءات الطعن أمام محكمة النقض نقض الحكم المطعون فيه نقضا جزئيا وتصحيحه بتأييد الحكم المستأنف . ( الطعن رقم 23540 لسنة 61 ق جلسة 29/9/1994 س 45 ص 806 )

[2] أشرف هلال ،جرائم البيئة بين النظرية و التطبيق ص 231

**231**

وفى جميع الأحوال يلتزم المخالف بإزالة الأعمال المخالفة أو تصحيحها في الموعد الذي تحدده وزارة الأشغال العامة والموارد المائية فإذا لم يقم بذلك في الموعد المحدد ، يكون لوزارة الأشغال العامة والموارد المائية اتخاذ إجراءات الإزالة أو التصحيح بالطريق الاداري على نفقة المخالف وذلك دون إخلال بحق الوزارة في إلغاء الترخيص .

وقد سلفت الإشارة إلي أن قانون إصدار قانون البيئة رقم 4 لسنة 1994 تضمن أنه يطبق بما لا يخل بتطبيق أحكام القانون رقم 48 لسنة 1982 في شأن حماية نهر النيل والمجارى المائية من التلوث، وقام المشرع بتغليظ العقاب في المادة (89) من قانون البيئة سالفي الذكر على الجرائم الواردة بالقانون رقم 48 لسنة 1982 في شأن حماية نهر النيل، دون أن يتضمن القانون رقم 4 لسنة1994 أية جرائم لتلويث مياه نهر النيل، والتي تقررت عقوبتها في صلبه بالمادة (89) ، بينما لا يجد المطلع على القانون رقم 48 لسنة 1982 ما طرأ عليه من تشديد للعقاب والذي تم تقريره بقانون البيئة مما يعد مخالفة للمنطق القانوني السليم[1] .

ومن جهة أخري فقد نصت المادة 378 من قانون العقوبات علي العقاب بغرامة لا تجاوز خمسون جنيها كل من ارتكب فعلا من الأفعال الآتية: 1/ ... 2/ من رمى في النيل أو الترع أو المصارف أو المجارى أو المياه الأخرى أدوات أو أشياء أخرى يمكن أن تعوق الملاحة أو تزحم مجرى تلك المياه.

ويتعين الإشارة إلي ما تذكره الدولة من أنها تعمل على حماية نهر النيل من التلوث وتحسين نوعية مياهه، ولذا فقد وضعت وزارة البيئة 12 برنامجا لحماية نهر النيل من التلوث وتشمل: برامج الرصد الدوري. وإنشاء قاعدة البيانات وبرنامج لوقف الصرف الصناعي على نهر النيل أو المصارف المؤدية له ، وبرامج لوقف الصرف الصحي والتعامل مع مخلفات العائمات والنقل النهري ومعالجة الصرف الزراعي، وإدارة المخلفات الصلبة وحماية جزر نهر النيل ، بالإضافة إلى برامج لمواجهة

---

[1] المرجع السابق، ص231

الحوادث والطوارئ والإعلام والتوعية والدراسات والبحوث وتفعيل تطبيق القوانين ،بالإضافة أيضا إلى الجهود المبذولة لحمايته من التلوث[1].

وقد عددت الجهات الرسمية المسئولة عن حماية نهر النيل انجازاتها في أنه: تم إيقاف الصرف الصناعي الملوث لنهر النيل نهائيا لعدد 61 منشأة كانت تصرف 81,205 مليون م3 / عام بنسبة 1,63 % من إجمالي الصرف على نهر النيل .و تم توفيق أوضاع 30 منشأة بإجمالي كمية صرف 4,871 مليارات م3 / عام بنسبة 01, 98 % من إجمالي الصرف على نهر النيل .و تم إنشاء 5 محطات لاستقبال مخلفات العائمات النهرية بكل من ( القاهرة - المنيا - أسيوط - سوهاج - أسوان ) ، وهذه المحطات مجهزة بكافة الإمكانيات لاستقبال مخلفات الفنادق السياحية العائمة والتخلص منها في شبكة الصرف الصحي بالمدن التي أقيمت بها تلك المحطات بأسلوب آمن[2] .

وقد قررت وزارة البيئة بأنها ألزمت شركة السكر والصناعات التكاملية بالحوا مدية بربط الصرف الصناعي بالشركة بشبكة الصرف الصحي بالمدينة، ووقف صرف الشركة نهائيا على نهر النيل، وأنه تم أخذ العينات من الصرف الصناعي للشركة وفق المعايير والضوابط العلمية، وإجراء التحاليل المعملية عليها، مشيرا إلى أن الوزارة ألزمت الشركة بتوفيق أوضاعها البيئية، مشيرا إلى أن الصرف الصناعي الناتج عن عمليات التقطير والتكرير يصب حاليا في محطة الصرف الصحي الواقعة بمنطقة أثر النبي بمصر القديمة بواسطة الصنادل النهرية[3].

إن نتائج رصد نوعية المياه، طبقا لتقارير وزارات الري والصحة والبيئة، أكدت صلاحية مياه الشرب خلال الفترة الماضية، معتبرا أن ذلك يعكس نجاح جهود مكافحة مصادر التلوث على نهر النيل، وأن وزارة البيئة تقوم بالرصد من خلال ٦٠ نقطة رصد بيئي على امتداد نهر النيل داخل

---

[1] http://www.sis.gov.eg/Ar/Story.aspx موقع الهيئة المصرية العامة للاستعلامات علي شبكة المعلومات الدولية، حماية نهر النيل والموارد المائية : إنجازات البيئة خلال عام 2007 / 2008

[2] المرجع السابق.

[3] تصريح لوزير البيئة المهندس / ماجد جورج ، نقلا عن المصري اليوم، ٢٥/ ١٢/ ٢٠٠٩

مصر، وأن الوزارة قامت بتركيب عدادات لمراقبة حجم الصرف الصادر عن شركة السكر على النيل، موضحا أن التصريف المسموح له طبقا للقانون هو ٣٥٠٠ كيلومتر مكعب يوميا، وأن أجهزة وزارة البيئة ستقوم بتنظيم حملات تفتيشية مفاجئة على الشركة للتأكد من عدم مخالفتها للتعليمات الجديدة.[1]

وقررت الوزارة نجحت في إيقاف الصرف الصناعي على نهر النيل و فروعه لعدد (72) منشأة بإجمالي كمية صرف 41, 449 مليون متر مكعب /عام، و بنسبة 93% من إجمالي كمية الصرف على نهر النيل و فروعه. كما تم توفيق أوضاع المنشآت التي تصرف مياه التبريد على نهر النيل و فروعه و الناتجة عن العمليات الصناعية و الخاصة بمحطات الكهرباء ( 13 محطة كهرباء بإجمالي كمية صرف 6,75 مليار متر مكعب /عام ) و بعض المنشآت الصناعية الأخرى ( 14 منشأة بإجمالي كمية صرف 45,6 مليون متر مكعب /عام ) ليصبح إجمالي عدد المنشآت ( 27 منشأة، بإجمالي كمية مياه تبريد 6,8046 مليار متر مكعب /عام)[2].

ومع ذلك يشير تقرير حكومي آخر صادر في شهر يونيه 2009 عن حالة البيئة في مصر[3]، أن هناك أكثر من 5000 حوض تجميع لمياه الصرف الصحي في القرى النائية تصب مباشرة دون معالجة في النيل والترع والمصارف، وأن كمية مياه الصرف الصحي تبلغ 12 مليون م3 / يوم (4.4 مليار م3/ سنة) بمعدل 160 لتر صرف/يوم للفرد يصرف أكثر من ربعها على الترع والمصارف بينما تستوعب محطات الصرف الصحي فقط 8 مليون م3/يوم (2.9 مليار م3/سنة) ويصب بعضها أيضا في الترع والمصارف[4]. والواقع المعاش الذي يعاينه المواطن رأي العين لهو خير دليل و شاهد عي ما وصل إليه نهر النيل من تلوث دونما حاجة إلي تقارير.

---

[1] المرجع السابق

[2] التقرير السنوي لوزارة الدولة لشئون البيئة لعام 2008 ( الملخص التنفيذي ) ص 10
http://www.eeaa.gov.eg/arabic/main/about.asp-

[3] بإشراف الخبير البيئي العالمي الدكتور مصطفى كمال طلبة

[4] د. نادر نور الدين، الخسائر المالية من تلوث النيل، الشروق، 2009/11/23

# الفصل الخامس

## حماية البيئة المائية من التلوث

## في قانون البيئة المصري

تغطي البحار ما يزيد عـن 70% مـن سـطح الأرض، وهنـاك مـا يقـرب مـن 60% مـن السكان في العالم يعيشون في المناطق الساحلية أو القريبة منها ، وتشكل مياه البحر والتي تبلغ 97% من المياه في العالم، والمياه العذبة التي تمثل الـ 3% الباقية موارد المياه في العالم ، ومن هـذه الأخيرة يوجد نحو 78% في الجليد والثلوج في القطبين الشمـالي والجنوبي، و21% تحت سطح الأرض كمياه جوفية، ونحو 1% في الأنهار والبحيرات. و نهر النيل هـو المصدر الرئيسيـ للمياه العذبة في مصر، وقد تناولته الدراسة بشكل موسع في الفصل السابق.

وتشارك مصر مجموعة دول حوض البحر الأبيض المتوسط في تنفيذ اتفاقيـة برشـلونة والبروتوكولات الخاصة بها لحماية بيئة البحر المتوسط ، وكانت الاتفاقيـات الدوليـة والإقليميـة في الماضي تهتم أساسا بتنظيم استخدام البحار وعمليات صيد الأسماك، ولكن بعد أن أدركـت معظـم الدول أهمية حماية البيئة البحرية، نصت معظم الاتفاقيات التي أبرمت منذ 1970 عـلى حمايـة وصيانة و إدارة البيئة البحرية والساحلية ومواردها. وهناك عدة اتفاقيات إقليمية وبـرامج عمـل لحماية البيئة في البحار الإقليمية المختلفة، وتهـدد الأنشطة البشـرية الغـير ملائمـة هـذه المـوارد المائية التي تعتمد عليها حياة البشر وتتضمن هذه التهديدات ما يلي :[1]
(1) تدهور نوعية الموارد المائية نتيجة التلوث من الأنشطة البشرية المختلفة على سطح الأرض.
(2) تدهور المناطق الساحلية والبحيرات والمجارى المائية الطبيعية نتيجة الإدارة الغير ملائمة

---

[1] المرجع السابق

(3) إدخال الملوثات التي تسبب اضطرابات في النظم البيئية المائية، مما قد ينتج عنه آثار مختلفة على صحة الإنسان.

(4) الاستغلال المفرط للموارد المائية .

وقد نصت المادة الأولى، في بندها العاشر من قرار رئيس مجلس الوزراء رقم 338 لسنة 1995 بإصدار اللائحة التنفيذية لقانون البيئة والتي تناولت الأحكام العامة بأن المقصود بالبيئة المائية [1]:البيئة البحرية الممتدة على سواحل جمهورية مصر العربية بالبحرين المتوسط والأحمر وقناة السويس والبحر الإقليمي والمنطقة الاقتصادية الخالصة التي تلي شواطئها بالبحرين المتوسط والأحمر [2].

وقد عرف قانون البيئة التلوث المائي بأنه: "إدخال مواد أو طاقة في البيئة المائية بطريقة إرادية أو غير إرادية مباشرة أو غير مباشرة ينتج عنه ضرر بالموارد الحية أو غير الحية ، أو يهدد صحة الإنسان أو يعوق الأنشطة المائية بما في ذلك صيد الأسماك والأنشطة السياحية أو يفسد صلاحية مياه البحر للاستعمال أو ينقص من التمتع بها أو يغير من خواصها"[3].

ويعتبر النفط أحد شرايين الحياة الرئيسية للنهضة الصناعية الحديثة.ويتم نقل الزيت من مصادر إنتاجه، بكميات ضخمة عبر المحيطات إلى مناطق الاستهلاك في الدول الصناعية.وقد ينتج التلوث بالزيت لدى حفر

[1] البند مضاف بقرار رئيس الوزراء 1741 لسنة 2005

2 نصت المادة الأولى في بندها الخامس من قرار رئيس مجلس الوزراء رقم 338 لسنة 1995بإصدار اللائحة التنفيذية لقانون البيئة والتي تناولت الأحكام العامة بأن المقصود بالبحر الإقليمي : هو المساحات من البحر التي تلي شواطئ جمهورية مصر العربية و تمتد في اتجاه البحر لمسافة 12 ميل بحري مقاسة من خط الأساس الذي يقاس منه عرض البحر الإقليمي طبقا لأحكام اتفاقية الأمم المتحدة لقانون البحر لعام 1982 . ونصت المادة الأولى في بندها السادس من قرار رئيس مجلس الوزراء رقم 338 لسنة 1995بإصدار اللائحة التنفيذية لقانون البيئة والتي تناولت الأحكام العامة بأن المقصود بالمنطقة الاقتصادية الخالصة : هي المنطقة البحرية الممتدة فيما وراء البحر الإقليمي بمسافة مائتي ميل بحري مقاسة بخطوط الأساس0 ونصت المادة الأولى في بندها السابع بأن المقصود بالبحر:هو المساحات البحرية التي تقع وراء المنطقة الاقتصادية الخالصة 0 نصت المادة الأولى في بندها الثامن : و تشمل منطقتي البحرين المتوسط و الأحمر طبقا للحدود الجغرافية و الطبيعية الواردة في القاعدة رقم (10 ) من الملحق رقم ( 1 ) من اتفاقية ( ماربول ) لعام 1973 – 1978

[3] المادة الأولى - أحكام عامة - من القانون رقم 4 لسنة 1994 في شأن البيئة بند 12

آبار جديدة، كأن يحدث انفجار في هذه الآبار، نتيجة لعدم التحكم بمعدل الإنتاج، أو لأسباب فنية أخرى.

وبشكل عام، فإن أهم مصادر التلوث البحري هـي تلوث البحر بالزيت: يكون عـن طريق الزيت المتسرب من عمليات التنقيب عن البترول تحت مياه البحر، أو عن طريق حوادث ناقلات البترول و السفن أو عن طريق إفراغ السفن، لحمولتها ومياهها الملوثة بالزيت، و الزيت المتسرب من الغواصات، أو التلوث بسبب مخلفات المصانع المقامة عـلى شواطئ البحار وحركه النقل، وتجدر الإشارة إلى أنه وفي العشرين سنة الأخيرة حدث حوالي 150 حادثا أدت إلى تلوث البحر بحوالي 55 ألف طن من النفط والوقود[1].

### المبحث الأول: التلوث من السفن

و قد أبرمت عدة اتفاقيات لحماية البحر الأبيض من التلوث ، أهمها اتفاقيـة برشلونة التي وقعت عام 1976 و التي تم تعديلها عام 1995 و تلزم البلدان الموقعـة عليها باتخاذ كافة الإجراءات اللازمة من اجل حماية وتحسين نوعية الوسط البحري و تقليص و تجنب كل أسباب التلوث في البحر المتوسط ، و هناك عـدة بروتوكولات ملحقـة بالاتفاقيـة تلزم الأطراف بحماية جوانب محددة للبيئة ، بعضها خاص بحماية البيئة البحريـة مـن التلوث الناشئ عـن تصريـف النفايات من السفن ، منها ما يتعلق بالتعاون في مكافحة التلوث بالنفط و المواد الضارة الأخرى ، و بروتوكول أخر لحماية التنوع البيولوجي ، وبروتوكول خاص باستكشاف و استغلال الرصيف القاري و قاع البحر .

وتنقسم الاتفاقيات الدولية الخاصة بحماية البيئة المائية إلى قسمين ، أولها خاص بحماية البيئة البحريـة ( بحار و محيطـات و شواطئ و سواحل ) و ثانيها خـاص بالأنهار و البحيرات العذبة و هناك 72 اتفاقا دوليا و إقليميا

---

[1] عرف قانون البيئة- المادة الأولى ، أحكام عامة من القانون رقم 4 لسنة 1994 في شأن البيئة بند 29 - وسائل نقل الزيت بأنها: "كـل خط أنابيب مستخدم لنقل الزيت وأية أجهزة أخرى تستعمل في تحميل الزيت أو تفريغه أو نقله أو غيرها من أجهزة الضخ والمعدات اللازمة لاستعمال هذه الأنابيب".

لحماية البيئة المائية سواء المالحة أو العذبة و معظمها اتفاقيات إقليمية هدفها تمكين الدول من إجراء الحماية البيئية البحرية في حالات الكوارث البيئية أو التلوث البحري التي قد تحدث بالقرب من سواحلها أو تضر بمصالحها أو تعزيز و حفظ الثروة السمكية، و أهم اتفاق دولي في هذا الشأن هو اتفاقية الأمم المتحدة لقانون البحار، و السارية منذ عام 1994و التي تعتبر بمثابة قانون خاص و ذات نطاق شامل للبحار و المحيطات لتنفيذ الأحكام التي لها علاقة بالتلوث للبيئة البحرية ، و قد وضعت الاتفاقية قواعد تحديد الولاية البحرية الوطنية ، و الملاحة في أعالي البحار ، و حقوق و واجبات الدول الساحلية ، و واجبات حماية البيئة البحرية و المحافظ عليها ، و التعاون في إجراء البحوث العلمية البحرية و المحافظة على الموارد الحية .

و العائق الأكبر في تفعيل معظم الاتفاقيات البيئية الدولية يتمثل في الفوارق السياسية و الاقتصادية و الثقافية بين الدول فما يبدو مجرد شكليات إدارية حكومية معينة ، قد يعد مشكلة لا يمكن تجاوزها في دولة أخرى [1]، و لذا فإن بعض الدول تميل إلى التصرف بمفردها خاصة و أن الاتفاقيات متعددة الأطراف حول البيئة اتفاقيات طوعيه و لا تنطبق إلا على البلدان الموقعة عليها ، و لذا فإن البلدان غير الموقعة عليها يمكنها أن تتصرف بمفردها متحررة من الالتزامات التي تفرضها الاتفاقيات .

إن العديد من الملوثات العضوية المستديمة غير قابلة للذوبان في الماء لكنها تذوب في الدهون، و لذا عندما تبتلعها الأسماك مع طعامها فتتراكم في الدهون الموجودة بالأسماك مما يضر الإنسان و كذا الطيور التي تتناول هذه الأسماك حيث تنتقل هذه الملوثات إلى جسم الإنسان من دهون الأسماك و تؤدي إلى حدوث خلل بالنظام الهرموني للجسم .[2]

عرف قانون البيئة السفينة بأنها:"أي وحدة بحرية عائمة من أي طراز أو تسير فوق الوسائد الهوائية أو المنشآت المغمورة ، وكذلك كل منشأ ثابت أو متحرك يقام على السواحل أو سطح المياه بهدف مزاولة نشاط تجارى أو صناعي أو سياحي أو علمي"و عرفت الحربية بأنها:هي كل سفينة

---

[1] المرجع السابق
[2] د. ليزا. ٥. نيوتن . نحو شركات خضراء ، ترجمة إيهاب عبد الرحيم محمد ، الكويت : عالم المعرفة، سنة 2007، العدد 329 ، ص 133

تابعة للقوات المسلحة لدولة ما وتحمل العلامات الخارجية المميزة لها وتكون تحت قيادة ضابط معين رسميا من قبل حكومة الدولة ويشغلها طاقم خاضع لضوابط الانضباط العسكري بها [1].

وقد عرف قانون البيئة السفينة الحكومية بأنها:هي السفينة التي تملكها الدولة وتقوم بتشغيلها أو استخدامها لأغراض حكومية وغير تجارية ، وعرف ناقلة المواد الضارة بأنها:"السفينة التي بنيت أصلا أو التي عدل تصميمها لتحمل شحنات من مواد ضارة سائبه وتشمل كذلك ناقلات البترول عند شحنها كليا أو جزئيا بمواد ضارة غير معبأة وفقا لأحكام الفصل الأول من الباب الثالث من هذا القانون"[2] .

المطلب الأول: التلوث من الزيت

نص قانون إصدار قانون البيئة رقم 4 لسنة 1994 في مادته الثالثة علي إلغاء القانون رقم ( 72 ) لسنة 1968 في شأن منع تلوث مياه البحر بالزيت ، كما ألغى كل حكم يخالف أحكام القانون المرافق. وعرف قانون البيئة المواد الملوثة للبيئة المائية بأنها:" أية مواد يترتب على تصريفها في البيئة المائية بطريقة إرادية أو غير إرادية تغيير في خصائصها أو الإسهام في ذلك بطريقة مباشرة أو غير مباشرة على نحو يضر بالإنسان أو بالموارد الطبيعية أو بالمياه البحرية أو تضر بالمناطق السياحية أو تداخل مع الاستخدامات الأخرى المشروعة للبحر "[3]. ونص علي أنه يندرج تحت هذه المواد :

( أ ) الزيت أو المزيج الزيتي .

( ب ) المخلفات الضارة والخطرة المنصوص عليها في الاتفاقيات الدولية التي ترتبط بها جمهورية مصر العربية .

(جـ ) أية مواد أخرى ( صلبة - سائلة - غازية ) وفقا لما تحدده اللائحة التنفيذية لهذا القانون .

( د ) النفايات والسوائل غير المعالجة المتخلفة من المنشآت الصناعية .

[1] المادة الأولي - أحكام عامة - من القانون رقم 4 لسنة 1994 في شأن البيئة بندين: 31،30

[2] المرجع السابق بندين:33،32

[3] المادة الأولي - أحكام عامة - من القانون رقم 4 لسنة 1994 في شأن البيئة بند 14 وهو ذات تعريف المادة الأولي في بندها الأول من قرار رئيس مجلس الوزراء رقم 338 لسنة 1995بإصدار اللائحة التنفيذية لقانون البيئة والتي تناولت الأحكام العامة

( هـ ) العبوات الحربية السامة .

( و ) ما هو منصوص عليه في الاتفاقية وملاحقها [1].

وقد اتفق الفقه في مصر و فرنسا على أن المسئولية عن التلوث البحري وفقا لاتفاقية بروكسل 1969 و اتفاقية لندن عام 1992 لها ثلاث خصائص وهي / أولا : مسئولية موضوعية ، بمعنى أنها تقوم على الضرر لا على الخطأ ، فيفترض مسئولية مالك السفينة عن التلوث الزيتي و لو أفلح في نفي خطئه ، و لم يكن التلوث وليد خطئه الغير مشروع . و ذلك بشرط أن يكون الضرر البيئي حادث نتيجة تسرب أو تفريغ بترولي ومن ناقلة بترول و أن يحدث في الإقليم البحري للدولة العضو في الاتفاقية [2].

و هي ثانيا: مسئولية محددة، لأن مالك السفينة يمكن له التمسك بقصر المسئولية المدنية في حدود مبلغ نقدي معين لا يتم تجاوزه وفقا لما حددته الاتفاقية. و هي ثالثا : مسئولية مركزة ، أي أنها تم قصرها و إلقائها على عاتق مالك السفينة و حده لسهولة تحديد المسئولية عن الضرر البيئي البحري ، لأن اسمه يكون ثابتا في سجل شهر السفينة في الدولة التي تحمل السفينة جنسيتها ، و كذلك في شهادة الترخيص بتسيير و ملاحة السفينة [3].

**الفرع الأول: تلوث البيئة المائية من الزيت**

ظاهرة تلوث مياه البحار و المحيطات بزيت البترول تعتبر ظاهرة حديثة لم يعرفها الإنسان إلا في النصف الثاني من القرن الماضي، وذلك بعد أن انتشر استخراج البترول و شاع استخدامه في كل مكان، و أصبح أهم مصادر الطاقة .

والبحر المتوسط رغم صغر مساحته النسبية فإنه يستخدم ممرا لـ 30% من مجموع ناقلات النفط العالمي ، حيث تمر عبر مياهه 350 مليون

---

[1] عرف قانون البيئة الاتفاقية المادة الأولى - أحكام عامة - من القانون رقم 4 لسنة 1994 في شأن البيئة بند 3أنها:الاتفاقية الدولية لمنع التلوث البحري من السفن لعام 73 / 1978 وكذا الاتفاقيات الدولية التي تنضم إليها جمهورية مصر العربية في مجال حماية البيئة البحرية من التلوث والتعويض عن حوادث التلوث[1] .

[2] د. سعيد قنديل، المرجع السابق، ص، 145

[3] محسن البيه ، مرجع سابق، ص 147

طن من الوقود سنويا، بعضها عبارة عن وقود خام من الخليج العربي و شمال أفريقيا و مصر إلى أوروبا ، و البعض الأخر مشتقات بترولية منتجة من المصافي ، إضافة عن الملوثات الناجمة عن عمليات الحفر و التنقيب حيث يتسرب إلى البحر سنويا ما يقارب مليوني طن من البترول ، الأمر الذي أدى إلى أن يكون التلوث بالنفط و مشتقاته في البحر المتوسط خمسة أضعاف التلوث في البحار الأخرى .

و تشكل نسبة التلوث بالنفط و مشتقاته 20% من تلوث البحر الأبيض المتوسط ، و نسبة 75% من التلوث من المصادر البرية و ما تحتويه من صرف صناعي و صحي حيث أن هناك 120 مدينة ساحلية تطل على البحر المتوسط تلقي معظمها العديد من مخلفاتها به ، إضافة إلى 60 مصفاة لتكرير البترول يتسرب منها حوالي 20 ألف طن سنويا إلى البحر . و نظرا لضخامة هذا التلوث، فقد توطنت في البحر المتوسط العديد من الأمراض مما أدى إلى اختفاء العديد من الكائنات البحرية و أصبحت الأسماك تحتوى على العديد من المواد السامة ، و باتت العديد من شواطئه غير صالحة للاصطياف [1].

و ظاهرة التلوث بمخلفات البترول لم تقتصر على مياه البحار و المحيطات فقط، بل امتدت إلى الشواطئ حيث تلوثت رمال المدن الساحلية و اختلطت بالمخالفات السوداء ، و يحدث تلوث البحار بزيت البترول نتيجة لحوادث الناقلات أو عمليات الحفر أو للأنابيب التي ننقل البترول في أعماق البحار. و الملاحظ أنه في أي من هذه الحوادث يمتد التلوث بالزيت ليغطي مساحات كبيرة بفعل الرياح و الأمواج و التيارات البحرية التي تجعل التلوث يمتد إلى مساحات هائلة .

و نظرا لأن زيت البترول أخف من الماء فإنه يكون طبقة رقيقة تنتشر تدريجيا فوق السطح ، و تظل تتسع بفعل الأمواج و الرياح على نحو ما أسلفنا ، و بمجرد انتشار الزيت فوق سطح البحر تبدأ الأجزاء الطيارة من الزيت في التبخر، و تحمل الرياح هذه الأبخرة لتلوث هواء المنطقة

[1] جريدة بيئتي ، على شبكة المعلومات الدولية

المحيطة بموقع الحادث ، و قد يمتد فعل هذه الأبخرة إلى مسافات بعيدة داخل الشواطئ فتلوث هواء المدن و المناطق القريبة من وقوع الحادث [1] .

وقد عرف قانون البيئة الزيت بأنه :"جميع أشكال البترول الخام ومنتجاته . ويشمل ذلك أي نوع من أنواع الهيدروكربونات السائلة وزيوت التشحيم وزيوت الوقود والزيوت المكررة وزيت الأفران والقار وغيرها من المواد المستخرجة من البترول أو نفاياته" . وعرف قانون البيئة المزيج الزيتي بأنه :" كل مزيج يحتوى على كمية من الزيت تزيد على 15 جزءا في المليون [2] .

ويقصد بالتلوث البحري : إدخال مواد أو طاقة إلى البيئة البحرية بفعل الإنسان بشكل مباشر أو غير مباشر على نحو يؤدي إلى بيئة ضارة ، و من أهم عوامل التلوث المباشر للبحر المتوسط الوقود و الزيت الناجم عن المراكب و إلقاء النفايات من المراكب ، إضافة إلى الصرف الصحي و الصناعي المصادر البرية .

و تبلغ نسبة المواد الهيدروكربونية المتطايرة التي تتصاعد أبخرتها إلى الجو من نقطة الزيت نحو 10% على الأقل من وزن الزيت المكون للبقعة إذ كان الزيت المتسرب من النوع الثقيل مثل : زيت الديزل أو زيت الوقود ، أما إذا كان الزيت المتسرب و المكون للبقعة من الزيت الخفيف ، مثل : الجازولين فإن نسبة المواد المتطايرة التي تتصاعد أبخرتها إلى الجو قد تصل إلى نحو 75% من وزن الزيت الملوث لماء البحر ، و تزداد كمية الهواء الملوثة بزيادة نسبة المواد المتطايرة في الهواء .

هذا فضلا عن أن بقعة الزيت تعمل كمذيب لكثير من المواد الكيميائية الأخرى المنتشرة في مياه البحر مثل المبيدات و المنظفات الصناعية و غيرها من المواد التي يلقيها الإنسان في البحر مما يؤدي إلى ارتفاع تركيز الملوثات في المنطقة التي تسربت إليها بقعة الزيت ، كما يقوم المستحلب الناتج عن اختلاط الزيت بالماء امتصاص بعض العناصر الثقيلة مثل الزئبق و الرصاص و الكاديوم من مياه البحر و تزداد بذلك تركيز هذه

[1] د. أحمد مدحت إسلام، مرجع سابق، ص 166
[2] المادة الأولي - أحكام عامة - من القانون رقم 4 لسنة 1994 في شأن البيئة بند 15 -16

العناصر في المنطقة المنتشرة فيها بقعة الزيت، و ما تبقى من بقعة الزيت يتحول بمرور الزمن إلى كتل صغيرة متفاوتة الأحجام تترسب في أعماق البحار و المحيطات أو تقذف بها الأمواج للشواطئ فتلوثها [1] .

و الحادث الذي تعرض له خليج السويس بمصر في صيف عام 1983 ، عند تسرب النفط من أحد خطوط الأنابيب البحرية التي تنقل الزيت الخام من حقل شعب علي ( علما سابقا ) بخليج السويس، حيث ترتب على هذا التسرب تكون بقعة نفطية كبيرة على سطح مياه خليج السويس ، نقلتها الأمواج إلى الشواطئ المصرية الشرقية المطلة على البحر الأحمر التي أفسدتها تلك البقعة ، مما أدى إلى توقف الاصطياف و السياحة في هذه المنطقة ، حيث غطى النفط رمال الشاطئ و كساها بالسواد [2].

و قد تلاحظ أن حوادث ناقلات النفط ليست هي السبب الرئيسي لتلوث البحار و المحيطات ، فهي لا تقع إلا على فترات متباعدة، لكن تفجر الآبار البحرية كما في بحر الشمال في بريطانيا أو كاليفورنيا في الولايات المتحدة ، و نشاط التسريب الهادئ لوسائل النقل البحرية و غيرها من وسائل التلويث من المصادر البرية تعد أهم الملوثات للمياه البحرية .

فالتلويث الذي تحدثه ناقلات النفط لا يجاوز 10% ، ومعظم النسبة الباقية هي ناتجة عن عمليات استخراج النفط من الآبار البحرية، و خطوط الأنابيب و الصهاريج الساحلية و المخلفات التي تلقيها الناقلات في عرض البحر [3] و المخلفات من المصادر البرية و يعد كل ذلك من أهم مصادر التلوث البحري .

و التخلص من بقع الزيت التي تتكون فوق سطح البحر مشكلة كبرى لا تسهل معالجتها فور حدوثها ، و تتعدد طرق التخلص من هذه البقع

---

[1] المرجع السابق ص 167 ـ 168

[2] د. محمد عبد القادر الفقي: البيئة و مشكلاتها، الهيئة العامة المصرية للكتاب، القاهرة: سنة 1999، ص 91

[3] درجت ناقلات البترول الفارغة أثناء رحلاتها إلى ميناء الشحن أن تملأ 30% من حجم مستودعاتها بمياه البحر للحفاظ على توازنها أثناء الرحلة ، و نظرا لأن الناقلة لا تستطيع أن تفرغ كل محتوياتها من الزيت بنسبة 100% فى ميناء التفريغ فإن ما تبقى فى مستودعاتها نسبة صغيرة تقدر ب 1,5% من حمولتها الأصلية و يتم إفراغ هذه الكمية المختلطة بماء عند شحن الناقلة بالبترول مرة أخرى و نظرا لتكرار هذه العملية فإنها تحدث تلوثا كبيرا بمياه البحر

[1] ، و لكن أي من الطرق له مخاطره ، فطريقة الحرق تلوث الهواء و تسبب كثير من الضرر للكائنات الحية في المنطقة فضلا عن أن مياه البحر تبرد طبقة الزيت الطافية فوقها و تمنع اشتعال النار فيها بالكامل ، و استخدام المنظفات الصناعية بكثافة مما يترك آثارا على الكائنات الحية و إن كان يلوث المياه بدرجة أقل .

و من الملاحظ أن مشكلة التلوث بالزيت تكون أكثر وضوحا في البحار شبه المقفلة و هي في البحر الأبيض المتوسط أكثر وضوحا، لكونه الطريق الأقرب الذي تقصده ناقلات النفط من الخليج و أوروبا ذهابا و إيابا، يؤدي ما تسربه من زيت و ما يلقيه من مخلفات إلى زيادة تلوث هذا البحر بدرجة كبيرة، فضلا عن انتشار أنابيب البترول في موانئه المتعددة مما يزيد هذا التلوث، و ما ذكرناه يسري على البحر الأحمر كذلك حيث تجري عمليات تنقيب و استكشاف للبترول واسعة فيه و كذلك يعد ممرا لناقلات البترول من الخليج العربي إلى أوروبا ذهابا و إيابا [2] .

و يمثل التلوث بزيت البترول خطورة كبيرة على الكائنات الحية بما فيها الإنسان ، فزيت البترول يحتوي على كثير من المركبات العضوية التي يختلف أثرها من حالة إلى أخرى، و تسبب العديد من الأورام للكائن الحي وقد تبين وجود آثار من هذه المركبات العضوية في دهون الأسماك و أنسجتها و تنتقل هذه المركبات إلى الإنسان عند تناوله الأسماك المصابة مما يصيبه بالضرر الكبير [3] .

**الفرع الثاني: حماية البيئة المائية من التلوث بالزيت**

وقعت دول العالم على "الاتفاقية الدولية حول تلوث البحر بالزيت" المعروفة باسمها المختصر OPRC في لندن سنة 1990 بهدف بتعزيز الإطار القضائي لمراقبة التلوث البيئي بالزيت وخاصة تلوث البحر بالزيت. ووضعت الدول الأطراف في الاتفاقية الأساس للاستعداد لعلاج تلوث البحر من الزيت والتصدي لرد الفعل السريع في هذه الحالة. وانضمت 60 دولة إلى الاتفاقية حتى سنة 2001 .

---

[1] طرق الحرق أو الإذابة

[2] المرجع السابق، ص175

[3] المرجع السابق، ص 177

وتهدف الاتفاقية وضع خطط الطوارئ وإقامة نظام للتصدي السريع لمعالجة حالات التلوث الخطير من الزيت والإجراءات التي يجب على الدول الالتزام بها ووضع مشروع الطوارئ الوطني، تنسيق المشروعات العملية مع الدول المجاورة، وتعيين سلطة وطنية خاصة للقيام بالمسؤولية عن هذا المجال،الحصول على المعدات الخاصة وإجراء تمرينات للاستعداد و إخطار الدول المجاورة عن كل حادث وتقديم المساعدة لها عند الحاجة.

وقد نصت الاتفاقية علي إلزام الدول الأطراف بأمر جميع السفن التي ترفع علمها الوطني بتقديم التقرير عن كل الحوادث التي تشمل تسرب الزيت. كما يجب على الدولة التي يخصها الحادث اتخاذ إجراءات الرقابة المناسبة وإخبار جميع الدول التي قد تتضرر هي أيضا من عواقب الحادث. وبينت الاتفاقية الطرق المناسبة للتعاون في مجال البحث والدراسة والتطوير في ما يتعلق برقابة حوادث التلوث من الزيت.

ويشمل الملحق للاتفاقية على إجراءات التعويض على النفقات المتعلقة بالمساعدة على علاج حوادث التلوث من الزيت. وقد عملت المنظمة البحرية الدولية (IMO)[1] التي تهدف للعمل لضمان سلامة الملاحة ونظافة البحار من التلوث على إصدار عدد من الاتفاقيات دولية في مجال البيئة البحرية تعني بشئون النقل البحري، يوجد من أهمها: المعاهدة الدولية للتدخل في أعالي البحار عند حدوث تلوث بالزيت أجيزت في العام 1969م وبدأ تطبيقها في مايو 1975م. وأصدرت أساسا لسد ثغرة في القانون الدولي البحري. ولهذه الاتفاقية أهمية خاصة، لأنها تثبت للدولة الساحلية الحق في اتخاذ الخطوات الضرورية لاحتواء أي خطر تلوث ناجم من حادث بحري في أعالي البحار المواجهة للدولة.

---

[1] المنظمة البحرية الدولية (IMO) هي منظمة دولية، تأسست عام 1958، تحت اسم المنظمة البحرية الدولية الاستشارية. يقع مقرها في لندن ومن أهم أهدافها العمل على تحسين الأمان في البحار،ومكافحة التلوث البحري، وإرساء نظاما لتعويض الأشخاص الذين يتكبدون خسائر مالية بسبب التلوث البحري، وتأسيس نظاما دوليا لنداءات الاستغاثة وعمليات البحث والإنقاذ.

والاتفاقية الثانية هي: الاتفاقية الدولية لمنع التلوث البحري من دفن النفايات (LC/1972) وتعني هذه الاتفاقية بحماية الدول من خطر دفن النفايات من المواد الممنوعة حسب جدول المواد الذي حددته البروتوكولات المصاحبة للاتفاقية[1].

والاتفاقية الثالثة فهي: الاتفاقية الدولية لمنع التلوث البحري من السفن (مار بول) 1973-1978م، وتم التوقيع عليها في العام 1973م وخضعت للتعديل عام 1978، وتعتبر الاتفاقية الرئيسية لمنع التلوث البحري من السفن من كل أنواع التلوث (نفط، نفايات)...الخ، وتتكون هذه الاتفاقية من ستة ملاحق، كل ملحق يعالج نوعا محددا من أنواع التلوث البحري من السفن، وأجيزت في العام 1973م ودخلت لحيز التطبيق في أوقات مختلفة لكل ملحق على حدة.

و الملحق الأول يعني بمنع التلوث بالزيت وبدأ تطبيقه منذ العام 1983م، وحددت الاتفاقية المناطق البحرية الخاصة لمنع تسرب أي نسبة من السفن في تلك المناطق ويعتبر البحر الأحمر من تلك المناطق الخاصة وعالج الملحق الكثير من المتطلبات الفنية لتصميم السفن بشكل عام والناقلات على وجه خاص لتقليل تسرب الزيت للبيئة البحرية واشترطت الاتفاقية في الملحق أن تعد الدول الساحلية المحيطة بالمناطق الخاصة أنظمة استقبال فضلات السفن ومعالجتها في الموانئ الخاصة بالدولة[2].

أما الملحق الثاني فهو خاص بمنع التلوث بالمواد السائلة الضارة للتسرب للبحر. وتم إعداده في الحقيقة مع الملحق الأول 1983م لاقترانهما معا ويجري في العادة التوقيع عليهما في وقت واحد.أما الملحق الثالث فهو خاص بمنع التلوث بالمواد الضارة المحمولة في حاويات أو صهاريج

[1] د. نادر عوض ، صحيفة الأيام 2008/8/29

[2] عرف قانون البيئة- المادة الأولى - أحكام عامة - من القانون رقم 4 لسنة 1994 في شأن البيئة بند 25 -تسهيلات الاستقبال بأنها:"التجهيزات والمعدات والأحواض المخصصة لأغراض استقبال وترسيب ومعالجة وصرف المواد الملوثة أو مياه الاتزان ، وكذلك التجهيزات التي توفرها الشركة العاملة في مجال شحن وتفريغ المواد البترولية أو غيرها من الجهات الإدارية المشرفة على الموانى والممرات المائية "

متحركة، وبدأ تطبيقه في العام 1982م، ويختص الملحق الرابع بمنع التلوث من مجاري السفن وبدأ تطبيقه في مارس 2003م، ولا تقع على الدولة الموقعة عليه إي شروط أو التزامات.

أما الملحق الخامس، فهو خاص بمنع التلوث من فضلات السفن. وبدأ تطبيقه منذ ديسمبر 1988م وهو معني أكثر بمنع إلقاء الفضلات الصلبة خاصة البلاستيكية في البحار، ويشترط على الدول فقط تأسيس نظام لاستلام الفضلات غير السائلة ومعالجتها. والملحق السادس والأخير فهو خاص بمنع التلوث الهوائي من السفن، وبدأ تطبيقه في العام 2005، ولا تترتب على الدولة الموقعة عليه أي التزامات أو شروط[1].

و الجزء الخاص بالتعويضات تنص عليه المعاهدة الدولية للمسئولية المدنية لأثار تلوث الزيت (CL.C 1969م) التي أجيزت في العام 1969 وبدأ تطبيقها في عام 1975م وتعني المعاهدة بتعويض المتضررين في حالة وقوع تلوث الزيت الطارئ، وحملت الاتفاقية مالك السفينة مسئولية التعويض، وذلك وفقا للمبدأ البيئي (الملوث يدفع التعويض)، وعندما بدأ تطبيق الاتفاقية تم اعتماد أن يكون التعويض مبلغ 179 دولارا للطن من حمولة السفينة، على أن يكون أقصى حد للتعويض 14 مليون دولار، كما فرضت المعاهدة على أي ناقلة بترول تحمل أكثر من (2) مليون طن حمل شهادة تأمين بحري حتى تستطيع تغطية التعويض.

و هذه الاتفاقية لم تجد القبول من الدول لضعف التعويض لذا اجمع الرأي العام العالمي على ضرورة تعديل الاتفاقية، وبموجب ذلك صدر برتوكول (CIC 1992م) وبدأ تطبيقه في العام 1996م بعد أن أدخلت تعديلات جذرية على المعاهدة الأساسية، وأهم تلك التعديلات: رفع نسبة التعويض إلى 80 مليون دولار. وتم إدخال كل المنطقة الاقتصادية في المساحة المستحقة للتعويض. إضافة لذلك، فمن حق أي دولة أن توقع على البروتوكول دون أن تكون عضوا في اتفاقية (CL.C 1969م) وعلى ذلك

---

[1] د. نادر عوض ، صحيفة الأيام 2008/8/29

يمكن التوقيع على بروتوكول (CL.C 1969م) دون أن ترتب عليه أي أعباء[1].

وتتطلب مكافحة التلوث البحري تبادل المعلومات والخبرات ومتابعة المستجدات في مجال منع ومكافحة التلوث البحري، وتعزيز سبل التعاون على المستوى الدولي في مجال حوادث التلوث البحري . واتفاقية لندن وبروتوكولاتها تعد أولى الاتفاقيات العالمية الرامية إلى حماية البيئة البحرية من الأنشطة البشرية وقد دخلت حيز التنفيذ في 1975 م ووقعت عليها 85 دولة.

وتهدف الاتفاقية لمنع التلوث البحري الناتج عن إغراق المخلفات بواسطة السفن وسبل الوقاية منها والتخفيف من آثارها وأساليب مواجهتها، كما تعرض تجارب خبرات بعض الدول الموقعة على الاتفاقية في التعامل مع هذه الحوادث، وسبل تعزيز التعاون على المستوى الدولي، وإيجاد الآليات المناسبة لتفعيل العمل المشترك بين الدول الموقعة على الاتفاقية .

قد تصيب أضرار هذا التلوث جميع الأنشطة التي تقوم على الشواطئ مثال [2]: الأنشطة الترفيهية، حيث يؤدى التلوث إلى إزعاج الجمهور الذي يرتاد الشواطئ بقصد الاستحمام والغطس والسباحة والتجديف والصيد، ويجعله يهجر هذه الأماكن بحثا عن سواها.

وتقوم العديد من الصناعات على شواطئ البحار، نظرا لكثرة استخدامها مياه البحر للتبريد، كمحطات القوى ومصافي النفط ومصانع البتر وكيماويات. فإذا حدث تسرب للزيت في مناطق سحب مياه التبريد لهذه الصناعات، استوجب ذلك إيقاف العمل بها، ليتسنى تنظيف المكثفات والمبردات والمبادلات الحرارية وغيرها، كذلك تتأثر المنشآت البحرية كالترسانات والأحواض الجافة ومعظم أنشطة وخدمات الموانئ.

---

[1] المرجع السابق

[2] http://www.uqu.edu

وتتأثر الأحياء المائية بالتلوث الناتج عن الزيت، إما نتيجة لتغير صفات الماء، وإما بالتأثير السام لبعض مكونات الزيت. وتتأثر هذه الأحياء أيضا بعملية تنظيف البقع الزيتية بالمشتقات أو بالمواد الكيماوية الأخرى. ولا تقتصر على الأسماك والنباتات والأحياء المائية الأخرى التي تعيش في الماء، بل تتعداها إلى الطيور التي تتغذى بالأسماك، كما تصيب الإنسان الذي يأكل من هذه الأسماك.

ويتميز البحر الأحمر بسماته الايكولوجية والتنوع البيولوجي واختلاف الضغوط البيئية على المنطقة الساحلية والبحرية. فبالنسبة للنظم البيئية الساحلية، تعد الشعب المرجانية من أهم هذه النظم والتي تسبب جذبا سياحيا علاوة على ما يوفره النظام البيئي للشعب من حيث الإنتاجية والتنوع. وتعد مصايد البحر الأحمر من الموارد الطبيعية الهامة حيث أنها توفر الغذاء وفرص العمل لأهالي المنطقة. كما تتميز المنطقة الساحلية والبحرية الضحلة بوجود أنشطة تتعلق بالموارد غير الحية مثل استخراج البترول والتعدين.

ومنذ منتصف السبعينات من القرن الماضي بدأت بعض الأنشطة المتواضعة لحماية بيئة البحر الأحمر تحت مظلة المنظمة العربية للتربية والثقافة والعلوم وبرنامج الأمم المتحدة للبيئة. ولكن لم يتم التوصل إلى اتفاق حول خطة عمل مشتركة إلا في 1982، حيث تم إقرار خطة عمل لحماية البيئة البحرية وتنمية المناطق الساحلية في البحر الأحمر وخليج عدن، واتفاقية إقليمية لحماية البيئة، وبروتوكولا للتعاون الإقليمي لمكافحة التلوث بالنفط والمواد الضارة الأخرى في حالات الطوارئ، وذلك وفى عام 1998.[1]

و من أهم حوادث السفن فى البحر الأحمر غرق السفينة البنمية " سفير " فى سبتمبر سنة 1989 و كانت تحمل 14700 طن من الفوسفات و نحو 400 طن من المازوت و قد اصطدمت بالشعب المرجانية مما أدى إلى

1 http://www.sgpgefegypt.org/Water_red.htmlfvkhl موقع برنامج المنح الصغيرة التابع لمرفق البيئة العالمي - الأمم المتحدة

تدمير جزء كبير منها يقدر بعشرة آلاف متر مربع وتسببت حمولتها بأضرار كبيرة للشعب المرجانية و للكائنات الحية الموجودة بالمنطقة [1]

وفى منطقة خليج السويس الذي يعتبر مسارا مائيا للسفن وناقلات النفط المتجهة إلى قناة السويس والخارجة منها، والذي توجد به عدة منصات بحرية لإنتاج البترول ، يزداد التلوث بالزيت . وبالإضافة إلى ذلك تقوم المنشآت الصناعية في منطقة السويس بصرف ما يقرب من 10 مليون متر مكعب من مخلفاتها السائلة الغير معالجة إلى خليج السويس كل عام. ومن المتوقع أن تزداد هذه الكمية بدرجة كبيرة بعد تنفيذ مشروع المنطقة الصناعية بخليج السويس[2].

وقد نصت المادة 48 من فانون البيئة علي أن حماية البيئة المائية من التلوث إلى تحقيق الأغراض الآتية : ( أ ) حماية شواطئ جمهورية مصر العربية وموانيها من مخاطر التلوث بجميع صوره وأشكاله . ( ب ) حماية بيئة البحر الإقليمي والمنطقة الاقتصادية الخالصة ومواردها الطبيعية الحية وغير الحية وذلك بمنع التلوث أيا كان مصدره وخفضه والسيطرة عليه . ( جـ ) حماية الموارد الطبيعية في المنطقة الاقتصادية والجرف القاري .
( د ) التعويض[3]عن الإضرار التي تلحق بأي شخص طبيعي أو اعتباري من جراء تلوث البيئة المائية .

ونصت المادة علي تولي وزير شئون البيئة بالتنسيق مع وزير النقل البحري والجهات الإدارية المختصة المشار إليها في البند 38 من المادة 1

---

[1] د. أحمد مدحت إسلام، الثلوث .. مرجع سابق، ص 165

[2] المرجع السابق

[3] حدد قانون البيئة المقصود بالتعويض - المادة الأولي ، أحكام عامة، من القانون رقم 4 لسنة 1994 في شأن البيئة بند 28 والمعدل بالقانون رقم 9لسنة 2009 :"يقصد به التعويض عن كل الأضرار الناجمة عن حوادث التلوث المترتب على مخالفة أحكام القوانين وكذلك الاتفاقيات الدولية التي تكون جمهورية مصر العربية طرفا فيها ، أو عن حوادث التلوث بالمواد السامة وغيرها من المواد الضارة ، أو الناجمة عن التلوث من الجو أو عن جنوح السفن أو اصطدامها أو التي تقع خلال شحنها وتفريغها ، أو عن أية حوادث أخرى ، ويشمل التعويض جبر الأضرار التقليدية والبيئية وتكاليف إعادة الحال لما كان عليه أو إعادة إصلاح البيئة.

من هذا القانون تحقيق الأغراض المشار إليها كل فيما يخصه." ويتولى الوزير المختص بشئون البيئة , بالتنسيق مع الجهات ذات الصلة , تحقيق الأغراض المشار إليها وكذلك أهداف الإدارة البيئية المتكاملة للمناطق الساحلية 1 بما يكفل إدارة مواردها لتحقيق التنمية المستدامة".

وقد حظرت المادة 49 من قانون البيئة على جميع السفن أيا كانت جنسيتها تصريف أو إلقاء الزيت أو المزيج الزيتي[2] في البحر الإقليمي أو المنطقة الاقتصادية الخالصة لجمهورية مصر العربية . وأوجبت علي السفن الحربية أو القطع البحرية المساعدة التابعة لجمهورية مصر العربية أو غيرها من السفن التي تملكها أو تشغلها الدولة أو الهيئات العامة وتكون مستعملة في خدمة حكومية غير تجارية والتي لا تخضع لأحكام الاتفاقية ، فيجب أن تتخذ هذه السفن الاحتياطات الكفيلة بمنع تلوث البحر الإقليمي أو المنطقة الاقتصادية الخالصة لجمهورية مصر العربية [3].

وقد حظرت المادة 50 من فانون البيئة علي السفن المسجلة بجمهورية مصر العربية تصريف أو إلقاء الزيت أو المزيج الزيتي في

---

[1] الفقرة الأخيرة مضافة بالقانون رقم 9لسنة 2009

[2] عرف قانون البيئة المادة الأولي - أحكام عامة , من القانون رقم 4 لسنة 1994 في شأن البيئة بند 26 -التصريف بأنه :"كل تسرب أو انصباب أو انبعاث أو تفريغ لأي نوع من المواد الملوثة أو التخلص منها فى نهر النيل والمجارى المائية ، أو مياه البحر الإقليمي أو المنطقة الاقتصادية الخالصة أو البحر ، مع مراعاة المستويات والأحمال النوعية للتلوث المحددة لبعض المواد وفقا لما تبينه اللائحة التنفيذية لهذا القانون ، وما يحدده جهاز شئون البيئة بالتنسيق مع الجهات ذات الصلة وذلك بما لا يخالف أحكام هذا القانون ولائحته التنفيذية.

[3] وقد قررت المادة ( 90 ) من قانون البيئة العقاب بغرامة لا تقل عن ثلاثمائة ألف جنيه ولا تزيد على مليون جنيه كل من ارتكب أحد الأفعال الآتية:
1. تصريف أو إلقاء الزيت أو المزيج الزيتي أو المواد الضارة في البحر الإقليمي أو المنطقة الاقتصادية الخالصة، وذلك بالمخالفة لأحكام المادتين ( 49، 60 ) من هذا القانون .
2. عدم الالتزام بمعالجة ما يتم صرفه من نفايات ومواد ملوثة أو عدم استخدام الوسائل الآمنة التي لا يترتب عليها الإضرار بالبيئة المائية وذلك بالمخالفة لأحكام المادة (52) من هذا القانون.
3. الإلقاء أو الإغراق المتعمد في البحر الإقليمي أو المنطقة الاقتصادية الخالصة للسفن أو أجزائها أو التركيبات الصناعية أو المواد الملوثة أو الفضلات أيا كان مصدر هذا الإلقاء أو الإغراق .
وفى حالة العود إلى ارتكاب أي من هذه المخالفات تكون العقوبة الحبس والغرامة المذكورة فى الفقرة السابقة من هذه المادة .
وفى جميع الأحوال يلتزم المخالف بإزالة آثار المخالفة في الموعد الذي تحدده الجهة الإدارية المختصة ، فإذا لم يقم بذلك قامت هذه الجهة بالإزالة على نفقته

البحر وفقا لما ورد في الاتفاقية والمعاهدات الدولية التي انضمت إليها جمهورية مصر العربية .

و التفريغ المباشر قد يحدث للأغراض عسكرية مثلما حدث فى حرب تحرير الكويت ، كما قد يحدث عند وجود أعطال ناقلات البترول أو تعرضها لهياج الأمواج ، حيث يتم إفراغ جزء من الحمولة كي تقوى الناقلة على مواصلة الرحلة ، كالحادث الذي تعرضت له السواحل المصرية فى مدينة شرم الشيخ فى 12 فبراير عام 1994 فى واقعة انحراف إحدى السفن الروسية عن خطوط السير الملاحية الدولية ، مما أذي إلي شحطها و تم الجنوح بها نحو البر مرورا بمنطقة للشعاب المرجانية مما أدى إلى إتلافها ، وفى محاولة لإخراج السفينة من الشحط قام قبطان السفينة و أفراد الطاقم بإلقاء كمية كبيرة من الزيت السولار بمياه البحر نتج عنها بقعة زيت مساحتها 2 كيلو متر مربع ، و قدر جهاز شئون البيئة بمجلس الوزراء المصري قيمة التلفيات و نفقات الإصلاح بمبلغ عشرة ملايين و خمسمائة و واحد و ثمانين ألف و ستمائة دولار[1].

وقد نصت المادة ( 91 ) في بندها ( 4): - تكون العقوبة الغرامة التي لا تقل عن مائة ألف جنيه ولا تزيد على خمسمائة ألف جنيه لكل من خالف أحكام المادة ( 50 ) من هذا القانون إذا قامت إحدى السفن المسجلة في جمهورية مصر العربية بتصريف أو إلقاء الزيت أو المزيج الزيتي في البحر[2]."

وقد ألزم قانون البيئة في المادة رقم "51" ناقلات الزيت الأجنبية التي ترتاد الموانى المصرية بتنفيذ كافة متطلبات القاعدة رقم 13 من

[1] و ذلك ثابت بوقائع الدعوى رقم 176 لسنة 1994 جنح شرم الشيخ و المقيدة برقم 194 لسنة 1994 جنح مستأنف جنوب سيناء ، و التي قضى فيها استئنافا بجلسة 2\ 7\ 1994 بإلغاء الحكم المستأنف فيما قضى به من عقوبة المصادرة و تأييده فيما عدا ذلك (تغريم المتهم خمسة آلاف جنيه ) و تحديد المبلغ المحكوم بتحمل المتهم به فى الكم المستأنف كنفقة إزالة و إصلاح بمبلغ عشرة ملايين جنيه و خمسمائة وواحد و ثمانين ألف و تسعمائة دولار أمريكي و إلزام المستأنف المصروفات الجنائية .

2 مضافة بالقانون رقم 9 لسنة 2009 ، وقد نصت المادة ( 64 ) من اللائحة التنفيذية تتحدد قيمة نفقات إزالة آثار المخالفة المشار إليها في المادة 91 من قانون البيئة وفقا للضوابط التالية :( أ ) قرب التفريغ أو بعده من الشاطئ وبوجه خاص المناطق ذات الأهمية الاقتصادية أو السياحية أو المحميات الطبيعية .( ب ) درجة سمية المواد المفرغة .( ج ) حجم الملوث ونوعيته وأثره الإتلافى للبيئة .

الملحق رقم ( 1 ) من الاتفاقية وتعديلاتها. واستثني القانون ناقلات الزيت التي تستخدم في رحلات محدودة من هذه المتطلبات طبقا للقاعدة رقم *BR* 13 من الاتفاقية وتعديلاتها وكذلك ناقلات الزيت العابرة لقناة السويس والتي لا يضطر إلى إلقاء أي مياه صابورة ملوثة .

وقد حظرت المادة "52" من فانون البيئة على الشركات والهيئات الوطنية والأجنبية المصرح لها باستكشاف أو استخراج أو استغلال حقوق البترول البحرية والموارد الطبيعية البحرية الأخرى بما في ذلك وسائل نقل الزيت تصريف أية مادة ملوثة ناتجة عن عمليات الحفر أو الاستكشاف أو اختبار الآبار أو الإنتاج في البحر الإقليمي أو المنطقة الاقتصادية الخالصة لجمهورية مصر العربية، ويجب عليها استخدام الوسائل الآمنة التي لا يترتب عليها الإضرار بالبيئة المائية ، ومعالجة ما يتم تصريفه من نفايات ومواد ملوثة طبقا لأحدث النظم الفنية المتاحة وبما يتفق مع الشروط المنصوص عليها في الاتفاقيات الدولية[1].

وقد أعطت المادة " 53" من قانون البيئة لممثلي الجهة الإدارية المختصة أو لمأموري الضبط القضائي أن يأمروا قبطان السفينة أو المسئول عنها باتخاذ الإجراءات الكافية للحماية من آثار التلوث في حالة وقوع حادث لإحدى السفن التي تحمل الزيت يترتب عليه أو يخشى منه تلوث البحر الإقليمي أو المنطقة الاقتصادية الخالصة لجمهورية مصر العربية - مع عدم الإخلال بأحكام القانون رقم 79 لسنة 1961 في شأن الكوارث البحرية والحطام البحري-.

[1] كانت غرفة العمليات بوزارة البيئة قد تلقت بلاغا يفيد بوجود تلوث بالزيت بمنطقة المكس بالإسكندرية مصدره أعمال التقطيع لسفينة خردة جانحة بالميناء الفرنسي بالإسكندرية ، سفينة (سي دريم) وهي ناقلة بترول قديمة جانحة بجوار حاجز الأمواج بالميناء الفرنسي، حيث تتبع السفينة إحدى شركات البترول بمنطقة المكس بالإسكندرية وتم بيعها إلى أحد الأشخاص الذي قام بتقطيعها. وبعد المعاينة، تبين أن أعمال التقطيع نتج عنها تسرب للزيوت من جوف السفينة إلى المسطح المائي بالميناء، علاوة على تكوين بقعة في البحر الفتوح بمساحة تزيد علي 300 م2 تتحرك شرقا في اتجاه مصايد الأسماك، مما يهدد الثروة السمكية بمنطقة المكس، كما تبين أن أعمال التقطيع يتم خلالها استخدام 50 اسطوانة استيلين " مادة سريعة الاشتعال وقابلة للانفجار " دون اتخاذ أية احتياطات أمن وسلامة ودون توفير أية معدات إطفاء مما ينذر بحدوث كارثة أثناء التقطيع. وأكد وزير البيئة أنه تم اتخاذ الإجراءات اللازمة لمحاصرة بقعة الزيت والتقليل من مخاطرها، وأضاف الوزير أنه لا تهاون في تنفيذ كافة بنود القانون للحفاظ على أرواح المواطنين وسلامة الثروة البحرية.وقدرت تكلفة الأضرار البيئية الناتجة عن التلوث 60.000 جنية والغرامة المقررة قانونا 50.000 جنية

وقد عاقبت المادة "94" بغرامة لا تقل عن أربعين ألف جنيه ولا تزيد على مائة وخمسين ألف جنيه كل من ارتكب احد الأفعال التالية: 1 - ...2 - مخالفة أوامر مفتشي الجهة الإدارية المختصة ومأموري الضبط القضائي في حالة وقوع حادث لإحدى السفن التي تحمل الزيت أو المواد الضارة وذلك طبقا لأحكام المادتين 53 من هذا القانون .

وقد نصت المادة "54" علي أنه : لا تسرى العقوبات المنصوص عليها في هذا القانون على حالات التلوث الناجمة عن : ( أ ) تأمين سلامة السفينة أو سلامة الأرواح عليها . ( ب ) التفريغ الناتج عن عطب بالسفينة أو أحد أجهزتها بشرط ألا يكون قد تم بمعرفة الربان أو المسئول عنها بهدف تعطيل السفينة أو إتلافها أو عن إهمال [1]. ويشترط في جميع الأحوال أن يكون قبطان السفينة أو المسئول عنها قد اتخذ قبل وبعد وقوع العطب جميع الاحتياطات الكافية لمنع أو تقليل آثار التلوث وقام على الفور بإخطار الجهة الإدارية المختصة.
( جـ ) كسر مفاجئ في خط أنابيب يحمل الزيت أو المزيج الزيتي أثناء عمليات التشغيل أو أثناء الحفر أو استكشاف أو اختبار الآبار ، بدون إهمال في رقابة الخطوط أو صيانتها وعلى أن تتخذ الاحتياطات الكافية لرقابة تشغيل الخطوط والسيطرة على التلوث ومصادره فور حدوثه . كل ذلك دون إخلال بحق الجهة المختصة في الرجوع على المتسبب بتكاليف إزالة الآثار الناجمة عن التلوث والتعويض عن الخسائر والإضرار الناجمة عنه.

وقد فرضت المادة "91"من قانون البيئة عقوبة الحبس وغرامة لا تقل عن ثلاثمائة ألف جنيه ولا تزيد على مليون جنيه أو بإحدى هاتين العقوبتين مع التزام المتسبب بنفقات إزالة آثار المخالفة طبقا لما تحدده الجهات المكلفة بالإزالة لكل من خالف أحكام المادة( 54ـ ب ) من هذا القانون، إذا تم التفريغ الناتج عن عطب السفينة أو أحد أجهزتها بهدف تعطيل السفينة أو إتلافها أوعن إهمال. وتزاد الغرامة بمقدار المثل في حالة

---

[1] وقد نصت المادة ( 64 ) من اللائحة التنفيذية تتحدد قيمة نفقات إزالة آثار المخالفة المشار إليها في المادة 91 من قانون البيئة وفقا للضوابط التالية :( أ ) قرب التفريغ أو بعده من الشاطئ وبوجه خاص المناطق ذات الأهمية الاقتصادية أو السياحية أو المحميات الطبيعية .( ب ) درجة سمية المواد المفرغة .( ج ) حجم الملوث ونوعيته وأثره الإتلافي للبيئة .

العود، وتحدد اللائحة التنفيذية لهذا القانون ضوابط تحديد قيمة نفقات إزالة آثار المخالفة وفقا لحجم التلوث والأثر البيئي الناجم عن مخالفة أحكام هذه المادة [1] "

وقد قررت المادة "92" عقوبة الغرامة التي لا تقل عن سبعين ألف جنيه ولا تزيد على ثلاثمائة ألف جنيه كل من ارتكب احد الأفعال التالية: 1/... 2/ عدم اتخاذ جميع الاحتياطات الكافية لمنع أو تقليل أثار التلوث قبل وبعد وقوع العطب في السفينة أو أحد أجهزتها أو عدم إخطار الجهة الإدارية المختصة فورا بالتفريغ الناتج عن عطب بالسفينة أو بإحدى أجهزتها وذلك بالمخالفة لأحكام المادة ( 54 ب ) من هذا القانون . وفي حالة العود الى مخالفة أحكام البند ( 2 ) تكون العقوبة الحبس وغرامة لا تقل عن ثلاثمائة ألف جنيه ولا تزيد على خمسمائة ألف جنيه أو إحدى هاتين العقوبتين . وفي جميع الأحوال يلتزم المخالف بإزالة أثار المخالفة في الموعد الذي تحدده الجهة الإدارية المختصة، فإذا لم يقم بذلك قامت هذه الجهة بالإزالة على نفقته .

وقد ألزم قانون البيئة في المادة رقم "55" مالك السفينة أو ربانها أو أي شخص مسئول عنها وعلى المسئولين عن وسائل نقل الزيت الواقعة داخل الموانى أو البحر الإقليمي أو المنطقة الاقتصادية الخالصة لجمهورية مصر ـ العربية وكذلك الشركات العاملة في استخراج الزيت أن يبادروا فورا إلى إبلاغ الجهات الإدارية المختصة عن كل حادث تسرب للزيت فور حدوثه مع بيان ظروف الحادث ونوع المادة المتسربة والإجراءات التي اتخذت لإيقاف التسرب أو الحد منه ، وغير ذلك من البيانات المنصوص عليها في الاتفاقية واللائحة التنفيذية لهذا القانون . وفي جميع الأحوال يجب على الجهات الإدارية المختصة إبلاغ جهاز شئون البيئة بكافة المعلومات عن الحادث المشار إليه فور حدوثه . وقد تم تكرار ذات المضمون في

---

1 وكانت المادة 91 قبل تعديلها بالقانون رقم 9لسنة 2009 تنص على أنه:
تكون العقوبة الحبس وغرامة لا تقل عن مائة وخمسين ألف جنيه ولا تزيد على خمسمائة ألف جنيه أو إحدى هاتين العقوبتين مع
التزام المتسبب بنفقات إزالة أثار المخالفة طبقا لما تحدده الجهات المكلفة بالإزالة لكل من خالف أحكام المادة ( 54 ب ) من هذا
القانون ، إذا تم التفريغ الناتج عن عطب بالسفينة أو احد أجهزتها بهدف تعطيل السفينة أو إتلافها أو عن إهمال .
وتزاد الغرامة بمقدار المثل في حالة العود وتحدد اللائحة التنفيذية لهذا القانون ضوابط تحديد قيمة الغرامة وفقا لحجم التلوث والأثر
البيئي الناجم عن مخالفة أحكام هذه المادة .

المادة رقم "50" من اللائحة التنفيذية، إضافة إلي البيانات التي يجب أن يتضمنها البلاغ.[1]

وقد قررت المادة "92" عقوبة الغرامة التي لا تقل عن سبعين ألف جنيه ولا تزيد على ثلاثمائة ألف جنيه كل من ارتكب احد الأفعال التالية السفن.1/.. 2/.. 3 / عدم إبلاغ الجهة الإدارية المختصة فورا عن كل حادث تسرب للزيت مع بيان ظروف الحادث ونوع المادة المتسربة ونسبتها والإجراءات التي اتخذت وذلك بالمخالفة لأحكام المادة ( 55 ) من هذا القانون . وفى حالة العود الى مخالفة أحكام البند ( 3 ) تكون العقوبة الحبس وغرامة لا تقل عن ثلاثمائة ألف جنيه ولا تزيد على خمسمائة ألف جنيه أو إحدى هاتين العقوبتين. وفى جميع الأحوال يلتزم المخالف بإزالة أثار المخالفة في الموعد الذي تحدده الجهة الإدارية المختصة، فإذا لم يقم بذلك قامت هذه الجهة بالإزالة على نفقته

وقد أوجبت المادة "56" من قانون البيئة تجهز جميع مواني الشحن والمواني المعدة لاستقبال ناقلات الزيت وأحواض إصلاح السفن بالمعدات اللازمة الكافية لاستقبال مياه الاتزان غير النظيفة والمياه المتخلفة عن غسيل الخزانات الخاصة بناقلات الزيت أو غيرها من السفن . ويجب أن تجهز المواني بالمواعين والأوعية اللازمة والكافية لاستقبال المخلفات النفايات والرواسب الزيتية والمزيج الزيتي من السفن الراسية بالميناء . ولا يجوز الترخيص لأية سفينة أو ناقلة بالقيام بأعمال الشحن والتفريغ إلا بعد الرجوع إلى الجهة الإدارية المختصة لاستقبالها وتوجيهها إلى أماكن التخلص من نفايات ومياه الاتزان غير النظيفة .

وقد أضافت اللائحة التنفيذية في مادتها "51" عدة أحكام أخري وهي، أن وتتولى الجهة الإدارية المختصة استقبال أية سفينة أو ناقلة وتوجيهها إلى أماكن التخلص من نفاياتها ومياه الاتزان غير النظيفة. ولا

[1] وهذه البيانات هي :1/ الإجراءات التي اتخذت لمعالجة التسرب. 2/كمية ونوع المشتتات التي استعملت. 3/ المصدر المحتمل لحدوث التسرب ، وهل حدث حريق أم لا . 4/اتجاه البقعة الزيتية المتكونة 5/معدل التسرب إذا كان مستمرا . 6 /إبعاد البقعة . 7 /سرعة واتجاه الريح ودرجة حرارة الجو ودرجة الرؤية. 8 / اتجاه وسرعة التيار ودرجة حرارة المياه 9/ حالة البحر 10/حالة المد والجزر غامر - عالي - متوسط – ضعيف 11/الأماكن الشاطئية المهددة . 12/طبيعة المنطقة، شعب مرجانية، كائنات بحرية . 13/المصدر المبلغ - الاسم - التليفون - العنوان.

يجوز الترخيص لأية سفينة أو ناقلة بالقيام بأعمال الشحن والتفريغ إلا بعد الرجوع إلى الجهة الإدارية المختصة لاستقبالها وتوجيهها إلى أماكن التخلص من النفايات ومياه الاتزان غير النظيفة .

وقد عاقبت المادة "93" من قانون البيئة بالغرامة التي لا تقل عن أربعين ألف جنيه ولا تزيد على مائتي ألف جنيه، كل من ارتكب أحد الأفعال التالية :
1 - قيام السفينة أو الناقلة بأعمال الشحن والتفريغ دون الحصول على ترخيص من الجهة الإدارية المختصة وذلك بالمخالفة لأحكام المادة ( 56 ) من هذا القانون .

وقد نصت المادة "57" علي أن يحدد الوزير المختص نوع الأجهزة والمعدات الخاصة بخفض التلوث والتي يجب أن تجهز بها السفن المسجلة بجمهورية مصر العربية أو المنصات البحرية التي تقام في البيئة المائية . وأوجبت أن تكون السفن الأجنبية التي تستعمل الموانى المصرية أو تبحر عبر المنطقة البحرية الخاصة بها مجهزة بمعدات خفض التلوث طبقا لما ورد بالاتفاقية وملاحقها .

وقد قررت المادة "92" عقوبة الغرامة التي لا تقل عن سبعين ألف جنيه ولا تزيد على ثلاثمائة ألف جنيه كل من ارتكب احد الأفعال التالية :
1 - عدم تجهيز السفينة الأجنبية التي تستخدم الموانى المصرية أو تبحر عبر المنطقة البحرية الخاصة بمعدات خفض التلوث وذلك بالمخالفة لأحكام المادة ( 57 ) من هذا القانون .
وفى حالة العود الى مخالفة أحكام البند ( 1 ) تزاد الغرامة بمقدار المثل . وفى جميع الأحوال يلتزم المخالف بإزالة أثار المخالفة في الموعد الذي تحدده الجهة الإدارية المختصة ، فإذا لم يقم بذلك قامت هذه الجهة بالإزالة على نفقته.

وقد أوجبت المادة "58" من قانون البيئة كل مالك أو ربان سفينة مسجلة بجمهورية مصر العربية وكذلك سفن الدول التي انضمت للاتفاقية أن يحتفظ بسجل للزيت بالسفينة يدون فيه المسئول عنها جميع العمليات المتعلقة بالزيت على الوجه المبين بالاتفاقية وعلى الإخلال بالعمليات الآتية: ( أ )

القيام بعمليات التحميل أو التسليم أو غيرها من عمليات نقل الحمولة الزيتية مع بيان نوع الزيت. ( ب ) تصريف الزيت أو المزيج الزيتي من أجل ضمان سلامة السفينة أو حمولتها أو إنقاذ الأرواح مع بيان نوع الزيت . ( جـ ) تسرب الزيت أو المزيج الزيتي نتيجة اصطدام أو حادث مع بيان نسبة الزيت وحجم التسرب . ( د ) تصريف مياه الاتزان غير النظيفة أو غسيل الخزانات[1]. ( هـ ) التخلص من النفايات الملوثة . ( و ) إلقاء مياه السفينة المحتوية على الزيوت التي تجمعت في حيز الآلات خارج السفينة وذلك أثناء تواجدها بالميناء. وقد نص علي أن تحدد اللائحة التنفيذية كيفية تسجيل عمليات تصريف الزيت أو المزيج الزيتي بالنسبة للمنصات البحرية التي تقام في البيئة المائية[2].

وقد عاقبت المادة "93" من قانون البيئة بالغرامة التي لا تقل عن أربعين ألف جنيه ولا تزيد على مائتي ألف جنيه كل من ارتكب احد الأفعال التالية:1/... 2 / عدم احتفاظ السفينة أو الناقلة بالشهادات والسجلات المنصوص عليها في المواد ( 58 ) . وقد أوجبت المادة 59 من قانون البيئة على ناقلات الزيت التي تبلغ حمولتها الكلية 2000 طن فأكثر المسجلة في جمهورية مصر العربية وكذلك أجهزة ومواعين نقل الزيت الأخرى التي تبلغ حمولتها الكلية 150 طنا فأكثر التي تعمل في البحر الإقليمي أو المنطقة الاقتصادية الخالصة لجمهورية مصر العربية أن تقدم إلى الجهة الإدارية المختصة وفقا للضوابط التي يصدر بها قرار من وزير النقل البحري

---

[1] عرف قانون البيئة- المادة الأولي - أحكام عامة - من القانون رقم 4 لسنة 1994 في شأن البيئة بند 17- مياه الاتزان غير النظيفة ( مياه الصابورة غير النظيفة ) أنها :" المياه الموجودة داخل صهريج على السفينة إذا كانت محتوياتها من الزيت تزيد على 15 جزءا في المليون.

[2] وقد نصت اللائحة في المادة 52 منها علي أن يتم تسجيل عمليات تصريف الزيت أو المزيج الزيتي بالنسبة للمنصات البحرية التي تقام فى البيئة المائية فى سجل خاص مطابق لسجل الزيت المنصوص عليه فى هذه المادة على أن يتضمن هذا السجل البيانات التالية : 1-اسم المنصة وموقعها 2- الرخصة الصادر لها .3-اسم صاحب المنصة .4-النشاط الذي تزاوله المنصة.5-بيان نظم ومعدات وأجهزة ووحدات معالجة الزيت والمزيج الزيتي قبل تصريفها ونظام التحكم فيها ومراقبتها.6-كمية ونوعية المواد والسوائل المرخص بتصريفها على مدار السنة ومعدلها.7-الكمية الفعلية للمواد والسوائل التي يتم تصريفها .8-بيان الأعطال بالنسبة لنظام ومعدات وأجهزة ووحدات معالجة الزيت والمزيج الزيتي موضحا تاريخ العطل وفترة استمراره ونتائج التحليل عقب الإصلاح مباشرة.9-اسم وتوقيع مسالبيانات.ت في السجل .10-تاريخ تحرير البيانات .

بالاتفاق مع وزير البترول ووزير شئون البيئة ، شهادة ضمان مالي في شكل تأمين أو سند تعويض أو أي ضمان آخر[1].

وقد أوجبت المادة أيضا ضرورة تقديم شهادة الضمان عند دخول الناقلة في البحر الإقليمي وأن تكون سارية المفعول، وأن تغطى جميع الأضرار والتعويضات التي تقدر بمعرفة الجهة الإدارية المختصة. وبالنسبة للسفن المسجلة في دولة منضمة للاتفاقية الدولية للمسئولية المدنية عن حوادث التلوث بالزيت فتصدر هذه الشهادة من السلطة المختصة للدولة المسجلة فيها السفينة . وقد كررت المادة "53" من اللائحة ذات الحكم مع إضافة أن يكون تقديرات التعويضات من الجهة المختصة بالاتفاق مع جهاز شئون البيئة.

وقد ذكرت وزارة الدولة لشئون البيئة أنه تم التعامل وإدارة عدد 48 حادثة تلوث بالزيت وعدد 19 حادثا بيئيا مختلفا[2]خلال سنتي2005-2006. وفي أول فبراير 2010 قامت سفينة تدعى «الديبيل» وهى ناقلة مواد خطرة، وترفع علم بهاما، وهى إحدى السفن المملوكة لشركة «راس جاز» القطرية وحمولتها ٧٨٧٩٤ طنا، وكانت قادمة من قطر بهدف عبور قناة السويس متجهة شمالا إلى البحر المتوسط، قامت بتصريف مخلفات زيتية ونواتج غسيل تنكاتها، وتسببت في تكوين بقعة زيتية بطول ٢٠ كيلومترا وعرض ٢٥ مترا.، وشاركت وحدات بحرية تابعة لشركة بترول خليج السويس «جابكو» في تشتيت البقع الزيتية بالتنسيق مع جهاز شؤون البيئة بين وزارة البيئة والقوات المسلحة[3]، وتم التصالح مع جهاز شئون البيئة، وسداد ثلاثة ملايين وثلاثمائة ألف جنيه، تعويضات عن الخسائر البيئية بسبب التلوث[2].

وقامت كذلك وزارة البيئة بإدارة حادث جنوح ناقلة الحاويات الصينية «كاسكل هامبورج» الذي وقع في منتصف شهر يناير2010 بمنطقة

---

[1] مع عدم الإخلال بأحكام الاتفاقية الدولية في شأن المسئولية المدنية عن الإضرار الناجمة عن حوادث التلوث بالزيت الموقعة في بروكسل عام 1969 وتعديلاتها.

[2] http://www.sis.gov.eg/Ar/Story.aspx مجال الإدارة البيئية : إنجازات البيئة خلال عام(2006/2005) موقع الهيئة المصرية العامة للاستعلامات علي شبكة المعلومات الدولية

[3] المصري اليوم ١/ ٢/ ٢٠١٠

شعاب «الوود هاوس» بمضيق تيران، حيث دفعت الناقلة ٢٦ مليون جنيه قيمة الأضرار البيئية الناجمة عن جنوحها وقدرت المساحة المدمرة من الشعاب المرجانية بحوالي ٢٠٠٠ متر، وامتد الدمار من السطح حتى عمق ٤٥ مترا تحت سطح الماء[1].

## المطلب الثاني: تلوث البيئة البحرية من المواد الضارة

## ومخلفات الصرف الصحي و القمامة

وسوف يتم تناول هذا المطلب قي فرعين تناول الفرع الأول: تلوث البيئة البحرية من المواد الضارة ومخلفات الصرف الصحي والقمامة، ويتناول الفرع الثاني: حماية البيئة البحرية من المواد الضارة ومخلفات الصرف الصحي والقمامة.

### الفرع الأول: تلوث البحر من المواد الضارة

### ومخلفات الصرف الصحي و القمامة

وهناك أيضا إلي جانب التلوث بالزيت ملوثات أخري للبيئة البحرية أهمها ، التلوث العضوي، والذي يتشكل من مخلفات الصرف الصحي، والتلوث البترولي للناقلات التي تقوم بتصريف زيوت محركات السفن على البحر، أو بسبب حوادث التصادم والجنوح،أو من إلقاء مياه التوازن Ballast Water من ناقلات البترول العابرة بغرض ضبط كمية المياه للإبحار.

وهناك أيضا ملوثات كيماوية، من المخلفات السائلة من المصانع القريبة من البحر ، وهي تحتوي على مركبات كيماوية سامة، أومن مواد كيماوية ألقيت من سفن عابرة أو من مصادر مجهولة وغير محددة وتتسبب حركة التيارات وسرعتها في عدم رصد المصدر، وهناك أيضا التلوث بالمواد والمخلفات الصلبة، والتي قد تنتج من عمليات الردم الساحلي أو

1 المرجع السابق

التلوث بالنفايات الملقاة من قبل السكان على طول خط الساحل، أو رمي المخلفات من سفن شحن البضائع ، وسقوط البضائع قرب مراسي السفن بجوار الأرصفة أثناء الشحن والتفريغ، ورمي المخلفات والأنقاض الملقاة في مجاري السيول المكشوفة وانجرافها إلى البحر عند هطول الأمطار بما تحتويه من مخلفات سائلة متنوعة ، ومن إنشاء المشاريع التنموية على الساحل بدون إجراء دراسات مسبقة وجدية لتقييم التأثيرات البيئية. وهنا أخيرا التلوث الحراري، من مياه تبريد المحركات والمولدات في محطات القوي 0

وهناك تلوث آخر عن طريق تسرب مياه الصرف الصحي من المجاري المائية ومن نهر النيل إلي البحر مما يشكل رافدا آخر لتلويث البحر بمياه النهر الملوثة بالصرف الصحي و الصرف الصناعي، و يشير هذا التقرير الحكومي الصادر في شهر يونيه 2009 عن حالة البيئة في مصر[1]، إلى أن عدد السكان الذين يتمتعون بخدمات الصرف الصحي لا يتجاوز31 مليون مواطن فقط منهم 19.5 مليون في القاهرة والإسكندرية وحدها، بينما لا يزيد عدد المستفيدين في باقي السبع والعشرون محافظة الأخرى عن 11.5 مليون مواطن بما يعنى ضمنيا أن هناك أكثر من 50 مليون مصري لا يتمتعون بخدمات الصرف الصحي الحكومية[2].

وتقوم العديد من محطات الصرف الصحي[3] في جميع أنحاء مصر بصرف مخلفاتها مباشرة في المصارف المخصصة للصرف الزراعي دون أدني معالجة بسبب عدم استكمال تجهيزات المحطة أو زيادة الأحمال عليها أو بسبب تعطلها مما يودي إلي فساد البيئة المائية بهذه المصارف، وكذا

[1] بإشراف الخبير البيئي الدكتور مصطفى كمال طلبة

[2] د. نادر نور الدين، الخسائر المالية من تلوث النيل، الشروق، 2009/11/23

[3] وقد قامت محطة الصرف الصحي في الورديان بالإسكندرية بصرف المياه الملوثة في بحيرة مريوط دون معالجتها، بسبب الأعطال التي تصيب أجهزة المحطة، الأمر الذي أدى في النهاية إلى تلوث أسماك البحيرة، وعدم صلاحيتها للاستهلاك الآدمي[3]. وأدي أيضا إلي تلوث ٧٥٪ من إنتاج ملح الطعام المستخرج من بحيرة مريوط بالإسكندرية نتيجة لصرف المخلفات الصلبة وإلقاء الحيوانات النافقة والقمامة داخل البحيرة، وحررت وزارة البيئة العديد من المحاضر،إلا أن البحيرة التي يتم إنتاج ٧٥٪ من الملح المصري منها مازالت غارقة في مياه الصرف الصحي والصناعي، **المصري اليوم** ٣/ ٢/ ٢٠١٠

فساد البيئة الهوائية وانتشار الذباب والناموس فضلا عن الروائح الكريهة مما يساعد في نشر الأمراض علي امتداد هذه المصارف وهو امتداد قد يغطي المساحات المزروعة في الوادي والدلتا.

وتشير التقرير إلى وجود تلوث كبير بمياه الصرف الصحي في جميع مصارف وسط وشرق وغرب الدلتا وسجلت قيم الطلب الكيميائي على الأكسجين ضعف الكميات المسموح بها نتيجة للتلوث بمعادن وفلزات الصرف الصناعي مع تدنى قيم الأكسجين الذائب في جميع مصارف وسط وشرق وغرب الدلتا بأقل من نصف القيم المسموح بها (5 ملجم/لتر) حيث سجل المتوسط 2.5 ملجم/لتر فقط وارتفاع تركيز الأمونيا في جميع المصارف نتيجة للتلوث بالصرف الصحي أيضا بما يصل إلى ثلاثة أضعاف الحدود المسموح بها مع ارتفاع كبير في قيم البكتريا[1]، وكل هذه الملوثات تصب قي النيل منه إلي البحر وما لا يصب في النيل كبعض الترع، يصب مباشرة في البحر مما يجعل كل من المياه العذبة والمالحة ذات نسب تلوث عالية.

ونؤكد مرة أخري علي أن تلوث الموارد المائية المصرية العذبة هو الأخطر- خاصة تلوث مياه الشرب -، ويتطلب الأمر منع التصريف تماما في مجارى المياه العذبة، وخاصة الصرف صحي والصناعي والزراعي، ويجب علي وجه السرعة وقف الصرف الذي يتم من مجارى ومصارف محافظات الصعيد في النيل، وكذا مجارى الدلتا وصرف المصانع في المصارف الزراعية والتي تختلط بمياه الترع ويتم استخدامها في الري، حيث يتم الضخ منها في جميع محطات مياه الشرب في جميع محافظات الدلتا والساحل الشمالي بعد معاملات غير كافية لتنقيها، مما يجعلها حاملة لجميع أنواع الملوثات، والفلزات الثقيلة وسموم المبيدات ومتبقيات الأسمدة مما يصيب المواطنين بالعديد من الأمراض[2]، ويكون مقر هذه الملوثات أخير هو البحر حيث تختلط بمياهه لتزيد من تلوثها الحاصل أصلا من الصرف الصحي و الصرف الصناعي المباشر علية ومما تلقيه السفن من مخلفات .

---

[1] د.نادر نور الدين، الخسائر المالية من تلوث النيل، الشروق، 2009/11/23

[2] المرجع السابق

الفرع الثاني:حماية البيئة البحرية من التلوث من المواد الضارة

ومخلفات الصرف الصحي و القمامة

حظرت المادة "60" من قانون البيئة على ناقلات المواد السائلة الضارة [1] إلقاء أو تصريف أية مواد ضارة أو نفايات أو مخلفات بطريقة إرادية أو غير إرادية مباشرة أو غير مباشرة ينتج عنها ضرر بالبيئة المائية أو الصحة العامة أو الاستخدامات الأخرى المشروعة للبحر .

كما يحظر على السفن التي تحمل مواد ضارة منقولة في عبوات أو حاويات شحن أو صهاريج نقالة أو عربات صهريجيه برية أو حديدية التخلص منها بإلقائها في البحر الإقليمي أو المنطقة الاقتصادية الخالصة لجمهورية مصر العربية [2]. كما حظرت أيضا إلقاء الحيوانات النافقة في البحر الإقليمي أو المنطقة الاقتصادية الخالصة لجمهورية مصر العربية.

وقد قررت المادة ( 90 ) من قانون البيئة العقاب بغرامة لا تقل عن ثلاثمائة ألف جنيه ولا تزيد على مليون جنيه كل من ارتكب أحد الأفعال الآتية:
1. تصريف أو إلقاء الزيت أو المزيج الزيتي أو المواد الضارة في البحر الإقليمي أو المنطقة الاقتصادية الخالصة ، وذلك بالمخالفة لأحكام المادتين (

---

[1] أحال قانون البيئة في تعريف المواد السائلة الضارة بالبيئة المائية إلي المواد المنصوص عليها في الاتفاقية الدولية لعام 1973 / 1978 .

[2] وقد نصت المادة 54 من اللائحة التنفيذية لقانون البيئة علي إجراءات تصريف مياه الصرف الصحي الملوثة من السفن والمنصات البحرية :تلتزم السفن والمنصات البحرية أيا كانت جنسيتها بمراعاة المعايير والضوابط التالية عند تصريفها لمياه الصرف الصحي: 1-أن تكون السفينة أو المنصة البحرية مزودة بالشهادة الدولية لمنع التلوث بقاذورات مياه الصرف الصحي وأن تكون الشهادة سارية المفعول 2-أن تكون السفينة مجهزة بوحدة لمعالجة مياه الصرف الصحي. 3-لا يجوز لأي سفينة أن تصرف مياه الصرف الصحي المعالجة على مسافة أقل من أربعة أميال بحرية من الشاطئ وبشرط عدم وجود تسهيلات لاستقبال هذه المخلفات . وأن تكون في حدود المعايير والمواصفات البيئية المبينة بالملحق رقم (1) لهذه اللائحة ، وألا تكون حركة الأمواج في اتجاه الشاطئ .ولا تنطبق الأحكام السابق الإشارة إليها في حالة التصريف لسلامة السفينة ومن على متنها أو إنقاذ أرواح في البحار أو نتيجة عطب أصاب السفينة أو معداتها بشرط أن تكون جميع الاحتياطات المعقولة قد اتخذت لمنع هذا التصريف أو للتخفيف منه إلى أقصى حد قبل وقوع العطب وبعده .

49 ، 60 ) من هذا القانون [1].

2. عدم الالتزام بمعالجة ما يتم صرفه من نفايات ومواد ملوثة أو عدم استخدام الوسائل الآمنة التي لا يترتب عليها الإضرار بالبيئة المائية وذلك بالمخالفة لأحكام المادة (52) من هذا القانون .

3. الإلقاء أو الإغراق المتعمد في البحر الإقليمي أو المنطقة الاقتصادية الخالصة للسفن أو أجزائها أو التركيبات الصناعية أو المواد الملوثة أو الفضلات أيا كان مصدر هذا الإلقاء أو الإغراق[2].وفى حالة العود إلى ارتكاب أي من هذه المخالفات تكون العقوبة الحبس والغرامة المذكورة في الفقرة السابقة من هذه المادة، وفى جميع الأحوال يلتزم المخالف بإزالة آثار المخالفة في الموعد الذي تحدده الجهة الإدارية المختصة،فإذا لم يقم بذلك

---

[1] وقد قضت محكمة النقض في الطعن رقم 3826 للسنة القضائية ق 65 :"تصريف السفن للزيت فى مياه البحر الإقليمي أو المنطقة الاقتصادية الخالصة بجمهورية مصر العربية . مؤثم . المادتان 49 ، 60 من القانون رقم 4 لسنة 1994 بشأن البيئة . عدم إيراد الحكم الواقعة وأدلة الثبوت ومؤدى كل منها فى بيان كاف وإغفاله بيان مكان مياه البحر الذي صرفت فيه السفن الزيت . قصور . القاعدة : لما كان القانون رقم 4 لسنة 1994 فى شأن البيئة ينص فى المادة 49 فقرة أولى منه على أنه ( يحظر على جميع السفن أيا كانت جنسيتها تصريف أو إلقاء الزيت أو المزيج الزيتي فى البحر الإقليمي أو المنطقة الاقتصادية الخالصة لجمهورية مصر العربية ) كما تنص المادة 90 منه على أنه ( يعاقب بغرامة لا تقل عن مائة وخمسين ألف جنيه ولا تزيد على خمسمائة ألف جنيه كل من ارتكب أحد الأفعال الآتية : - 1 – تصريف أو إلقاء الزيت أو المزيج الزيتي أو المواد الضارة فى البحر الإقليمي أو المنطقة الاقتصادية الخالصة وذلك بالمخالفة لأحكام المادتين ( 49 ) ، ( 60 ) من هذا القانون .... ) ومؤدى ذلك أن تأثيم تصريف السفن للزيت فى مياه البحر مقصور فى مياه البحر الإقليمي أو المنطقة الصناعية الخالصة لجمهورية مصر العربية . لما كان ذلك ، وكان الحكم الابتدائي المؤيد لأسبابه بالحكم المطعون فيه قد قصر فى بيان وإثبات وقوع الجريمة المسندة إلى الطاعن على القول ( حيث إن واقعة الدعوى تتلخص فيما أثبت فى محضر الضبط المؤرخ 23 / 3 / 1994 من أن المتهم ارتكب تلك الأفعال المبينة بالمحضر ، وحيث إنه عن ثبوت الاتهام فى تلك الدعوى فهو ثابت فى حق المتهم على نحو كاف لمعاقبته فضلا عن أنه لم يدفع عنه التهمة بثمة دفاع سائغ ومقبول وتطمئن إليه المحكمة ومن ثم يتعين عقابه طبقا لمواد الاتهام وعملا بالمادة 304 / 2 أ . ج ) . دون أن يورد الواقعة وأدلة الثبوت التي يقوم عليها قضاؤه ومؤدى كل منها فى بيان كاف يكشف عن مدى تأييده واقعة الدعوى ولم يبين مكان مياه البحر الذي صرفت فيه السفينة الزيت وما إذا كان يقع فى مياه البحر الإقليمي أو المنطقة الصناعية الخالصة لجمهورية مصر العربية فإن الحكم يكون معيبا بالقصور" .

[2] عرف قانون البيئة الاغراق- المادة الأولي - أحكام عامة - من القانون رقم 4 لسنة 1994 في شأن البيئة بند 27 والفقرة الأخيرة مضافة بالقانون رقم 9لسنة 2009 -بأنه:( أ ) كل إلقاء متعمد في البحر الإقليمي أو المنطقة الاقتصادية الخالصة أو البحر للمواد الملوثة أو الفضلات من السفن أو الطائرات أو الأرصفة أو غير ذلك من المنشآت الصناعية والمصادر الأرضية .
( ب ) كل إغراق متعمد في البحر الإقليمي أو المنطقة الاقتصادية الخالصة أو البحر للسفن أو التركيبات الصناعية أو غيرها .ومع مراعاة أحكام الاتفاقيات الدولية التي تكون جمهورية مصر العربية طرفا فيها ، لا يعد إغراقا وضع مواد في البحر لغير غرض التخلص منها مثل الكابلات والأنابيب وأجهزة البحث العلمي والرصد وغيرها "

قامت هذه الجهة بالإزالة على نفقته[1]

وقد نصت المادة "94"مكررا بأن :يعاقب بالسجن وبغرامة لا تقل عن مليون جنيه ولا تزيد على خمسة ملايين جنيه كل من قام بإغراق النفايات الخطرة في البحر الإقليمي أو المنطقة الاقتصادية الخالصة أو الجرف القاري مع إلزام المخالف بدفع تكاليف إزالة آثار المخالفة والتعويضات البيئية اللازمة . وقد نصت المادة 97 بأن توقع العقوبات المبينة في المواد السابقة بالنسبة لجميع السفن على اختلاف جنسياتها وأنواعها بما في ذلك السفن التابعة لدولة غير مرتبطة بالاتفاقية إذا ألقت الزيت أو المزيج الزيتي وقامت بالإلقاء أو الإغراق المحظور في البحرالاقليمى أو في المنطقة الاقتصادية الخالصة لجمهورية مصر العربية .

وأوجبت المادة "61 " أن تجهز جميع موانى الشحن والتفريغ المعدة لاستقبال الناقلات المنصوص عليها في الفقرة الأولى من المادة 60 وكذا أحواض إصلاح السفن بالتسهيلات المناسبة لاستقبال المواد السائلة الضارة ونفاياتها . وأوجبت المادة "62 " أن تزود الناقلات التي تحمل مواد سائلة ضارة بسجل الشحنة طبقا للاتفاقية يدون فيها الربان أو المسئول عن السفينة جميع العمليات على الوجه المبين بالاتفاقية .

وقد عاقبت المادة "93" من قانون البيئة بغرامة لا تقل عن أربعين ألف جنيه ولا تزيد على مائتي ألف جنيه كل من ارتكب احد الأفعال التالية : 1 قيام السفينة أو الناقلة بأعمال الشحن والتفريغ دون الحصول على ترخيص من الجهة الإدارية المختصة وذلك بالمخالفة لأحكام المادة ( 56 )

---

[1] وكانت المادة 90 قبل تعديلها بالقانون رقم 9 لسنة 2009 تنص علي أنه:
يعاقب بغرامة لا تقل عن مائة وخمسين ألف جنيه ولا تزيد على خمسمائة ألف جنيه كل من ارتكب احد الأفعال الآتية:
1 - تصريف أو إلقاء الزيت أو المزيج الزيتي أو المواد الضارة في البحر الاقليمى أو المنطقة الاقتصادية الخالصة وذلك بالمخالفة لأحكام المادتين ( 49 ) ، ( 60 ) من هذا القانون.
2 - عدم الالتزام بمعالجة ما يتم صرفه من نفايات ومواد ملوثة أو عدم استخدام الوسائل الآمنة التي لا يترتب عليها الإضرار بالبيئة المائية وذلك بالمخالفة لأحكام المادة 52 من هذا القانون .
3 - إلقاء أية مواد أخرى ملوثة للبيئة .
وفى حالة العود الى ارتكاب اى من هذه المخالفات تكون العقوبة الحبس والغرامة المذكورة في الامختصة،بقة من هذه المادة . وفى جميع الأحوال يلتزم المخالف بإزالة أثار المخالفة في الموعد الذي تحدده الجهة الإدارية المختصة ، فإذا لم يقم بذلك قامت هذه الجهة بالإزالة على نفقته

من هذا القانون . 2 - عدم احتفاظ السفينة أو الناقلة بالشهادات والسجلات المنصوص عليها في المواد ( 58 )، ( 62 )، (76)، ( 77 ) من هذا القانون . 3 - تصريف مياه الصرف الصحي الملوثة أو إلقاء القمامة من السفن بالمخالفة لنص المادتين ( 66 ) ، ( 67 ) من هذا القانون . 4 - قيام إحدى السفن المسجلة في جمهورية مصر العربية بتصريف أو إلقاء الزيت أو المزيج الزيتي في البحر بالمخالفة لأحكام المادة 50 من هذا القانون .

وأعطت المادة "63" من قانون البيئة الحق لممثلي الجهة الإدارية المختصة أو لمأموري الضبط القضائي أن يأمروا ربان السفينة أو المسئول عنها باتخاذ الإجراءات اللازمة للتقليل من آثار التلوث وذلك في حالة وقوع حادث لإحدى السفن التي تحمل مواد ضارة يخشى منه تلويث البحر الإقليمي أو المنطقة الاقتصادية الخالصة لجمهورية مصر العربية على أية صورة ويحظر على السفن التي تحمل المواد الضارة إغراق النفايات والمواد الملوثة في الجرف القاري والملاحقة الاقتصادية الخالصة لجمهورية مصر العربية .

وقد عاقبت المادة "94" بغرامة لا تقل عن أربعين ألف جنيه ولا تزيد على مائة وخمسين ألف جنيه كل من ارتكب احد الأفعال التالية:1/... 2/ مخالفة أوامر مفتشي الجهة الإدارية المختصة ومأموري الضبط القضائي في حالة وقوع حادث لإحدى السفن التي تحمل الزيت أو المواد الضارة وذلك طبقا لأحكام المادة 63 من هذا القانون .

ونصت المادة " 64" علي سريان أحكام المادة 54 من هذا القانون[1] علي حالات التلوث الناجمة عن تأمين سلامة الأرواح على السفينة أو ما يصيبها من عطب . ونصت المادة 65 أنه علي ربان السفينة أو المسئول عنها الالتزام بتنفيذ جميع الاشتراطات الواردة بالقاعدة رقم ( 8 ) من الملحق ( 2 ) من الاتفاقية . وحظرت المادة "66" من قانون البيئة على السفن والمنصات البحرية تصريف مياه الصرف الصحي الملوثة داخل

---

[1] والتي تنص علي عدم سريان العقوبات المنصوص عليها في هذا القانون بشرط ألا يكون قد تم بمعرفة الربان أو المسئول عنها بهدف تعطيل السفينة أو إتلافها أو عن إهمال . ويشترط في جميع الأحوال أن يكون قبطان السفينة أو المسئول عنها قد اتخذ قبل وبعد وقوع العطب جميع الاحتياطات الكافية لمنع أو تقليل آثار التلوث وقام على الفور بإخطار الجهة الإدارية المختصة .

البحر الإقليمي والمنطقة الاقتصادية الخالصة لجمهورية مصر العربية ويجب التخلص منها طبقـا" للمعايير والإجراءات التي تحددها اللائحة التنفيذية لهذا القانون .

وحظـرت المـادة "67" عـلى جميـع السـفن والمنصـات البحريـة التـي تقـوم بـأعمال استكشاف واستغلال الموارد الطبيعية والمعدنية في البيئة المائية لجمهورية مصر العربيـة وكـذلك السفن التي تستخدم المواني المصريـة إلقـاء القمامـة أو الفضـلات في البحـر الإقليمـي أو المنطقـة الاقتصادية الخالصة لجمهورية مصر العربية ، ويجب عـلى السـفن تسـليم القمامـة في تسـهيلات استقبال النفايات أو في الأماكن التي تحددها الجهات الإدارية المختصة مقابل رسوم معينة يصدر بها قرار من الوزير المختص .

وقد عاقبت المادة "93" من قانون البيئة بغرامـة لا تقـل عـن أربعـين ألـف جنيـه ولا تزيـد عـلى مائتي ألف جنيه كل من ارتكب احد الأفعال التالية:1/... 2/... 3 - تصريف مياه الصرف الصحي الملوثة أو إلقاء القمامة مـن السـفن بالمخالفـة لـنص المـادتين ( 66 )، ( 67 ) مـن هـذا القـانون. وأوجبت المادة 68 أن تجهـز جميـع مـواني الشـحن والتفريـغ والمـواني المعـدة لاسـتقبال السـفن وأحواض إصلاح السفن الثابتـة أو العائمـة بـالتجهيزات اللازمـة والكافيـة لاسـتقبال ميـاه الصرـف الملوثة وفضلات السفن من القمامة [1].

وقد حظرت المادة "69" من قانون البيئة على جميع المنشآت بما في ذلك المحال العامـة والمنشآت التجارية والصـناعية والسـياحية والخدميـة تصرـيف أو إلقـاء أيـة مـواد أو نفايـات أو سوائل غير معالجة من شأنه إحداث تلوث في الشواطئ المصرية أو المياه المتاخمـة لهـا سـواء تـم ذلك بطريقة

---

1 وقد نصت اللائحة التنفيذية لقانون البيئة أنه:على الجهات المختصة توفير التسهيلات الخاصة باستقبال النفايات ومياه الصرف الملوثة وفضلات السفن مع مراعاة أن تكون تلك التسهيلات فى حالة صالحة للاستخدام ومصانة وأن يراعـى نظافتهـا وتطهيرهـا بصـفة دوريـة .وعلى الجهات الاحتفاظ بسجل بيئي توضح به كميات المخلفات التي تم اسـتقبالها وكيفيـة الـتخلص منهـا واسـم السـفينة أو الوحـدة البحرية، على أن تكون وسيلة التخلص من الوسائل التي يقرها جهاز شئون البيئة. وأوجبت المادة 56 من اللائحة: على الجهات المختصة أن تراعى عند نقل المخلفات المتجمعة فى التسهيلات المنصوص عليها فى المادة السابقة عدم تسرب هذه المخلفات أو إنبعاث أية روائـح عنها وأن يتم التخلص منها فى الأماكن وبالضوابط التي ينص عليها قانون النظافة العامة رقم 38 لسنة 1967 ، وذلك من خلال التنسـيق بين الجهات المختصة والمحليات .

إرادية أو غير إرادية مباشرة أو غير مباشرة ويعتبر كل يوم من استقرار التصريف المحظور ، مخالفة منفصلة .

وقد اشترطت اللائحة التنفيذية[1] للترخيص بإقامة أية منشآت أو محال على شاطئ البحر أو قريبا منه ينتج عنها تصريف مواد ملوثة بالمخالفة لأحكام القانون وهذه اللائحة والقرارات المنفذة لها ، مراعاة أحكام مواد الفصل الأول من الباب الأول من هذه اللائحة والخاص بالتنمية والبيئة ، ويلتزم المرخص له بتوفير وحدات مناسبة وكافية لمعالجة المخلفات كما يلتزم بأن يلتزم بأن يبدأ بتشغيلها فور بدء تشغيل تلك المنشآت وأن يحافظ على سلامتها وصيانتها بصفة دورية .

وحظرت اللائحة التنفيذية لقانون البيئة[2] على المنشآت الصناعية التي يصرح لها بتصريف المواد الملوثة القابلة للتحلل إلى البيئة المائية والشواطئ المتاخمة تصريف تلك المواد إلا بعد معالجتها ومطابقتها للمواصفات والمعايير المنصوص عليها في الملحق رقم( 1 ) لهذه اللائحة . مع عدم الإخلال بما تنص عليه المادة الثانية[3] من قرار إصدار هذه اللائحة.

وقد نصت المادة 84(مكررا): بأن يعاقب بالحبس مدة لا تزيد على سنة وبغرامة لا تقل عن خمسة آلاف جنيه ولا تزيد على مائة ألف جنيه أو بإحدى هاتين العقوبتين كل من يخالف أحكام المادة 69 من هذا القانون.وفى حالة العود يضاعف الحدان الأدنى والأقصى للغرامة والحد الأقصى لعقوبة

---

1 المادة 57من اللائحة التنفيذية لقانون البيئة 4لسنة 1994

2 المادة 58من اللائحة التنفيذية لقانون البيئة 4لسنة 1994 وقد استكملت المادة بأنه: وعلى معامل جهاز شئون البيئة إجراء تحليل دوري فى لعينات المخلفات السائلة المعالجة وإخطار الجهات الإدارية المختصة بنتيجة التحليل .وفى حالة عدم مطابقة نتيجة التحليل للمواصفات والمعايير المنصوص عليها فى الملحق رقم ( 1 ) لهذه اللائحة يقوم جهاز شئون البيئة باتخاذ الإجراءات الإدارية بالاشتراك مع الجهة الإدارية المختصة للنظر فى منح صاحب الشأن المرخص له بممارسة نشاطه وفقا لأحكام هذه اللائحة مهلة مدتها شهر واحد لمعالجة المخلفات لتصبح مطابقة للمواصفات والمعايير المحددة ، مع مراعاة المدد المنصوص عليها فى المادة الثانية من قرار إصدار هذه اللائحة بالنسبة للمنشآت القائمة عند صدورها ، فإذا لم تتم المعالجة خلال المدة المشار إليها أو ثبت من التحليل خلالها أن استمرار الصرف من شأنه إلحاق أضرار بالبيئة المائية يوقف التصريف بالطريق الإداري ويسحب الترخيص الصادر للمنشأة ، وذلك دون الإخلال بالعقوبات المنصوص عليها فى القانون رقم 4 لسنة 1994 ، كما يحظر على المنشآت الصناعية تصريف المواد الملوثة غير القابلة للتحلل والمنصوص عليها فى الملحق رقم ( 10 ) لهذه اللائحة فى البيئة المائية

3 المادة خاصة بمد مهلة توفيق الأوضاع.

الحبس.وفضلا عن العقوبات الأصلية السابقة يجوز الحكم بغلق المنشأة وإلغاء الترخيص الصادر لها أو وقف النشاط المخالف"[1].

وقد قررت المادة ( 72 ) مسئولية القائم بالإدارة الفعلية بأن نصت :" مع مراعاة أحكام المادة (96) من هذا القانون ، يكون القائم بالإدارة الفعلية للمنشآت المنصوص عليها في المادة (69) من هذا القانون التي تصرف في البيئة المائية مسئولا عما يقع من العاملين بالمنشأة بالمخالفة لأحكام المادة المذكورة إذا ثبت علمه بها وكانت الجريمة وقعت بسبب إخلاله بواجبات وظيفته . وتوقع عليه في هذه الحالة العقوبات المنصوص عليها في المادة (84) مكررا من هذا القانون[2]،"وكانت المادة المذكورة قبل تعديلها لا تنص علي وجوب ثبوت علم المسئول عن المنشأة وأن تكون الجريمة قد وقعت بسبب إخلاله بواجبات وظيفته، وقد إضافة ذلك تلافيا عند تعديلها تلافيا لما يثيره موضوع افتراض الركن المعنوي من تعقيدات فقهية وقضائية تم بيانها تفصيلا.

وقد قررت المادة96 من قانون البيئة مسؤولية ربان السفينة أو المسئول عنها وأطراف التعاقد في عقود استكشاف واستخراج واستغلال حقوق البترول البحرية والموارد الطبيعية الأخرى بما في ذلك وسائل نقل الزيت وكذلك أصحاب المحال والمنشآت المنصوص عليها في المادة ( 69 ) كل فيما يخصه ، مسئولين بالتضامن عن جميع الأضرار التي تصيب أي شخص طبيعي أو اعتباري من جراء مخالفة أحكام هذا القانون ، وسداد الغرامات التي توقع تنفيذا له وتكاليف إزالة أثار تلك المخالفة[3] .

---

1 مضافة بالقانون رقم 9 لسنة 2009، وكانت المادة 87 قبل تعديلها بالقانون رقم 9 لسنة 2009 هي مادة التجريم وتقرر عقوبة الغرامة التي لا تقل عن مائتي جنيه ولا تزيد على عشرين ألف جنيه كل من خالف أحكام المادتين 69 و 70 من هذا القانون . وفي حالة العود تكون العقوبة الحبس والغرامة المنصوص عليها في الفقرات السابقة . اكتفاء بما ورد في المادة96

2 معدلة بالقانون رقم 9لسنة 2009 وكانت تنص قبل تعديلها : مع مراعاة أحكام المادة ( 96 ) من هذا القانون يكون ممثل الشخص الاعتباري أو المعهود إليه بإدارة المنشآت المنصوص عليها في المادة ( 69 ) التي تصرف في البيئة المائية مسئولا عما يقع من العاملين بالمخالفة لأحكام المادة المذكورة ، وعن توفير وسائل المعالجة طبقا للمعايير والمواصفات الواردة باللائحة التنفيذية لهذا القانون . وتوقع عليه العقوبات المنصوص عليها في المادة ( 87 ) من هذا القانون .

3 هناك عدة طرق لتنظيف تلوث المياه بالزيت، طرق تتطلب استخدام كيماويات وهي كثيرة و طرق تتطلب استخدام الأنظمة الميكانيكية (Mechanical systems).

## المبحث الثاني: تلوث البيئة المائية من المصادر البرية

وينقسم هذا المبحث إلى مطلبين، يتناول المطلب الأول:تلوث البيئة المائية من المحال العامة والمنشآت التجارية والصناعية وغيرها، ويتناول المطلب الثاني: حماية الشواطئ من التلوث.

## المطلب الأول:تلوث البيئة المائية من المحال العامة

### والمنشآت التجارية والصناعية وغيرها

وسوف يتم تناول هذا المطلب في فرعين، يتناول الفرع الأول:تلوث البيئة المائية من المحال العامة والمنشآت التجارية والصناعية، ويتناول الفرع الثاني الشهادات الدولية.

### الفرع الأول:تلوث البيئة المائية من المحال العامة

### والمنشآت التجارية والصناعية

اشترطت المادة " 70 " من قانون البيئة ، للترخيص بإقامة أية منشآت أو محال على شاطئ البحر أو قريبا منه ينتج عنها تصريف مواد ملوثة بالمخالفة لأحكام هذا القانون والقرارات المنفذة له، أن يقوم طالب الترخيص بإجراء دراسات التأثير البيئي ويلتزم بتوفير وحدات لمعالجة المخلفات ، كما يلتزم بأن يبدأ بتشغيلها فور بدء تشغيل تلك المنشآت .

وقد أحالت المادة "71 " على اللائحة التنفيذية للقانون المواصفات والمعايير التي تلتزم بها المنشآت الصناعية التي يصرح لها بتصريف المواد الملوثة القابلة للتحليل وذلك بعد معالجتها . وعلى الجهة الإدارية المختصة المحددة في اللائحة المذكورة إجراء تحليل دوري في معاملها لعينات المخلفات السائلة المعالجة وأخطر الجهات الإدارية المختصة بنتيجة التحليل.

---

ومن أهمها التالي : - 1. المشتتات (Dispersants)2. الحرق (Burning)3. الغوص (Sinking)4. المد مصات (Adsorbents)5. الحواجز الطافية (Booms)6. القشد السطحي (Surface Skimmer)7. تحويله إلى مادة هلامية (Gelling Agents)8. عدم عمل شيء ( Do Nothing) أو عن طريق التحليل البيولوجي: يقوم هذا الأسلوب على مبدأ رش المواد الحيوية الدقيقة مثل البكتيريا والتي تتمتع بخاصية التغذي بالملوثات النفطية على سطح البقع الزيتية.

وفي حالة المخالفة يمنح صاحب الشأن مهلة مدتها شهر واحد لمعالجة المخلفات لتصبح مطابقة للمواصفات والمعايير المحددة . فإذا لم تتم المعالجة خلال المهلة المشار إليها أو ثبت من التحليل خلالها أن استقرار الصرف من شأنه إلحاق أضرار جسيمة بالبيئة المائية، يوقف التصريف بالطريق الإداري ويسحب الترخيص الصادر للمنشأة وذلك دون الإخلال بالعقوبات الواردة بهذا القانون. كما أحالت على اللائحة التنفيذية تحديد المواد الملوثة غير القابلة للتحلل والتي يحظر على المنشآت الصناعية تصريفها في البيئة المائية .

ويرى البعض أن اللائحة التنفيذية للقانون رقم 4 لسنة 1994 قد أتت بحكم جديد يختلف عما يقضي به قانون البيئة ، إذ أن نص المادة 71 من قانون البيئة التزام الجهة الإدارية المختصة بمنح صاحب المنشأة المخالف المهلة المحددة لمعالجة المخلفات و ذلك عندما قضت بأنه ".. في حالة المخالفة يمنح صاحب الشأن مهلة مدتها شهر واحد لمعالجة المخلفات لتصبح مطابقة للمعايير و المواصفات المحددة...".

إلا أن المادة 58 من اللائحة التنفيذية لقانون البيئة استعملت ألفاظا و عبارات يبدو منها أن للجهة الإدارية المختصة السلطة التقديرية في منح المهلة المحددة أو رفض ذلك الأمر ، و بالتالي اتخاذ الإجراءات القانونية مباشرة إذ تنص هذه المادة في فقرتها الثالثة على أنه " و في حالة عدم مطابقة نتيجة التحليل للمواصفات و المعايير المنصوص عليها في الملحق رقم (1) يخطر جهاز شئون البيئة لاتخاذ الإجراءات الإدارية بالاشتراك مع الجهة الإدارية المختصة للنظر في منح صاحب الشأن المرخص له بممارسة نشاطه وفقا لأحكام هذه اللائحة مهلة مدتها شهر واحد لمعالجة المخلفات لتصبح مطابقة للمواصفات و المعايير المحددة ".

و هكذا فقد أتت اللائحة التنفيذية بحكم جديد يختلف عما يقضيـ به قانون البيئة لأن معنى أن تنظر الجهة المختصة في منح صاحب الشأن مهلة أنها مخيرة في أن تمنحه هذه المهلة أو ترفض ذلك ، و بالتالي فإنها إذا رفضت منحه تلك المهلة بناء على نص في اللائحة التنفيذية عد قرارها غير مشروع لأنه يخالف القانون الذي أوجب عليها منح مهلة لصاحب الشأن

المخالف ، و لهذا فالأمر يقتضي تعديل نص المادة 58 من اللائحة التنفيذية حتى يتمشى و أحكام المادة 71 من قانون البيئة [1].

وقد نصت المادة "63" من لائحة قانون البيئة:للجهات الإدارية المختصة طلب معاونة كل من وزارات الدفاع والداخلية والبترول والهيئة العامة لقناة السويس ووزارة النقل البحري أو أية جهة معنية أخرى في تنفيذ أحكام الباب الثالث من هذه اللائحة وذلك وفقا للشروط التي يصدر بها قرار من الوزير المختص بشئون البيئة .

**الفرع الثاني: الشهادات الدولية**

وقد ألزمت المادة" 76 " السفن التي تحمل جنسية جمهورية مصر العربية أن تحصل من مصلحة الموانى والمنائر على الشهادة الدولية لمنع التلوث بالزيت أو الشهادة الدولية لمنع التلوث الناتج عن حمل مواد سائلة ضارة سائبة . وقررت المادة أن يكون إصدار هاتين الشهادتين طبقا للأحكام والشروط المنصوص عليها في الاتفاقية ، ولا تزيد مدة صلاحية الشهادة على خمس سنوات من تاريخ إصدارها .

وكذلك ألزمت المادة 77 السفن التي تنقل الزيت بصورة منتظمة من أحد ا الموانى المصرية أو إليه أو من إحدى وسائل نقل الزيت داخل البحر الإقليمي أو المنطقة الاقتصادية الخالصة لجمهورية مصر العربية والتي تحمل علم دولة منضمة للاتفاقية أن تكون حاصلة على الشهادة الدولية لمنع التلوث بالزيت، وان تكون هذه الشهادة سارية المفعول طبقا للاتفاقية .

أما السفن التي ينطبق عليها حكم الفقرة الأولى من هذه المادة وتحمل علم دولة غير منضمة للاتفاقية فيحدد وزير النقل البحري شهادة منع التلوث بالزيت التي تمنح من مصلحة الموانى والمنائر وذلك قبل الترخيص لها بنقل الزيت بصورة منتظمة من أحد الموانى المصرية أو من إحدى وسائل نقل الزيت داخل المنطقة الاقتصادية الخالصة . وقد عاقبت المادة 93 من قانون البيئة بغرامة لا تقل عن أربعين ألف جنيه ولا تزيد على مائتي ألف جنيه كل من ارتكب احد الأفعال التالية: 1/... 2/ عدم احتفاظ السفينة أو الناقلة بالشهادات والسجلات المنصوص عليها في المواد (76)، ( 77 ) من قانون البيئة .

---

[1] د, أمين مصطفى محمد: الحماية الإجرائية للبيئة، مرجع سابق، ص 104.

## المطلب الثاني: حماية الشواطئ من التلوث

ويبلغ طول السواحل البحرية المصرية حوالي 2420 كيلومترا، وهى تمثل مواقع إنمائية مختلفة بالنسبة للاستجمام والسياحة والثروة السمكية والتصنيع والتجارة العالمية. وتتعرض المناطق الساحلية في مصر للتلوث من عدة مصادر أهمها، عمليات النقل البحري، عمليات استكشاف وإنتاج البترول من المناطق الساحلية، وصرف المخلفات السائلة الغير معالجة من مصادر أرضية، أعمال الهدم والردم نتيجة أعمال التشييد المختلفة في المناطق الساحلية، والتسرب والمخلفات من المراكب البحرية المختلفة[1]. سيتم تناول حماية الشواطئ من التلوث في فرعين، يتناول الفرع الأول: تلوث الشواطئ، ويتناول الفرع الثاني: حماية الشواطئ.

### الفرع الأول:تلوث الشواطئ

عرف قانون البيئة المنطقة الساحلية :المنطقة الممتدة من شواطئ جمهورية مصر العربية شاملة البحر الإقليمي والمنطقة الاقتصادية الخالصة والجرف القاري وتمتد في اليابسة من الشاطئ إلى الداخل شاملة النطاق الذي يتأثر بالبيئة البحرية ويؤثر فيها بما لا يجاوز مسافة " 30 كم " للداخل في المناطق الصحراوية ما لم تعترض هذه المسافة أية عوائق طبوغرافية ، وفى الدلتا حتى خط كنتور " 3م " وتحدد المحافظات الساحلية المنطقة الساحلية لكل منها في ضوء ظروفها الطبيعية ومواردها البيئية بما لا يقل عن "10كم" إلى الداخل من خط الشاطئ "2.وعرفت قانون البيئة الإدارة البيئية المتكاملة للمناطق الساحلية بأنها :أسلوب يقوم على مشاركة كافة الجهات ذات الصلة للتنسيق فيما بينها على نحو يكفل المحافظة على البيئة بالمناطق الساحلية "[3].

---

[1] http://www.sgpgefegypt.org/index.htm برنامج المنح الصغيرة ، مرفق البيئة العالمية، برنامج الأمم المتحدة الإنمائي

[2] المادة الأولي - أحكام عامة - من القانون رقم 4 لسنة 1994 في شأن البيئة بند 39 وهي مضافة بالقانون رقم 9 لسنة2009.

[3] المرجع السابق

ونصت المادة الأولي في بندها الرابع من قرار رئيس مجلس الوزراء رقم 338 لسنة 1995بإصدار اللائحة التنفيذية لقانون البيئة والتي تناولت الأحكام العامة بأن المقصود بخط الشاطئ :هو أقصي حد تصل إليه مياه البحر علي اليابسة أثناء أعلي مد يحدث خلال فترة لا تقل عن أحد عشر عاما 0

و السبب الرئيسي في تفاقم مشكلة التلوث في البحر المتوسط ـ إضافة لكونه بحر شبه مغلق لعدم اتصاله مع بحار أخرى إلا عن طريق مضايق و قنوات ـ فضلا عن وجود نحو 250 مليون شخص يعيشون في المناطق الساحلية لدول تحيط بالبحر يصل مجموع سكانها إلى ما يقارب 500 مليون نسمة و تصل نسبة الاصطياف و السياحة فيه إلى ثلث السياحة في العالم ـ أي حوالي 170 مليون شخص ـ و هذا يشكل ضغطا على شواطئه و مرافقه السياحية ، و يزيد من معدلات التلوث بدرجة كبيرة ، وإن استمرت معدلات التلوث في الارتفاع فقد يهدد ذلك بالعديد من الأخطار البيئية ومن أهمها تسمم الأسماك و انقراض العديد من الكائنات البحرية بسبب زيادة المواد الكيميائية و المخلفات العضوية، و زيادة حمضية المياه مما سيؤدي أيضا إلى إغلاق العديد من الشواطئ بسبب التلوث مما سيؤثر اقتصاديا على السياحة [1] .

**الفرع الثاني: حماية الشواطئ من التلوث**

وقد حظرت المادة "73" إقامة أية منشآت على الشواطئ البحرية للجمهورية لمسافة مائتي متر إلى الداخل من خط الشاطئ إلا بعد موافقة الجهة الإدارية المختصة بالتنسيق مع جهاز شئون البيئة " وموافقة جهاز شئون البيئة ". وتنظم اللائحة التنفيذية لهذا القانون الإجراءات والشروط الواجب إتباعها في هذا الشأن. وقد كررت المادة "59" من اللائحة التنفيذية للقانون ذات الحظر المنصوص عليه في المادة 73 من قانون البيئة وحوت شروط الترخيص بإقامة أية المنشآت المذكورة[2] .

---

[1] جريدة بيئتي ، على شبكة المعلومات الدولية http://www.beeaty.tv/new/index.php

2 حيث قررت اللائحة، ويتبع في شأن الترخيص بإقامة تلك المنشآت الإجراءات الآتية :
( أ ) يقدم الطب كتابة إلى المحافظة الساحلية المعنية " الجهة المانحة للترخيص " يرفق الطلب موضحا فيه تحديد نوعية المنشأة المقترح إقامتها داخل منطقة الحظر ، على أن يرفق بالطلب دراسة متكاملة عن تقييم التأثير البيئي للمشروع أو الأعمال المستجدة المطلوب تنفيذها بما فى ذلك تأثيرها على الاتزان البيئي

وكذلك حظرت المادة "74" إجراء أي عمل يكون من شأنه المساس بخط المسار الطبيعي للشاطئ أو تعديله دخولا في مياه البحر أو انحسارا عنه إلا بعد موافقة الجهة الإدارية المختصة بالتنسيق مع جهاز شئون البيئة وموافقة جهاز شئون البيئة"[1]. و تنظم اللائحة التنفيذية لهذا القانون الإجراءات والشروط الواجب إتباعها في هذا الشأن[1].

و قد أكدت ذلك المحكمة الإدارية العليا بقولها :" الترخيص للأفراد بالانتفاع بجزء من المال العام يختلف في مداه و فيما يخوله له من حقوق على العام بحسب ما إذا كان هذا الانتفاع عاديا أو غير عادي ـ يكون الانتفاع عاديا إذا كان متفقا مع الغرض الأصلي الذي خصص المال من أجله كما هو الشأن فيما يخصص من شاطئ البحر لإقامة الكبائن و الشاليهات ـ يكون الانتفاع غير عادي إذا لم يكن متفقا مع الغرض الأصلي الذي خصص له المال العام كالترخيص بشغل الطريق العام بالأدوات و المهمات و الأكشاك ـ في الانتفاع غير العادي يكون الترخيص من قبيل الأعمال الإدارية المبنية على مجرد التسامح ـ تتمتع الإدارة بالنسبة لهذا النوع من الانتفاع بسلطة تقديرية واسعة فيكون لها إلغاء الترخيص في أي وقت بحسب ما تراه متفقا مع المصلحة العامة ـ أما إذا كان المال قد أعد بطبيعته لينتفع به الأفراد انتفاعا خاصا بصفة مستقرة و بشروط معينة فإن الترخيص به تحكمه الشروط الواردة فيه القواعد القانونية التي تنظم هذا

---

للمنطقة الساحلية وعلى خط الشاطئ ، وعلى الأخص العناصر الآتية :1- النحر.2- الإرساب.3- التيارات الساحلية.4- التلوث الناجم عن المشروع أو الأعمال.مع بيان الأعمال والاحتياطات المقترحة تفصيلا لملاقاة أو معالجة هذه الآثار إن وجدت .

( ب ) تقوم المحافظة الساحلية بتحويل الطلب إلى الهيئة المصرية العامة لحماية الشواطئ لإبداء رأيها الفني في المشروع بالتنسيق مع جهاز شئون البيئة كما تقوم المحافظة الساحلية بإرسال دراسة تقييم التأثير البيئي للمشروع إلى جهاز شئون البيئة لمراجعتها وإبداء الرأي فيه خلال ستين يوما من تاريخ استلامه ، ثم يعرض الطلب على لجنة تشكل من ممثل عن كل من جهاز شئون البيئة والهيئة المصرية العامة لحماية الشواطئ والمحافظة الساحلية المعنية ( الجهة المانحة للترخيص ) ، وتنعقد اللجنة بمقر المحافظة للبت في طلب الترخيص في ضوء الرأي الفني الذي أبدته الهيئة ورأي جهاز شئون البيئة وما قاما به مع معاينات ودراسات للمشروع ، ويصدر قرار اللجنة بأغلبية أصوات أعضائها

( جـ ) لكل من الهيئة المصرية العامة لحماية الشواطئ وجهاز شئون البيئة تحميل مقدم الطلب تكاليف المعاينات والدراسات التي تمت .

ويصدر الوزير المختص بشئون البيئة بعد أخذ رأي الجهات الإدارية المختصة والمحافظات المعنية شروط الترخيص بإقامة المنشأة داخل منطقة الحظر أو تعديل خط الشاطئ.

[1] وقد كررت المادة 60 من اللائحة التنفيذية مضمون حكم هذه المادة.

النوع من الانتفاع و هي ترتب للمنتفع على المال العام حقوقا تختلف في مداها و قوتها بحسب طبيعة الانتفاع و طبيعة المال على أنها في جملتها تتسم بطابع من الاستقرار في نطاق المدة المحددة في الترخيص، وتلتزم الإدارة باحترام حقوق المرخص له في الانتفاع فلا يسوغ لها إلغاء الترخيص كليا أو جزئيا مادام كان المنتفع قائما بالتزاماته ما لم تقع اعتبارات تتعلق بالمصلحة العامة تقتضي إنهاء تخصيص المال لهذا النوع من الانتفاع"[1].

وأعطت المادة 75 لممثلي الجهات الإدارية المختصة[2] كل فيما يخصه دخول منطقة الحظر المذكورة بالمادتين رقمي ( 73 ) ، ( 74 ) من هذا القانون للاطلاع على ما يجرى بها من أعمال ، فإذا تبين لهم أن أعمالا أجريت أو شرع في إجرائها مخالفة للأحكام السابقة يكلف المخالف برد الشيء أصله وإلا تم وقف العمل إداريا ورد الشيء لأصله على نفقة المتسبب والمستفيد متضامنين وتحصل القيمة بطريق الحجز الإداري[3]. وقد عاقبت المادة 98 بالحبس لمدة لا تزيد عن ستة أشهر  وبغرامة لا تقل عن خمسة آلاف جنيه ولا تجاوز خمسين ألف جنيه أو بإحدى هاتين العقوبتين كل من خالف أحكام المادتين ( 73 ، 74 ) من هذا القانون.

ولا يجوز الحكم بوقف تنفيذ عقوبة الغرامة ويجب في جميع الأحوال ودون انتظار الحكم في الدعوى وقف الأعمال المخالفة وإزالتها بالطريق الإداري على نفقة المخالف وضبط الآلات والأدوات والمهمات المستعملة وفي حالة الحكم بالإدانة يحكم بمصادرتها .

---

[1] إدارية عليا: مجموعة الأحكام: الطعن رقم 1751 لسنة 34 ق ـ جلسة 1993/12/19 ـ س 39

[2] تم تعديل نص المادة بالقانون 9لسنة 2009بحذف عبارة بالتنسيق مع جهاز شؤون البيئة.

[3] وفي فتوى للجمعية العمومية لقسمي الفتوى و التشريع بمجلس الدولة برقم 66 ملف 22 / 332/2 بتاريخ 2004/2/27 انتهت إلى رفض مطالبة الهيئة العامة لتنمية الثروة السمكية بالرجوع على محافظة البحر الأحمر بقيمة التعويض المقضي به لصالح المقاول المتعاقد معها في الدعوى رقم 985 لسنة 52 ق استنادا إلى أن قانون البيئة رقم 4 لسنة 1994 حظر إقامة أية منشآت على الشواطئ البحرية بمسافة مائتي متر إلى الداخل من خط الشاطئ إلا بعد موافقة الهيئة المصرية العامة لحماية الشواطئ للتنسيق مع جهاز حماية البيئة. و التعاقد ـ من الهيئة العامة لتنمية الثروة السمكية ـ على إقامة منشآت داخل منطقة الحظر دون الرجوع للجهة الإدارية المختصة مخالف للقانون، مؤداه امتناع المحافظة ـ محافظة البحر الأحمر ـ عن إصدار الترخيص تتفق و صحيح القانون دون مسئوليتها عن الأضرار الناجمة عن فسخ التعاقد ، و أساس ذلك التزام الجهات الإدارية قبل طرح أعمالها للتعاقد تهيئة الظروف الملائمة لتنفيذ الأعمال المقترحة للتعاقد .

## خاتمة: تتناول النتائج التي انتهت إليها الدراسة

ستتناول في هذه الخاتمة إيجاز ما تم دراسته مع التأكيد على النتائج التي انتهت إليها الدراسة، فقد بدأت الدراسة بمقدمة توضح الموضوع الذي سيتم تناوله، وما تثيره من أسئلة يتعين الإجابة عليها ، مع عرض للمناهج التي ستستخدمها الدراسة، و بيان لأهمية الدراسة و الدراسات السابقة عليها في ذات المجال ، وقد تم تقسيم الدراسة إلى فصل أول تمهيدي ، يتناول حماية البيئة ، التعريف و المفاهيم على النحو الوارد بتقسيم الدراسة و المحتويات .

و في الفصل الأول، تم تعريف البيئة و ما يختلط بها من مفاهيم، و بيان المفهوم اللغوي و الشرعي و القانوني لها، مع بيان العلاقة بين البيئة و التنمية، و تم تناول تعريف مفهوم الحماية البيئية، و الوسائل الأهلية والتطوعية لحماية البيئة، ثم القوانين المحلية و الاتفاقيات والمعاهدات الدولية التي تناولت حماية البيئة .

و في الفصل الثاني من الدراسة، تم تناول التنظيم الإداري و القضائي لحماية البيئة، حيث تم تناول جهاز شئون البيئة من حيث التشكيل و الاختصاصات و السلطات و الأهداف المنوط به تحقيقها، و كذا تم تناول صندوق حماية البيئة مع دراسة الحوافز التي قررها القانون لحمايتها. ثم تناولت الدراسة بعد ذلك الإجراءات الإدارية والقضائية لحماية البيئة، حيث تم تناول الضبط الإداري والضبط القضائي بشكل عام، ثم إجراءات الضبط الإداري و القضائي و التشريعات البيئية مع مقارنتها بالآراء الفقهية المختلفة و تطبيقات القضاء فيما ورد بشأنها، ثم تم تناول أثر هذه الإجراءات على حماية البيئة وإجراءات المحاكمة والعقاب في حالة ارتكاب المخالفة البيئية .

وفي الفصل الثالث، تم تناول حماية البيئة الأرضية من التلوث في قانون البيئة المصري، حيث تم تناول وسائل و أدوات حماية البيئة و النشاط الصناعي و إجراءات التقييم البيئي للمنشآت و قياسات تأثير نشاط المنشأة على البيئة. و تم تناول الرصد البيئي و مواجهة الكوارث البيئية، و دراسة فاعلية شركات الرصد البيئي في مواجهة الكوارث البيئية وفقا ما قرره

القانون و اللائحة التنفيذية له، و بعد ذلك تم تناول حماية النباتات و الطيور و الأشجار، و حماية البيئة من التلوث من المواد و النفايات الخطرة حيث تم تعريف المواد و النفايات الخطرة و أوجه الخطورة في تداولها و طرق الحماية منها.

ثم بعد ذلك و في الفصل الرابع، تم تناول ملوثات البيئة الهوائية حيث تم تناول التلوث الذي يحدث من الآلات و المحركات و المركبات و القمامة ، و تناول الحماية القانونية للبيئة من هذه الملوثات ، و تم تناول حماية البيئة الهوائية من أنواع أخرى من الملوثات ، وهي التلوث من المبيدات و حرق الوقود و الحفر و التلوث الصوتي ، و تناول القانون لهذه الملوثات و الحماية منها، و بعد ذلك تم حماية البيئة من الإشعاعات الضارة و حماية طبقة الأوزون، و حماية نهر النيل الذي تم تناوله بشيء من التفصيل وفق القانون رقم 48 لسنة 1982 حيث تم تناول أنواع الملوثات التي يتم إلقائها و صرفها في المجاري المائية و كيفية الحماية من هذه الملوثات.

و في الفصل الخامس، تم تناول حماية البيئة المائية من التلوث ، حيث تم تناول التلوث الحادث من السفن ، و التلوث بالزيت و حماية البيئة البحرية منه ، و تم تناول تلوث البيئة المائية بالمواد الضارة و مخلفات الصرف الصحي و القمامة و طرق الحماية من ذلك ، ثم تم تناول دراسة تلوث البيئة المائية من المصادر البرية حيث تم تناول التلوث من المحال العامة و المنشآت التجارية و الصناعية و غيرها ، ثم تناولت الدراسة بعد ذلك الشهادات الدولية التي تطلبها القانون للسفن ، و أخيرا تم تناول تلوث الشواطئ و طرق حمايتها من التلوث .

أما عن آفاق مستقبل حماية البيئة من التلوث في مصر، فإنه تجدر الإشارة إلى أن التنظيم القانوني لحماية البيئة و الذي يمثله القانون رقم 4 لسنة 1994 وتعديلاته يشكل نموذجا قانونيا جيدا، من حيث الصياغة القانونية و التعريفات و نصوص التجريم ، حيث تناول معظم الملوثات البيئية و قرر الحماية القانونية الواجبة لها، و فرض العقاب الرادع عند حدوث المخالفة البيئية، بل أضاف انه  تطبيقه لا يخل بتطبيق قوانين أخرى تفرض عقوبات أشد على الجرائم المعاقب عليها بمقتضاها ، مما يعنى انه

مع تشديد العقاب على الجرائم البيئية فإن القانون قد أحال على العقوبة الأشد في أي قانون آخر، و قد تناول القانون موضوع البيئة و التنمية في إطار من التوازن الذي يحفظ للمجتمع حقه في كليهما، دون إضرار بالتنمية أو بحماية البيئة، حيث تم تبني مفاهيم التنمية المستدامة التي تراعي حماية البيئة و المحافظة عليها.

و المآخذ على القانون من حيث الصياغة و الموضوعات التي تناولها و من حيث الدقة و الشمول تعد قليلة ، ومع ذلك تجدر الإشارة إلي أن القضية ليست قضية هياكل تنظيمية وبنى قانونية فقط ، و لكن من واقع التطبيق العملي، و كونها مثلت حماية حقيقية للبيئة بطريقة تتفق مع ما تمثله النصوص القانونية من حماية من عدمه، حيث هناك فجوة كبيرة بين الواقع و التطبيق القانوني، إذ تبين من التطبيق ومن خلال القضايا التي تداولت في المحاكم عدم إلمام مأموري الضبط القضائي بدرجة كافية بالعديد من المسائل و التفصيلات التي تناولها القانون واللائحة، و عدم الحفاظ على التوازن الدقيق بين التنمية و حماية البيئة الذي قرره القانون، حيث يتم تحرير المحاضر بالمخالفات البيئية، وإرسالها إلى النيابة العامة مباشرة لاتخاذ شئونها في إحالة المخالف للمحاكمة الجنائية بالمخالفة لما تقرره المادة "22" من قانون البيئة من إعطاء مهلة للتصحيح وفق ما يقرره القانون، و ذلك حفاظا على المشروعات التنموية، أو التمييز بين المشروعات وإعطاء بعض المشروعات مهلة دون المشروعات الأخرى، أو تطبيق جزاءات إدارية علي مشروعات دون أخري مع إتحاد موقفهما القانوني.

و من ناحية ثانية فإن الواقع البيئي في مصر يعد في جانب، و التنظيم القانوني و تقارير البيئة التي تصدر عن وزارة شئون البيئة و جهاز شئون البيئة في جانب آخر ، فالقانون من حيث الصياغة و ضمان و صيانة و حماية البيئة يوفر إجراءات فعالة و عقوبات رادعة و يصل من حيث المستوى الفني و القانوني إلى مستوى أعلى التشريعات المماثلة في العديد من دول العالم ،إن أحكام قانون البيئة جاءت منسجمة و الاتفاقيات الدولية التي صدقت عليها مصر و هو ما يسهل مهمة القضاء في تطبيق أحكام القانون، و تقضي على احتمالات نشوء تعارض بين التشريع الداخلي و الاتفاقيات الدولية[1] .

[1] أشرف هلال ، مرجع سابق ص 299

ولكن الفجوة في التطبيق تعد كبيرة جدا إذ تنتشر الملوثات بجميع أنواعها و أشكالها في البيئة المصرية ، حيث يعاني الشعب من شتى أنواع الملوثات سواء في البيئة الأرضية أو الهوائية أو المائية العذبة منها و المالحة، و تجعل هذه الملوثات من يعاين هذا الواقع يقطع بأنه ليس هناك ثمة قانون أو تنظيم في مصر يطبق لحماية البيئة ، فالملوثات التي يعاني منها المواطن المصري تعد الأعلى على مستوى العالم في النوعية و الكمية و تفوق الحدود المسموح بها عالميا، و تعدى ذلك التلوث الهواء ليصل إلى المياه التي يشربها الإنسان و للغذاء الذي يتناوله .

و تطالعنا الأخبار يوميا بشتى أنواع الملوثات للبيئة، و من جهة أخرى تسعى الدولة للقضاء على هذه الملوثات دون أن يلاحظ المواطن أي تقدم يتم تحقيقه في ذلك[1]، وبالإطلاع على التقارير البيئية السنوية لوزارة شئون البيئة فإنها و إن كانت تعترف بوجود هذه الملوثات إلا أنها تبالغ كثيرا في قيامها هي و جهاز شئون البيئة للحد منها ، حيث ملئت هذه التقارير بالجداول و الرسومات البيانية و الإحصاءات الدالة على إنجازات  الوزارة و الجهاز المذكور و جهودهما في حماية البيئة و تحقيقهما للبرنامج الانتخابي للرئيس في حماية البيئة .

و قد ورد في التقرير السنوي لوزارة الدولة لشئون البيئة لعام 2008 المنشور على موقع الوزارة على شبكة المعلومات[2]، و الذي يعكس مجهودات الوزارة و جهازها التنفيذي في المحافظة على البيئة نظيفة و صالحة من أجل الأجيال القادمة.وأن الوزارة بدأت بتنفيذ خطة العمل البيئي 2002 ـ 2017 من خلال الخطة الخمسية الأولى 2002 - 2007 و الخطة الخمسية الثانية 2007 ـ 2012 و كذلك من خلال تنفيذ البرنامج

---

[1] ورد في جريدة المصري اليوم بتاريخ 2009/12/10 على سبيل المثال:"تسعى الدولة بعد زيادة نسبة التلوث في بعض المناطق إلى معدلات كبيرة إلى نقل بعض الصناعات الملوثة خارج الكتل السكنية في أكثر من إحدى عشر محافظة، وسيتم هذا في القاهرة و الجيزة و الإسكندرية كمرحلة أولى ، و تم رصد مبلغ 181 مليون جنيه للمساعدة في ذلك و ذلك ضمن فترة تتراوح من ثلاثة إلى سبع سنوات يتم مراعاة البعد البيئي في عملية النقل إلا أن العديد من المصانع اعترضت على ذلك مما يعرقل عملية النقل فضلا عن أن تكلفة النقل بالنسبة لها تحتاج إلى مبالغ تتجاوز أضعاف المبلغ المرصود لعملية النقل بالنسبة لمصنع واحد فقط ".

[2] التقرير السنوي لوزارة الدولة لشئون البيئة لعام 2008 ، ص 37-http://www.eeaa.gov.eg/arabic/main/about.asp

الانتخابي للسيد رئيس الجمهورية. وأنه تم دراسة الوضع البيئي في بلدنا العزيز و وضع الخطط الإستراتيجية لحل المشكلات البيئية المزمنة من خلال تنفيذ البرامج و المشروعات سواء الممولة من موازنة الدولة أو بالتعاون مع بعض الجهات الدولية العاملة في مجال البيئة و الاستفادة من تجارب جميع الدول المتقدمة من خلال تنفيذ مشروعات مشتركة و لقد وضعت وزارة الدولة لشئون البيئة أولويات العمل البيئي في مصر والتي تمثلت في:

1 ـ إيقاف الصرف الصناعي على نهر النيل و فروعه.
2 ـ الإدارة السليمة للمخلفات الصلبة ( البلدية و الزراعية ).
3ـ المحافظة على الثروات الطبيعية من أراضي و محميات طبيعية و تنوع بيولوجي و مياه عذبة و ساحلية.
4 ـ زيادة الوعي البيئي لجميع فئات الشعب.

إلا أن الواقع ناطق بذاته على انتشار الفساد والتلوث البيئي في شتى مناحي الحياة، و قد حدث من الكوارث البيئية ما لم يعد يحدث في دول العالم الأكثر تخلفا و فقرا، حيث تلوثت مياه الشرب في مصر بمياه الصرف الصحي، و انتشرت الأوبئة و الأمراض من فشل كلوي و كبدي و سرطانات، و غيرها من الإصابة بالتيفود و ظهرت العديد من الأمراض التي كانت قد اختفت.

إن ما تحتاجه مصر لحماية البيئة ليس أكثر من تطبيق القانون بحيدة و شفافية و نزاهة، وبدون أي تمييز، و جعل سيادة القانون هي أساس الحكم في الدولة، كما يقرر الدستور، و أن يتم إخضاع الدولة للقانون بجميع وزاراتها و مؤسساتها ومنشآتها ومصانعها ومركباتها و سياراتها إلى ذات القواعد القانونية التي تطبق على المواطنين، و هذا وحده كافيا لتوفير حماية فعالة للبيئة .

إن زيادة السكان في الدول النامية عموما ومصر من بينها، تعد من وجهة نظر البعض مصدرا من مصادر التلوث البيئي، لأن الإنسان عندما يعجز عن تلبية حاجاته الأساسية يندفع لاستغلال موارد البيئة بطرق ضارة

لإشباع هذه الحاجات[1] فيلجأ إلى قطع الأشجار إما لبيعها كأخشاب أو استخدامها كوقود للطهي أو للتدفئة، و تؤدي الزيادة غير المخططة للسكان مع تعثر التنمية في هذه الدول إلى أضرار جسيمة بالبيئة .

وتشير الإحصائيات إلى أن عدد القرى الرئيسية في مصر يتجاوز 4660 قرية، ومثلها من التوابع[2]، بينما لم تصل خدمات الصرف الصحي إلا إلى ألف قرية فقط.[3] ويشير التقرير الحكومي أيضا إلى أن نسبة تغطية القرى بالصرف الصحي ستبلغ 11٪ فقط عام 2010 ، ترتفع إلى 40% عام 2012، وأن إجمالي عدد المنشآت التي تقع على نهر النيل أو المجارى المائية 129 منشأة منها 120 تصرف مخلفاتها على النيل مباشرة بكميات تتجاوز 4.3 مليار م3/سنة[4].

إن الأضرار الناتجة من التلوث البيئي قد لا تظهر إلا بعد سنوات عديدة على أثر تراكم المواد الملوثة أو المسرطنة ، حيث يصاب الإنسان بأمراض سرطانية أو جلدية أو حتى أمراض الفشل الكلوي أو الكبدي [5].

---

[1] طلعت إبراهيم الأعرج، التلوث الهوائي و البيئة، القاهرة: الهيئة المصرية العامة للكتاب، سنة 1999، ص 134

[2] وقد ورد في التقرير السنوي لوزارة الدولة لشئون البيئة لعام 2008 ، أنه وفي إطار مشاركة وزارة الدولة لشئون البيئة في تنفيذ برنامج النهوض ب500 قرية خلال 3 سنوات ( مشروع القرى الأكثر احتياجا )، تم اختيار قريتين في محافظتي الشرقية و بني سويف هما العصايد و ننا، حيث تم دراسة الاحتياجات الفعلية للمواطنين و ذلك من خلال لجان تنفيذية قامت بمباشرة تنفيذ هذه التجربة و معرفة كافة المشاكل و أسلوب حلها الواقعي، من خلال الممارسات الفعلية و المطالب الجماهيرية. وكان من أهم أولويات الوزارة في هذا الصدد حصر كافة التراكمات الموجودة بهاتين القريتين و رفعها من أماكنها و تطهير جوانب الترع و المصارف بالمشاركة مع وزارة الموارد المائية و الري لتطهير هذه الترع و المصارف، و تم أيضا دعم هاتين القريتين بعدة آلاف من أشجار التوت لزراعتها على جوانب الترع حتى يمكن الاستفادة منها سواء كأشجار ظل و أيضا لتحافظ على تماسك حواف الترع، كما يمكن الاستفادة من أوراقها في تربية دودة الحرير كمشروع للأسرة المنتجة. لقد دعمت وزارة البيئة كل قرية بعدد (2) جرار مزود بتجهيزات تحميل (لودر) و كذلك مقطورات لحمل و نقل المخلفات الصلبة لأماكن التخلص منها بالإضافة إلى دعمها بجرار و مقطورة فنطاس مياه لضمان ري الأشجار التي تم زراعتها بهاتين القريتين. ويلاحظ بطئ التنمية عند مقارنة الإنجازات بعدد القرى والنجوع ، بل وعند مقارنة الواقع بما تم تحقيقه وفقا للتقارير الحكومية ذاتها.

[3] د. نادر نور الدين، الخسائر المالية من تلوث النيل، الشروق، 2009/11/23

[4] المرجع السابق

[5] د. أحمد محمد سعيد، استقراء لقواعد المسئولية في منازعات التلوث البيئي، القاهرة: دار النهضة العربية، سنة 2007 ص 223

حيث تتراخى الأعراض إلى سنوات حتى تظهر على الشخص الـذي تعـرض مباشـرة للتلوث، و قـد تمتد إلى خلفه حيث ينتقل الضرر إليه من والديه الذين تعرضوا إلى الملوثات البيئية[1].

و لقد سعى بعض الناشطين في مجال البيئة إلى محاولات عديدة لزيادة الاهتمام بمثل هذه المشكلات لدى عامة الناس،[2] إلا أن المستوى الاجتماعي و الاقتصادي يؤثر على معرفة الأفراد و اهتماماتهم بالبيئة فكلما ارتفع المستوى الاقتصادي و الاجتماعي، كـان الأفراد أكـثر تعليـما، و بالتالي أكثر دراية ووعيا بمحيطهم البيئي ، ويطرد هذا الاهتمام ويتـدرج بارتفـاع مسـتوى الـوعي طرديا من الوطني إلي الإقليمي، ثم إلي الاهتمام بالقضايا البيئية علي المستوي الدولي .

و التربية البيئية، وهي ذلك النمط من التربية الذي يهدف إلى تكوين جيل واع و مهتم بالبيئة و المشكلات المرتبطة بها ، و لديه من المعارف العقلية و الشعور بالالتزام مـا يتـيح لـه أن يمارس فرديا و جماعيا المساهمة في حل المشكلات البيئية القادمة ، والتربية البيئية من وجه آخر هي عملية تكوين القيم و الاتجاهات و المهارات و المدركات اللازمة لفهم العلاقة بين الإنسان و محيطه البيئي بهدف المحافظة على المصادر الطبيعية و استغلالها بطريقة سليمة و مستديمة[3]. يجب تشجيع المنظمات و الهيئات الحكومية[4] وغير الحكومية و كذا تشجيع البحوث الفرديـة و الجماعية التي

[1] د. ياسر محمد المنياوي ، نحو منظور جديد لقواعد المسئولية المدنية الناشئة من تلوث البيئة ، رسالة دكتوراه ، حقوق طنطا ، سنة 2005 ، ص 173

[2] Eman EL Ramly , women's perceptions of Environment al change in Egypt Cairo papers in social science , The American University in Cairo press , vol No 4 .year 2000,p 2

[3] د. عصام الدين هلال، التربية البيئية، القاهرة: الهيئة المصرية العامة للكتاب، سنة 1997، ص 14

[4] و ترى وزارة شئون البيئة - التقرير السنوي لوزارة شئون البيئة لعـام 2008 ( الملخص التنفيـذي ) ص 13 -أنها قد قامت خـلال السنوات السابقة ببذل جهد لرفع الوعي البيئي للمواطنين على جميع المستويات و خاصة طلاب المدارس و الجامعات و ذلك بالتعاون مع جميع وسائل الإعلام سواء المسموعة أو المقروءة أو المرئية و كذلك الجمعيات الأهلية الجادة.

تهدف إلى وضع التدابير الوقائية و الأساليب العلاجية لمشاكل التلوث البيئي.

و تعد التربية البيئية من أهم المداخل لحماية البيئة من التلوث من خلال تنشئة جيل واعي لديه شعور بالالتزام تجاه البيئة بما يتيح له حل المشكلات البيئية و المساهمة في حماية البيئة من التلوث و مكافحة الملوثات البيئية التي تحاصر المجتمع، و ذلك من خلال تنمية الوعي البيئي و خلق إدراك واسع للعلاقة بين البيئة و الإنسان من خلال التوعية والتربية البيئية و من خلال تنمية القيم الأخلاقية سواء في المنزل أو في المدرسة لدى الأطفال الذين هم في سن الدراسة. ويعكس وضع تخلف التعليم وترديه إضافة إلي انتشار الأمية بشكل واسع حتي بين من تلقوا قسطا متوسطا من التعليم والذي تعاني مصر والمنطقة العربية من قصوره.

وفي مصر ما يقارب من خمسة عشر ألف جمعية أهلية منتشرة في جميع محافظاتها و يجب أن يكون لها دورا كبيرا في التوعية البيئية لجميع أفراد الشعب و في النظافة العامة إلى جانب أغراضها الأساسية ، وتشجيع الشباب على الانضمام لمؤسسات المجتمع المدني التي تهتم بحماية البيئة سواء على المستوى المحلي أو الإقليمي أو الدولي ، و عمل مشروعات لحماية البيئة بمشاركة هذه الجمعيات و أعضائها من الشباب حتى يتسنى حماية جميع أنواع البيئة من الملوثات .

ولأن أغلبية هذه الجمعيات هي إما لمساجد أو كنائس[1]أو غيرها من الأغراض المحددة لرعاية أبناء بلدة معينه اجتماعيا فإن إسهاماتها في حماية البيئة يعد نادرا، و يجب أن يضاف لنشاط هذه الجمعيات حماية البيئة، بجانب نشاطها الأصلي خاصة و أن حماية البيئة لا يتعارض و أي من هذه الأهداف الاجتماعية لهذه الجمعيات، سواء أكانت منشأة بوازع وطني أو ديني أو أخلاقي فحماية البيئة قاسم مشترك بين هذه القيم .

بل لقد تطور الحق في الحياة في بيئة نظيفة بمرور الزمن ليصبح من حقوق الإنسان الأساسية وتأصل ذلك في القضاء المصري، فلقد قضت المحكمة الإدارية العليا فى هذا الخصوص : بأن " حق الإنسان فى العيش

[1] أشرف هلال، مرجع سابق ص 287

فى بيئة صحية نظيفة أضحى من الحقوق الأساسية التي تتسامى فى شأنها و علو قدرها و مكانتها مع الحقوق الطبيعية الأساسية و منها الحق فى الحرية و الحق فى المساواة ، فكان أن حرصت الوثائق الدولية علي لتوفير حياة كريمة للإنسان فى وطنه و يقابل هذا الحق تقرير واجب على عاتقه بالالتزام بالمحافظة على هذه البيئة و العمل على تحسينها للأجيال الحاضرة و المستقبلة[1].

ومع ذلك فقد وصل التلوث البيئي في مصر إلى مرحلة متقدمة، قد تتطلب التحول بوزارة البيئة من وزارة دولة إلى وزارة متكاملة تضم جميع خبراء البيئة في قطاعات الزراعة والصناعة وغيرها من القطاعات ذات العلاقة بالتلوث البيئي، وإلا ستؤدي استمرار التلوث بذات معدله الحالي إلي انهيار صحة ومعظم المواطنين، مما سيؤدي إلي التخلف الاقتصادي و الاجتماعي[2].

والأمر قد يتطلب أيضا إنشاء شرطة - مأموري ضبط قضائي بيئي - متخصصة لديها تدريب خاص و وسائل و أدوات فنية ذات تقنية عالية، وذات كفاءة في الضبط الإداري و القضائي ، وذات خبرات عالية في إجراءات حماية البيئة ، وذلك أصبح ضرورة وطنية، و كذا يتوجب إنشاء نيابة متخصصة بجرائم الاعتداء على البيئة يكون اهتمامها منصبا على حمايتها يتكون من أعضاء نيابة على علم ودراية بالجرائم البيئة، و مدركين لخطورة تلوث البيئة بجميع أنواعها، ومدركين لأهمية الحفاظ علي التنمية المستدامة مع حماية البيئة وعدم تغليب مصلحة علي أخري رعاية لمصالح المجتمع المؤتمنين عليه وعلي العمل لتطبيق حكم القانون فيه حماية لهذه المصالح.

---

[1] الطعن رقم 845 لسنة 54 إدارية عليا ص ..... 2001/2/21

[2] د. نادر نور الدين، الخسائر المالية من تلوث النيل، الشروق، 2009/11/23

إن المشكلة لا تكمن في القوانين التي تسن لحماية البيئة وهي كثيرة، بل في عدم تطبيقها بدقة ونزاهة من قبل الأجهزة التنفيذية القائمة علي ذلك التطبيق، مما يجعل الأفراد و المنشآت تنتقص من احترامها وتتحايل على عدم تنفيذها، إما لنقص الوعي أو لزيادة الفساد أو لضعف الرقابة، و لذا كانت أهمية نشر الوعي البيئي بالإضافة إلى نشر الشفافية والمساواة في تطبيق القانون، مع تكثيف و تفعيل الرقابة البيئية من الأجهزة التنفيذية للدولة. إن احترام القانون و سيادته ليس متطلبا لحماية البيئة وحدها و حسب و لكن متطلب لحماية المجتمع ككل، حماية تقدمه و تنميته التي تحقق للمواطن المصري تطلعاته نحو العدالة و الرفاهية و الحياة الإنسانية الكريمة التي يستحقها.

و كذا تفعيل قرار إنشاء دوائر متخصصة للجرائم البيئية في كافة المحافظات و ذلك لسرعة الفصل في القضايا البيئية من قضاة لديهم دراية وتدريب كاف للفصل في القضايا البيئية، حيث نص قانون البيئة رقم 4 لسنة 1994 على وجوب الفصل فيها على وجه الاستعجال ، و هذا لن يتسنى إلا بإنشاء هذه الدوائر و ذلك حتى يتولها قضاة لديهم مقومات تطبيق القانون على قضايا البيئة، و هي تتطلب قدرا من التخصص في تناولها على خلاف القضايا الجنائية العادية .

وعلي المستوي الإقليمي يجب أن تتعاون مصر لحماية البيئة مع الدول العربية المجاورة لها والمطلة علي البحرين الأبيض والأحمر ، وأن تتعاون الدول العربية مع الدول الأوربية لمكافحة التلوث بجميع أنواعه في هذين البحرين ، وخاصة التلوث بالنفط الذي يتم نقله عبرهما من دول مجلس التعاون لدول الخليج العربية للدول الأوربية، وكذا من التلوث بمخلفات السفن الأخرى التي تنشط تجاريا بين الدول المذكورة وغيرها من الدول، هذا فضلا عن تكاتف جميع دول العالم الثالث للدفاع عن مصالحها وتضررها من التغيرات المناخية في مفاوضات حماية البيئة العالمية من التلوث التي أحدثته الدول المتقدمة.

وعلى المستوى الدولي فقد سبق للأمم المتحدة الاهتمام بالبيئة منذ وقت طويل، فقد تبنت الجمعية العامة رسميا توجهات تهتم مركزيا بالبيئة بموافقتها على البيان العالمي من أجل الطبيعة عام 1982 و الذي يؤكد على أن " كل شكل للحياة فريد و يتعهد باحترامه بغض النظر عن قيمته بالنسبة للبشر، و يمنح الكائنات الحية الأخرى مثل هذا الاعتراف، و أنه يجب على البشر ــ الاسترشاد بدستور أخلاقي يحترم الطبيعة[1]، و قد حان الوقت لإعادة التأكيد على البيان المذكور و تنفيذه بفاعلية، و ذلك لخطورة الأوضاع البيئية على مستوى العالم[2].

و الأمم المتحدة تحتاج إلى إعادة تنظيم برامج الحماية البيئية التابعة لها كي تتلاءم و مشكلات البيئة الملحة التي استجدت وجعلت العالم يعيش أزمة بيئية توجب عليها أن تعطيها أولوية عليا بالعمل على حماية البيئة من الثلوث كحق من حقوق الإنسان، مع تحقيق العدالة البيئية بفاعلية، وأن يتحمل تكاليف تلوث البيئة على المستوى العالمي الدول الأشد تلويثا للبيئة، وذلك لن يتم إلا بتحررها من سيطرة الدول الكبري الأكثر تلويثا للبيئة والتي تعيق مشروعات حماية البيئة على المستوي الدولي.

ويجب على دول العالم المتقدمة – وتماشيا مع أهداف الأمم المتحدة سالفة الذكر- دعم الإستراتيجية العالمية لإنتاج طاقة نظيفة[3]، عن طريق البحث عن مصادر جديدة للطاقة تكون غير عالية التكاليف و لا تحدث تلوثا للبيئة المحيطة بها وأن تكون من أصل غير كربوني حتى لا تصدر عنها الغازات الملوثة مثل، غاز ثاني أكسيد الكربون و غيرها، مثل استخدام الطاقة الشمسية في التسحين، و توليد الطاقة من حركة الأمواج أو حركة المد و الجزر، و استخدام طاقة الرياح في توليد الكهرباء و حرارة باطن الأرض، وأن يتم تسهيل نقل هذه التكنولوجيا للدول النامية وبتكلفة ميسرة[4].

---

[1] World charter of Nature . United Nation GENERAL Assembly (New York : Harold W . Wood , Jr و انظر أيضا
Uartely و Ecology Law ”United Nation A \ RES \ 37 \ 7 \ Nov , 9 \ 1982 ): The United Nation world charter
12 ( 1985 ) : 977 - 96

[2] جورج سيشنز ، في مايكل زيمرمان ، ترجمة معين شفيق رومية ، الفلسفة والبيئة ، الكويت : عالم المعرفة ، سنة 2006 ، العدد 332 ، ج 1 ، ص 348

[3] و تعرف هذه المصادر الجديدة بأنها مصادر الطاقة المتجددة فهذه المصادر لا تفنى و تعتمد على عوامل طبيعية لا تتغير بمرور الزمن و لا تستنفذ باستخدام الإنسان لها

[4] د. أحمد مدحت إسلام، الطاقة و تلوث البيئة، القاهرة: الهيئة المصرية العامة للكتاب، سنة 2008 ص 121

# قائمة بالمراجع

## أولا: وثائق

القرآن الكريم

صحيح البخاري

ميثاق الأمم المتحدة

إعلان الحقوق الاجتماعية ولاقتصادية

الاتفاقيات الدولية المبرمة برعاية الأمم المتحدة في مجال البيئة والمناخ

دستور جمهورية مصر العربية

## ثانيا: كتب (باللغة العربية)

أحمد شوقي أبو خطوة، جرائم التعريض للخطر، القاهرة: دار النهضة
العربية، سنة 1992

أحمد عبد التواب محمد بهجت ، المسئولية المدنية عن الفعل الضار ،
القاهرة: دار النهضة العربية، سنة 2008

أحمد محمد سعيد، استقراء لقواعد المسئولية في منازعات التلوث البيئي،
القاهرة: دار النهضة العربية سنة 2007

أحمد مدحت إسلام، التلوث مشكلة العصر، الكويت: عالم المعرفة،
العدد 152، سنة 1990

أحمد مدحت إسلام، الطاقة و تلوث البيئة، القاهرة: الهيئة المصرية العامة
للكتاب، سنة 2008

أحمد عوض بلال، المذهب الموضوعي و تقليص الركن المعنوي، القاهرة :
دار النهضة العربية، سنة 1988

أسامة الغزالي حرب، تهميش العالم الثالث، في الوطن العربي والمتغيرات

العالمية، القاهرة: معهد البحوث والدراسات العربية، 1991

أشرف هلال، جرائم البيئة بين النظرية و التطبيق، القاهرة: دار النهضة
العربية، سنة 2005

أماني قنديل، الموسوعة العربية للمجتمع المدني، القاهرة: الهيئة المصرية

العامة للكتاب، سنة 2008

أمين مصطفى محمد، الحماية الإجرائية للبيئة ، الإسكندرية : دار المطبوعات الجامعية، سنة 2010

أمين مصطفى محمد، النظرية العامة لقانون العقوبات الإداري، الإسكندرية: دار المطبوعات الجامعية، سنة 2009

براين فاغان , ترجمة د. مصطفى فهمي، الصيف الطويل – دور المناخ في تغير الحضارة، الكويت: عالم المعرفة، سنة 2007

جوزيف ستجليز ، ضحايا العولمة ، ترجمة: لبنى الريدي ، القاهرة :الهيئة المصرية العامة للكتاب، سنة 2007

رجب سعد السيد، مسائل بيئية، القاهرة : الهيئة المصرية العامة للكتاب، سنة 1999

حسن أحمد شحاتة، التلوث البيئي و مخاطر الطاقة، القاهرة : الهيئة المصرية العامة للكتاب، سنة 2007

رشيد الحمد محمد سعيد صباريني،البيئة و مشكلاتها ، الكويت: علم المعرفة، العدد 22، سنة 1979

سعيد قنديل، آليات تعويض الأضرار البيئية، القاهرة، دار النهضة العربية

طلعت إبراهيم الأعرج، التلوث الهوائي و البيئة، القاهرة: الهيئة المصرية العامة للكتاب، سنة 1999

عادل ماهر الألفي، حماية البيئة الجنائية للبيئة، الإسكندرية: دار الجامعة الجديدة، سنة 1999

عبد الحميد عثمان، المسئولية المدنية عن مضار المواد المشعة، دراسة مقارنة، بيروت: سنة 1993

عبد الرءوف مهدي، المسئولية الجنائية عن الجرائم الاقتصادية، الإسكندرية: منشأة المعارف، سنة 1976

عبدالله شحا ته ، رؤية الدين الإسلامي في الحفاظ على البيئة ,القاهرة :دار الشروق، سنة 2001

على حنوشى ، العراق مشكلات الحاضر و خيارات المستقبل ، دراسة تحليلية عن مستويات تلوث البيئة، بغداد: دار الكنوز الأدبية، سنة 2000

على زين العابدين عبد السلام و محمد عبد المرضي عرفات، تلوث البيئة، القاهرة: الهيئة العامة للكتاب، 1997

فرانك آرلوف ، ترجمة د. عبد السلام حيدر ، المجتمع المدني ، النظرية

والتطبيق، القاهرة: الهيئة المصرية العامة للكتاب، سنة 2009
**فرج صالح الهريش** ، جرائم تلويث البيئة ، دراسة مقارنة ، القاهرة : المؤسسة الفنية للنشر سنة 1998
**ليزا . هـ نيوتن** ، ترجمة إيهاب عبد الرحيم محمد ، نحو شركات خضراء، الكويت: عالم المعرفة، سنة 2007، العدد 329
**مأمون سلامة**، قانون العقوبات، القسم العام، القاهرة: دار الفكر العربي، سنة 1990
**مايكل زيمرمان**، ترجمة، معين شفيق رومية، الفلسفة والبيئة، الكويت : عالم المعرفة، سنة 2006، جـ 1
**مايكل زيمرمان** ، ترجمة ، معين شفيق رومية ، الفلسفة والبيئة ، الكويت :عالم المعرفة، سنة 2006، ج 2
**مجدي مدحت النهري**، مسئولية الدولة عن أضرار التلوث البيئي، المنصورة :مكتبة الجلاد الجديدة، سنة 2002
**محمد بدران**، الطبيعة الخاصة للضبط الإداري، دراسة في القانونين المصري و الفرنسي، القاهرة: سنة 1989
**محمد سامي الشوا** ، القانون الإداري الجزائي ، القاهرة : دار النهضة العربية، سنة 1996
**محمد عبد الفتاح القصاص**، التصحر و تدهور الأراضي في المناطق الجافة، الكويت: عالم المعرفة، العدد 242 سنة 1999

**محمد عبد القادر الفقي**: البيئة و مشكلاتها، الهيئة العامة المصرية للكتاب

القاهرة: سنة 1999

**محمد مقبل**، المسئولية الجنائية للشخص المعنوي ، دراسة مقارنة ، القاهرة : دار النهضة العربية، سنة 2005
**محمود مصطفى**، الجرائم الاقتصادية في القانون المقارن، القاهرة: دار الشعب، سنة 1963
**محمود نجيب حسني**، شرح قانون العقوبات، القسم العام، القاهرة: سنة 1973
**معوض عبد التواب و مصطفى معوض عبد التواب**، جرائم التلوث من الناحية القانونية و الفنية، الإسكندرية: منشأة المعارف،

سنة 1986

نبيلة إسماعيل رسلان ، الجوانب الأساسية للمسئولية المدنية للشركات عن الأضرار بالبيئة، القاهرة: دار النهضة العربية،

سنة 2003

يوسف القرضاوى ، رعاية البيئة في شريعة الإسلام ، القاهرة : دار الشروق، سنة 2000

(باللغة الأجنبية)

Eman El – ramly, women ,s perceptions of environment change in Egypt, the American university in Cairo press , Cairo papers in social science ,vol 23, no 4

**Saud eddin Ibrahim and other developmentalism and beyond, society and politics in Egypt and Turkey** – Cairo: American University IN Cairo, 1994.

**Nicholas. Hopkins, Sohair R. Mehanna , and Slah El – Haggar,** People and Pollution , Cairo : The American University in Cairo , press , year 2001

ثالثا:- رسائل علمية

أمين مصطفى محمد السيد، الحد من العقاب، رسالة دكتوراه، مقدمة إلى كلية الحقوق، جامعة الإسكندرية، سنة 1993

مرفت محمد البارودي ، المسئولية الجنائية للاستخدامات السلمية للطاقة النووية، رسالة دكتوراه، كلية الحقوق، جامعة القاهرة، سنة 1993

محمد حسن الكندري ، المسئولية الجنائية عن التلوث البيئي ، رسالة دكتوراه، كلية الحقوق، جامعة عين شمس، سنة 2005

ياسر محمد المنياوي ، نحو منظور جديد لقواعد المسئولية المدنية الناشئة من تلوث البيئة، رسالة دكتوراه، كلية الحقوق، جامعة طنطا ، سنة 2005

291

<u>خامسا:- معاجم</u>

**ابن منظور**، لسان العرب، القاهرة: دار المعارف، بدون سنة نشر.

المعجم الوجيز، مجمع اللغة العربية، القاهرة:1994.

<u>سادسا:- مصادر أخرى</u>

أحكام محكمة النقض

أحكام المحكمة الدستورية العليا

أحكام المحكمة الإدارية العليا

فتاوي الجمعية العمومية لقسمي التشريع و الفتوى بمجلس الدولة

وثائق مؤتمر القمة العالمي للتنمية المستدامة ( جوهانسبرج )

وثائق حزب الخضر – موقع الحزب على شبكة المعلومات الدولية

التقرير الاقتصادي العربي الموحد

تقرير اللجنة الاقتصادية و الاجتماعية لغرب أسيا ( الاسكو ) التابعة للمجلس الاقتصادي و الاجتماعي ـ الأمم المتحدة ـ الدورة الثامنة

موقع الهيئة المصرية العامة للاستعلامات علي شبكة المعلومات الدولية

http://www.sis.gov.eg/Ar/Story.aspx

<u>سابعا:- صحف ومجلات  (باللغة العربية)</u>

الوقائع المصرية - أعداد مختلفة

الجريدة الرسمية - أعداد مختلفة

مجلة الأمن و القانون كلية شرطة دبي

مجلة القانون الجنائي و علم الجريمة

مجلة جامعة الشارقة للعلوم الشرعية و الإنسانية

مجلة المحامي الكويتية

المجلة الجنائية القومية

مجلة البيئة الآن

المصري اليوم – أعداد مختلفة

الشروق –أعداد مختلفة

الأهرام - أعداد مختلفة

تم بحمد الله،

## المؤلف في سطور
### دكتور السيد عبد المنعم المراكبي
#### محام لدى محكمة النقض

من مواليد محافظة المنوفية سنة 1963، حاصل على درجة الدكتوراه في الحقوق، من كلية الحقوق: جامعة القاهرة، وحاصل على درجة الـدكتوراه في العلـوم السياسـية، مـن معهد البحوث والدراسات العربية العليا بالقاهرة .

أشرف على العديد من الأبحاث والدراسات والرسائل ونشر ـ العديد مـن الدراسات بالدوريات المتخصصة، حضر وشارك في العديد مـن النـدوات والمـؤتمرات القانونية والسياسية. وقام بتأليف عدة كتب :

*الفجوة بين الإمكانات الاقتصادية والقدرات السياسية في دول الخليج العربية، الناشر مكتبة مدبولي: القاهرة، سنة 1998 .

*التحكيم في دول مجلس التعاون الخليجي- النـاشر دار النهضة العربية: القاهرة: طبعـة أولي سنة 2000، وطبعة ثانية سنة 2010.

*حرب الخليج الثانية والتكامـل الـوطني في العراق، النـاشر المنظمة العربية للتربية والثقافة والعلوم، معهد البحوث و الدراسات العربية العليا بالقاهرة، سنة 2002 .

*التجارة الدولية و سيادة الدولة- دراسة لأهم التغيرات التي لحقت سيادة الدولة في ظل تنامي التجارة الدولية ، الناشر دار النهضة العربية: القاهرة، سنة 2005.

*الدساتير المصرية وأثرها في دعم الديمقراطية، الناشر دار النهضة العربية: القاهرة: سنة 2008. وطبعة أخري من الكتاب : الناشر المنظمة العربية للتربية والثقافة والعلـوم، معهـد البحـوث و الدراسات العربية العليا بالقاهرة.

T0149289

Printed in the United States
By Bookmasters